DUMONT *Kunst-Reiseführer*

Zur schnellen Orientierung – die wichtigsten Orte und Sehenswürdigkeiten Zyperns auf einen Blick:

(Auszug aus dem ausführlichen Ortsregister S. 362. In Klammern die Ziffern, die Ihnen das Auffinden der Orte auf der nebenstehenden Karte erleichtern. N = dieser Ort liegt in Nordzypern)

In der vorderen Umschlagklappe: Karte von Zypern

In der hinteren Umschlagklappe: Stadtplan von Nikosia

Andreas Schneider

Zypern

8000 Jahre Geschichte:
Archäologische Schätze · Byzantinische Kirchen
Gotische Kathedralen

DUMONT

Umschlagvorderseite: Große Basilika von Koúrion (Foto: D. Bauckhage)

Umschlagklappe vorne: Christi Himmelfahrt, Kirche der Panagía Arakiótissa bei Lagouderá (Foto: A. Schneider)

Umschlagklappe hinten: Der Hafen von Famagusta (aus Illustrated London News, 1878)

Umschlagrückseite: Peristeróna vor den schneebedeckten Bergen des Tróodosgebirges (Foto: Gerhard P. Müller)

Auf Seite 2: Alter Mann aus Geroskípou (Foto: Gerhard P. Müller)

Über den Autor: Dr. Andreas Schneider, geb. 1951, studierte Alte Geschichte, Klassische Archäologie und griechische Philologie. Veröffentlichungen zu Themen der Bildungsreise und des Tourismus. Dr. Schneider ist Reiseveranstalter in Hamburg und führt ein- bis zweimal im Jahr Reisegruppen durch Zypern. In der Reihe DuMont-Reise-Taschenbücher erschien vom Autor der Band ›Kreta‹.

4. Auflage 1995

Satz und Druck: Rasch, Bramsche
Buchbinderische Verarbeitung: Bramscher Buchbinder Betriebe

Printed in Germany ISBN 3-7701-1857-X

Inhalt

Antiker Mythos und byzantinische Malerei

Führer zu den Sehenswürdigkeiten

Türkisch besetzter Teil

Praktische Reisehinweise

(und einige Ausführungen zur Vegetation Zyperns)

»Zypern ist die vornehmste, berühmteste und reichste Insel, nicht zu vergleichen mit den anderen Inseln des Meeres, von allen die fruchtbarste.«

(Der deutsche Pilger Ludolf von Suchen im 14. Jahrhundert)

Vorwort

»Insel am Kreuzweg der Geschichte«, so hat man Zypern genannt. Unabhängig ist die Insel selten gewesen. Auch die Zeiten der Blüte, die späte Bronzezeit und die Jahrhunderte der Stadtkönigtümer, waren für Zypern Epochen im Schatten umliegender Großmächte.

Warum nach Zypern fahren? Neben den archäologischen Sehenswürdigkeiten hat Zypern in kunstgeschichtlicher Hinsicht noch zweierlei zu bieten: beeindruckende gotische Kathedralen und Klöster, ein Erbe der Kreuzfahrer, und vollständig ausgemalte Kirchen und Kapellen, Kleinodien byzantinischer Kunst, die in den Tälern und Dörfern des Tróodosgebirges ihrer Entdeckung harren.

Hier im Tróodosgebirge findet der Besucher auch ausgedehnte Zedern- und Zypressenwälder, eine unzerstörte Natur, wie es sie in Mitteleuropa heute kaum noch gibt. Viele Tróodosdörfer sind zudem bekannte Luftkurorte.

Bei der Schreibweise griechischer Namen habe ich mich weitgehend an die in der deutschen Archäologie und Kunstgeschichtsschreibung übliche Transkription gehalten. Beachten Sie bitte, daß auf älteren oder englischen Karten, auch auf Straßenschildern, die englische Transkription benutzt wird, z. B. statt ágios ›áyios‹, statt Chirokitía ›Khirokitía‹. Die neue Zypernkarte, die von den Büros der zyprischen Fremdenverkehrszentrale kostenlos verteilt wird, hat indessen im großen und ganzen die Schreibweise, die auch dieses Buch verwendet.

Akzente werden bei der Transkription des Griechischen ins Deutsche üblicherweise nicht gesetzt. Ich habe dies dennoch meist, als Hilfe für die richtige Betonung, vor allem bei den Orten getan.

Hinweis zur Orientierung in byzantinischen Kirchen
Bei den Kirchenbeschreibungen habe ich meistens Himmelsrichtungen verwendet, Südwand, Westwand usw. Dies wird Ihnen sehr hilfreich sein, wenn Sie beachten, daß der Altarraum einer byzantinischen Kirche stets im Osten liegt.

Im April 1995 A. S.

GESCHICHTE UND KUNSTGESCHICHTE

Geographische Voraussetzungen

Zypern ist nach Sizilien und Sardinien die drittgrößte Mittelmeerinsel, mit 9251 qkm ungefähr halb so groß wie das Bundesland Rheinland-Pfalz. Die Entfernung zum türkischen Festland beträgt nur 65 km, nach Syrien nur 95 km.

Die Insel läßt sich in drei Landschaftsräume gliedern. Erstens das Pentadáktylosgebirge, das parallel zur Nordküste verläuft (höchste Erhebung der Kyparissóvouno mit 1023 m). Zweitens die fruchtbare Schwemmlandebene Messoría (›zwischen den Bergen‹). Drittens der südliche Teil Zyperns mit dem Tróodosmassiv im Kern (höchste Erhebung der Olympos mit 1952 m). Hier im Tróodos findet man die größten Waldbestände der Insel, die heute noch 18 Prozent der Landesfläche ausmachen.

Vom Neolithikum zur mittleren Bronzezeit (7000–1600)

Rätsel um die ersten Menschen auf Zypern

Die frühesten Zeugnisse menschlichen Lebens auf Zypern treten uns in einer schon ›fertigen‹, entwickelten steinzeitlichen Dorfkultur entgegen. Seßhafte Menschen betreiben Ackerbau und Viehzucht. Wir kennen ungefähr 15 dörfliche Siedlungen dieser Zeit, die an der Nordküste und in der Nähe von Flußläufen an den Ausläufern des Tróodos liegen.

Hier hatte sich im 7. Jahrtausend ein Vorgang vollzogen, der sich gleichzeitig an verschiedenen Orten des Orients abspielte und den man heute als ›agrarische Revolution‹ bezeichnet. Der Übergang nämlich von einer Gesellschaft von Sammlern, Jägern und Nomaden hin zu Ackerbau und Seßhaftigkeit. Die Menschen, die vorher unter Windschirmen, in Zelten und Laubhütten gehaust haben, leben jetzt in archäologisch nachweisbaren Häusern aus Stein und luftgetrocknetem Lehm.

Wo ist aber der Vorläufer des zyprischen Dorfbewohners verblieben? Bisher hat die Archäologie keinerlei Besiedlungsspuren der Jäger- und Sammlerstufe finden können. So müssen wir annehmen, daß Zypern vom gegenüberliegenden Festland besiedelt wurde, von Syrien oder Kilikien aus, wo schon mindestens 1000 Jahre vorher Dorfgemeinschaften bestanden hatten.

Schwer zu glauben allerdings, daß Zypern, dem spätere, antike Schriftsteller immer wieder große Fruchtbarkeit zuschreiben, so lange unbesiedelt blieb. Zumal die Insel bei klarem

Wetter vom Festland aus zu sehen ist und es schon im Neolithikum einen mehr oder minder regen Schiffsverkehr den Küsten der Ägäis und der Levante entlang gegeben hat.

Die bedeutendsten Spuren der ersten Zyprioten kamen in Chirokitía (Abb. 31) ans Licht.

Die Steinzeitmenschen von Chirokitía

Zahlreiche Funde zeigen deutlich, wie die Bewohner von Chirokitía gelebt und gearbeitet hatten. Knochenfunde von Ziegen, Schafen und Tauben lassen auf Domestizierung dieser Tiere schließen. Pfeilspitzen aus Feuerstein bezeugen die Jagd auf wilde Tiere. Getreidemörser und Sichelblätter aus Obsidian dokumentieren den Anbau und die Verarbeitung von Getreide. Obsidian kommt allerdings auf Zypern nicht vor. Also muß er importiert sein (vgl. oben). Die Einwohner sind nicht alt geworden. Wie Skelettuntersuchungen ergaben, hatten die Männer eine durchschnittliche Lebenserwartung von 35 Jahren, die Frauen von 33,5 Jahren. Die Kindersterblichkeit muß sehr hoch gewesen sei. In der Tholos F fand man die Leichen von 25 Kleinkindern (s. Grundriß S. 235). Die Toten von Chirokitía waren direkt unter dem Fußboden der Häuser begraben. Drückt sich in ihrer zusammengekrümmten

Neolithische und chalkolithische Fundstätten auf Zypern. ● *Neolithikum;* ▲ *Chalkolithikum*

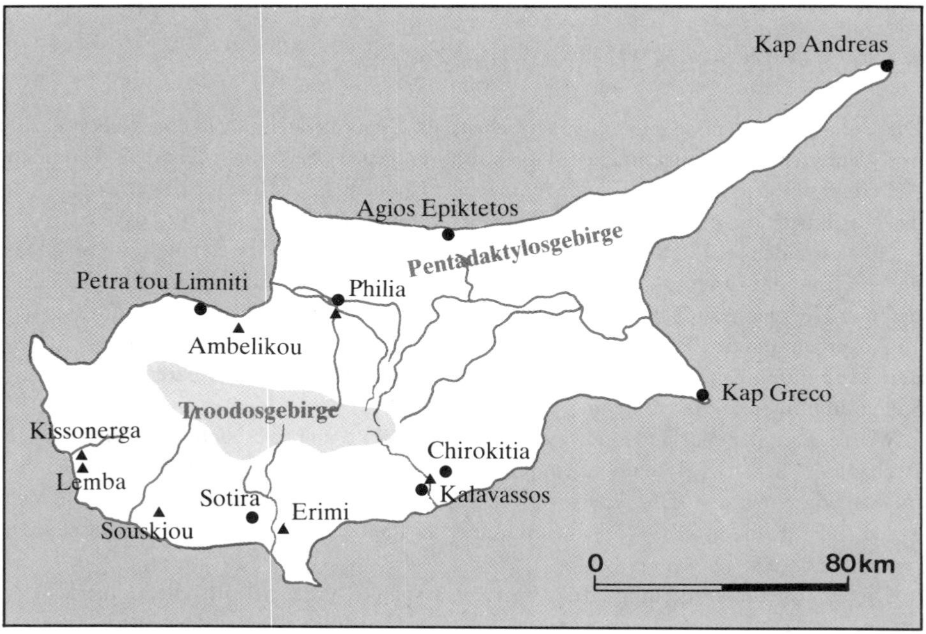

Dorfleben im steinzeitlichen Chirokitía. (Rekonstruktion nach Sir D. Hunt, Footprints in Cyprus, London 1984)

Haltung vielleicht die Embryonalstellung in Erwartung einer Wiedergeburt aus? Als Grabbeigaben fanden sich neben anderem Steinschalen, aber die waren zerbrochen. Wurden sie bei den Bestattungsriten – vielleicht nach einem Trankopfer – feierlich zerbrochen? Oft hatte man auf die Toten einen schweren Stein gelegt. Wollte man so eine Wiederkehr verhindern? Andere Grabbeigaben waren Schmuck, Vorratsgefäße – sogar noch mit Inhalt –, Werkzeuge und Kleinplastiken (Idole), wohl kultischer Funktion. Die Tholos C (vgl. Grundriß S. 235) enthielt das Grab einer Frau und als Grabbeigabe eine Halskette aus Karneolperlen und Röhrenmuscheln. Karneol kommt, wie Obsidian, nicht auf Zypern vor und ist importiert.

Keins der ausgegrabenen Gebäude ist deutlich größer als die anderen. Die Gesellschaft von Chirokitía war offenbar sehr homogen. Die Produktivität der Arbeit war so gering, daß niemand von den notwendigen Arbeiten hätte freigestellt werden können. So konnte sich keine herrschende Schicht herausbilden. Die Gräber der Frauen waren im Durchschnitt prächtiger ausgestattet als die der Männer. Bei hoher Säuglingssterblichkeit und niedriger Lebenserwartung mußte der Frau als Gebärerin menschlichen Lebens hohe Verehrung zukommen.

Weitere für unsere Kenntnis der Spätphase des Neolithikums wichtige Siedlungen, mit gut erhaltenen Grundmauern, sind *Sotíra* in der Nähe von Koúrion und *Agios Epíktetos* an der Nordküste; insgesamt sind rund zwei Dutzend bekannt. Sotíra hat ungefähr 50 Häuser, die im Spätneolithikum eher rechteckig mit abgerundeten Ecken gebaut sind, und in Agios Epíktetos sind die Wohnungen im Boden eingelassen.

Chalkolithikum, frühe und mittlere Bronzezeit

Die oben anhand von Chirokitía skizzierten Verhältnisse der Urgesellschaft haben sich auf Zypern bis zur späten Bronzezeit wenig verändert. Die Handelsbeziehungen mit dem gegenüberliegenden Festland, mit Ägypten und mit der Ägäis (dem minoischen Kreta) nehmen zu. Kupfer wird mehr und mehr abgebaut, weiterverarbeitet und exportiert. Ob allerdings schon im Chalkolithikum Kupfer abgebaut wurde, ist noch ungeklärt. Die Kupferfunde sind sehr rar, und ihr Material könnte auch importiert sein. Die ganze Insel wird besiedelt. Im Kultbereich wird eine Muttergottheit verehrt – über die tatsächliche Stellung der Frau wissen wir nichts. Jedenfalls läßt sich die Verehrung einer weiblichen Gottheit durch die ganze Bronzezeit verfolgen. Diese Gottheit ist die Vorläuferin, die ›Schwester‹ der späteren Aphrodite (vgl. ›Mythologie‹, S. 102 ff.). Die im Chalkolithikum vorwiegend hergestellte Keramik ist die (auf weißem Grund) rot überzogene ›Erími-Keramik‹, benannt nach dem Hauptfundort östlich von Koúrion. Die typische Keramik der frühen Bronzezeit ist die ›Red-polished-Ware‹ (mit rotglänzender Oberfläche), die in vielen unterschiedlichen Formen vorkommt: Kannen mit langen Hälsen und Tüllen, zusammengesetzte rätselhafte Gefäße, deren Funktion die Archäologen nur ganz allgemein mit ›kultisch‹ umschreiben können, Gefäße mit Tieren und Vögeln auf dem Rand, gar theriomorphe Gefäße wie eines in Form eines Stieres, alles Grabfunde.

Rotglänzende Keramik hat man in Ugarít (Syrien) gefunden, andererseits tauchen in der frühen Bronzezeit nun mehr und mehr ausländische Erzeugnisse auf, Ausdruck zunehmender (Handels-) Beziehungen: z. B. syrische Keramik, minoische Kamares-Ware und ägyptische Alabastergefäße.

Die Friedhöfe der frühen Bronzezeit sind nun außerhalb der Siedlungen. Merkwürdigerweise hat man von den Dörfern außer zwei Häusern in *Alámbra* und *Ambelikoú* nichts weiter gefunden. Auch für die mittlere Bronzezeit haben wir an Wohnarchitektur nur ein

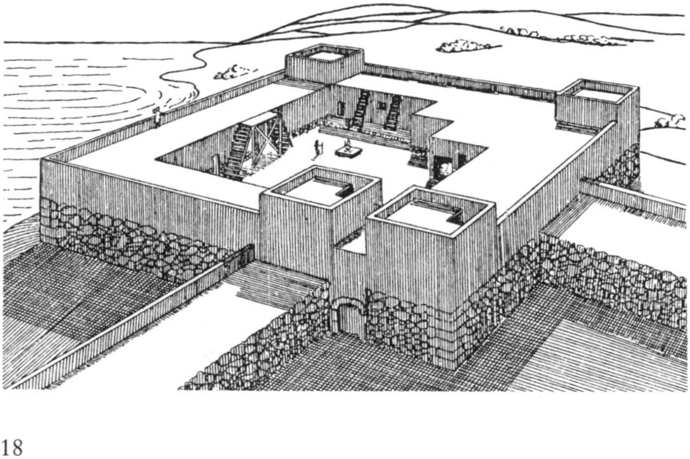

Festung von Nitóvikla, Mittlere Bronzezeit und späte Bronzezeit. Rekonstruktion (nach Buchholz/Karageorghis)

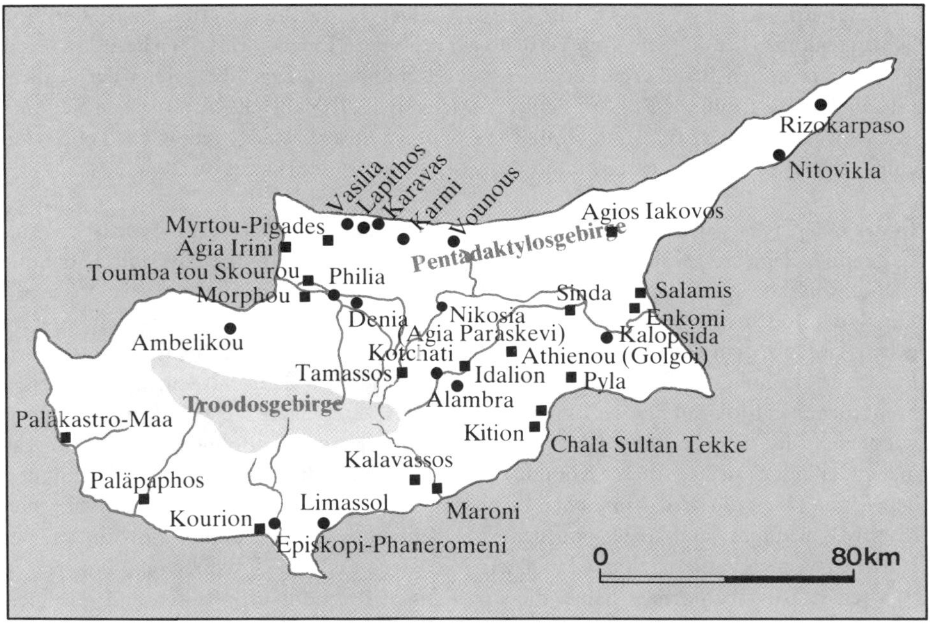

Bronzezeitliche Siedlungen und Fundstätten auf Zypern. ● Frühe und mittlere Bronzezeit; ■ Späte Bronzezeit

Haus mit mehreren Räumen in *Kalopsída.* Von einem Friedhof der frühen Bronzezeit in der Nähe von Bellapais an der Nordküste, *Vounoús,* stammen die im folgenden beschriebenen Grabbeigaben, jetzt Glanzstücke des Archäologischen Museums in Nikosia (Abb. 23, 24).

Auf einem rechteckigen Tisch befinden sich zwei Pfluggespanne. Je zwei Ochsen ziehen einen Hakenpflug, ein Pflüger steht jeweils dahinter. Neben den Pfluggespannen halten zwei Gestalten einen Trog oder ein Sieb mit Getreide, und eine weitere Gestalt treibt offenbar ein Tier vor sich her. Das Ganze ist 19 × 41 cm groß, es handelt sich also um ein Modell.

Ein weiteres Modell ist die Szene in einem runden Kultraum mit Eingangstor. Ein Mensch hat dabei von außen die Umfassungsmauer erklommen, um einen Blick auf die heilige Handlung werfen zu können. Wirkte dieses Motiv auch auf die Zeitgenossen leicht komisch? Auf jeden Fall sollte wohl der Mysteriencharakter der Kulthandlung so dargestellt werden. Im Kultraum (Temenos) kommen an beiden Seiten der Wand Stiere hinzu. In der Mitte stehen sechs Figuren mit verschränkten Armen im Kreis, eine trägt ein Kind im Arm, andere sitzen auf Bänken, eine auf einem Thron, eine weitere kniet davor. An der Wand gegenüber dem Eingang stehen auf einem niedrigen Podest drei Wesen mit Stierköpfen (Masken?), von deren Händen Schlangen herabhängen. Was das im einzelnen auch alles bedeuten mag, sicher (?) ist wohl nur, daß es sich hier um die Praktizierung eines Stier- und Schlangenkultes handelt, der vom Festland her in Zypern Eingang gefunden hatte.

In der mittleren Bronzezeit entstehen neue Keramikgattungen: Bemalung auf weißem Grund (White Painted), Rot-auf-Schwarz-Malerei (Red-on-Black-Ware) sowie Keramik mit schwarzem Überzug (Black Slip). Zur ›White Painted-Gattung‹ gehört das Tonmodell eines Schiffes mit Mannschaft im Louvre, dessen Fundort unbekannt ist.

In der Idolplastik tauchen im Chalkolithikum Idole aus Ton oder Steatit (Speckstein) auf. Gegenüber den steinzeitlichen Idolen, die meist geschlechtslos dargestellt sind, haben die chalkolithischen Kleinplastiken betont weibliche Formen (Brüste, Schamdreieck, Gesäß). Die Arme sind ausgebreitet, so daß die Figuren kreuzförmig aussehen. Sie wirken mit dem gelängten Hals, dem nach oben geneigtem Kopf und den angezogenen Beinen sehr stilisiert. Ein ca. 15 cm hohes Idol aus Paphos trägt um den Hals ein Band mit einem ebensolchen kreuzförmigen Idol. Ein Hinweis auf den Amulettcharakter dieser Werke? Manchmal haben wir anstelle der ausgebreiteten Arme eine ganze querliegende Figur ohne Geschlechtsmerkmale. Handelt es sich bei dieser Kombination vielleicht um die geschlechtliche Vereinigung der Magna Mater mit dem männlichen Liebhaber (Parhedros), wie sie auch im orientalischen Mythos vorkommt und später von den Griechen auf Aphrodite und Adonis übertragen wurde bzw. auch in der ›Heiligen Hochzeit‹ (hierós gámos) seine Entsprechung findet?

Noch stilisiertere Formen haben die sogenannten Brettidole der frühen und mittleren Bronzezeit, die manchmal auch als Zwillingsidole auftreten.

Wie schon erwähnt, haben wir in der frühen und mittleren Bronzezeit außer einigen Häusern keine Beispiele für Wohnarchitektur. In der mittleren Bronzezeit werden Festungsbauten errichtet, z. B. bei Nitovíkla, entweder zur Abwehr der Hyksos im 17. Jh. oder wegen innerkyprischer Konflikte.

Tabelle 1: Vom Neolithikum zur mittleren Bronzezeit (7000–1600)

Zur Datierung der frühen Geschichte Zyperns dient die C-14-Methode, die die Zerfallszeit des Kohlenstoffs in organischen Stoffen mißt. Für die frühesten Daten muß man dabei eine Unsicherheit von plus/minus 1000 Jahren in Kauf nehmen.

Zeit	*Geschichte*	*Kunst und Kultur*
7000–6000	**Neolithikum (Jungsteinzeit), 1. Phase** Chirokitía-Stufe I, noch keine Keramikproduktion. Wahrscheinlich Kolonisation Zyperns von Kilikien oder Syrien aus. Ca. 15 Siedlungen bekannt (Abb. 31).	(alle Objekte im Zypernmuseum) Grabbeigaben von Chirokitía: ● Steinschalen ● Schmuck ● Anthropomorphe Kleinplastik

4500–3500	**Neolithikum, 2. Phase** Sotíra-Stufe und Chirokitía II, Anfänge der Keramik-Produktion.	● Kammstrich-Keramik
3500–2300	**Chalkolithikum (Kupfersteinzeit)** Anfänge der Kupferverarbeitung. Besiedlung Westzyperns.	● Schmuck und Werkzeuge aus gehämmertem Kupfer ● Idolplastik ● Kreuzförmige Idole ● Rot-auf-Weiß-Keramik aus Erími
2300–1900	**Frühe Bronzezeit (Frühzyprisch)** Ausdehnung der Kupferverarbeitung, gefördert durch Einwanderer aus Anatolien. Ackerbau mit Ochsenpflug. Aber noch keine großen Stadtzentren wie im Orient. Handelskontakte mit Ägypten und Syrien, auch schon mit Kreta. Stiergott und Schlangengottheit werden verehrt.	● Schnabelkannen der Philia-Kultur ● Rotglänzende Keramik aus dem Friedhof von Vounoús
1900–1600	**Mittlere Bronzezeit (Mittelzyprisch)** Erste engere Kontakte mit dem Ägäisraum. Zypern wird in nahöstlichen Dokumenten (aus Alalach in Syrien und Mari am Euphrat) als ›Alasía‹ und als Kupferlieferant erwähnt.	● Brettidole ● Keramik mit Bemalung auf weißem Grund (White Painted) ● Rot-auf-Schwarz-Keramik ● Keramik mit schwarzem Überzug (Black Slip)
ab 1650	Beginn eines ausgedehnten Keramikexports in die Levante und nach Ägypten. Befestigungsanlagen werden errichtet (z. B. bei Nitovíkla), gegen Hyksos oder wegen innerkyprischer Auseinandersetzungen. Mit Énkomi entsteht das erste städtische Zentrum.	

Späte Bronzezeit (1600–1050)

Staatsentstehung

Die späte Bronzezeit stellt gegenüber den vorangegangenen Epochen eine neue Qualität dar. In *Énkomi* entsteht das erste eindeutig städtische Zentrum, das seine Existenz wohl dem Kupfer verdankt. Auch die Hafenstadt *Kítion* war ein kupferverarbeitendes und -exportierendes Zentrum.

Die späte Bronzezeit läßt sich in zwei Phasen gliedern. Die erste Phase geht bis zu den Zerstörungen der städtischen Zentren durch die Seevölker um 1200 (vgl. unten); die zweihundert Jahre von 1400 bis 1200 werden als Blütezeit bezeichnet; aus diesen Jahrhunderten stammen hervorragende Kunstwerke wie die Silberschale mit Stierköpfen aus Énkomi (Abb. 25) und das Fayence-Rhyton aus Kítion im Zypernmuseum. Die zweite Phase, ab 1200 bis zum Ende der späten Bronzezeit, ist nach einer vieldiskutierten, zur Zeit in der Forschung vorherrschenden These durch die eingewanderten Mykener bestimmt.

Ab ca. 1500 wurde ein Schriftsystem benutzt, die bisher nicht entzifferte, 80 Zeichen umfassende kypro-minoische Silbenschrift. Zur Kennzeichnung von Besitz- oder Eigentumsverhältnissen und zur Kontrolle der arbeitsteilig organisierten Wirtschaft (Kupferabbau, -weiterverarbeitung, -export, Landwirtschaft) dienen Siegel, die aber wohl zum Teil auch Amulettcharakter haben. Ein weiteres Indiz dafür, daß wir nun einen *Staat* vor uns haben, ist die Erwähnung eines ›Königs‹ von Zypern in nahöstlichen und ägyptischen Dokumenten: ein König, der immerhin solche Stellung hatte, daß er dem König Hammurabi von Ugarít geradezu väterliche Ratschläge geben konnte, was angesichts der Seevölkerbedrohung zu tun sei (s. unten). Allerdings ist ein König auf den Darstellungen der späten Bronzezeit nirgends auszumachen. Auch hat man in Énkomi außer einem etwas größeren Gebäude (das ›Bâtiment 18‹) nicht das gefunden, was einem ›Palast‹ entsprechen würde. Indizien für eine führende soziale Schicht gibt es auch in Kalavassós-Agios Dimítrios: das ›große Gebäude‹ und das ›Prinzessinnen-Grab‹ (vgl. S. 234).

Wir haben es auf Zypern wohl mit einem Priesterkönig oder auch mit einem Priesterkollektiv als organisierender Instanz zu tun. Diese Instanz hat sich offenbar noch nicht so weit von der Bevölkerung abgehoben, daß sich ihre Macht in einem Palastbau manifestiert hätte. Was übrigens das Fehlen von Herrscherdarstellungen betrifft: Auch bei den Minoern auf Kreta gibt es ja keine zeitgenössischen Darstellungen des Herrschers. Minos ist uns nur aus der späteren griechischen Mythologie bekannt.

Die Verbindung zwischen Priesterschaft und Kupferverarbeitung zeigt sich räumlich in Kítion. Dort liegen die Werkstätten gleich neben dem Haupttheiligtum und sind mit diesem durch Zugänge verbunden.

Zypern und die umliegenden Staaten der Ägypter, Hethiter und Minoer

Was waren die außenpolitischen Rahmenbedingungen für die Entwicklung Zyperns in der späten Bronzezeit?

Nach der Vertreibung der Hyksos aus Ägypten 1555 v. Chr. bestimmten zwei Großmächte im östlichen Mittelmeergebiet bis ins 13. Jh. die historische Szene: das Ägypten des Neuen Reiches und der Hethiterstaat. Unmittelbar berührten sich diese beiden Machtblöcke in Syrien. Auch Zypern war wohl zeitweise Vasallenstaat sowohl der Ägypter als auch der Hethiter. Dies hat aber offenbar seine Entwicklung nicht behindern können. Höhepunkt

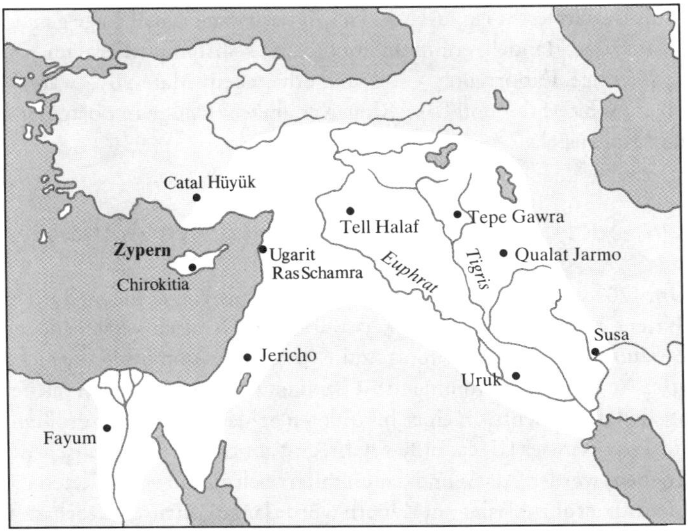

Früheste Städte und Siedlungen der Weltgeschichte im Gebiet des ›Fruchtbaren Halbmonds‹

der Auseinandersetzungen zwischen beiden Staaten war die unentschiedene Schlacht bei Kadesch 1300 v. Chr.

Im Ägäisraum hatte sich der Minoerstaat mit seiner Palastwirtschaft entwickelt (Zweite Palastzeit: 1700–1450 v. Chr.), parallel dazu der mykenische Staat auf dem griechischen Festland, der sich nach der Vulkankatastrophe von Santorin und der Zerstörung der kretischen Paläste um 1450 v. Chr. nach Kreta ausdehnte.

1. Bild: Soldaten der Seevölker von Ägyptern (rechts) verfolgt. Aus einem Relief in Medinet Habu/Ägypten, Anf. 12. Jh. v. Chr. Zeichnung (nach Scheffer). 2. Bild: Bärtiger, einen Schild tragender Mann mit ähnlicher ›Schilfkrone‹ wie auf nebenstehendem Relief, also ein Soldat der Seevölker. Gipsabdruck eines Stempelsiegels aus schwarzem Steatit aus Énkomi, um 1200 v. Chr.

Es ist nun leicht einzusehen, daß Zypern dank seiner Lage genau zwischen diesen Großstaaten den Handel vermitteln konnte und selbst importierte und exportierte.

Wichtige Exportgüter – aus uns erhaltenem Material – waren Kupfer in Barrenform, Holz, White-Slip- und Base-Ring-Keramik. Wichtige Importgüter waren Schmuck, Waffen und Rollsiegel.

Die ›Seevölkerkorrespondenz‹ zwischen Alasia-Zypern und Ugarít

Um 1200 v. Chr. wurden durch sogenannte Seevölker die Städte der Ägäis, Kleinasiens und Syriens zerstört. Die ›Seevölker‹ waren ein Gemisch verschiedener Völkerschaften, deren Zusammensetzung, Herkunft und Kriegsmotivation bis heute nicht geklärt sind. Sie zogen vom Ägäisraum herkommend zu Land und zu See hin zu den reichen, beuteversprechenden Staaten des Orients. In einer berühmten Schlacht, einer der größten des Altertums, wurden sie unter Ramses III. ca. 1180 v. Chr. gestoppt. In der Siegesinschrift von Medinet Habu (bei Theben) werden Alasia und das Hethiterreich zu den verwüsteten Ländern gezählt. Über die Identifizierung Alasias mit Zypern wurde lange gestritten. Doch die überwiegende Mehrheit der Forscher (und auch der Verfasser) stimmt dem heute zu.

»Was anbetrifft die Fremdvölker, sie schlossen ein Bündnis auf ihren Inseln. Vernichtet und versprengt im Kampf waren die Länder mit einem Mal. Denn kein Land hielt vor ihren Armen stand, angefangen von Hatti (Hethiter), Qadi, Qarqemis, Arzawa und Alasa (Zypern) ...

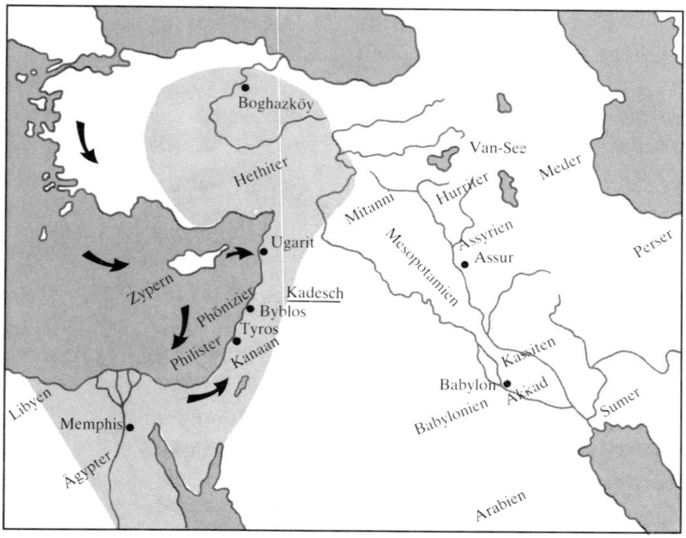

Zypern zwischen Hethitern, Ägyptern und Mykenern um 1300 v. Chr. Die Seevölkerbewegung um 1200 v. Chr. und die Folgestaaten

Kypro-minoische Silbenschrift, späte Bronzezeit. Umschrift (nach Masson)

Sie legten ihre Hände auf die Länder bis zum (äußersten) Erdkreis, während ihre Herzen zuversichtlich und hoffnungsvoll waren. (Sie sagten zueinander:) ›Unsere Pläne werden gelingen!‹« (Übersetzung: Lehmann).

Kurz vor der Seevölkerkatastrophe hatten der König von Zypern und sein Amtskollege Hammurabi im syrischen Ugarít angesichts des drohenden Einfalls einen hektischen Briefwechsel. Das wissen wir aus Tontafeln, die man im Palastarchiv von Ugarít entdeckt hat. Zypern und Ugarít befanden sich im ausgehenden 13. Jh. in einem mehr oder weniger lockeren Vasallenstatus zum Hethiterstaat, der in ägyptischen Quellen um 1210/09 v. Chr. zum letzten Mal als bestehende Macht erwähnt wird und dessen Zerstörung schließlich Ramses III. in der erwähnten Siegesinschrift notiert. Der König von Ugarít hatte seine Truppen zur Abwehr des Landheeres der ›Seevölker‹ weit nach Kleinasien ins Hethiterland geschickt. Er schreibt:

»Mein Vater (der König von Alasia) weiß nicht, daß alle Soldaten meines Schutzes (meiner Garde) sich im Land Hatti befinden und alle meine Schiffe sich im Land Lukka (Lykien?) aufhalten. Bislang sind sie (noch) nicht bei mir eingetroffen, und das Land liegt so (ungeschützt, offen) da.«

Aus Alasia-Zypern kam die Warnung:

»Hast Du mir nicht geschrieben, (daß) feindliche Schiffe auf hoher See gesichtet worden sind? Und sofern es Wahrheit ist: ›Schiffe gesichtet!‹ – so mache Dich stark nach bestem Vermögen! Nunmehr, Deine eigenen Soldaten und Streitwagen – wo halten sie sich denn auf? Sind sie denn überhaupt nicht bei Dir? In Zukunft (bald) wird Dich also ein Feind angreifen ...«

Vergeblich – die ›Seestreitkräfte‹ der Seevölker überfallen ugaritisches Land. In panischer Angst schreibt Hammurabi an den König von Alasia und bittet um Benachrichtigung, falls weitere Schiffe gesichtet würden. Daraufhin das Antwortschreiben aus Alasia:

»Umgib doch Deine Städte mit Ringmauern, leg Soldaten und Streitwagen in sie hinein! Warte den Feind (nur) ab, so bist Du bestens gerüstet und in Sicherheit!«

Hier hört die Korrespondenz auf. Die gutgemeinten Ratschläge nützten auch dem nichts, der sie gegeben hatte. Die Befestigungen von Énkomi und Kítion, auch der Verteidigungsposten (?) Paläkastro-Maa bei Paphos an der Westküste konnten den Eindringlingen nicht standhalten.

Zypern und die mykenische Einwanderung

Ab 1400 v. Chr. kommt mykenische Keramik immer häufiger auf Zypern vor. In der Forschung ist es umstritten, inwieweit diese Keramik importiert oder auf Zypern selbst hergestellt wurde. Und wenn auf Zypern hergestellt, von wem, von eingewanderten mykenischen oder von kyprischen Handwerkern? Daß sich mindestens ab dem 14. Jh. Mykener auf Zypern niedergelassen haben, ist sicher. Frage nur, ob in dieser Frühzeit als nichtseßhafte Händler und Handwerker, als ›Arbeiter‹ und ›Selbständige‹, oder als seßhafte Kolonisten. Auch die innere Reihenfolge der mykenischen Einwanderung, die von der Forschung oft erwähnten Einwanderungs-›Wellen‹ oder -›Schübe‹, vor allem ihr Verhältnis zur Seevölkerbewegung sind nach wie vor nicht geklärt. Inwieweit kamen Mykener vor oder nach den Seevölkerzerstörungen nach Zypern? Oder waren sie gar an diesen beteiligt?

Wie dem auch sei – jedenfalls werden Énkomi und Kítion nach den Zerstörungen neu aufgebaut und mit einer Stadtmauer umgeben. Énkomi erhält sein charakteristisches Straßennetz mit den ausgesparten Heiligtümern und den anderen Gebäuden. Mykenische IIICl-Keramik verdrängt die ältere Ware.

Über einen möglichen Widerstand der einheimischen Bevölkerung wissen wir nichts. Im 11. Jh. erfolgt eine weitere Gräzisierung der Insel.

Die beiden berühmten Gottheiten von Énkomi, der ›Gehörnte Gott‹ und der ›Barrengott‹, stammen aus dieser Zeit (Abb. 26, 27). Der ›Gehörnte‹ ist wahrscheinlich ein Apollon, der in der griechischen Mythologie als Apollon Kereatas bekannt ist, eben als gehörnter Apoll. Der ›Barrengott‹, eine bärtige Statue, ebenfalls mit Hörnerhelm, steht mit einem Speer bewaffnet auf einem Bronzebarren. Wahrscheinlich wurden so die Produktion und der Export von Kupfer unter den Schutz der Götter gestellt.

In den Gründungslegenden griechischer Städte auf Zypern sind diese Kolonisationsbewegungen festgehalten (vgl. ›Mythologie‹, S. 107). Agapenor aus Arkadien wird auf der Rückfahrt vom Trojanischen Krieg vom Kurs abgetrieben und gründet Paphos, Praxanor gründet Lápethos, Männer aus Argos, wie Herodot erzählt, gründen Koúrion. Teukros, Sohn des Telamon und Halbbruder des großen Aias aus Salamis, der Insel im Saronischen Golf vor Athen, wird als Gründer des neuen Sálamis genannt, das an der Stelle des um 1050 v. Chr. aufgegebenen, vielleicht durch eine Naturkatastrophe nochmals zerstörten Énkomi östlich der alten Stadt, mehr zum Meer hin, errichtet wird.

Tabelle 2: Späte Bronzezeit (Spätzyprisch) (1600–1050)

Zeit	*Geschichte*	*Kunst, Kultur, Architektur*
ab ca. 1600 ab 1500	Staatsentstehung. Énkomi ist Zentrum der Kupferverarbeitung und des Kupferexports Kypro-minoische Silbenschrift (noch nicht entziffert).	● Weißüberzogene Keramik (White Slip) ● Standring-Krüge (Base Ring) ● Befestigte Städte ● Siegel und Schrift
1400–1200 um 1375	**Blütezeit** Amarna-Korrespondenz zwischen dem Pharao und dem ›König‹ von Zypern. Zypern liefert (als Tribut) Kupferbarren nach Ägypten. Zypern ägyptischer Vasallenstaat, aber offenbar mit größter Selbständigkeit. Im 13. Jh. erscheint Zypern aber auch als hethitisches Einflußgebiet, ebenso wie das syrische Ugarít. Unsicher. Aphroditekult in Paphos.	● Mykenische Keramik, meist weitgeöffnete Kratere mit Bildfriesen ● Goldschmuck ● Bronzene Kesseluntersätze und Gefäße ● Silberschale aus Énkomi (Abb. 25) ● Konisches Fayence-Rhyton aus Kítion ● Vogelköpfige weibliche Gottheiten
kurz vor 1200	Korrespondenz zwischen ›König‹ von Zypern und König von Ugarít kurz vor der Seevölkerverwüstung.	
kurz vor 1200	**Seevölkereinbruch** Énkomi, Kítion (und andere Siedlungen) werden zerstört. Kurz vor oder nach dem Seevölkereinbruch Beginn der Einwanderungsschübe (?) der Achäer (mykenische Griechen). Aufbau von Énkomi und Kítion und von anderen Städten, auch Neugründungen. Reihenfolge und Verhältnis zwischen Seevölkerwanderung und Achäereinwanderung (ca. 1230–1180 v. Chr.), auch der Vorgang der Einwanderung selbst, sind von der Forschung noch nicht geklärt.	● Mykenische Keramik der Gattung IIIC1 ● Wiederaufbau von Énkomi ● ›Gehörnter Gott‹ und ›Barrengott‹ von Énkomi (Abb. 26, 27)
1050	Énkomi und fast alle spätbronzezeitlichen Siedlungen werden nochmals zerstört (Naturkatastrophe?). Énkomi wird verlassen, statt dessen Sálamis neu gegründet.	● Goldzepter von Koúrion ● 1. Inschrift in griechischer Sprache auf Bronzespieß aus Alt-Paphos

Zeit der Stadtkönigtümer (Kypro-geometrische, kypro-archaische und kypro-klassische Periode) (1050–333)

›Dunkle Jahrhunderte‹

Im 11. Jh. sind große Teile Zyperns von Achäern aus dem griechischen Mutterland besiedelt. Die Achäer, auch Mykener genannt, waren ja in Griechenland ebenfalls von den Zerstörungen um 1200 v. Chr. betroffen. Danach waren die Dorer, wandernde, kriegerische Stammesvölker, über Nordgriechenland ins Mutterland der Mykener, auf die Peloponnes, und weiter nach Kreta und Rhodos vorgedrungen. Wahrscheinlich mußten mykenische Bevölkerungsteile den Dorern nach Osten hin ausweichen und sind so nach Zypern gekommen.

Die Dorer selbst gelangten allerdings nicht bis nach Zypern. Hier fehlt der historische Bruch, der in Griechenland dadurch entstanden ist, daß fremde Völkerschaften einer niedrigeren Entwicklungsstufe, die Dorer nämlich, im okkupierten Land auf eine hochentwickelte Kultur, zumindest auf die Reste dieser Kultur stoßen, deren Wirtschaftsweise sie nicht übernehmen können und wollen, weil sie nicht zu ihrer Entwicklungsstufe paßt. Auf Zypern gibt es manche Hinweise, daß sich hier bronzezeitliche Strukturen im Kult, im Schriftsystem und wohl auch in der politischen Verfassung der Stadtkönigtümer weit in das erste Jahrtausend hinein tradiert haben.

›Dark Ages‹, dunkle Jahrhunderte, hat ein englischer Forscher die Zeit des Übergangs von der Bronze- zur Eisenzeit genannt, in der Bevölkerung und Produktion zurückgehen. Auch auf Zypern gibt es die Dark Ages – nur sind sie hier nicht so dunkel wie in Griechenland.

Überbleibsel aus der Bronzezeit

Das alte System der kypro-minoischen Silbenschrift wurde beibehalten. In der Sakralarchitektur finden wir weiter das offene Hofheiligtum der Bronzezeit (z. B. Athenatempel in Vouní und Heiligtum von Agia Iríni). Doch vor allem im Kult und im Bestattungswesen (vgl. die Königsgräber bei Sálamis, S. 33ff., 304f.) sind noch Bräuche aus der Bronzezeit erhalten.

Zum Beispiel der Stierkult: Aus Koúrion stammt eine kleine Terrakottagruppe, die zwei Priester darstellt, die sich gerade eine Stiermaske aufsetzen (Abb. 28). Unter den ungefähr 2000 Weihgeschenken, die man im Heiligtum von Agia Iríni gefunden hat, findet man den Stiermenschen ebenfalls. Bei einer anderen Terrakottagruppe aus Méniko führen zwei Männer einen riesigen Stier heran (Abb. 29). Beide Modelle stammen aus der archaischen Zeit (7. und 6. Jh. v. Chr.). Der Stierkult ist ein Hauptkult in der Bronzezeit. Elmar Gjerstadt, schwedischer Archäologe und Pionier der zyprischen Archäologie, drückt dieses Weiterleben von Sitten und Gebräuchen, aber auch von Kunstformen so aus: »Man hört die Klänge der neuen Zeit wie eine Sinfonie mit mykenischen Themen und eteokyprischen Gegenthemen, die in der kypro-geometrischen Epoche miteinander verwoben und weitergesponnen wurden.«

In weiteren Zeiträumen gedacht, nennt man das kommende Zeitalter auch Eisenzeit. Eisen war schon im 2. Jahrtausend bekannt. Es ist härter als Bronze, hat aber gegenüber der Bronze den Nachteil, daß man das fertige Produkt nicht wieder einschmelzen und weiterverarbeiten kann. Außerdem rostet es. So wurde es künftig hauptsächlich für Waffen und andere Produkte verwendet, wo es auf Schärfe, Belastbarkeit und Haltbarkeit ankam. Kunstwerke jedenfalls werden weiter im Gußverfahren aus Bronze hergestellt.

Was heißt Stadtkönigtum?

Wir wüßten gerne mehr über die Geschichte Zyperns in den ersten Jahrhunderten des 1. Jahrtausends. Da bildeten sich nämlich die sogenannten Stadtkönigtümer heraus, die für die kommenden Jahrhunderte die soziale und politische Organisationsform der zypriotischen Bevölkerung darstellen. ›Stadtkönigtum‹, wohlgemerkt, ist ein moderner Begriff. Über die gesellschaftliche Struktur dieser Kleinstaaten ist so wenig bekannt, daß dieser Begriff immer wieder auf seine Eignung überprüft werden muß.

Die Zahl der Stadtkönigtümer schwankte um zehn; die wichtigsten waren Sálamis, eine Art ›Hauptstadt‹, (Alt-)Paphos, das griechisch gewordene, religiöse Zentrum mit dem Aphroditeheiligtum, Kítion, das phönizische religiöse Zentrum mit dem Astartetempel, und Sóloi und Tamassós, die im Bereich der Kupfervorkommen lagen. Bedeutend waren auch Idalion und Amathous.

Die Bewohner von Zypern setzen sich ab dem Anfang des Jahrtausends aus drei Volksgruppen zusammen, so daß wir eine orientalisch-griechische Mischbevölkerung vor uns haben:

– Achäer, die als Okkupanten in den meisten Stadtkönigtümern wohl die Herrenschicht bildeten,
– Eteokyprer, die alteingesessene Bevölkerung, die vielleicht in Amáthous eine eigene Stadt besaßen,
– Phönizier, die zunächst als Händler, dann als Kolonisten kamen und um 850 v. Chr. Kítion einnahmen und wieder aufbauten.

Zusätzlich zu diesen Volksgruppen wären dann noch Assyrer, Ägypter und Perser zu nennen, Gouverneure und Verwaltungspersonal, die von den Zypern jeweils beherrschenden ›Großmächten‹ geschickt waren.

Zur phönizischen Einwanderung Zypern bildete nur das erste Etappenziel der phönizischen Expansion in den Mittelmeerraum. Ähnlich wie die oberitalienischen Seestädte oder die Hanse vermittelten die phönizischen Kaufleute und Seefahrer den Fernhandel zwischen den umliegenden Staaten. Die Blütezeit der Phönizier fällt ins 9. und 8. Jh. v. Chr. und

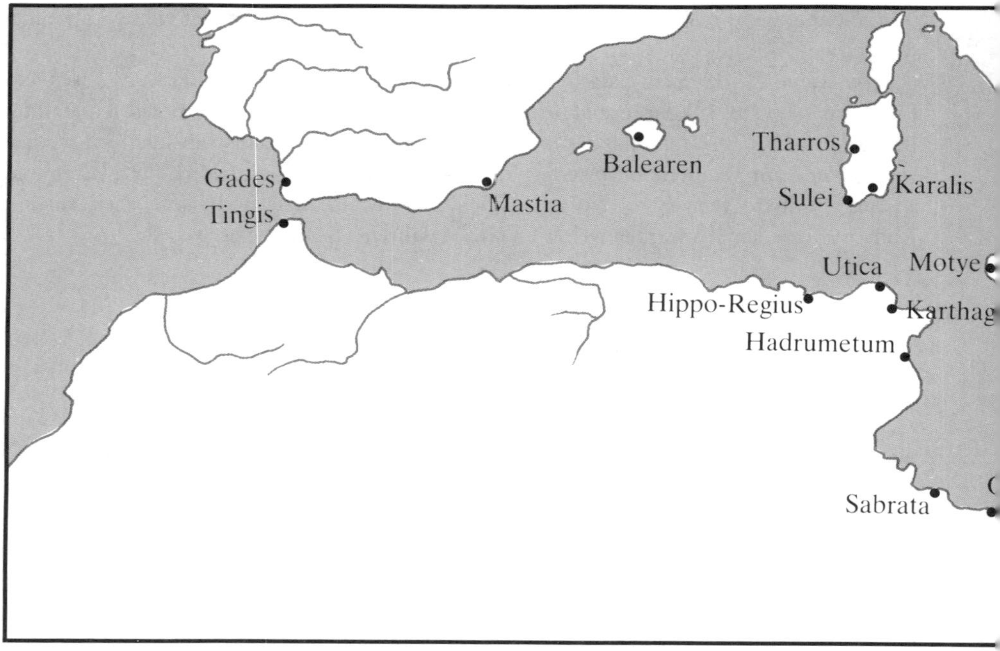

Wichtige phönizische Siedlungen zwischen etwa 1100 und 700 v. Chr. Halbfett: Mutterstädte; sonstige: Faktoreien und Kolonien mit Landbesitz

verfällt in dem Maße, wie die umliegenden Staaten nach den Zerstörungen der Übergangszeit wieder mächtiger werden.

Auf Zypern war der Höhepunkt phönizischer Herrschaft im 5. Jh. Ungefähr 470 v. Chr. wird Idalion phönizisch, später folgen Tamassós, Gólgoi und Amathous. Sogar Sálamis wurde bis 411 v. Chr. von Phöniziern besetzt gehalten.

Abhängigkeit Zyperns von den umliegenden ›Großmächten‹ Zypern befindet sich vom Ende des 8. Jhs. bis zu Alexander dem Großen (333 v. Chr.) de jure in einem Vasallenstatus. Es ist ein kleines Land und durch die einzelnen Stadtstaaten noch dazu zersplittert. Kein Wunder, daß die nacheinander aufsteigenden Großmächte Assyrien, Ägypten und Persien leichtes Spiel mit dieser militärisch und handelspolitisch so wichtigen Insel haben. Assyrien von 709–663 v. Chr., hundert Jahre später Ägypten für ungefähr 20 Jahre (560–540 v. Chr.) und schließlich Persien ab 540 v. Chr. sind, mit Unterbrechungen, bis zum Ende der Stadtkönigtümer Oberherren der Insel.

Zypern muß Tribute zahlen. Ganz ähnlich wie in der späten Bronzezeit unter ägyptischer und hethitischer Oberherrschaft, hindert das die Stadtstaaten aber nicht, zu wirtschaftlicher

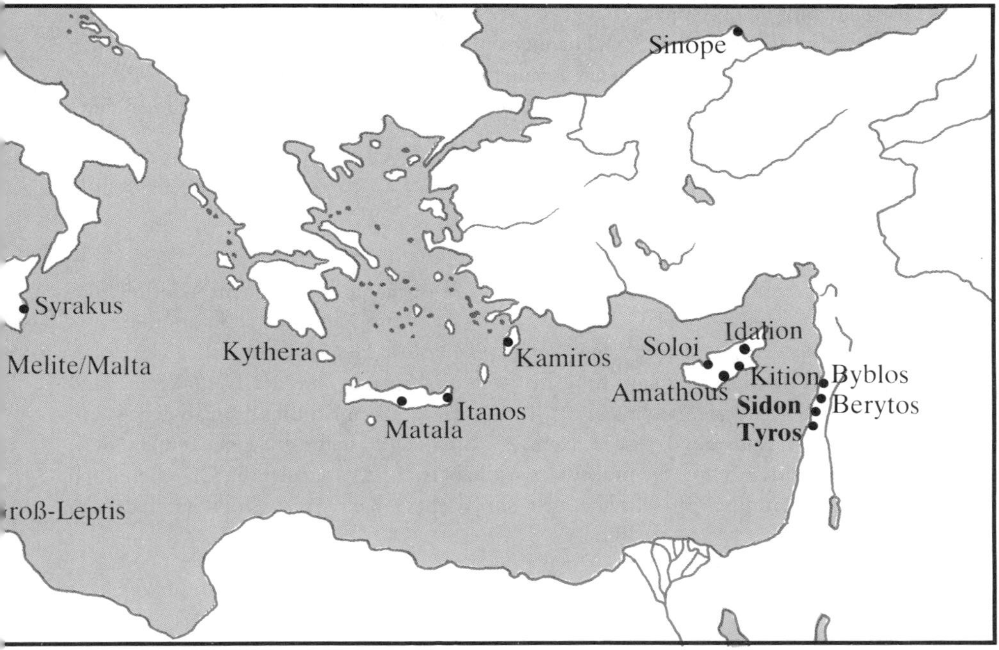

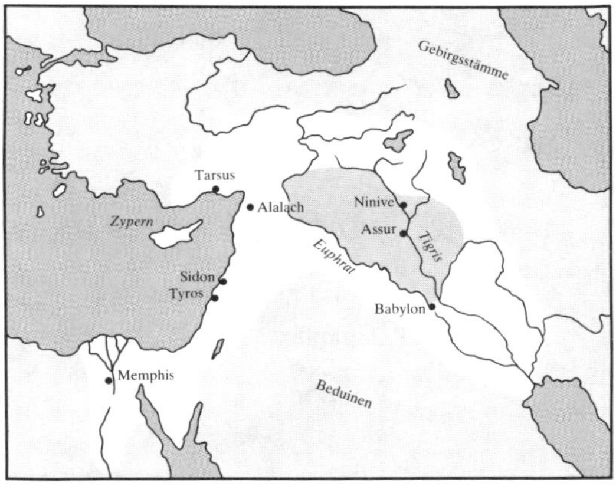

Assyrisches Reich zu Beginn der Regierungszeit Tiglatpilesars III. (745–727 v. Chr.)

Assyrisches Reich unter Asarhaddon (681–669) und Assurbanipal (669–ca. 627 v. Chr.) Zypern ist von 709 bis ca. 663 unter assyrischer Oberhoheit

und kultureller Blüte zu gelangen, sich gegen die Perser aufzulehnen und eigene Politik zu treiben. Beispiele selbstbewußter Staatsmänner sind Onésilos, der Zypern 498 v. Chr. gegen die Perser einigt, und Euagoras, der am Anfang des 4. Jhs. v. Chr. ebenfalls gegen Persien agiert, beide aus Sálamis. Für den Athener Redner Isokrates war Euagoras das Ideal eines Staatsmannes schlechthin.

Rätsel um die Stadtkönigtümer

So haben wir auf Zypern das verwirrende Bild von Stadtstaaten verschiedener Nationalitäten. Wir wissen, wie gesagt, zur Gesellschaftsstruktur dieser Kleinstaaten kaum mehr, als daß sie monarchisch regiert wurden. Sie waren keine Poleis. Herodot nennt ihre Herrscher ›Tyrannen‹ oder ›Basileis‹, Könige. Eine Entwicklung hin zur antiken Demokratie fand nicht statt. Sie beteiligten sich nicht an der Großen griechischen Kolonisation ab dem 8. Jh., prägten aber ab dem Ende des 6. Jhs. Münzen, Ausdruck eines schon entwickelten Handels.

Die Phönizier hatten schon die praktische Alphabetschrift, wogegen die Griechen noch lange mit der umständlich zu schreibenden Silbenschrift hantierten. Die wirtschaftliche

Stadtkönigtümer und andere antike Fundstätten auf Zypern

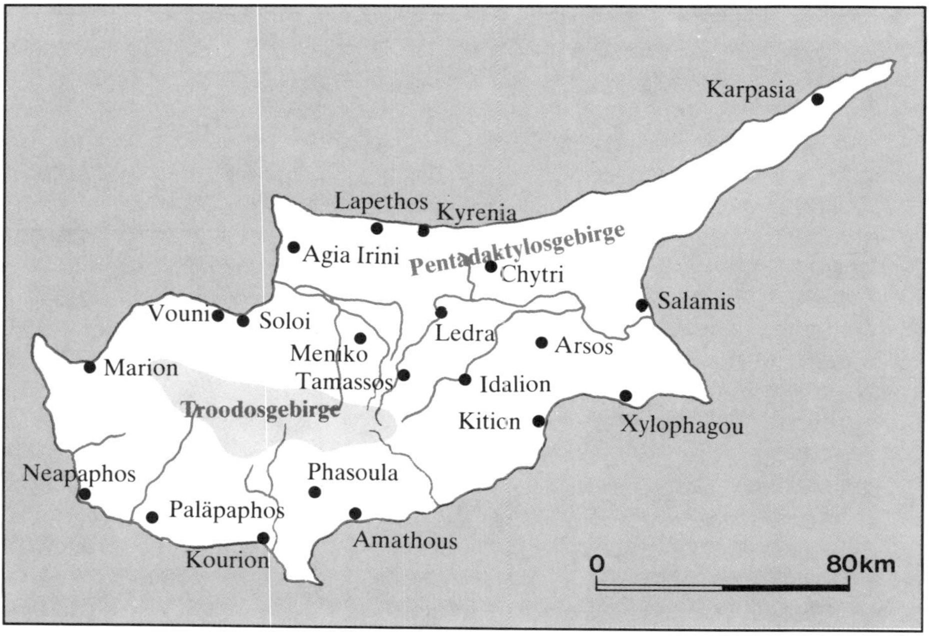

Basis der Stadtkönigtümer, das kann man nur ganz allgemein sagen, lag im Handel, im Kupferabbau, seiner Weiterverarbeitung und seinem Export, sowie in der Landwirtschaft.

Die Stadtkönigtümer ähneln orientalischen Monarchien, doch die Einwohner der meisten sind Griechen, und mehr und mehr werden griechische Kunstformen aus dem Mutterland rezipiert.

In der Archaik mutet die Kunst noch ganz orientalisch an. In der Keramik sind die Vasen des ›Free-Field-Stils‹ beeindruckende kyprische Schöpfungen; um 650 entsteht die Großplastik. (Vgl. zur Kunstproduktion Tabelle 3.)

Merkwürdig ist nur, daß man kaum Monumentalarchitektur und keinen einzigen sicher nachzuweisenden Palast eines Stadtkönigs gefunden hat. (Der Palast von Vouní gehörte wahrscheinlich einem persischen Gouverneur.) Von den Wohnhäusern wissen wir so gut wie gar nichts. Von den Befestigungen kennt man die Stadtmauer von Alt-Paphos recht gut, immerhin ausreichend, um die Größe dieser Stadt annähernd zu bestimmen.

Die Königsgräber von Sálamis

Archäologische Hauptquelle für den Grabluxus der Stadtkönige und des Adels, aber auch für die Bestattungsbräuche der ärmeren Bevölkerungsteile sind die in Sálamis ausgegrabenen Königsgräber (vgl. Ortsbeschreibung S. 304 f.; Abb. 34), deren Schätze sich heute im Nationalmuseum in Nikosia befinden.

In der Grabkammer von Grab 1 fand man aus der Zeit der ersten Bestattung einen Bronzekessel, der im Boden eingelassen war. Darin waren in einem Tuch eingewickelt die Reste eines verbrannten Leichnams. Unter der Asche fand man im Kessel ein goldenes Halsband mit Bergkristallperlen und einige Stücke dünnes Goldblech. Im Dromos des Grabes waren die Reste des Scheiterhaufens. Insgesamt 27 Gefäße standen in der Nähe. Außerdem entdeckten die Archäologen Spuren von geopferten Pferden und Abdrücke eines hölzernen Wagens. Es handelt sich hier um eine Feuerbestattung aus der Mitte des 8. Jhs. v. Chr. Der Brauch der Leichenverbrennung ist erst am Anfang der Eisenzeit von den Dorern in Griechenland eingeführt worden und von dort nach Zypern gelangt. Homer, der in eben diesem 8. Jh. lebte, schildert uns wie zur Illustration des Grabungsbefundes die Feierlichkeiten beim Begräbnis des Patroklos, des engen Freundes Achills:

»Nur die Bestattenden blieben daselbst und häuften die Waldung,
Bauend das Totengerüst, je hundert Fuß ins Gevierte,
Legten dann hoch aufs Gerüst den Leichnam, traurigen Herzens.
Viele gemästete Schaf' und viel schwerwandelndes Hornvieh
Zogen sie ab am Gerüst und bestellten sie ...
... auch Krüge voll Honiges stellt' er und Öles
Nah um das Leichengewand; und vier hochhalsige Rosse
Warf er mit großer Gewalt auf das Totengerüst,
lautstöhnend.« (Ilias 23, 162–172, Übersetzung Voß)

Die zweite Bestattung in Grab 1 war eine Erdbestattung. Wieder wurden Pferde geschlachtet und ein Wagen – der Leichenwagen – mitgegeben.

In Grab 2 war ein Leichenwagen geopfert worden, der von zwei Eseln gezogen war. Kurz vor dem Todesstoß war es einem Esel gelungen, sich aus dem Geschirr zu befreien und in die Ecke zwischen Grabkammer und Dromoswand zu fliehen. Hier wurde er nach dem archäologischen Befund von Steinen getroffen, die die Begräbnisteilnehmer geworfen hatten, und dann lebendig begraben. Ein ähnlicher makabrer Zwischenfall ereignete sich im Dromos von Grab 47. Hier verrenkte sich eines der Pferde, als es zu fliehen versuchte, am Jochbalken des Geschirrs den Hals und brach sich beim Niederstürzen das Genick. Seinen Schädel hat man in ganz unnatürlicher Haltung auf seinen Rippen liegend gefunden.

In den Erdmassen, die nach den Opferfeierlichkeiten in den Dromos geschüttet wurden, fanden die Ausgräber lang hingestreckt das Skelett eines Menschen, dessen Hände vielleicht gefesselt waren. Ein treuer Diener seines Herren oder ein Feind? Solche Menschenopfer sind sicher sehr selten gewesen, aber auch an anderen Orten Zyperns belegt.

Bei Homer werden als Getreue des Patroklos nur Hunde geopfert, dagegen von den Feinden zwölf Trojaner:

»Neun der häuslichen Hund' ernährt am Tische der Herrscher;
Deren auch warf aufs Totengerüst er zweene geschlachtet;
Auch zwölf tapfere Söhne der edelmütigen Troer, die mit dem
Erz er gewürgt; denn schreckliche Taten ersann er.«

(Ilias 23, 173–176)

In Grab 47, gleich neben dem Aufsichtshaus, sind die geopferten Pferde unter einem Schutzglas ausgestellt, so wie sie bei der Ausgrabung in situ gefunden wurden.

Grab 79 ist das prächtigste von allen gewesen. Hier hat man neben Pferdegeschirrteilen und blumenförmigen Bronzestandarten zwei Bronzekessel aus dem 8. Jh. v. Chr. gefunden, die ebenfalls Weihgeschenke waren. Einer ist am Rand mit acht Greifenprotomen und vier doppelgesichtigen, bärtigen Vogelmenschen geschmückt. Den anderen Kessel zieren drei kleine Stierprotomen, die unter den Henkeln angebracht sind, sowie eine Platte mit einem Relief des Kopfes der ägyptischen Göttin Hathor. Dies alles sind orientalische Formen und Gestalten; ähnlich waren auch die Brustplatten, die Scheuklappen, die Kopf- und Stirnbänder und das Seitengehänge der Pferdegeschirre geschmückt. Einer der Wagen ist im Museum von Nikosia aus den Abdrücken im Boden und aus den bronzenen Beschlagteilen genau rekonstruiert ausgestellt. Sensationell war außerdem die Entdeckung von Möbeln im Grab. Darunter ein Schemel und zwei Throne aus Holz, die ganz mit Elfenbeinplatten beschlagen waren, und ein Bett von 1,89 m Länge und 1,11 m Breite.

Die Königsgräber ähneln mit ihrer Tumulusform und dem Dromos mykenischen Tholosgräbern. Die Erdbestattung ist alter mykenischer Brauch. Auf Zypern haben sich Architektur und Bestattungssitte aus der Achäerzeit in die Zeit der Stadtkönigtümer tradiert (vgl. oben S. 28 f.).

Im Cellarka-Bezirk befinden sich allein ca. 100 der insgesamt rund 150 Gräber des ganzen Friedhofsgeländes, zusammengedrängt auf eine Fläche von 1092 Quadratmetern (Abb. 35). Fast alle sind geplündert worden. Sie waren dicht unter der Erdoberfläche aus dem Felsen herausgehauen und hatten nur kurze, getreppte Dromoi. Hier waren die Ärmeren von Sálamis begraben. Es waren Familiengräber, die jahrhundertelang benutzt wurden. Da der Platz im Cellarka-Bezirk immer knapper wurde, mußte man bei den späteren Gräbern die Dromoi immer kleiner anlegen, ja schließlich ganz darauf verzichten. An der Erdoberfläche war der Grabbereich durch Grenzmauern angezeigt. In den Dromoi oder im Bereich der Gräber hat man Scheiterhaufen in Erdlöchern ausgemacht, in denen außer der Asche kleine Tongefäße, Tierknochen, verkohlte Früchte und Getreidekörner lagen. Diese Scheiterhaufen dienten, so der Ausgräber Vassos Karageorghis, nicht zur Brandbestattung, sondern nur zum Verbrennen von Opfergaben.

Die Perserkriege und die Belagerungsrampe von Alt-Paphos

Eine nicht minder interessante Ausgrabungsstätte aus der Zeit der Stadtkönigtümer ist in Alt-Paphos, nicht weit vom heutigen Dorf Koúklia.

Dieses auf den ersten Blick unscheinbare Ausgrabungsgelände ist lesbare Archäologie, ist ein Einblick in eine kurze Phase der griechischen Geschichte von welthistorischer Bedeutung: die Perserkriege.

Als die griechischen Städte an der Westküste Kleinasiens im Winter 499/98 v. Chr. unter Führung Milets den Aufstand gegen das übermächtige Perserreich wagten, schlossen sich – aber zitieren wir besser Herodot: »schlossen sich alle Kyprier, mit Ausnahme der Amathusier, freiwillig an. Auch Onésilos, ein jüngerer Bruder des Königs Gorgos von Sálamis ... Dieser Onésilos hatte den Gorgos schon früher zum Abfall vom Großkönig gedrängt, und jetzt, wo er vom Abfall der Ioner hörte, ließ er seinem Bruder keine Ruhe mehr. Als er Gorgos trotzdem nicht bewegen konnte, wartete er mit seinen Parteigängern ab, bis Gorgos einmal die Stadt Sálamis verließ, und schloß hinter ihm die Tore. Gorgos floh, seiner Herrschaft beraubt, nach Medien [Persien, A. S.], und Onésilos, der nun Herr von Sálamis war, überredete ganz Kypros, sich dem Abfall anzuschließen. Alle folgten ihm, nur die Amathusier wollten nicht, weshalb er gegen ihre Stadt zog und sie belagerte.«

Dieser Aufstand ist der erste einer ganzen Reihe von Rebellionen gegen das Perserreich gewesen. Die Perser mußten gewaltige Mittel aufbieten, um ihn niederzuschlagen. Unterstützung hatten die ionischen Städte dabei kaum, aus Hellas kamen gerade 20 athenische und fünf Schiffe aus Eretria zur Hilfe. Um so wertvoller war die Unterstützung der kyprischen Stadtkönigtümer, aber umso härter für diese auch die Rache des Großkönigs. In einer Land- und Seeschlacht beim zyprischen Sálamis kam es 498/97 zum Kampf zwischen Persern und verbündeten Phöniziern mit den Kypriern und ihren Verbündeten, einer ionischen Hilfstruppe. Das kyprische Heer unterlag, und das persische Heer schickte sich nun an, die einzelnen kyprischen Städte zu erobern. »Von den belagerten Städten leistete Sóloi am

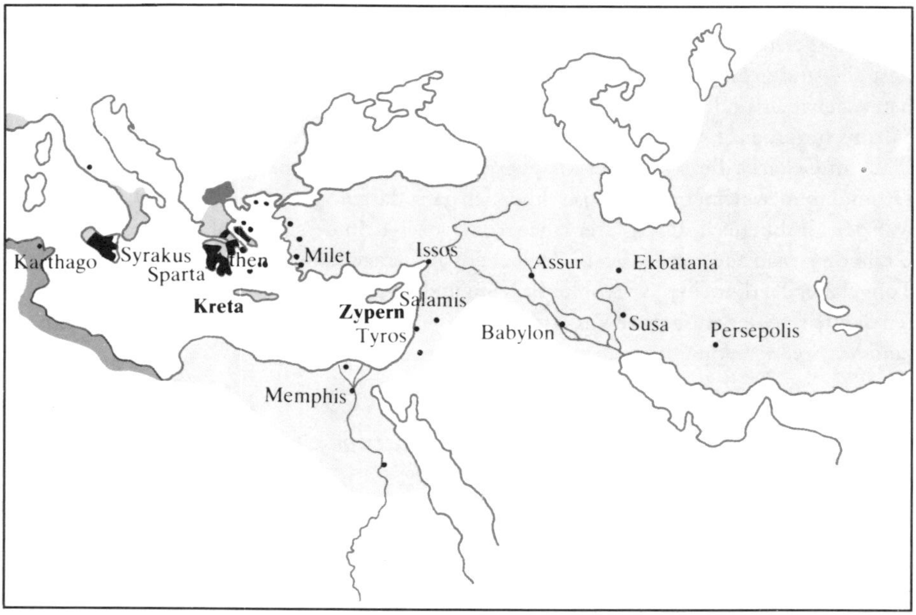

Perserreich und griechische Staaten um 500 v. Chr. Ausgangssituation der Perserkriege

Perserreich
Gegen Persien verbündete griechische Staaten
Neutrale griechische Staaten
Makedonien als persischer Vasallenstaat
Karthago, ehemals phönizische Kolonie

längsten Widerstand. Erst im fünften Monat fiel es, nachdem die Perser die Mauer rings untergraben hatten. So war Kypros nach einjähriger Freiheit von neuem unter dem persischen Joch«, berichtet Herodot (Buch 5, 104 u. 115/116).

Das persische Heer belagerte auch Paphos. Hier waren es allerdings die Paphioten, die die Mauer untergraben hatten. Die Ausgräber entdeckten unter der archaischen Stadtmauer von Paphos mehrere Tunnel (Abb. 37), die angelegt worden waren, um auf der Feldseite eine Rampe zum Einstürzen zu bringen. Auf dieser Rampe, die die Perser aufgeschüttet hatten, um den Festungsgraben zu überbrücken und die Stadtmauer zu nehmen, stand wahrscheinlich ein Belagerungsturm. Solche mehrgeschossigen, beweglichen Holztürme, von denen aus man auf die feindliche Stadtmauer übersetzen konnte, waren im persischen Heer geläufig – eine Übernahme assyrischer Kriegstechnologie.

Außerdem besaßen die Perser wohl einfache Katapulte, Vorstufen des berühmten ›Helepolis‹, den ungefähr 200 Jahre später der Diadoche Demetrios Poliorketes, der ›Städtebelagerer‹, verwendete. Die dazugehörigen Geschosse jedenfalls hat man dort gefunden, rund 500 an der Zahl, jedes zwischen 2,7 und 21,8 kg schwer. Diese runden Kalksteine mit einer flachen Seite sind heute im Museum beim Aphroditeheiligtum.

Kurz vor der Belagerung wurde, so der archäologische Befund, die Stadtmauer durch eine Reihe vorgeblendeter Kalksteine auf 5,65 m verstärkt und ein Graben vor der Mauer angelegt. Das Stadttor wurde durch zwei Querbastionen verengt, so daß die Feinde nun einen verwinkelten Eingang zu überwinden hatten.

»Die anrückende persische Armee brach ein Heiligtum außerhalb der Mauern ab und benutzte dessen Trümmer zusammen mit Erde, Feldsteinen, Kies und Baumstämmen, um den Graben aufzufüllen ... Über 500 Waffenfunde (meist eiserne oder bronzene Pfeil- und Wurfspeerspitzen) zeigen, daß die Rampe unter heftigem Beschuß durch die Verteidiger errichtet werden mußte. Ein vollständig erhaltener Bronzehelm korinthischen Typs und die Bruchstücke eines eisernen Helmes sind die ersten griechischen Helme, die bisher auf dem Schlachtfeld selbst gefunden wurden«, so der Bericht von F. G. Maier, Ausgräber von Alt-Paphos. »Offene Tonlampen in Nischen der Stollenwände leuchteten zur Arbeit. Durch die Stollen wurde mehr und mehr Rampenmaterial ins Stadtinnere geschafft und nahe der Stolleneingänge deponiert; der wachsende Hohlraum wurde Schritt für Schritt mit Holzstempeln abgestützt. Schließlich wurde in großen Bronzekesseln Brennstoff herangebracht und die Holzabsprießung in Brand gesetzt; die Stollen wirkten dabei vermutlich wie ein Kamin. Nach dem Abbrennen sackte der darüberliegende Teil der Rampe ein und begann im Kaltbrand zu schwelen ... Ob dies gelang, wissen wir nicht.«

Sicher aber ist, daß die Stadt schließlich genommen wurde. Das eroberte Alt-Paphos blieb wie alle anderen Städte Zyperns bis zu Alexander dem Großen unter persischer Herrschaft.

Siebzehn Jahre später beteiligen sich nach dem Zeugnis Herodots (Buch 7, 90) 150 Schiffe am Zug des Xerxes gegen Griechenland. Dieser Angriff endete mit einer totalen Niederlage für die Perser: mit der Schlacht bei Salamis im Jahre 480 v. Chr.

In der aufgeschütteten Rampe haben die Archäologen mehr als 1000 Werkstücke aus Kalkstein gefunden, darunter Jünglingsköpfe, Sphingen und Löwen, von denen ein Teil im Museum von Koúklia ausgestellt ist. Ein griechischer Helm (Abb. S. 254) könnte einem griechischen Söldner in persischen Diensten gehört haben.

Herodot zum Perserkrieg auf Zypern

Herodot (5, 104, 108, 112) zur komplizierten Lage auf Zypern beim Abfall der griechischen Stadtkönigtümer von Persien. Sálamis belagerte Amathous, das sich aus dem kyprisch-persischen Konflikt heraushalten wollte. Den Kypriern und den ionischen Griechen (die zu Hilfe gekommen waren) standen neben Persern auch noch Phönizier gegenüber. Die Phönizier besaßen auf Zypern Kolonialgebiet (Kition!).

Onesilos, der nun Herr von Salamis war, überredete ganz Kypros, sich dem Abfall anzuschließen. Alle folgten ihm, nur die Amathusier wollten nicht, weshalb er gegen ihre Stadt zog und sie belagerte.

Zu dem Herrscher von Salamis, Onesilos, der die Amathusier belagerte, drang die Kunde, daß ein großes persisches Heer unter Führung des Persers Artybios zu Schiff im Anzuge sei. Als Onesilos das hörte, schickte er Boten nach den ionischen Städten und bat um Hilfe. Die Ioner besannen sich nicht lange und kamen mit einem großen Heere herbei. Als sie in Kypros anlangten, kamen auch die Perser zu Schiffe von Kilikien herüber und rückten zu Lande gegen Salamis vor. Die Phoiniker mit der Flotte umfuhren das Vorgebirge, das den Namen ›Schlüssel von Kypros‹ führt.

Da versammelten die Tyrannen der kyprischen Städte die Feldherrn der Ioner und sprachen: »Ioner! Wir Kyprier lassen euch die Wahl, gegen wen ihr euch wenden wollt, gegen das persische Landheer oder die phoinikische Flotte. Wollt ihr einen Angriff gegen das Landheer wagen, so müßt ihr jetzt die Schiffe verlassen und euch zum Landkampf rüsten. Wir steigen dann in eure Schiffe, um uns gegen die Phoiniker zu wenden. Wollt ihr aber lieber die Phoiniker angreifen, wohlan, so fahret ihnen entgegen. Wie ihr euch auch entscheiden möget, – tut das Eure, um Ionien und Kypros die Freiheit zu erkämpfen!«

In der Seeschlacht errangen die Ioner, die sich an diesem Tage durch Tapferkeit hervortaten, namentlich die Samier, den Sieg über die Phoiniker. In der Landschlacht stießen die Heere heftig aufeinander. Der Kampf der beiden Feldherrn verlief so: sobald Artybios zu Pferde auf Onesilos eindrang, schlug dieser nach der Verabredung mit seinem Schildknappen auf Artybios selber los, und als das Pferd mit den Hufen nach Onesilos' Schild schlug, traf der Karer mit dem krummen Schwert die Hufe und hieb sie ab. Da stürzte Artybios, der persische Feldherr, samt seinem Roß auf der Stelle nieder.

Das Scheingrab des Nikókreon und seine Geschichte

Nochmals zurück zu den Königsgräbern von Sálamis. Eine Kuriosität ist das Grab 77 aus dem Ende des 4. Jhs. v. Chr. in der Nähe des modernen Énkomi (tk. Tuzla). Auf einer Plattform, die aus dem Felsboden herausgearbeitet war und immerhin 52 m Durchmesser hat (Abb. 36), erhob sich vor der Ausgrabung ein 10 m hoher Tumulus. Grabräuber, die im 19. Jh. fast alle Gräber von Sálamis geplündert hatten, nahmen sich auch diesen vor und gruben von der Spitze des Tumulus bis zur Plattform herunter einen Schacht, in der Hoffnung, die Grabkammer zu finden. Doch die fehlte. Bei den wissenschaftlichen Grabungen wurde der Hügel nun Schicht um Schicht abgetragen. Und da entdeckte man seitlich verschoben ein Podest, zu dem eine Rampe hinaufführte. Auf dem Podest war eine Steinpyramide, darunter ein Scheiterhaufen mit Samen, Getreidekörnern und Früchten, nebst ungefähr 100 kleinen Tongefäßen (Alabastren). Noch außergewöhnlicher aber waren Bruchstücke von Statuen aus Ton, die erst das Feuer des Scheiterhaufens gebrannt hatte. Diese Plastiken hatte man mit Nägeln an Holzpfählen befestigt und sie um den Scheiterhaufen aufgestellt. Karageorghis hat die Köpfe von fünf Menschen, darunter den einer Frau gefunden, lebensgroß, im idealisierenden Stil der griechischen Plastik des späten 4. Jhs. v. Chr.

Plattform mit dem Scheiterhaufen des Scheingrabs des Nikókreon beim Dorf Énkomi/Tuzla (nach einer Fotografie des Ausgräbers Karageorghis)

Die Gesichter der Plastiken waren weiß, Haare und Lippen rot bemalt. Auch ein modellierter Pferdekopf befand sich unter den Plastiken.

»Nachdem all die in den Resten des verbrannten Holzstoßes zum Vorschein gekommenen Funde sichergestellt und Asche sowie Holzkohlenreste beseitigt waren, erwarteten der Verfasser und seine Mitarbeiter, eine Grube und in dieser eine Amphore mit den eingeäscherten Überresten des Toten zu finden, zu dessen Ehre man den Scheiterhaufen und den gesamten Hügel aufgerichtet hatte. Doch nichts dergleichen fand sich ...«, beschreibt Karageorghis die Situation. Auch unter den Platten des Podestes fand sich keine Spur einer Erd- oder Feuerbestattung. »Nichts bleibt somit übrig als der Schluß, daß zwar der gesamte Hügel ebenso wie der Scheiterhaufen in seinem Inneren mit einer Totenfeier zu tun hatte, doch daß es eine Bestattung hier dennoch überhaupt nicht gab ..., daß man das ganze Monument als Kenotaph (wörtlich: ›leeres Grabmal‹) errichtet hatte«, fährt Karageorghis fort.

Und wie kam es nun zu dieser merkwürdigen Anlage, die nicht ihresgleichen hat? Datiert ist sie mit Sicherheit ins Ende des 4. Jhs. v. Chr. Damals nun gibt es in der zyprischen Geschichte ein Ereignis, das uns u. a. Diodor überliefert: den Selbstmord des letzten Königs von Sálamis, Nikókreon.

Als Alexander der Große 323 v. Chr. gestorben war, teilten seine Offiziere, die Diadochen, das riesige Reich unter sich auf und bekriegten sich gegenseitig. Ptolemaios I., dem

Ägypten zugefallen war, versuchte, Zypern seinem Reich anzuschließen. Doch Nikókreon, König von Sálamis, weigerte sich und verbündete sich lieber mit Antígonos, dem sogenannten Einäugigen (Monóphthalmos), der damals in Kleinasien operierte und die ›Freiheit der Griechenstädte‹ propagierte. Daraufhin schickte Ptolemaios eine Truppenabteilung nach Sálamis, die den Palast des Nikókreon umstellte und Nikókreon zum Selbstmord zu zwingen versuchte. Tatsächlich brachte er sich um. Nun folgte ein dramatisches Blutbad. Nikókreons Frau, Axiothea, tötete ihre noch unverheirateten Töchter und beging dann mit den Frauen der Brüder des verstorbenen Königs ebenfalls Selbstmord. Die Brüder selbst steckten den Palast in Brand und nahmen sich als letzte das Leben. Soweit der Bericht Diodors. Der Tod des Nikókreon fiel ins Jahr 311 v. Chr.

Weil nach dem Brand des Palastes die Leichen nicht mehr auffindbar waren, errichteten die Bewohner von Sálamis ihrem König und seiner Familie den Scheiterhaufen mit den Statuen als Stellvertretern. Nach der vollzogenen Scheinbestattung wurde der Tumulus aufgehäuft. Diese Verknüpfung des Ausgrabungsbefundes mit der literarischen Quelle ist bestechend.

TABELLE 3: ZEIT DER STADTKÖNIGTÜMER (1050–333)

Zeit	*Geschichte*	*Kunst, Kultur, Architektur*
1050–750	**Kypro-geometrisch**	
9. Jh.	Phönizische Kolonie in Kítion. Beginn der phönizischen Einwanderung.	● Astartetempel in Kítion
750–475	**Kypro-archaisch**	● 8. Jh.: Bichrome Keramik, Zypernmuseum
	Trotz Vasallenstatus Entwicklung von Wirtschaft und Kunst (2. Blütezeit – die 1. war in der späten Bronzezeit).	● 8.–7. Jh.: Königsgräber von Sálamis (Abb. 34), vgl. auch Zypernmuseum
709–ca. 663	**Assyrische Oberhoheit**	● Free-Field-Stil, Zypernmuseum
709	Auf Bildstele von Kítion erscheinen kyprische Stadtkönigtümer als tributpflichtig gegenüber Sargon II. von Assyrien.	● Votivfiguren von Agía Iríni, Zypernmuseum
673/72	10 Stadtkönigtümer bezahlen Tribut an Asarhaddon von Assyrien. Zypern erscheint dort als ›Ya‹ und ›Yatnana‹.	● ab 650: Entstehung der Kalkstein-Großplastik, Zypernmusem
ca. 663–560	Stadtkönigtümer sind rund 100 Jahre unabhängig.	● 2. H. 7. Jh.: ›Königsgräber‹ von Tamassós (Abb. 33), Modelle im Zypernmuseum
ca. 560–540	**Ägyptische Oberhoheit**	
560–525	›Monarchie‹ des Euélthon von Sálamis.	

ab ca. 540	**Persische Oberhoheit** (bis zu Alexander dem Großen, 333 v. Chr.) Stadtkönige treten zu den Persern über, Kyros der Große besiegt Ägypten.	● ab 530: Münzen der Stadtkönigtümer, Zypernmuseum
499/98	**Revolte der ionischen Griechenstädte gegen das Perserreich. Staatsstreich des Onésilos von Sálamis. Unter seiner Führung Abfall der Stadtkönigtümer von Persien (außer Amathous).**	
498/97	Aufstand gescheitert. Verschärfung der persischen Kontrolle.	● 498/97: Belagerungsrampe von Alt-Paphos (Abb. 37)
490–480	Perserkriege. Griechische Poleis unter Führung Spartas und Athens gegen die persischen See- und Landstreitkräfte.	
480	Schlacht bei Salamis. Zypern nimmt auf persischer Seite mit 150 Schiffen teil. Nach griechischem Sieg in der Folgezeit Versuche Spartas und Athens, Zypern als Stützpunkt gegen das Perserreich zu gewinnen.	
475–325	**Kypro-klassisch**	● Attische Keramik. Zypernmuseum ● Bronzekuh von Vouní, Zypernmuseum
450/449	Flottenexpedition Kimons von Athen, um Zypern zu ›befreien‹.	
448	Kalliasfrieden zwischen Athen und den Persern. Zypern bleibt unter persischer Oberhoheit.	
411–374/73	**›Monarchie‹ des Euágoras von Sálamis**	
391–388/87	Euágoras unterwirft die anderen Stadtkönigtümer und betreibt ›Weltpolitik‹: »Architekt eines neuen persisch-athenischen Bündnisses« (Maier) gegen Sparta. Zypern ist politisch geeint und de facto unabhängig, trotz persischer Oberhoheit	
380	Perser belagern Sálamis. Fall des Euágoras. Zypern wird in sich befehdende Stadtkönigtümer gespalten.	
351	Alle Stadtkönigtümer, verbündet mit Phönikien und Ägypten, revoltieren gegen persische Oberhoheit. Aufstand wird niedergeschlagen.	
333	**Ende der persischen Herrschaft** Stadtkönige unterstützen nun Alexander d. Gr. nach seinem Sieg bei Issos über die Perser.	
332	Teilnahme am Alexanderfeldzug (Einnahme von Tyros).	

Zypern zur Zeit des Hellenismus (325–58)

Zenon von Kítion und die Stoa

»Zyperns einziger, freilich unschätzbarer Beitrag zur Geistesgeschichte Europas« (F. G. Maier).

›Stoa‹ heißt eigentlich Säulenhalle. Eine Säulen- und Wandelhalle auf der Agora von Athen, die Öffentlichkeit des Marktes, das war der Ort, wo Zenon aus Kítion seine Lehre unter die Menschen brachte. Er wurde um 335 v. Chr. in Kítion auf Zypern geboren, wirkte ab 312 in Athen und starb dort im Jahre 263. Für seine Zeitgenossen war er ein Phönizier.

Hauptteil seiner Philosophie war die Ethik, *die auf folgender Weltanschauung basierte: Das Universum, die Natur und der Mensch werden letztlich regiert von der* Vorsehung. *Die Vorsehung ist prinzipiell* gut, *und damit sind auch der Mensch und seine Handlungen prinzipiell gut.*

Ziel der stoischen Ethik ist nun, im Einklang mit der Natur und den Menschen zu leben. Zenons politische Utopie war ein Weltstaat (vgl. das Alexanderreich! A. S.), in dem alle Menschen, auch die Sklaven, brüderlich, gleich und nach dem Gesetz der Liebe *zusammenleben sollten.*

Die Stoa – damit ist die stoische Philosophie gemeint – ist auch ein Produkt der Zeit, in der sie entstanden ist. Sie setzt an die Stelle eines Denkens, das das menschliche Glück in der politischen Betätigung in der Polis sieht, ein individuell zu erreichendes privates Glück. Die Stoa entsteht in der Zeit der Krise und Auflösung der Polis und der zyprischen Stadtkönigtümer. Die Kleinstaaterei hatte sich überlebt, an ihre Stelle war der von Alexander geschaffene Weltstaat getreten.

Doch diese kommunistische Utopie konnte damals selbst in den Reihen der Stoiker nicht unwidersprochen bleiben. Chrysipp, Nachfolger Zenons, hält dem lapidar entgegen: »Es ist durch nichts zu verhindern, daß einige Sitze im Theater besser sind als andere. Also sind nicht alle Menschen gleich und können es auch nicht sein.«

Aus der Kategorie der Vorsehung *ergeben sich aber auch Fatalismus und Determinismus. Gesund oder krank, reich oder arm, alles Körperliche und damit Hinfällige ist belanglos. Glückseligkeit liegt allein in der* Tugend, *und die liegt darin, daß der Mensch aus freiem Entschluß seine Leidenschaften und Begierden zügelt und sein Wollen mit dem Geschehen des Weltganzen in Übereinstimmung hält. Zenons Grabspruch erinnert an den Kategorischen Imperativ Kants: »Er machte aus seinem Leben ein Vorbild für uns alle, denn er folgte seinen eigenen Lehren.«*

Stoisches Gedankengut wurde vom Christentum übernommen. Die asketischen Züge der Stoa finden wir im christlichen Mönchstum.

Zypern und die Diadochenkriege (323–294)

Die Eroberung des persischen Reiches durch Alexander den Großen bedeutete für die kyprischen Stadtkönigtümer zunächst die Unabhängigkeit von persischer Herrschaft. 334 v. Chr. hatte das Alexanderheer den Hellespont überschritten, 333 den persischen Großkönig Dareios III. bei Issos in die Flucht geschlagen. Schiffe der Stadtkönigtümer schlossen

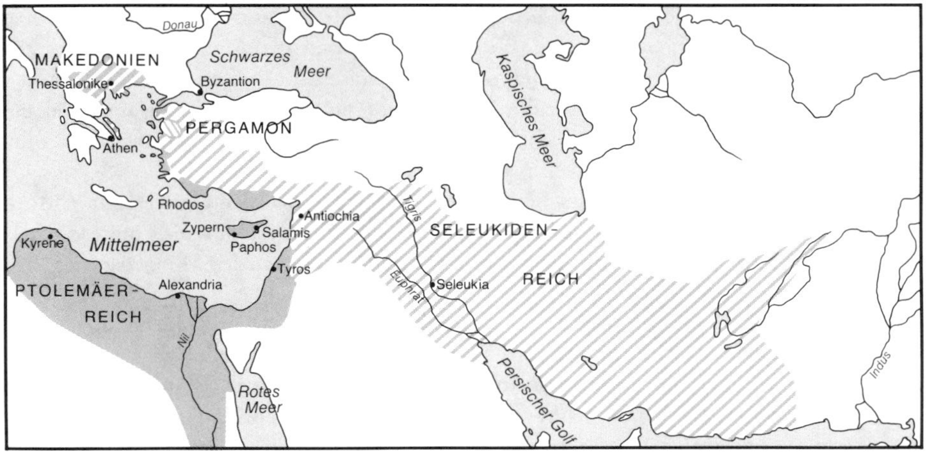

Die wichtigsten Diadochenreiche (Nachfolgestaaten des Alexanderreichs) nach 276 v. Chr. Zypern gehört zum Ptolemäerreich

sich dem Alexanderfeldzug an und halfen bei der Eroberung der phönizischen Hafenstadt Tyros.

Aber die Unabhängigkeit währte nicht lange. Nach dem Tode Alexanders 323 v. Chr. konnte das Riesenreich, ein zusammengestückelter Vielvölkerstaat ohne gemeinsame soziale und ökonomische Basis, nicht zusammengehalten werden. Es begann ein blutiger Machtkampf der Heerführer Alexanders, der Diadochen, um Teilgebiete des sich auflösenden Großreiches (vgl. S. 39f.).

Zypern konnte sich aus den Diadochenkriegen nicht heraushalten. Die Insel war mit ihren Ressourcen, in erster Linie Kupfer und Holz, mit ihrer strategischen und handelspolitischen Bedeutung Zankapfel vor allem zwischen Antígonos, der in Kleinasien operierte, und Ptolemaios, der Satrap von Ägypten geworden war.

Die zypriotischen Städte schlossen sich teils dem einen, teils dem anderen an. Márion, das ein Bündnis mit Antígonos geschlossen hatte, wurde 312 v. Chr. von Ptolemaios zerstört. Sálamis unterstützte zunächst Ptolemaios, fiel dann aber zu Antígonos ab. Daraufhin folgte die grausame Episode, die oben (S. 38) schon erzählt wurde: der erzwungene Selbstmord des Nikókreon und die Auslöschung des salaminischen Königshauses. Schließlich kam die Insel 294 v. Chr. endgültig in die Hand der Ptolemäer.

Zypern als ptolemäische Provinz (294–58)

Zypern war nun für gut zweieinhalb Jahrhunderte Provinz des ägyptischen Ptolemäerstaates. Eine griechische Herrschaftsschicht übernahm in Ägypten die zentralisierte Planwirtschaft des Pharaonenreiches. Die Ptolemäer ließen sich als Pharaonen verehren und waren absolute Herrscher über Bevölkerung, Boden und Bodenschätze. Auch aus den Provinzen flossen den Ptolemäern hohe Einnahmen zu. Zypern mit seinem Kupfer- und Holzreichtum war nur eine von ihnen, andere waren die Kyrenaïka, Phönizien und Palästina, außerdem ein Streifen längs der kleinasiatischen Küste bis hin zur Ägäis. Diesen Provinzstatus sollte Zypern für eineinhalb Jahrtausende, bis 1191, behalten.

Die Kupferbergwerke und wahrscheinlich auch die Wälder wurden verstaatlicht. Ansonsten bezahlten Händler und Produzenten Steuern. Das Münzsystem wurde auf ptolemäische Gewichte und Nominierungen umgestellt; weiterhin aber wurden Münzen auf Zypern geschlagen.

Der ptolemäische König übertrug die Verwaltung der Insel einem Generalgouverneur, dem Strategós, einem Griechen, der dem König unmittelbar unterstellt war. Die Strategen verwalteten mit einem Beamtenstab die Insel. Eine ständige Besatzungstruppe kontrollierte Sicherheit und Ordnung. Den Städten blieb ein bescheidenes kommunales Selbstverwaltungsrecht. Kommunalen Zwecken diente wohl auch das überlieferte Koinon, der Verband der kyprischen Städte. Der Stratege ließ sich schließlich auch zum Hohepriester Zyperns einsetzen, wahrscheinlich, um so legal an die Einkünfte der Heiligtümer heranzukommen. Hauptstadt Zyperns blieb zunächst Sálamis, wurde dann aber bald Paphos. Nicht das alte Paphos mit dem Aphroditeheiligtum, sondern die unter dem letzten König von Paphos, Nikokles, neu gegründete Stadt Neapaphos am Meer, 16 km von Alt-Paphos entfernt, dort, wo der Hafen für die anlandenden Pilger war.

Paphos liegt näher zu Alexandria, der Metropole des ptolemäischen Ägyptens; außerdem waren die ausgedehnten Wälder des Tróodos als Holzquelle für das holzarme Ägypten wohl ausschlaggebend für den Wechsel der Hauptstadt. Vielleicht spielte hier auch die Nähe des Aphroditeheiligtums eine Rolle, denn nach wie vor kamen Pilger aus der ganzen griechischen Welt und brachten Weihgeschenke und Geld ...

Unter den Ptolemäern werden die einheimischen Kulte gefördert und neue eingeführt, griechische und aus Ägypten der Isis- und Serapiskult. Die Kunstformen sind weitgehend hellenisiert.

Im Hellenismus entfaltet sich der Herrscher- und Personenkult. Die ptolemäischen Gottkönige ließen sich auch auf Zypern verehren. Von Arsinoë, der Frau des Ptolemaios Philadelphos (285–245 v. Chr.), wissen wir, daß sie nach ihrem Tode im Jahr 270 vergöttlicht wurde. Mehrere Städte und Heiligtümer auf Zypern tragen ihren Namen; z. B. wurde Márion, das 312 v. Chr. in den Diadochenkriegen zerstört worden war, als Arsinoë wieder aufgebaut. Arsinoë wurde sogar als Aphrodite verehrt.

Paphos wurde zu einer großen Garnisons- und Verwaltungsstadt ausgebaut, mit öffentlichen Gebäuden, Typenhäusern, rechtwinklig sich schneidenden Straßen und prächtigen Heiligtümern. Auch Sálamis und Koúrion erhielten Gymnasien und andere öffentliche Gebäude. Leider ist von diesen hellenistischen Bauten wenig erhalten, denn Zypern wurde 15 v. Chr., 76/77 n. Chr. und im 4. Jh. von Erdbeben erschüttert, und vieles haben die Römer überbaut. Bauten und Statuen werden jetzt zunehmend aus importiertem Marmor

Ptolemäische Silbertetradrachmen aus dem hellenistischen Zypern. Auf der Vorderseite Porträt Ptolemaios' I., auf der Rückseite ein Adler und der Königsname ›ΠΤΟΛΕΜΑΙΟΥ ΒΑΣΙΛΕΩΣ‹. Oben rechts: L ist das Symbol für Anzahl der Regierungsjahre, NB sind die Regierungsjahre bis zur Münzprägung. ΠΑ *bedeutet Paphos als Münzprägeort. Unten rechts:* ΣΑ *für Sálamis.*

errichtet. Am bekanntesten geworden ist die ›Aphrodite von Sóloi (Soli)‹ aus dem 1. Jh. v. Chr., die in keinem Bildband über Zypern fehlt (Abb. 30).

Aus der hellenistischen Epoche ist eigentlich nur *ein* Monument gut erhalten zu sehen, die ›Königsgräber‹ von Neapaphos (Farbt. 17).

Tabelle 4: Zypern zur Zeit des Hellenismus (325–58)

Zeit	*Geschichte*	*Kunst, Kultur, Architektur*
323	Tod Alexanders	● 311 v. Chr.: Kenotaph des Nikókreon von Salamis (Abb. 36)
323–294	Zypern ist Streitball in den Kämpfen der Nachfolger Alexanders, der Diadochen (Antígonos Monóphthalmos, der ›Einäugige‹, und dessen Sohn Demetrios Poliorketes, der ›Städtebelagerer‹, als Gegenspieler Ptolemaios' I.).	
310	Nikókreon, König von Sálamis, wird von Ptolemaíos zum Selbstmord gezwungen.	
ca. 310	Zenon von Kítion (gest. ca. 262) begründet die stoische Philosophie in Athen.	

294	**Zypern wird Provinz des ägyptischen Diadochenstaates** Ptolemaios I. Sotér erster König. Paphos wird neue Hauptstadt.	● ›Königsgräber‹ von Paphos (Farbt. 17)
168	Armee des Seleukidenreiches unter Antíochos IV. besetzt Zypern, muß die Insel jedoch auf römische Intervention hin räumen.	
ab 168	Rom erobert nach und nach Griechenland und den Ostmittelmeerraum: Makedonien 168, Zerstörung von Korinth und Karthago 146, Kyrene 74, Kreta 64, Syrien 63, und schließlich, nach Zypern, Ägypten im Jahr 30.	● Aphrodite von Sóloi (Abb. 30)
58	**Zypern wird römische Provinz** Selbstmord des letzten Ptolemäers	

Zypern als römische und byzantinische Provinz und unter den Arabern (58 v. Chr.–965 n. Chr.)

Pax Romana

Nach dem Wechsel einer Fremdherrschaft begrüßt die einheimische Bevölkerung die neuen Herren oft als Befreier. So war es, nachdem die Türken Zypern 1571 von venezianischer Herrschaft befreit hatten. Sie schafften das drückende Feudalsystem ab und rehabilitierten die orthodoxe Kirche (vgl. S. 87). So war es auch, wenn wir Dio Cassius glauben dürfen, als die Römer 58 v. Chr. Zypern unter dem jüngeren Cato dem römischen Reich eingliederten.

Die Zufriedenheit mit dem neuen Herrscher währte indes nicht lange. Um 60 v. Chr. finanzierte sich der römische Staatshaushalt zu vier Fünfteln aus den Provinzen. Cicero, der einige Jahre später, 51/50 v. Chr., Statthalter von Kilikien und Zypern war, überliefert ein bezeichnendes Beispiel, mit welcher Härte Rom den Tribut von den zyprischen Städten eintrieb.

Sálamis mußte jährlich 200 Talente an Steuern aufbringen. Weil diese hohe Summe die Möglichkeiten der Stadt bei weitem überstieg, nahm sie in Rom selbst einen Kredit auf. Gläubiger war Marcus Scaptius, ein Agent des M. Iunius Brutus, bekannt als Neffe Catos und späterer Cäsarmörder. Die normalen Zinsen betrugen damals jährlich 6, höchstens aber 12 Prozent. Sálamis mußte 48 Prozent bezahlen. Brutus schickte ein Militäraufgebot nach Sálamis, um die Schuld einzutreiben. Die Stadtverwaltung wurde belagert, die Stadtväter wurden ausgehungert. Fünf ihrer Mitglieder fanden den Tod.

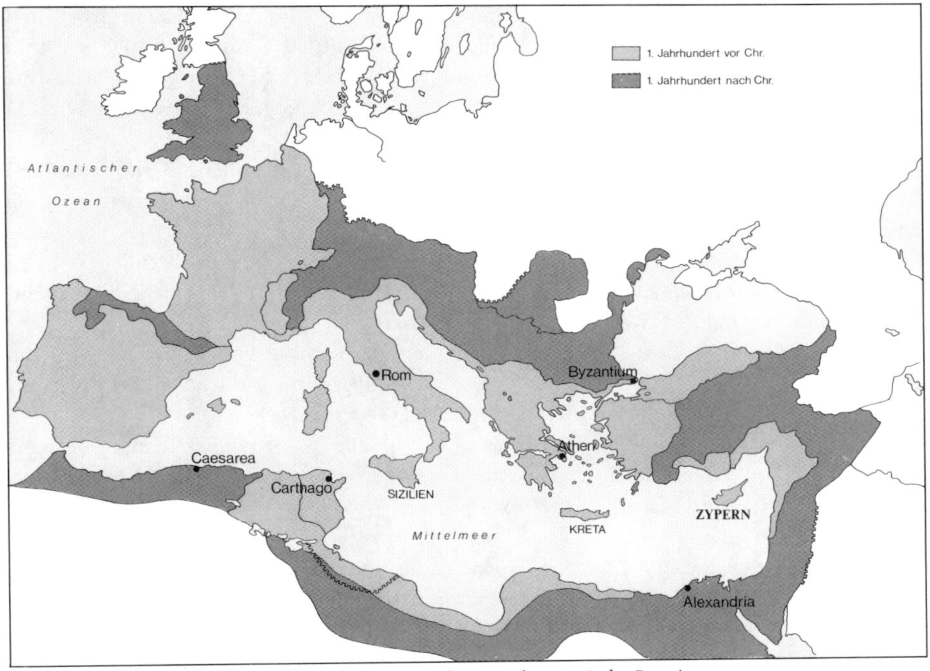

Ausdehnung des Römischen Reiches. Zypern wird 58 v. Chr. römische Provinz

Diese Form hemmungsloser und letztlich erfolgloser Ausbeutung wich dann einer kontrollierteren und effektiveren Form. Nachdem Zypern 22 v. Chr. senatorische Provinz geworden war, setzte Rom einen Prokonsul als Statthalter ein. Ihm beigeordnet war ein Finanzbeamter *(quaestor provinciae)*, der als direkter Vertreter des Senats für die Besteuerung der Insel zuständig war. Drittes Haupt der Verwaltung war ein Adjutant des Statthalters (*legatus pro praetore*). Diese drei Magistrate bekamen ein festes Gehalt und wechselten jährlich; so sollte einer möglichen Korruption vorgebeugt werden.

Die römischen Kaiser hatten in senatorischen wie in kaiserlichen Provinzen direktes Eigentum. Josephus erzählt, daß Augustus auf Zypern Minen besaß (wohl die von Sóloi), deren Ausbeutung und Einkünfte er für 300 Talente 12 v. Chr. an Herodes, König von Judäa, verkaufte. Herodes der Große war einer der Klientelfürsten, mit denen Rom sich an den Grenzen seines Imperiums verbündet hatte. (Er ist bekannt geworden durch den Bethlehemitischen Kindermord.)

Die so geordnete Provinzverwaltung und sichere, seeräuberfreie Handelswege, eben die ›Pax Romana‹ genannte Befriedung des Mittelmeerraums, brachte für Zypern trotz hoher Besteuerung einen anhaltenden Wirtschaftsaufschwung. Neben landwirtschaftlichen Produkten, vor allem Öl und Wein, exportierte Zypern Holz und Kupfer. Bedeutend war auch der zyprische Schiffbau. Römische Händler ließen sich auf Zypern nieder, liegt die Insel doch an der großen Ost-West-Handelsroute nach Indien und China. Wie auch sonst im Reich legten die Römer Straßen an. Die Peutingersche Karte (s. S. 65) zeigt eine Straße die Küste entlang um die ganze Insel, eine zweite als Querverbindung. Die meisten der 12 bis 13 Städte liegen ja an der Küste.

Zypern wurde von den ›Barbaren‹-Einfällen, die das Reich ab dem 3. Jh. andauernd bedrohten, kaum berührt; einmal, 269, drang eine Gotenflotte bis nach Zypern vor, ein anderes Mal, 404–407, verwüsteten isaurische Piraten Teile der Insel. Im 6. Jh. wurde die Holz- und Kupferindustrie unwichtiger, dafür erzeugte Zypern nun Textilien, speziell Servietten und Bettücher. Zypriotische Bauern widmeten sich sogar der Seidenraupenzucht, die Justinian aus China ins Reich hatte einführen lassen.

Die Mosaike von Paphos – besonders die im Haus des Dionysos mit ihrer Thematik von Liebe und Wein (vgl. S. 263; Farbt. 21, 23 u. Abb. 44–49) – sind Ausdruck des Wohlstands und der Lebensführung einer saturierten römischen Oberschicht.

Daß die römische Kaiserzeit allerdings nicht für alle Wohlstand brachte, zeigt eine Beschreibung der Arbeitsverhältnisse in den Minen von Sóloi, die uns Galen überliefert hat, ein römischer Arzt und Naturkundler des 2. Jhs.:

»Ich hatte einen einflußreichen Freund in Zypern, der den Beauftragten des Kaisers, den Leiter der Minen kannte ... Das Bergwerk war in den Hügel eingegraben wie eine Höhle. Drei Männer konnten nebeneinander stehen. Es war hoch genug, daß der größte aufrecht stehen konnte. Der Gang führte allmählich abwärts. Am Grunde, ungefähr 200 m vom Eingang, war ein Tümpel von dickem, grünlichem, fettigem Wasser ... Das von dem porösen Gestein tropfende Wasser wird Tropfen für Tropfen während 24 Stunden in Amphoren aufgefangen. Sklaven tragen es hinaus und gießen es in viereckige Tröge aus Ton, die am Eingang aufgestellt sind. Nach einigen Tagen verdickt sich die Brühe, und Eisensulphat ist gewonnen ... Auf dem Grund der Mine ist die Luft zum Ersticken und kann nur schwer ertragen werden, da sie mit Eisenstaub durchtränkt ist ... Die nackten Sklaven tragen die Behälter mit größter Eile hinaus, um so kurz wie möglich in der Mine zu bleiben. Lichter sind in gewissen Abständen angebracht, aber sie verlöschen oft aus Luftmangel. Dieses Bergwerk wurde während vieler Jahre von den Sklaven ausgegraben ... Manchmal passiert es, daß die Grube einstürzt und alle Menschen durch Verschüttung getötet werden.«

Der Judenaufstand von 116 n. Chr. zeigt den Widerstandswillen der von Rom unterdrückten Völker. Er wurde, wie auch schon frühere Aufstände, von Rom grausam unterdrückt, allein auf Zypern kamen 240 000 Menschen, Juden und Nichtjuden, ums Leben. (Die von Dio Cassius überlieferte Zahl von 240 000 Opfern erscheint zu hoch, sie dürfte aber für ›sehr viele Tote‹ stehen.) Der Aufstand endete mit der vollständigen Vertreibung der Juden von der Insel.

1 Palmenpromenade in Lárnaka ▷

2 Lazaruskirche in Lárnaka

3 Innenraum der Moschee Chala Sultan Tekke bei Lárnaka

4 Salzsee bei Lárnaka

5 Leuchtturm bei Kíti

6 Erzbischöflicher Palast in Nikosia

7 ›Jüngstes Gericht/Paradies‹, 17. Jh., Johanneskirche Nikosia. Im Vordergrund Abraham, Isaak und Jakob mit den ›guten Seelen‹ in ihrem Schoß

8 Rechts die Johanneskirche, im Hintergrund das Kulturzentrum mit dem Ikonenmuseum, ein Anbau des Erzbischöflichen Palastes, Nikosia

ΛΕΥΚΑΡΙΤΙΚΑ
ΚΕΝΤΗΜΑΤΑ

10 Frauen in Trauerkleidung in Agía Nápa

◁ 9 Blick in die Laikí Gitoniá, ein wiederaufgebautes Stückchen Altstadt von Nikosia

11 Am Strand von Agía Nápa

12 Blick von der Burg über die Dächer der Altstadt auf die Reede von Limassol

13 Pétra tou Romioú – hier soll Aphrodite an Land gegangen sein

15 Schneebedeckte Zedern im Tróodosgebirge

◁ 14 Zedern im Tróodosgebirge

16 Blick auf Moutoullás, Tróodosgebirge

17 Obstverkäufer am Kyrenia-Tor in Nikosia

18 Weinfässer-Lager der Firma Sodap in Katopaphos

19 Stickende Frauen in Lévkara

20 Im Dorfcafé von Politikó

21 Frauen auf dem Lande beim Brotbacken

22 Frauen beim Töpfern

23, 24 Pfluggespanne und Kultszene. Frühbronzezeitliche Tonmodelle aus dem Friedhof von Vounoús, Zypernmuseum Nikosia

25 Spätbronzezeitliche Silberschale von Énkomi, Zypernmuseum

26, 27 ›Gehörnter Gott‹ und ›Barrengott‹ von Énkomi, Bronzestatuetten, späte Bronzezeit, Zypernmuseum

28 Priester mit Stierköpfen als Masken. Tonmodell aus Koúrion, 650–600 v. Chr., Zypernmuseum

30 Aprodite von Soli, Marmorstatue, 1. Jh. v. Chr., ▷ Zypernmuseum

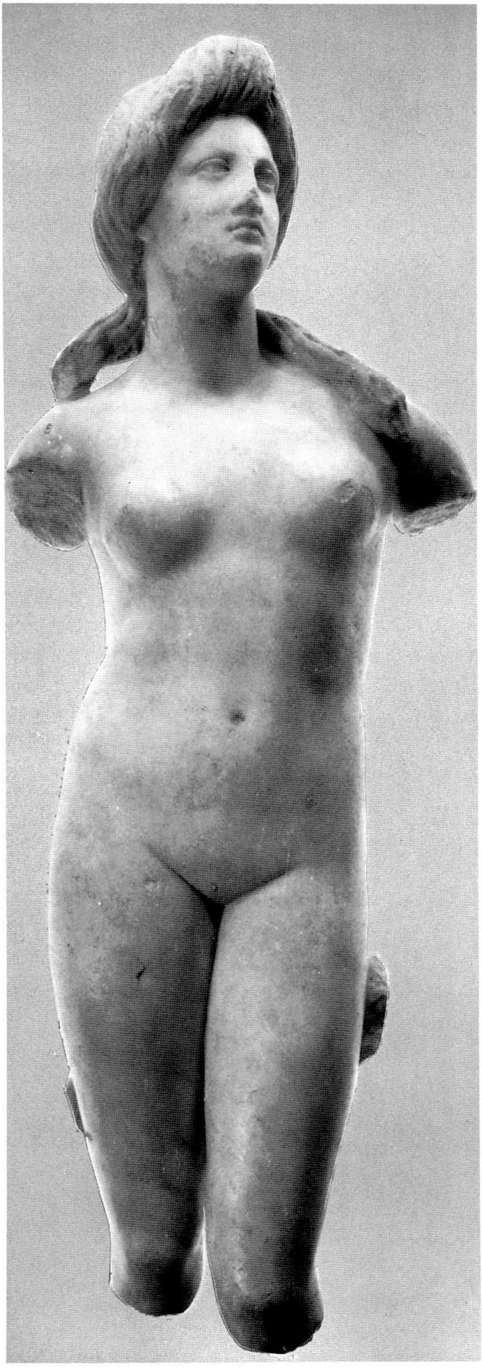

29 Stier zwischen zwei Männern. Tonmodell aus Méniko, 6. Jh. v. Chr., Zypernmuseum

31 Grundmauern der neolithischen Rundhäuser von Chirokitía

32 Rekonstruierter ›Hörneraltar‹ von Mýrtou-Pigádes, späte Bronzezeit

33 Blick den Dromos hinunter in das Königsgrab V von Tamassós

Die Krise des römischen Reiches

Das römische Reich war ein zusammengestückelter Vielvölkerstaat. 14 n. Chr. waren erst fünf Millionen der Gesamtbevölkerung des Reiches Römer, und die wohnten zu 80–90 Prozent in Italien. Die restlichen 10–20 Prozent verteilten sich auf die Provinzen. Im Verlauf der römischen Kaiserzeit, besonders von den Barbareneinfällen seit dem 3. Jh. an, wurden die Provinzen für Rom wichtiger und wichtiger. Die hohen Militärausgaben zogen in der zweiten Hälfte des 3. Jhs. eine galoppierende Inflation nach sich. Der Feingehalt der Silbermünzen sank auf 5 bis 20 Prozent. Durch eine Verwaltungsreform, durch zentralisierte Planwirtschaft und eine Münzreform versuchten die Kaiser Diokletian und Konstantin die Krise des Reiches zu überwinden.

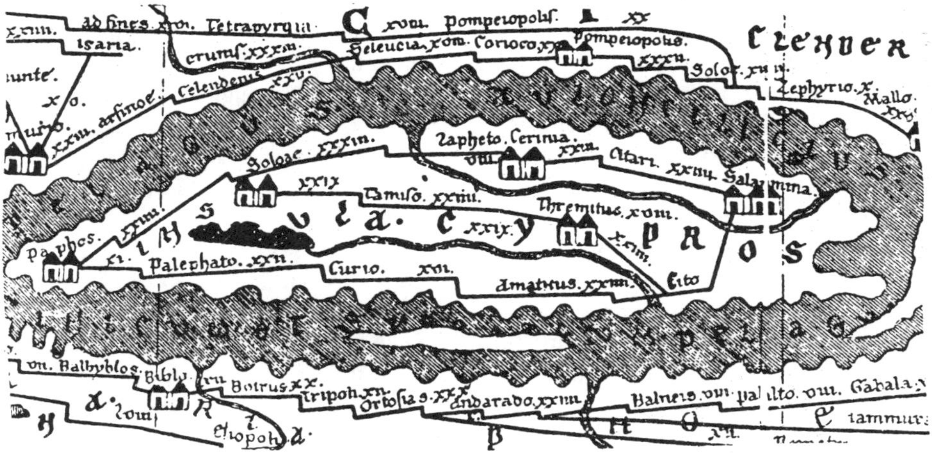

Peutingersche Tafel, Ausschnitt Zypern. Im 12. Jh. entstandene Kopie einer römischen Landkarte mit Straßen, Orten, Flüssen und dem Tróodosgebirge

Zusätzlich zu diesen Maßnahmen und schon seit dem Beginn der Provinzialisierung mußte Rom das Interesse haben, den beherrschten Völkern ein prorömisches Bewußtsein, ›Romanitas‹ nämlich, zu vermitteln. Eine einheitliche römische *Nation* war schließlich notwenig. *Ein* Mittel hierfür war die Verleihung des römischen Bürgerrechts an alle freien Provinzbewohner im Jahre 212. *Andere* Mittel waren ideologischer Art. Die öffentlichen Bauten, Thermen und Theater, außerdem die Sportstätten Gymnasium, Palästra und Stadion, die Spiele, die dort stattfanden, dies alles diente dazu, die Provinzbevölkerungen zu romanisieren. Auf Zypern finden wir ein großes Theater in Sálamis, kleinere in Koúrion, Sóloi und Paphos. Beeindruckend ist heute noch die kombinierte Gymnasium-, Palästra- und Thermenanlage von Sálamis (Abb. 38). Ein Stadion findet sich in Koúrion. Statuen, darunter die berühmte des Kaisers Septimius Severus von Kythräa im Nationalmuseum, dienten dem Kaiserkult.

Christentum als Staatsreligion – Die frühchristliche Basilika

Ein weiteres ideologisches Mittel, um die Krise des Reiches zu überwinden, war die Zentralisierung auf *eine* Gottheit, die der Wirtschafts- und Verwaltungszentralisierung entsprach. Schon Aurelian führte 274 mit dem Sonnenkult um den Sol Invictus den staatlichen Monotheismus ein. Doch das war nur eine Religion, die ›von oben‹ oktroyiert war. Das monotheistische Christentum dagegen war eine ›von unten‹ hervorgekommene, echte Volksreligion und ihre Anhänger eine überzeugte und unbeugsame Gemeinschaft. Der römische Staat hat sich schließlich *dieser* Religion bedient. 313 wurde das Christentum von Kaiser Konstantin toleriert, 380 zur Staatsreligion erklärt. Elf Jahre später, 391, wurden die heidnischen Religionen verboten. Dieses Verbot war auch eine Finanzoperation, denn Staat und Kirche konnten sich so die Tempelschätze der Heiden aneignen.

Die ersten christlichen Großbauten entstanden in der Übergangszeit des 4. Jhs. Auf Zypern haben wir mit der Epiphániosbasilika und der Kampanópetra von Sálamis (Abb. 51) zwei christliche Großbauten bereits aus dem 4. Jh. Andere stammen aus dem 5. und 6. Jh.: die Basiliken von Paphos, Koúrion, Sóloi und bei Agios Geórgios am Kap Drépanon, um nur einige von vielen zu nennen (Abb. 53, 55).

Der christliche Tempel mußte andere Aufgaben als der heidnische erfüllen. Die alte Religion verehrte ihre Götter am Altar *vor* dem Tempel. Bei den Christen war die Gemeinde bei der Eucharistiefeier *im* Tempel zugegen. Die christlichen Kirchenbauherren mußten also einen ganz neuen Architekturtyp entwickeln. Sie rezipierten dafür als Grundform die Basilika, einen Typus römischer öffentlicher Forumsarchitektur. Auch der Name der Basilika ist dann auf die christliche Kirche übergegangen.

Die Bauelemente der frühchristlichen Basilika Der wie der heidnische Tempel meist nach Osten ausgerichtete Bau spiegelt die kirchliche Hierarchie wider. Beim Gottesdienst saßen der Bischof und der hohe Klerus auf einer Stufenanlage (Synthronon) hinter dem Altar in der Apsis. Der etwas erhöhte Bischofsthron (Kathedra) ist öfters noch erhalten. Die Apsis gehörte mit dem Altarbereich zum Allerheiligsten (Bema), das durch Schranken (Cancelli, Templon) vom Gemeinderaum (Naos) abgetrennt war. Aus der anfangs noch durchsichtigen Schrankenreihe entwickelt sich mit zunehmender Hierarchisierung des Klerus die vollständig geschlossene Schranke, die Bilderwand (Ikonostase). Links und rechts vom Altarbereich befindet sich symmetrisch angeordnet je ein Raum, die Pastophorien. Sie dienten ursprünglich zur Aufbewahrung der Opfergaben, die die Gemeinde den Diakonen in einer Prozession darbrachte. Im 6. Jh. wurde die nördliche Kammer Vorbereitungsraum (Prothesis) für den Großen Einzug, eine Prozession durch die Gemeinde, die den Leidensweg Jesu versinnbildlicht und die am Hauptaltar endet.

Der Gottesdienst vollzog sich in verschiedenen Phasen. An Teil B, der Liturgie der Gläubigen, durften nur die Getauften teilnehmen. Die Noch-nicht-Getauften, die Katechumenen, mußten die Liturgie nach Teil A verlassen. Nach ihnen heißen die Seitenflügel der Basilika Katechumena. Weitere Bauteile der Basilika sind die Vorhalle (Narthex) und der große säulenumstandene Vorhof (Atrium) mit dem Reinigungsbrunnen (Kantharus) in der Mitte. Wie im Islam mußten sich die Besucher des Gotteshauses reinigen.

Taufen fanden in einer eigens dafür eingerichteten Kapelle statt, dem Baptisterium. Die Priester hatten ihre Wohnungen im Kirchenkomplex selbst. Die Funktion der sogenannten Annexkapellen ist noch nicht geklärt. Manche dürften zur Abgabe von Geschenken gedient haben, wie z. B. die in der Basilika von Koúrion.

Araber auf Zypern (647–965)

Fast 700 Jahre relativer Ruhe und blühender Wirtschaft fanden 647 ihr Ende, als die Araber unter Muawija, dem Begründer der islamischen Omaijaden-Dynastie, zum Sturm auf Zypern ansetzten. Über 300 Jahre war Zypern nun umkämpftes Gebiet. Die Produktion, auch die künstlerische, kam zum Erliegen. Die Zyprioten bezahlten den Tribut mal an die Araber, mal an Byzanz, mal an beide zu gleichen Teilen. Im 10. Jh. setzte die ›byzantinische Reconquista‹ ein.

Ausdehnung des Islams von 630 bis 750. Zypern muß von 647 bis 965 (mit Unterbrechungen) an die Araber (und auch an Byzanz) Tribute zahlen

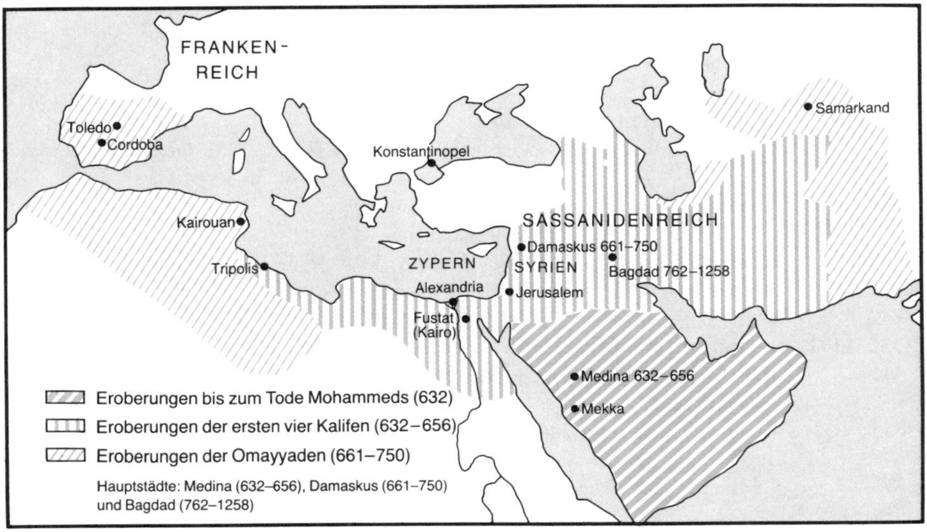

Tabelle 5: Zypern als römische und byzantinische Provinz und unter arabischer Herrschaft (58 v. Chr. – 965 n. Chr.)

Zeit	*Geschichte*	*Kunst, Kultur, Architektur*
47 v. Chr.	Zypern wird während des römischen Bürgerkrieges von Cäsar an Kleopatra, der Erbin des Ptolemäerreiches, mit der er sich verbündet hatte, zurückgegeben. Marcus Antonius, der später ebenfalls mit Kleopatra liiert war, bestätigt 36 v. Chr. ihr Recht auf Zypern.	
31	**Seeschlacht bei Aktium** Sieg Octavians (seit 27 v. Chr. Augustus) über Antonius und Kleopatra. Deren Selbstmord. Zypern und Ägypten gehören nun endgültig zu Rom.	**Römische Monumentalarchitektur** in: ● Sóloi (Abb. 40) ● Koúrion (Farbt. 19; Abb. 39) ● Apollo-Hylátes-Heiligtum (Farbt. 18)
30	Zypern ist zunächst als Teil von Syrien kaiserliche, dann ab 22 v. Chr. eigene, senatorische Provinz unter einem Prokonsul. Hauptstadt bleibt Paphos.	● Sálamis (Farbt. 20; Abb. 38) ● Paphos (Farbt. 16)
45 n. Chr.	Missionsreise der Apostel Paulus und Barnabas nach Zypern 76/77. Erdbebenzerstörungen	
115/16	**Großer jüdischer Aufstand** Vertreibung aller Juden von der Insel.	● Um 200: Bronzestatue des Septimius Severus
313	Toleranzedikt von Mailand. Das Christentum erlangt unter Konstantin Glaubensfreiheit.	
325	Konstantin ist Alleinherrscher. Zypriotische Bischöfe nehmen am Konzil von Nikäa teil.	● 3.–4. Jh.: Mosaike von Paphos (Farbt. 21, 23; Abb. 44–49)
330–1191	**Byzantinische Zeit**	
330	Konstantinopel wird Hauptstadt des römischen Reiches.	
332 u. 342	Paphos, Sálamis und andere Orte der Insel durch Erdbeben zerstört. Sálamis wird als Constantia neue Hauptstadt.	**Frühchristliche Basiliken** in: ● Sálamis (Abb. 51)

391	**Verbot der heidnischen Religionen** Christentum wird alleinige Staatsreligion.	● Paphos (Abb. 55) ● Koúrion (Abb. 53) ● Sóloi ● Agios Geórgios am Kap Drépanon ● 6. Jh.: Apsismosaik von Kíti (Abb. 57)
488	**Autokephaliestreit der zypriotischen Kirche mit dem Patriarchat von Antióchia** Ergebnis: Zypern ist kirchenrechtlich selbständig (autokephal), außerhalb der Patriarchate.	
630	Beginn der arabischen Expansion. Bis 719 werden erobert: Sassanidenreich, Byzantinisches Staatsgebiet bis zum Taurus, Syrien und Palästina (636), Ägypten (642), der Osten bis Samarkand, im Westen Tunis, Algerien, Marokko und Spanien.	
647-649	**1. Arabischer Feldzug nach Zypern** Hier Tod der Um Haram, der Cousine des Propheten Mohammed. Tribute gehen fortan mal an Ägypten, mal an Byzanz, mal zu gleichen Teilen an beide. Dies 688 sogar vertraglich zwischen Justinian II. und dem Kalifen Al-Malik festgelegt. In der Folgezeit immer wieder arabische Raubzüge nach Zypern, ohne daß die Insel andauernd besetzt wird.	
730	**Beginn des Bilderstreits,** der mit Unterbrechungen bis 843 andauert: Der byzantinische Staat unter Leon III. verurteilt die Ikonenverehrung. Frühbyzantinische Kunst wird fast ganz zerstört.	● Anikonische Freskenreste in Agía Paraskeví, Geroskípou

Von der Rückeroberung Zyperns bis zur Ankunft der Kreuzfahrer (965–1191)

Die ›byzantinische Renaissance‹ und Zypern

Seit 965 gehörte Zypern wieder fest zum neu erstarkten Byzantinischen Reich. Seestädte wurden zugunsten von sichereren Landstädten aufgegeben. Levkosia-Nikosia wird gegründet. Der Bergbau war in den unsicheren Zeiten der arabischen Besetzungen zum Erliegen gekommen; produziert und exportiert wurden nun Weine, Salz, Holz und besonders Textilien. Im Pentadaktylosgebirge entstand die Kette der mittelalterlichen Burgen, die die Insel

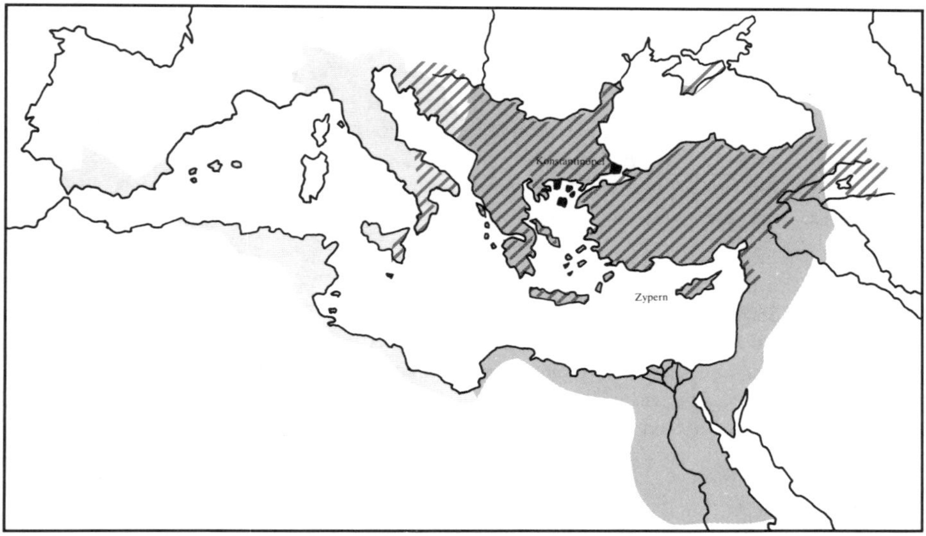

Zerfall des Byzantinischen Reiches. 1453 fällt Konstantinopel an die Türken

Zur Zeit der Machtübernahme Justinians I.
Die von Justinian eroberten Gebiete (527–565)
Nach den Eroberungen im 10. und 11. Jh.
Im 15. Jh.

im Norden gegen die Araber schützen sollten und die die Lusignans später weiter ausbauten: Hilarion, Buffavento und Kantara (Abb. 94, 96). Während der Regierungszeit der Makedonen- und Komnenenkaiser (867–1056 und 1081–1185), einer Blütezeit für byzantinische Kunst und Architektur (man spricht hier von einer ›makedonischen‹ und ›komnenischen‹ Renaissance – für unsere Zwecke reicht *ein* Renaissancebegriff), wurden auch auf Zypern bedeutende Klöster und Kirchen gestiftet. Berühmte, noch heute betriebene Klöster aus dieser Zeit sind Kýkko, Machärás, Chrysorrogiátissa und Agios Neóphytos (Abb. 71, 73, 76, 81). Die Kirchen der inzwischen verlassenen Klöster von Kakopetriá (Agios Nikólaos), Asínou und Lagouderá sind wegen ihrer Fresken von besonderer, über Zypern hinausgehender kunsthistorischer Bedeutung (s. Farbt. 28–30 und vordere Umschlagklappe).

Byzantinischer Kirchenbau auf Zypern

Der oben (vgl. S. 66) skizzierte basilikale Langbau wird im ganzen Reich mehr und mehr durch den Zentralbau abgelöst, dessen Vorbild die Hagia Sophia aus justinianischer Zeit (erbaut 532–537) in Konstantinopel war. Als Kreuzkuppelkirche wird der Zentralbau nach dem Ende des Bilderstreits im 9. Jh. zur byzantinischen Kirchenbauform schlechthin. (Zum

Herleitung des Typs der Mehrkuppelkirche
1. Bild: Johanneskirche in Ephesos aus der Zeit Justinians, 6. Jh. Rekonstruktion (nach Onasch)
2. Bild: Lazaruskirche in Lárnaka, 10. Jh. Grundriß (nach Enlart)
3. Bild: Kirche der hll. Hilarion und Barnabas in Peristeróna, 11. Jh. Grundriß (nach Enlart)

1

2
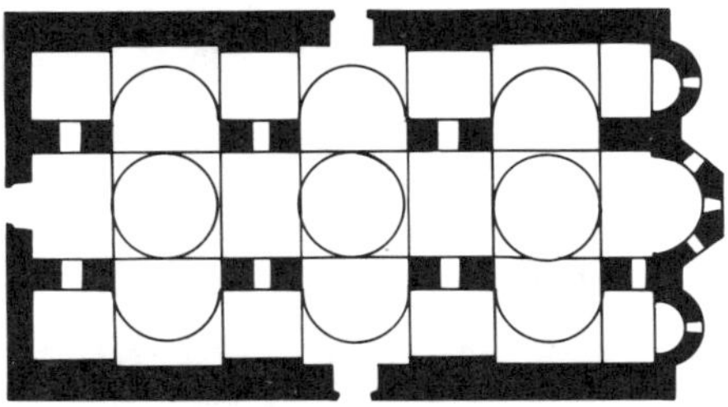

3
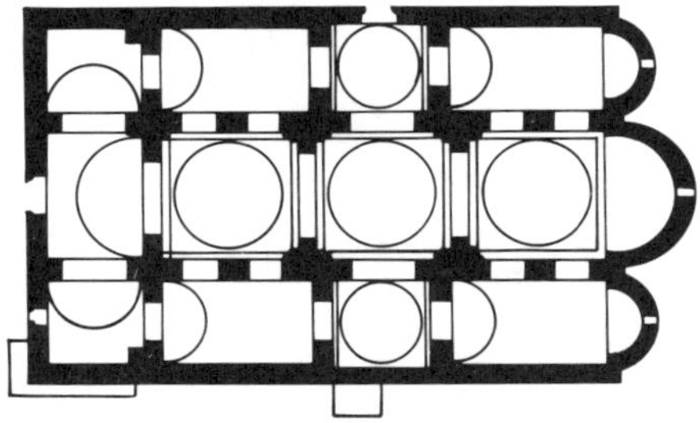

Bilderstreit vgl. S. 112f.) In reiner Form tritt die Kreuzkuppelkirche allerdings selten auf. Auf Zypern sind die meisten Kirchen Einraumkirchen mit oder ohne Kuppel, mit meist nur durch Nischen angedeuteten Kreuzarmen. Eine spätere Ableitung von der Basilikaform stellen die Kuppelbasiliken von Agios Mamas in Morphou (15.–18. Jh.) und das Katholikón des Neóphytosklosters (16. Jh.) dar (Abb. 97, 81).

Eine Zwischenstufe der Entwicklung vom basilikalen Langbau zum Kuppel-Zentralbau bilden die sogenannten Mehrkuppelkirchen Zyperns aus dem 10. und 11. Jh. Diese Form ist der Johannesbasilika in Ephesos entlehnt. Die zyprischen Mehrkuppelkirchen aus dem 10. Jh. haben eine Reihe von drei Kuppeln über dem Naos, die späteren aus dem 11. Jh. noch zusätzlich zwei Kuppeln über den Seitenarmen.

Viele Kirchen im Tróodosgebirge sind durch ein Satteldach aus Holzziegeln, das auf eigenen Stützmauern ruht, vor Schnee und Regen geschützt. Die eigentliche Kirche befindet sich im Kern dieses Schutzmantels. So sehen die Kirchen von ferne wie ein Bauernhaus oder wie eine Scheune aus. (Zum Innenschmuck der Kirchen vgl. S. 108ff.)

Zypern und die Kreuzzüge

Zypern war noch bis 1191 unter byzantinischer Herrschaft. Rund 100 Jahre vorher begannen die Kreuzzüge. Die westlichen Feudalmächte einschließlich der katholischen Kirche

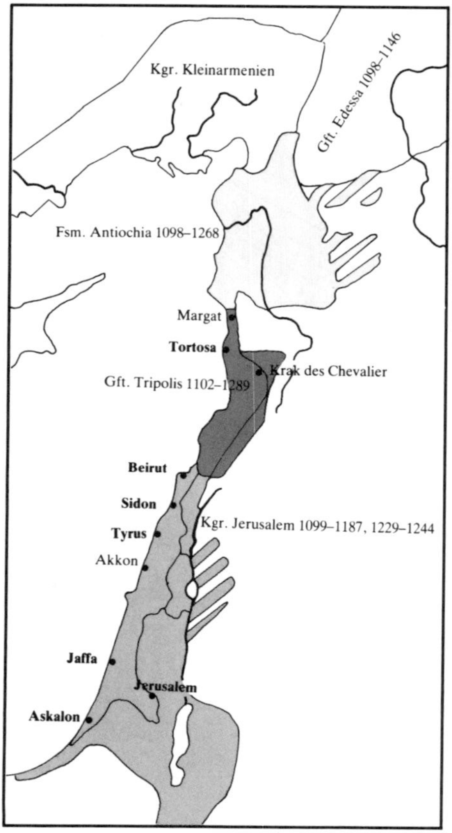

Kreuzfahrerstaaten. Zypern wird 1191 von Richard Löwenherz erobert und bleibt bis 1571 unter ›fränkischer‹ Herrschaft

und die oberitalienischen Seestädte Genua und Venedig mit ihrem Interesse am Orienthandel griffen nach dem Heiligen Land. Der 1. Kreuzzug endete mit der Einnahme Jerusalems und der Einrichtung lateinischer Feudalstaaten im Orient, der Grafschaften Edessa und Tripolis, des Fürstentums Antióchia und des Königreichs Jerusalem.

Aber die Kreuzfahrer legten sich auch mit Byzanz an. Erste militärische Auseinandersetzungen zwischen den beiden christlichen Machtblöcken datieren von 1147 und 1158–59. 1160 startete Raymund III. von Antióchia einen Raubzug in die byzantinische Provinz Zypern.

1184 eroberte Isaak Komnenos, ein Abkömmling aus einer Nebenlinie der byzantinischen Komnenendynastie, die Insel und erklärte sich zum ›Kaiser von Zypern‹. Damit gehörte Zypern nicht mehr zum byzantinischen Reichsverband. Das erleichterte den Teilnehmern des 3. Kreuzzugs, darunter Richard Löwenherz von England, die Insel zu erobern. Schließlich machten die Kreuzfahrer auch vor Konstantinopel nicht halt. Die Stadt wurde 1204 geplündert. Der Großteil des byzantinischen Staatsgebiets wurde an fränkische Feudalherren und an Venedig und Genua verteilt.

In der Überlieferung wird die Eroberung Zyperns allerdings als Zufall hingestellt. Das Schiff der Braut Richards, Berengarias von Navarra, trieb in einem Seesturm ab und strandete bei Amathous auf Zypern. Isaak Komnenos nahm Berengaria und die anderen Schiffbrüchigen gefangen. Das ließ sich Richard Löwenherz nicht gefallen, er landete auf Zypern, befreite seine Braut und heiratete sie am 12. Mai 1191 dort gleich an Ort und Stelle. Anschließend verfolgten die Kreuzfahrer den flüchtigen Isaak Komnenos und nahmen ihn im Juni 1191 gefangen. Richard Löwenherz, dem die Insel nun gehörte, verkaufte sie für 100000 Golddinare an den Templerorden. Ein Aufstand der Bevölkerung aber verunsicherte die Templer. Sie traten Zypern 1192 an Guy de Lusignan ab, der als nur angeheirateter König von Jerusalem in Streitigkeiten mit dem Adel dieses Königreichs verwickelt war. Zudem war das Königreich Jerusalem seit der Einnahme Jerusalems durch die Araber 1187 auf einen kleinen Küstenstreifen zusammengeschrumpft. Die Übernahme Zyperns durch den Lusignan stellte also eine »elegante Lösung« dar, wie es der französische Kreuzzugshistoriker Grousset treffend formuliert hat.

1489 übergibt die Gattin des letzten Lusignan, Caterina Cornaro, die Insel an Venedig. Die venezianische Herrschaft endet 1571 mit der Einnahme Famagustas durch die Türken. Damit ist Zypern länger als Rhodos (bis 1522), aber nicht so lange wie Kreta (bis 1669) unter lateinischer Herrschaft, insgesamt 380 Jahre.

Tabelle 6: Von der Rückeroberung Zyperns bis zur Ankunft der Kreuzfahrer (965–1191)

Zeit	*Geschichte*	*Kunst, Kultur, Architektur*
965	Nach Kreta (961) wird auch Zypern von Nikephóros Phokás (Byzantin. Feldherr und Kaiser) den Arabern genommen. Fortan, im 11. und 12. Jh., ökonomischer und kultureller Wiederaufschwung. Gründung von Nikosia. Anlage der Bergfestungen Hilarion, Kantara und Buffavento. Neue Klostergründungen und Kirchenbauten.	● 10.–11. Jh.: Mehrkuppelkirchen von Lárnaka, Kíti, Peristeróna, Geroskípou und vom Barnabaskloster (Farbt. 25; Abb. 2, 54, 56, 82) ● Frühes 11. Jh.: 1. Freskenserie von Agios Nikólaos, Kakopetriá
1094	Gründung des Klosters Kýkko.	
1096–1099	**1. Kreuzzug** 1099 Eroberung von Jerusalem. Lateinische Feudalherrschaften in Syrien: Königreich Jeru-	

	salem, Grafschaften Tripolis und Edessa, Fürstentum Antióchia, später Kleinarmenien.	**1. Blütezeit byzantinischer Malerei auf Zypern (mittelbyzantinisch)**
1099	Angriff einer Flotte Pisas auf Zypern. Mit den Kreuzfahrern engagieren sich auch die oberitalienischen Handelsstädte mehr und mehr im östlichen Mittelmeerraum.	● 1105/06: Fresken von Asínou (Farbt. 28, 29)
1185–1191	**Herrschaft des Isaak Komnenos** Der byzantinische Gouverneur von Zypern aus einer Seitenlinie des Kaiserhauses löst die Insel aus dem Reich und läßt sich zum Kaiser von Zypern ausrufen. Schreckensherrschaft.	● 1160–1180: Fresken der Apostelkirche von Perachorió ● 1183–1196: Fresken der Einsiedlerhöhle des Neóphytos
1187	Wiedereroberung Jerusalems durch die Araber unter Führung Saladins.	
1189–1192	**3. Kreuzzug** Teilnehmer: Kaiser Friedrich I. von Deutschland, König Richard Löwenherz von England, König Philipp II. August von Frankreich. Die Rückeroberung Jerusalems gelingt nicht. Den Kreuzfahrern verbleibt ein schmaler Küstenstreifen von Jaffa bis Tyros. Akkon wird Hauptstadt des Königreichs Jerusalem.	
1191	**Richard Löwenherz landet auf Zypern und besiegt Isaak Komnenos**	
1192	Verkauf Zyperns an Guy de Lusignan. Zypern wird Kreuzfahrerstaat und Königreich unter der Herrschaft der Lusignans.	● 1192: Fresken von Lagouderá (Farbt. 27, 30 u. vordere Umschlagklappe)

Das ›fränkische‹ Zypern.
Die Herrschaft der Lusignans und Venedigs (1192–1571)

Die Griechen nennen die Franzosen, Venezianer, Genueser und die anderen Nationen des Westens, die sich seit den Kreuzzügen auf Zypern festgesetzt hatten, schlichtweg Franken, ihre Herrschaft Frankokratie.

Vier Phasen der fränkischen Herrschaft

1. 1192–1291. Konsolidierung des Königreichs Die Krone behauptete ihre starke Stellung einerseits im Inland gegen die einheimischen Barone und andererseits (von 1228–1233) gegen die von außen herangetragenen Herrschaftsansprüche Kaiser Friedrichs II.

1.1 Was die Stellung der Krone im Inland betrifft: Der König war militärisch nicht vom Adel abhängig, alle wichtigen Festungen und alle wichtigen Regalien, besonders die Münz- und Steuerrechte, waren in seiner Hand. Die Haute Cour, das politische Organ der Barone, konnte nur zusammentreten, wenn der König sie einberufen hatte.

1.2 In bezug auf die Auseinandersetzungen mit dem Kaiser: Amaury de Lusignan (1194–1205) war vom deutschen Kaiser Heinrich VI. mit Zypern nur belehnt worden. Seine Krönung hatte Reichskanzler Konrad von Hildesheim in Nikosia vorgenommen. Mit dieser Reichslehenschaft legitimierte Friedrich II. 1228–1233 sein Eingreifen auf Zypern. Er beanspruchte die Vormundschaft über den minderjährigen Thronfolger Henri I., die von der mächtigen Baronsfamilie der Ibelin ausgeübt wurde.

Der Konflikt zwischen dem Oberherrschaftsanspruch des Kaisers und den dagegen gerichteten, partikularistischen Interessen des einheimischen Adels in den Gebieten, die unter Lehnsoberhoheit des Reiches standen, ist in Italien als Konflikt zwischen Ghibellinen und Guelfen bekannt. Wie in Italien schlossen sich auch auf Zypern Teile des Adels den Kaiserlichen an. Die Kaiserlichen auf Zypern verschanzten sich in den Festungen Hilarion, Kyrenia und Kantara. 1233 wurden sie endgültig geschlagen, 1246 wurde die Reichslehenschaft über Zypern aufgelöst.

Einsiedlermönch Neóphytos über »die Widrigkeiten, die das Land Zypern bedrängen«

Der Traktat des Anachoreten Neóphytos, 1196 verfaßt, ist eine wichtige zeitgenössische Quelle für die Zeit der Despotie des Isaak Komnenos und der unruhigen ersten Jahre der Kreuzfahrerherrschaft – aus der Sicht eines Einheimischen und Betroffenen.

Neóphytos zur Despotie des Isaak Komnenos: »Seitdem Jerusalem vom ungläubigen Saladin (seit 1187, A. S.) und Zypern von Isaak Komnenos (seit 1185, A. S.) beherrscht werden, befallen –

mehr als Wolken und Nebel – Kämpfe und Kriege, Unruhe und Aufruhr, Plünderungen und andere schlimme Vorkommnisse unser Land.«

Neóphytos zur fränkischen Herrschaft: »Der Zustand unseres Landes gleicht nun dem eines tosenden Meeres stärkster Wogen und stärksten Ungewitters. Ja sogar noch schlimmer. Nach aufgewühlter See kommt irgendwann Meeresruh und Windstille, doch hier auf Zypern vergrößert sich das Unglück von Tag zu Tag und nimmt kein Ende.

Unsere Stärke ist zunichte gegangen. Wir sind ganz wenige geworden. Ein fremdes Volk hat sich auf unsere Insel ergossen. Aus England segelte eine Wolke von Schiffen mit ihren Herrschern, darunter Richard Löwenherz, nach Jerusalem. Zur selben Zeit war auch der Herrscher der Deutschen (Friedrich I. Barbarossa, A.S.) mit 900000 Soldaten auf dem Weg nach Jerusalem. Doch im Lande von Ikonium, in den östlichen Ländern, kamen seine Truppen um, von den Strapazen der langen Reise, vor Hunger und Durst. Ihr König ertrank zu Pferde in einem Fluß (am 10. Juni 1190, A.S.). Der Engländer aber, dieser Schuft, landete auf Zypern und fand es eine nährende Mutter.

Der gemeine Schuft ... verkaufte unser Land für 200000 Goldpfund an die Lateiner. Darüber war das Klagen groß ...«

(Übersetzung aus dem Griechischen A. Schneider)

2. 1291–1372. Blütezeit Nach der Eroberung Akkons durch die Araber wurde Zypern wichtigster fränkischer Staat im Osten. Vor allem Famagusta profitierte von der Lage Zyperns am alten Handelsweg von Persien, Indien und China nach Westen. Gewürze, Seide, Teppiche, Parfüm und Weihrauch wurden in Zypern umgeschlagen. Handelsprofite bildeten die Quelle des Reichtums der Händler in den Seestädten.

Intensiviert wurde aber auch die einheimische Produktion. Zu den herkömmlichen zypriotischen Produkten Öl, Getreide, Wein, Salz und Seide kamen Bananen, Johannisbrot und vor allem Zuckerrohr. (Vgl. die Ausführungen zur Zuckerrohrfabrik von Alt-Paphos S. 256). Später verdrängte allerdings die Baumwolle das Zuckerrohr. Auch Luxusprodukte, Gewebe wie Lévkara-Spitzen (Abb. 19), Kamelhaar-Seide und Goldbrokat, wurden auf Zypern hergestellt.

Den Höhepunkt der Lusignanherrschaft stellt die Regierungszeit Peters I. dar (1359–1369). Ihm gelang es, in Europa Mittel zu einem erneuten Kreuzzug zusammenzubringen.

3. 1372–1489. Krise Genua führte 1373/74 einen Krieg gegen Zypern und eroberte Famagusta. Eine private Handelsgesellschaft, die Maona Cypri, hatte den Krieg finanziert. Zypern mußte an die Maona auf zwölf Jahre verteilt die sehr hohe Kriegsentschädigung von 2146400 Florins bezahlen sowie an Genua einen jährlichen Tribut von 40000 Florins.

Belagerung von Nikosia 1570. Nach Giovanni Francesco Camocio (nach The History of the Cartography of Cyprus, Nikosia 1980)

1426 fielen Mamelucken in Zypern ein und besiegten das königliche Heer bei Chirokitía. Fortan mußte Zypern auch an die Mamelucken jährlich Tribute bezahlen (im Vergleich zu oben bescheidene 8000 Florins).

4. 1489–1571. Venezianische Herrschaft Krone und Adel wurden entmachtet. Die Venezianer führten eine Verfassung ein, deren Ämter raffiniert verteilt waren und deren Spitze alle zwei Jahre ausgewechselt wurde. (Vgl. – ganz ähnlich – die römische Provinzialverwaltung, S. 46). In Nikosia saßen die drei ›Rettori‹: der ›Luogotenente‹ (Gouverneur) und zwei ›Gouvernadori‹.

Famagusta hatte einen eigenen Luogotenente, der in Friedenszeiten den Oberbefehl über die Truppen und über die Befestigungen hatte (›Capitano del regno di Cipro‹). Stand ein Krieg bevor, so wurde in Venedig eigens ein Oberbefehlshaber, der Provveditore, ernannt.

Soziale Schichten zur Zeit der fränkischen Herrschaft

1. König und Adel Das Land war aufgeteilt in Königsland einerseits und Lehensland der Barone und der katholischen Kirche andererseits. Die fränkische Herrenschicht bestand nur aus etwa 300 Adligen und 200 weiteren Personen, meist Franzosen. Es gab zahlreiche Konflikte zwischen König und Adel. Henri II. z. B. wurde von Baronen verhaftet und verbannt, Peter I. ermordet.

Die Krone förderte die Ansiedlung der Kreuzfahrerorden. Dafür konnte sie auch ihre Hilfe erwarten. Besonderes Interesse mußte sie an der Unterstützung durch die Militärorden

Genealogie der Lusignans aus Poitou/Frankreich

Hugo VIII., gestorben 1165 in Syrien

2 Amaury de Lusignan ⚭ Eschive d'Ibelin
1194–1205

3 Hugo I. ⚭ Alice de Champagne
geb. 1195 **1205–1218**
gest. m. 23 Jahren

4 Henri I. (der Große) ⚭ Plaisance von Antiochia
geb. 1217, ein Jahr später, **1218** König (**–1253**).
Da Kind, Regierung durch Philippe d'Ibelin (–1227) und Jean d'Ibelin (–1229)

5 Hugo II. ⚭ Isabel d'Ibelin
Bei Geburt, **1253**, König.
Mit 14 Jahren, **1267**, gestorben.
Da Kind, Regierung durch Mutter Plaisance (–1261), dann durch Bruder der Plaisance, Hugo von Antiochia, dem späteren Hugo III.

Isabel ⚭ Henri von Antiochia

6 Hugo III. (der Große) ⚭ Isabel d'Ibelin
1267–1284

Baldouin IV., König von Jerusalem

1 Guy de Lusignan ⚭ Sybilla von Jerusalem
1192–1194

1284–1285
Im 1. Lebensjahr
gestorben

geb. 1271 **1285–1324**

9 Hugo IV. ⚭ Marie d'Ibelin
geb. 1300 **1324–1359**

10 Peter I. ⚭ a) Eschive de Montfort
geb. 1329 b) Eleonore von Aragon
1359–1369
(umgebracht)

12 Jacques I. ⚭ Héloise von Brunswick Grubenhagen
1382–1398

Jean von Antiochia

11 Peter II. ⚭ Valentina Visconti
geb. 1354 **1369–1382**

13 Janus ⚭ a) Luise Visconti
1398–1432 b) Charlotte von Bourbon

c) Marietta Flatri ⚭
(Hofdame und Mätresse)

14 Jean II. ⚭ a) Medea von Montferrat
geb. 1414 **1432–1458** b) Helena Paläologina

15 Carlotta ⚭ a) Jean von Coimbra, Enkel des Königs von Portugal
1458–1460 b) Louis von Savoyen

16 Jacques II. (der Bastard) ⚭ Caterina Cornaro, venezianische Patrizierin
1460–1473 **1474–1489**

17 Jacques III.
1473–1474,
im 1. Lebensjahr gest.

halbfett = Regentschaft
| = Sohn oder Tochter
—— = Bruder oder Schwester
⚭ = Heirat oder Beischlaf

1–5 Haus Lusignan (1192–1267)
6–17 Haus Antiochia-Lusignan (1267–1474)

der Templer und Johanniter (vgl. deren Burg Kolossi) haben. Aber auch Augustiner und Prämonstratenser (vgl. deren Kloster Bellapais), Dominikaner, Franziskaner, Zisterzienser und Benediktiner ließen sich auf Zypern nieder.

2. Die Handelsmächte, vor allem Venedig und Genua Sie hatten ihre Handelsniederlassungen und exterritorialen Rechte vor allem in den Seestädten und konkurrierten einerseits untereinander, andererseits mit den Feudalkräften. 1489 trat Venedig die Nachfolge der Lusignans an.

Der deutsche Pilger Ludolf von Suchen zum Reichtum der Feudalherren und Kaufleute

Zwischen 1336 und 1341 besucht Ludolf von Suchen Zypern und berichtet mit »hinterwäldlerischem Staunen« (Maier) vom Reichtum der Feudalherren und Kaufleute von Zypern. Rund 50 Jahre vorher, 1291, war mit Akkon der letzte Stützpunkt der Kreuzfahrer in Syrien gefallen. Viele Franken waren nach Zypern umgesiedelt.

»Die Fürsten, Noblen, Barone, Ritter und Bürger sind die reichsten der Welt. Dort zählt einer, der eine Rente von 3000 Florins hat, nicht mehr als einer, der hierzulande ein Einkommen von drei Mark hat.

Dennoch verbrauchen sie alles auf ihren Jagden. Ich kenne einen Grafen von Jaffa, der mehr als 500 Jagdhunde besitzt. Jeweils zwei Hunde haben einen eigenen Diener, der auf sie aufpaßt, sie badet und einreibt, wie es den Jagdhunden gerade gefällt.

Ein anderer Edelmann hat zumindest zehn oder zwölf Falkner, die besondere Vergünstigungen haben, die mit großen Kosten verbunden sind. Ich kenne mehrere Noble und Ritter auf Zypern, die sich zweihundert Männer in Waffen zu niedrigeren Kosten halten können als ihre Jäger und Falkner.

Wenn sie auf die Jagd gehen, wohnen sie in den Wäldern und Bergen in Zelten, manchmal einen ganzen Monat, streifen von Ort zu Ort, jagen mit Hunden und Falken und schlafen in ihren Zelten, wobei sie alles Nötige, auch ihre Speisen, auf Kamelen und anderen Lasttieren mit sich nehmen.

In Zypern sind auch die reichsten Kaufleute und Bürger. Das ist nicht weiter verwunderlich, denn Zypern stellt das äußerste Ende der Christenheit dar. Daher kommen alle Schiffe, große und kleine, und alle Waren, woher sie auch stammen, notwendigerweise immer zuerst nach Zypern.

Auch die Pilger aus aller Herren Länder, die zum Heiligen Land ziehen, müssen über Zypern fahren. Täglich, von Sonnenauf- bis Sonnenuntergang, hört man hier ihre Stimmen und Neuigkeiten.

Zypern ist die vornehmste, berühmteste und reichste Insel, nicht zu vergleichen mit den anderen Inseln des Meeres, von allen die fruchtbarste.«

(Übersetzung aus dem Lateinischen A. Schneider)

3. Die abhängige einheimische Bevölkerung Sie, vor allem Griechen, war in drei Gruppen eingeteilt: erstens die ›Parici‹ (gr. *paroikoi*, ›Beiwohner‹), die eine jährliche Kopfsteuer zu bezahlen hatten, zwei Tage in der Woche Frondienst leisten und ein Drittel ihrer Agrarprodukte ihrem Herren abliefern mußten. Sie standen ganz unter der Jurisdiktion ihres Herren und bildeten die große Masse der Bevölkerung. Zweitens die ›Perperiarii‹ (von gr. *hyperperon*, byzantinische Standardmünze), die pro Jahr 15 Hyperpera bezahlen mußten. Drittens die ›Lefteri‹ (gr., ›Freie‹), die vor allem in den Städten lebten.

Die unterdrückte Bevölkerung wehrte sich in den Aufständen von 1192, 1427 und 1562 gegen den Lusignanstaat wie gegen Venedig.

Alltag auf Zypern

Die Lage der einheimischen Bevölkerung, besonders der Bauern, hat sich unter den Lusignans, den Venezianern und den Türken wenig verändert. Im folgenden kommen drei europäische Reisende zu Wort.

Willibrand von Oldenburg, ein deutscher Kleriker und Pilger im Jahre 1211, zwanzig Jahre nach der fränkischen Eroberung Zyperns:

»Das ist eine äußerst fruchtbare Insel, die die besten Weine hat... Es gibt dort einen Erzbischof und drei Suffragane. Die sind Lateiner... Die Griechen aber, über die die Lateiner auf der ganzen Insel herrschen, haben 13 Bischöfe, von denen einer Erzbischof ist. Alle gehorchen jenen Franken und zahlen Tribute wie Sklaven (servi)... Die Franken sind Herren dieses Landes; wie Leibeigene (coloni) gehorchen ihnen Griechen und Armenier. In ihrem Verhalten ungehobelt, armselig gekleidet, frönen sie der Zügellosigkeit, was dem Wein jenes Landes zugeschrieben werden darf...«

Martin von Baumgarten, ein Tiroler Pilger, im Jahre 1508, zur Zeit der venezianischen Herrschaft:

»Cypern hat freundliche Hügel und wundervolle Täler, ständig von Vogelsang erfüllt... Aber trotz seiner Fruchtbarkeit und Schönheit... ist es wie ein öder und verlassener Ort, von wenig Menschen, die in kleinen Dörfern leben, bewohnt... Alle Einwohner sind Sklaven der Venezianer, verpflichtet, dem Staat ein Drittel ihres Einkommens zu bezahlen... und dazuhin zwei Tage in jeder Woche für ihn zu arbeiten... Nichtsdestoweniger wird ihnen mehrmals im Jahr noch irgendeine neue Steuer oder Abgabe auferlegt, mit der das arme Volk so geschunden und geplündert wird, das es kaum das Nötigste zu seinem ärmlichen Dasein hat.«

Alexander Drummond, britischer Konsul in Aleppo, im Jahre 1744, während der türkischen Herrschaft:

»Jetzt ist Cypern gar armselig bestellt. Der Pächter bearbeitet nicht mehr Land, als er zu seiner Erhaltung für unumgänglich nöthig achtet... Sie sind Sklaven von dem Willen eines unumschränkten Gebieters, der nach Belieben sich ihres erworbnen Guts bemächtigen kann, und es auch oft tut.«

Zyprische Gotik

Die Übernahme Zyperns durch die Lusignans fällt zusammen mit dem Triumph der Gotik in Frankreich, die sich seit der Mitte des 12. Jhs. im ökonomisch und politisch fortgeschrittensten Territorium Frankreichs, dem ›Königsland‹ der Ile-de-France herausgebildet hatte. Die Kathedralen der Hochgotik, z. B. die von Chartres (seit 1195), von Reims (seit 1210) und Amiens (seit 1220) wachsen gleichzeitig mit den zyprischen Bauten in die Höhe. St. Sophia in Nikosia (Abb. 89, 90), St. Nikolaus in Famagusta (Abb. 86, 87), das Kloster Bellapais (Farbt. 34, 35) und die anderen Bauten sind ohne barocke Umgestaltungen erhalten, der Figurenschmuck allerdings wurde meist von den Türken entfernt. Die französische Herrenschicht auf Zypern rezipierte die fortgeschrittenste französische Architektur. Bauherren waren Kirche und Orden, als Geldgeber traten König, Bischof und Stadtbürger auf, im Mittelalter die klassische Interessenkoalition gegen den Feudaladel. Und natürlich wurde auch beim Volk gesammelt.

Französische Bauhütten wurden nach Zypern geordert. In Famagusta entstanden gotische Kirchen, »mehr als das Jahr Tage hat«.

Die Kirchen von Famagusta sind Ausdruck des Selbstbewußtseins der reichen Kaufleute, die miteinander in ihrer Bautätigkeit wetteifern. Der Historiker Etienne de Lusignan

›Bedesten‹, ursprünglich St. Nikolaus der Engländer, in Nikosia. Nach: Salvator, Levkosia, die Haupstadt von Zypern, 1873

schreibt 1573, daß die Kirche Peter und Paul in Famagusta von einem Drittel des Profits eines einzigen Handelsgeschäfts errichtet wurde. Der damalige Chronist Leóntios Machairás erzählt, daß ein anderer Kaufmann, der reiche Nestorianer Lachas, die Nestorianerkirche von Famagusta von den Grundmauern an erbauen ließ.

Eine eigenartige Mischung gotischer und byzantinischer Formen stellen die überkuppelten Kirchen Agios Geórgios der Griechen in Famagusta (Abb. 88) und der ›Bedesten‹ in Nikosia dar. Bauherr beider Kirchen war die orthodoxe Kirche, die sich hier fränkischer, gotischer Formsprache bediente. Beide Kirchen stehen neben den fränkischen Kathedralen, sicher sollten sie so mit diesen optisch konkurrieren.

Merkmale der zyprischen Gotik

- Im Vergleich zur französischen Kathedralgotik niedrige, gedrungene Form. Flache Dächer über den Seitenschiffen.
- Innen karger und im ganzen sparsamer als außen gegliedert.
- Die Kirchen haben kein Querschiff, wenige Kapellen an den Seitenschiffen, keinen Kapellenkranz im Chor, kein Triforium, keine Krypta.

(Zur Chronologie der gotischen Bauten auf Zypern vgl. Tabelle S. 84).

TABELLE 7: DAS »FRÄNKISCHE« ZYPERN. DIE HERRSCHAFT DER LUSIGNANS UND VENEDIGS (1192–1571)

Zeit	*Geschichte*	*Kunst, Kultur, Architektur*
1192–1489	**Dynastie der Lusignans**	● 1192–1222: Festung Seránda Kolónnes, Paphos (Abb. 85)
1220	Orthodoxe Bischöfe werden durch katholische ersetzt. Durch päpstliches Dekret (Bulla Cypria) wird die orthodoxe Kirche Zyperns dann 1260 der katholischen untergeordnet; die orthodoxen Bischöfe werden auf Dörfer verbannt.	
1228	**Kaiser Friedrich II. auf Zypern** Kämpfe zwischen Friedrich, der die Vormundschaft über den minderjährigen Henri I. beansprucht, und der Baronsfamilie der Ibelin (Jean d'Ibelin), die diese ausübt.	● 1280: Früheste erhaltene Satteldachkirche, Moutoullás.
1233	Sieg über die kaiserlichen Truppen.	

1291	Fall von Akkon. Syrische Barone und Kaufleute siedeln sich auf Zypern an.	**Zyprische Gotik** ● 1209–1326: Bau der Kathedrale St. Sophia, Nikosia (Abb. 89, 90) ● 1298–1326: Bau der Kathedrale St. Nikolaus, Famagusta (Abb. 86, 87)
1359–1369	**Peter I. Höhepunkt der Lusignanherrschaft**	● 1. H. 14. Jh.: Ausbau des Klosters Bellapais (Farbt. 34, 35)
1365	Erneuter Kreuzzug auf Initiative Peters I. Verwüstung Alexandrias. Kreuzzug wird mit Rücksicht auf genuesische und venezianische Handelsinteressen vorzeitig abgebrochen.	● 2. H. 14. Jh.: Kirchen Agios Geórgios der Griechen (Abb. 88) und Peter und Paul, beide Famagusta.
1373–1374	**Krieg Genuas gegen Zypern** Streitigkeiten zwischen Genuesen und Venezianern bei den Krönungsfeierlichkeiten für Peter II. (1372) in Famagusta geben den Anlaß für einen Krieg Genuas gegen Zypern. Paphos, Famagusta und Nikosia werden besetzt.	● 1391: Ausbau der Festung Hilarion zur Sommerresidenz des Königs (Abb. 94)
1374	Friedensvertrag. Famagusta bleibt (bis 1464) von Genua besetzt. Jacques I., Onkel Peters II., geht als Geisel nach Genua.	
1426	**Einmarsch der Mamelucken und Schlacht bei Chirokitía** König Janus wird als Geisel mit 3600 Mann nach Ägypten gebracht und muß den Mamelucken den Vasalleneid leisten. Fortan regelmäßiger Tribut Zyperns an das Mameluckenreich (8000 Florins).	● 1421: Königliche Kapelle, Pyrga (Abb. 84)
1427	Janus wird für 200000 Florins losgekauft. Die Aufbringung dieser hohen Summe wird zu großen Teilen auf die Bevölkerung Zyperns abgewälzt. Dies führt zu den ersten größeren Bauernaufständen. Der Führer der Tróodos-Bauern, ›Basileús‹ Aléxis, wird am 12. 5. 1427 in Nikosia gehenkt.	
1441	Jean II. heiratet Helena aus der byzantinischen Dynastie der Paläologen (Helena Paläologina). Durch Bindung an Byzanz soll die Krise des zyprischen Königtums aufgehalten werden.	
1453	Eroberung Konstantinopels durch die Türken. Griechische Flüchtlinge kommen nach Zypern.	● 1454 Wohnturm (Donjon) von Kolossi (Abb. 83)

1460	Jacques II. (der Bastard) vertreibt mit mameluckischer Hilfe seine Halbschwester Carlotta, Tochter Helenas, vom Thron.	
1464	Jacques II., verbündet mit Venedig, vertreibt die Genuesen aus Famagusta.	
1472	Heirat Jacques' II. mit Caterina Cornaro, einer venezianischen Patrizierin, deren Familie ausgedehnte Zuckerrohrplantagen auf Zypern besitzt. Ihr Mann stirbt wenige Monate nach der Hochzeit, wenige Wochen später stirbt auch ihr nachgeborener Sohn und Erbe der Krone, Jacques III. (vergiftet?).	
1474	Caterina Cornaro, nun alleinige Erbin der Krone, wird zur ›Adoptivtochter‹ Venedigs ernannt.	
1489	**Caterina Cornaro verzichtet auf den Thron und übergibt Zypern an Venedig**	
1489–1571	**Venezianische Herrschaft**	
1492	Entdeckung Amerikas. Fortan Verschiebung der Handelsrouten nach Westen. Schwächung des Levantehandels.	● 1492: Othelloturm, Famagusta **2. Blütezeit byzantinischer Malerei auf Zypern (postbyzantinisch)**
1517	Türken erobern Ägypten und werden damit Rechtsnachfolger der Mamelucken, denen Janus 1426 den Vasalleneid geschworen hatte. Die jährlichen Tribute (8000 Florins) werden jetzt an den türkischen Sultan gezahlt. Zypern von türkisch besetztem Gebiet umgeben.	● 1494/95: Fresken Philip Gouls in Platanistása und Louvarás ● um 1500: Lateinische Kapelle, Kalopanagiótis ● 1502: Panagía Podítou, Galáta ● 1514: Erzengel Michael, Galáta ● um 1520: Verklärung Christi, Palächóri (Abb. 60)
ab 1544	Ausbau der Befestigungsanlagen von Kyrenia, Famagusta und Nikosia. Schleifung der strategisch veralteten Bergfestungen Hilarion, Buffavento und Kantara und Aufgabe der Hafenkastelle von Paphos und Limassol.	● 1. H. 16. Jh.: Erzengel Michael, Vizakiá ● um 1550: Venezianische Säule, Nikosia (Abb. 91)

1562	Die hierzu nötigen Tributerhöhungen und Frondienste führen zu einem großen Volksaufstand. Bauern, Adlige und auch ein Reiteroffizier schließen sich unter der Führung eines Jákovos Diassorinós zusammen. Aufständische nehmen gegen die verhaßten Venezianer sogar Beziehungen zu den Türken auf. 8000 Bauern versammeln sich in Nikosia. Der Aufstand scheitert, Diassorinós wird hingerichtet.
1570	Türkische Invasionstruppen landen auf Zypern. Einnahme von Nikosia. Beginn der Belagerung von Famagusta. Ca. 200000 Türken stehen nur etwa 8500 Verteidiger gegenüber.
1571	Famagusta kapituliert.

Türkische Herrschaft (1571–1878)

Der Sieg der Türken über die Venezianer bedeutete für die Griechen Zyperns zunächst die Befreiung von der Leibeigenschaft. Teile vom Land der vertriebenen Franken wurden an griechische Bauern vergeben. (Außerdem wurden etwa 20000 Türken vom Festland auf Zypern angesiedelt.) Die orthodoxe Kirche wurde rehabilitiert, die Bischöfe kehrten aus

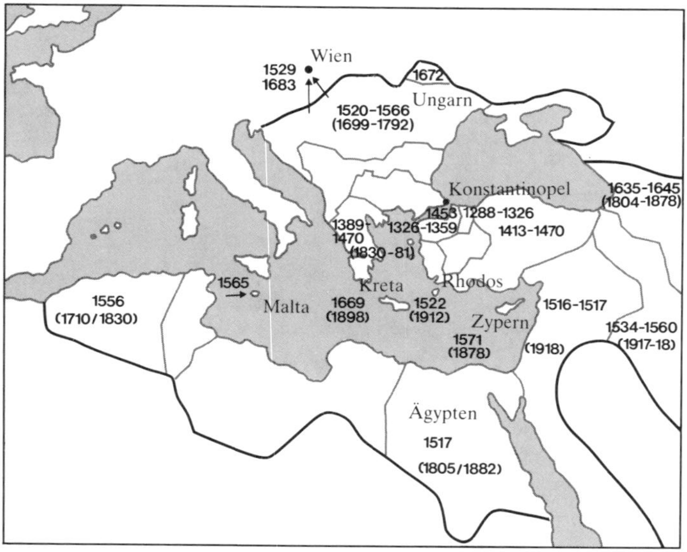

Ausdehnung des Osmanischen Reiches
Pfeil: gescheiterter Angriff
Jahreszahl: Eroberung
Jahreszahl in Klammern: Verlust.
Nach Maier

Der Dragoman Chatzigeorgákis Kornésios (1779–1808). Bildnis in der Bibliothek des Zypernmuseums

ihrer Verbannung in die Städte zurück. (Vgl. den ganz ähnlichen Beginn der römischen Herrschaft auf Zypern, S. 46).

Doch diese Befreiung war letztlich nur ein Formwechsel von Abhängigkeit. Die türkische Verwaltung trieb nun von Bauern, die formal frei waren, Abgaben und Steuern ein. Zahlreiche westeuropäische Reisende, die Zypern unter türkischer Herrschaft besuchten, berichten vom Elend der Bevölkerung und vom Niedergang des Handels und der landwirtschaftlichen Produktion.

»Jetzt ist Zypern gar armselig bestellt«, schreibt 1744 der englische Republikaner Alexander Drummond, Konsul in Aleppo. »Der Pächter bearbeitet nicht mehr Land, als er zu seiner Erhaltung für unumgänglich nöthig erachtet... Sie sind Sklaven von dem Willen eines unumschränkten Gebieters, der nach Belieben sich ihres erworbnen Guts bemächtigen kann, und es auch oft tut. Der Untertanen Absicht ist es nicht, Schätze zu sammeln. Sind sie reich, so geht alle Bemühung dahin, daß sie es verbergen... Das gemeine Volk wird nirgends grausamer gedrückt. Beinahe sollte man denken, das einzige Bestreben der Befehlshaber und Bedienten der Pforte (= Palast in Istanbul) wäre, ihre Nebenmenschen unglücklich zu machen.«

Die korrupte Eintreibung von Steuern war aber nur ein Grund für den Niedergang der Wirtschaft. Der zweite Grund lag darin, daß sich ab den überseeischen Eroberungen die internationalen Handelsrouten verschoben hatten – weg vom Levantehandel. Zypern wurde eine unbedeutende Provinz des Osmanischen Reiches.

Rolle des Erzbischofs und des Dragomans

Etwa 100 Jahre nach der Eroberung Zyperns versuchte die Pforte in Istanbul, dem wirtschaftlichen Niedergang und damit auch dem Steuerausfall durch Verwaltungsreformen entgegenzuwirken. Sie zog Repräsentanten der griechischen Nation heran, die einerseits die türkischen Beamten kontrollieren und andererseits für die pünktliche Abgabe der Tribute ihrer griechischen Landsleute sorgen sollten. Ab 1660 konnten sich Bischöfe unter Umgehung der türkischen Beamten auf Zypern direkt beim Großwesir in Istanbul beschweren. Ab 1754 ist der Erzbischof offiziell als ›Führer der Nation‹, Ethnarch, anerkannt. Die eigentliche Einziehung der Steuern, die mit dem kirchlichen Amt nicht vereinbar war, besorgte der Dragoman (eigentlich ›Dolmetscher‹ – ein hohes Amt außerhalb der türkischen Hierarchie, das von Griechen besetzt war. Das Haus des mächtigen Dragomans Chatzigeorgákis Kornésios, Abb. S. 87, ist in Nikosia zu besichtigen).

»Cypern, nominell unter der Herrschaft eines Beys, der vom Kapudan Pascha (Admiral und Gouverneur des Archipelagos, A.S.) ernannt wird, wird in Wirklichkeit vom griechischen Erzbischof und seinem Klerus regiert«, schreibt 1792 Turner, ein englischer Diplomat. Die Einbeziehung des griechischen Klerus und des Dragomans in die Beherrschung und Verwaltung der Insel hatte gemeinsame Protestaktionen und Revolten der griechischen und türkischen Bevölkerung zur Folge. Andererseits aber entwickelten sich angesichts der türkisch-griechischen Doppelherrschaft und der scharfen fiskalischen und administrativen

Giovanni Mariti zur türkischen Herrschaft

Giovanni Mariti unternahm von 1760 bis 1768 eine Reise ins Heilige Land, die ihn auch nach Zypern führte.

»Die Einkünfte dieses Königreichs sind dem Großwesir, oder dem Generalstatthalter des osmanischen Reichs angewiesen; da er aber nicht in Person anhero kommen kann, um die Regierung zu verwalten, so überläßt er die Insel an den Meistbietenden, und schickt ihn als Statthalter ... hierher. Weil es nicht das Verdienst, sondern die Befriedigung des Eigennutzes ist, wodurch man zu dieser Würde befördert wird: so richten auch die Statthalter ihr Betragen diesem gemäß ein. Das Volk wird von ihnen mit allerley Erpressungen und ungerechten Auflagen beschwert ...

Wenn der Statthalter den griechischen ... Untertanen eine Abgabe auferlegen will, so wendet er sich nicht gerade an das Volk, sondern an den Dragoman, und dieser an den Erzbischof, welcher es den Diöcesen oder Kirchsprengeln bekannt macht ...«

Trennung zwischen Griechen und Türken auch Rassenressentiments je gegen die andere Volksgruppe. Das Prinzip des ›Teile und herrsche‹ haben jedenfalls nicht erst die Briten erfunden.

Osmanische Architektur auf Zypern

Gleich nach der Eroberung Zyperns wandelten die Türken verlassene katholische Kirchen in Moscheen um. Aus der Sophienkathedrale in Nikosia, der Krönungskirche der Lusignans (Abb. 89, 90), wurde die Selim-Moschee; aus der Nikolauskathedrale in Famagusta, in welcher man den (seit 1291 leeren) Titel des Königs von Jerusalem verliehen hatte (Abb. 86, 87), wurde die Lala Mustafa Pascha-Moschee. Minarette zieren nun die Turmstümpfe der Kirchen, ihr Innenraum wurde vom Bildschmuck befreit, eine nach Mekka gerichtete Gebetsnische, der Mihrab, eingerichtet. Andere Kennzeichen der Moschee sind die im allgemeinen rechts neben Gebetsnische stehende Kanzel, der Minbar, für den Freitagsgottesdienst, und der abgetrennte Bereich für die Frauen. Die Moschee ist mit Teppichen ausgelegt und hat vor dem Eingang einen Reinigungsbrunnen (Abb. 103).

Aber auch neue Moscheen wurden errichtet. Beispiele für die klassische osmanische Architektur mit Kuppel und quadratischem Grundriß sind die Arab-Achmet-Moschee im türkischen Teil von Nikosia und die Chala Sultan Tekke bei Lárnaka (Farbt. 10; Abb. 3). (Tekke ist ein Kloster. Ein anderes schönes Tekke ist das der Tanzenden Derwische in Nikosia.)

Andere Moscheen haben die im 19. Jahrhundert auf Zypern entwickelte kuppellose Form, bei der links und rechts Kolonnaden den Weg säumen, der vom Eingang zum Mihrab führt.

Haidar-Pascha-Moschee. Nach: Salvator, Levkosia, die Hauptstadt von Zypern, 1873

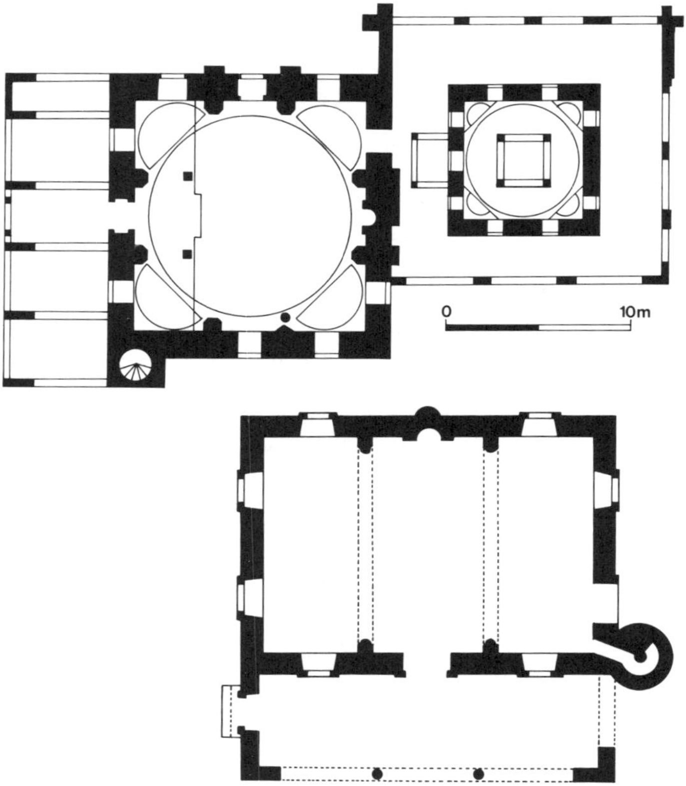

Beispiele der beiden Haupttypen osmanischer Architektur auf Zypern. Oben die Chala Sultan Tekke (19. Jh.), die mit ihrem quadratischen Grundriß und ihrer Kuppel auf klassische osmanische Moscheenarchitektur zurückgeht (im Anbau das Grab der Um Haram, vgl. S. 69 u. 139.

Unten die Moschee von Peristeróna, ein rechteckiger, von zwei Bogenreihen geteilter Raum ohne Kuppel. Grundrisse

Tabelle 8: Türkische Herrschaft (1571–1878)

Zeit	*Geschichte*	*Kunst, Kultur, Architektur*
1571/72	Zypern ist türkische Provinz unter einem Pascha. Ansiedlung von ca. 20000 Türken auf dem Land der vertriebenen Franken.	● Umwandlung der Kathedralen von Nikosia und Famagusta in Moscheen
1660	Bischöfe erhalten Interventionsrecht beim Großwesir in Istanbul gegen Verstöße des Paschas.	● 16.–17. Jh.: Büyük Han und Kumarcilar Han (Gasthöfe), Nikosia (Abb. 102)

1754	**Erzbischof wird als ›Ethnarch‹, als Führer der griechisch-zypriotischen Nation, ›Millet‹, vom Sultan in Istanbul anerkannt** und ist als Gegenleistung dem Pascha und Sultan gegenüber verantwortlich für die Steuerabgaben der griechischen Bevölkerung.	● 1746–1750: Aquädukt von Lárnaka (Abb. 104)
1764	Nach Erhöhung der Abgaben auf mehr als das Doppelte gemeinsamer Aufstand türkischer und griechischer Bevölkerungsteile. Der türkische Gouverneur Chil Osman Aga wird dabei getötet.	● 18. Jh.: Fresken der Johanneskirche (Abb. 7), Mevlevi-Tekke- und Arab-Achmet-Moschee, alle Nikosia
1765–66	Revolte des Khalil Aga, Kommandant der Festung von Kyrenia, mit Unterstützung von Griechen und Türken.	
1777	Geschätzte Bevölkerungszahl: 84 000 Einwohner, davon 44 Prozent Christen, 56 Prozent Mohammedaner. Bis Ende der türkischen Besatzung 1878 wächst der Bevölkerungsanteil der Christen auf etwa 75 Prozent.	
1783	Auf Initiative der Christen Beseitigung des mißliebigen türkischen Gouverneurs Hadji Baki.	
1804	Türkische Revolte gegen den einflußreichen Dragoman Chatzigeorgákis Kornésios. Er wird später, 1808, in Istanbul hingerichtet.	● 1816: Moschee Chala Sultan Tekke bei Lárnaka (Farbt. 10; Abb. 3)
1821	**Beginn des griechischen Befreiungskampfes.** Um ein Übergreifen auf Zypern zu verhindern, werden in Nikosia zur Abschreckung Erzbischof Kyprianós gehenkt und drei Bischöfe sowie andere Kirchenmänner enthauptet. Anschließend Massaker an Griechen und Konfiskationen griechischen Eigentums. Allein in Nikosia 470 Tote.	● 1829: Bibliothek Sultan Mahmuds II., Nikosia
1878	**Osmanisches Reich tritt Zypern an England ab** als Gegenleistung für Militärhilfe gegen das russische Vordringen auf dem Balkan. Von 185 000 Einwohnern sind 25 Prozent Türken.	

Türkischer Tanz. Nach: The Graphic, 31. 8. 1878

Neben den Sakralbauten haben die Türken eine Reihe weltlicher öffentlicher Bauten hinterlassen. Die beiden Gasthöfe, Chans, in Nikosia mit ihren schönen Innenhöfen sind kürzlich restauriert worden. Von den zahlreichen türkischen Bädern ist das Große Bad, Büyük Hamam, in Nikosia noch in Betrieb (Abb. 101). Das typische türkische Bad hat einen Umziehraum, einen Zentralraum und den überkuppelten heißen Baderaum mit kleinen, ebenfalls überkuppelten Nischen in den vier Ecken. Im alten türkischen Teil von Nikosia befinden sich außerdem eine osmanische Bibliothek, Brunnen und einzelne Herrenhäuser. Am Stadtrand von Lárnaka steht noch die Brücke eines Aquädukts, das ein türkischer Gouverneur 1746–1750 anlegen ließ.

Britische Herrschaft (1878–1960)

1878 trat das Osmanische Reich Zypern an England ab, als Gegenleistung für militärische Unterstützung gegen das russische Vordringen auf dem Balkan. Die Engländer wollten damals eine gewisse Gesundung des ›kranken Mannes am Bosporus‹, wie man das Osmanische Reich nannte; sie benutzten es als Bollwerk gegen Rußland.

Zweitens brauchten sie Zypern als Zwischenstation auf dem Seeweg nach Indien. Indien war seit 1858 britische Kolonie; ein Jahr vor der Übernahme Zyperns war die englische Königin Viktoria gar zur Kaiserin von Indien gekrönt worden. Und drei Jahre vor der Übernahme hatte Englands Premier Benjamin Disraeli die Aktienmehrheit der Suezkanal-Gesellschaft für England erworben – der Suezkanal, der den Seeweg durchs Mittelmeer nach Indien ermöglichte, war 1869 eröffnet worden.

Hissen der britischen Flagge in Nikosia. Nach: Illustrated London News, 1878

England war in den siebziger Jahren des 19. Jhs. auf dem Höhepunkt seiner Macht. Es produzierte mehr Gußeisen und Kohle als die USA, Deutschland, Frankreich, Italien und Rußland zusammengenommen. Es besaß unangezweifelt das Monopol bei der kolonialen, imperialistischen Aufteilung der Welt. (1882 wurden dann Ägypten, 1888 Rhodesien, 1899 Sudan, 1902 die Burenrepubliken englische Kolonien.)

Auf Zypern sind zur Zeit der Übernahme Englands 25 Prozent der Gesamtbevölkerung Türken. Ihr Anteil verringert sich bis 1960 auf 18 Prozent.

Enosis – Forderung griechischer Zyprioten nach Vereinigung mit Griechenland

Das griechische Wort Enosis bedeutet ›Vereinigung‹. Große Teile der griechischen Bevölkerung auf Zypern, allen voran die Kirche, kämpften seit Beginn der britischen Herrschaft für die Befreiung ihres Landes aus der Kolonialherrschaft und für seine Vereinigung mit dem griechischen Mutterland.

1931 kam es zu gewaltsamen Aktionen gegen die Briten, der Gouverneurspalast ging dabei in Flammen auf. Die Verfassung, die den Zyprioten ein bescheidenes Mitspracherecht in innenpolitischen Angelegenheiten offerierte, wurde außer Kraft gesetzt. 1950 stimmten 96 Prozent der griechischen Bevölkerung in einer von der Kirche organisierten Volksabstimmung für Enosis. Die Engländer blieben hart. Nachdem schließlich sogar die UNO die Forderung der griechischen Zyprioten nach Enosis abgewiesen hatte, explodierten im April 1955 die ersten Bomben. Eine Befreiungsorganisation, die EOKA unter dem Kommando General Grivas' (Abb. 117), hatte sich konstituiert. Sie war – ungewöhnlich für eine Befrei-

Sir Garnet Wolseley, der erste britische Hochkommisar, empfängt die türkischen Würdenträger. Nach: Illustrated London New, 1879

ungsorganisation – politisch rechtsgerichtet und bestand nur aus wenigen hundert national gesinnten Männern, die mit Bombenterror gegen Briten und bald auch gegen türkische Zyprioten vorgingen, die die Briten schon seit langem als Verbündete gegen griechische Enosisforderungen herangezogen hatten (vgl. Abb. 118). Die Kirche, seit 1950 unter Führung Erzbischof Makarios', beteiligte sich am Widerstandskampf – propagandistisch und indem sie den EOKA-Leuten Unterschlupf gewährte.

Die terroristischen Aktivitäten der EOKA fanden jedoch nicht, wie es oft behauptet wird, die Zustimmung des gesamten griechisch-zypriotischen Volkes. Die Linke auf Zypern, die über ein Drittel der Bevölkerung ausmacht, besonders Gewerkschaftler und Kommunisten, zogen gewaltfreie Aktionen wie Demonstrationen und Streiks dem Bombenterror vor.

Angesichts dieses Widerstandes, aber auch weil Zypern für England eine kostspielige Kolonie war und es andere Wege gab, die Militärstützpunkte zu halten, bahnte sich seit 1958 ein Zypernabkommen an, das zwar nicht die Enosis brachte, dafür aber eine von England, Griechenland und der Türkei eingeschränkte und kontrollierte Unabhängigkeit, wobei der griechische wie der türkische Bevölkerungsteil der Insel je als eigene Nation bei der Staatsverwaltung Berücksichtigung fand.

Selbständigkeit Zyperns (ab 1960)

Makarios (Abb. 115, 116) wurde mit 67 Prozent der Stimmen erster Staatspräsident der jungen Republik, die dann Mitglied der Blockfreien, der UNO und des Commonwealth wurde. Die in den Abkommen von Zürich und London unter maßgeblicher Beteiligung der ›Schutzmächte‹ England, Griechenland und der Türkei ausgehandelte Verfassung schrieb die Beteiligung von Griechen und Türken an der Staatsverwaltung im einzelnen genau fest – und machte das Land, wie es die Entwicklung zeigen sollte, gerade dadurch unregierbar.

Die wichtigsten Bestimmungen der Verfassung:

- Staatspräsident sollte stets ein Grieche sein, Vizepräsident stets ein Türke, der Vetorecht besitzt.
- In der 2000 Mann starken Armee sollten 40 Prozent der Soldaten Türken sein, bei den ebenfalls 2000 Mann starken Polizeikräften 30 Prozent.
- Griechenland und die Türkei verpflichteten sich, die zyprische Regierung bei der Verteidigung der Insel zu unterstützen. Hierzu wurden 950 Mann griechische und 650 Mann türkische Ordnungskräfte auf Zypern stationiert. (Diese Bestimmung diente der Türkei 1974 zur Rechtfertigung ihres Einmarsches, auf den die bis heute andauernde Teilung der Insel zurückzuführen ist.)
- Großbritannien behält zwei Militärstützpunkte (als englisches Staatsgebiet).

Dieses System, in dem die Zyprioten nicht als Zyprioten, sondern als Griechen und Türken behandelt wurden, sollte schwerwiegende Folgen haben.

Die Enosisanhänger gaben nach 1960 ihre Forderung nach Vereinigung mit Griechenland nicht auf. Makarios galt ihnen als Verräter. Die Verfassung selbst konnte sich in der Verwaltungsrealität nicht durchsetzen, nur zu oft hemmte ein türkisches Veto die Beschlüsse des Parlaments. 1963 versuchte Makarios eine Verfassungsänderung mit dem Ziel, die Rechte der Türken abzubauen. Die Garantiemacht Türkei protestierte aufs schärfste ...

Im Dezember 1963 kam es zu Kämpfen zwischen autonom operierenden Militärverbänden. Auf griechischer Seite operierten reaktivierte EOKA-Kämpfer, auf türkischer Seite die TMT. Griechen und Türken, auch ›Verräter‹, wurden ermordet, Moscheen und Kirchen in die Luft gesprengt, ganze Dörfer überfallen. 20000 bis 25000 Türkzyprioten, etwa ein Viertel der türkischen Gesamtbevölkerung, mußte sich zum Schutz ihres Lebens und auf Druck ihrer Führung in umzäunte Ghettos und Enklaven zurückziehen, was für sie auch einen enormen wirtschaftlichen Nachteil bedeutete. Die britischen Truppen wurden im Februar 1964 auf 10000 Mann erhöht. Makarios kündigte die Erhöhung der Polizeikräfte auf 7000 Mann an (die ›Nationalgarde‹). Griechenland und die Türkei konnten nicht nachstehen und schleusten mehr und mehr Soldaten nach Zypern.

Dann nahm sich der UN-Sicherheitsrat des Zypernproblems an. Im Frühjahr 1964 trafen die ersten UNO-Friedenstruppen (UNFICYP) zur Verhinderung der Kämpfe zwischen Griechen und Türken ein. Die ›Blauhelme‹, im ganzen 6369 Mann, setzten sich zusammen aus Briten, Kanadiern, Finnen, Schweden, Iren und Österreichern. Seit 1994 ersetzen Argentinier und Slowaken die kanadischen und schwedischen Kontingente. Anfang 1995 waren noch 1200 Mann UNO-Friedenstruppen auf Zypern stationiert.

Putsch gegen Makarios, Einmarsch türkischer Truppen und Teilung der Insel

Auch die UNO-Truppen konnten die komplizierte Situation nicht entschärfen. Im April 1967 kam in Griechenland mit Unterstützung der USA die Militärjunta an die Macht. Makarios, der die ›schwarzen Obristen‹ kritisierte und der wegen seiner Neutralitätspolitik von den USA schließlich als Fidel Castro des Mittelmeers gesehen wurde, sollte beseitigt werden. Zudem gab es nach Meinung Griechenlands und der USA auf der Insel zu viele Kommunisten, immerhin ein knappes Drittel der Bevölkerung, das die freie Welt bedrohte ...

Abstieg aus dem Tróodosgebirge in die Winterquartiere. Nach: The Graphic, 1880

Nachdem mehrere Attentate auf Makarios gescheitert waren, griffen Juntaleute, die die Nationalgarde kommandierten, am 15. Juli 1974 den Präsidentenpalast an. Doch Makarios konnte fliehen. Der Präsident der Republik lebte noch. Als ›Gegenpräsident‹ wurde von der Junta in Griechenland der 39jährige Zeitungsverleger Nikos Sampson ausgerufen.

Fünf Tage später marschierte die türkische Armee, die soldatenstärkste europäische Natostreitkraft. Sie besetzte 36,4 Prozent des zyprischen Bodens und 65 Prozent der landwirtschaftlich genutzten Fläche. Rund 6000 Zyprioten kamen beim türkischen Überfall ums Leben, etwa 200000 Griechen mußten vom türkisch besetzten Nordteil Zyperns in aller Eile in den Süden fliehen. Lange Jahre lebte der Großteil der Flüchtlinge in eilig zusammengezimmerten Baracken oder Zeltlagern. Heute hat die Regierung mit Unterstützung der UNO ganze Reihenhaussiedlungen am Rande der Städte errichtet, wo die Flüchtlinge mietfrei wohnen. Diese Häuser sind jedoch sehr leicht und billig gebaut, sie besitzen gegen die Sommerhitze keine Klimaanlage. Hinzu kommen die sozialen Probleme, die sich ergeben, wenn ehemalige Landeigentümer und Bauern nun in den Städten zu Arbeitern und Kleingewerbetreibenden werden.

Umgekehrt gingen Türkzyprioten aus dem Süden in den Norden und übernahmen griechisches Land und griechische Einrichtungen. Zusätzlich siedelte die türkische Regierung bis heute 80000 bis 90000 türkische Siedler vom Festland in Nordzypern an. Und außerdem sind dort immer noch 30000 bis 35000 türkische Soldaten stationiert.

Der innerzyprische Bevölkerungsaustausch ist jedoch nicht total: etwa 550 griechische Zyprioten und 200 maronitische Christen leben noch in Nordzypern, 200 Türkzyprioten in der Republik.

Nordzypern und das Zypernproblem

Rauf Denktasch, schon in den fünfziger Jahren Führer der türkischen Kampfgruppe TMT, ließ sich ein Jahr nach der Besetzung Nordzyperns am 20. Juni 1975 zum ›Präsidenten‹ des ›Türkischen Bundesstaates von Zypern‹ ausrufen. 1983 wurde aus dieser Bezeichnung die ›Türkische Republik Nordzypern‹. Dieser ›Staat‹, der auch ein Parlament besitzt, ist international geächtet und nur von der Türkei anerkannt, deren Währung Nordzypern auch übernommen hat.

Flugzeuge, die ihre Landerechte in der beschnittenen Republik nicht verlieren wollen, und Schiffe, die Häfen im Süden Zyperns weiter anlaufen möchten, dürfen Nordzypern nicht ansteuern. Reisende mit einem nordzypriotischen Einreisestempel im Paß weist man an der Grenze zur Republik zurück. Die von der UNO zum Aufbau Zyperns beigesteuerten Gelder fließen allein der Republik zu. Apropos Republik. Wenn von dieser die Rede ist, meint die UNO und das offizielle Zypern stets Gesamtzypern: also einschließlich der Türkzyprioten im besetzten Norden, aber ausschließlich der türkischen Neusiedler und des Militärs. Nach dieser Logik ist ein Betreten von Nordzypern ohne Einwilligung der Regierung in Nikosia nicht zulässig.

Unter diesen Umständen ist es nicht weiter verwunderlich, daß Nordzypern in hohem Maße von der Türkei abhängt. Etwa die Hälfte des Staatshaushaltes wird von der Türkei bezahlt. Die Gelder dienen vorwiegend zur Finanzierung eines aufgeblähten Apparates von Beamten und Staatsangestellten. Das Eigentum der geflüchteten Zyperngriechen, ca. drei Viertel der Industrie und 80 Prozent der Hotelbetriebe werden vom nordzypriotischen Staat kommissarisch verwaltet oder liegen still.

Den Wirtschaftsplanern in Nordzypern schwebt als Ausweg aus der Finanzmisere ein nordzypriotisches Hongkong vor, Freihandelszone und Steuerparadies, das ausländische Investoren locken soll. Bisher ist das jedoch alles Zukunftsmusik, die Realität sieht so aus: 42 Prozent der Bevölkerung leben von einer unterentwickelten Landwirtschaft, 47 Prozent sind im aufgeblähten Dienstleistungssektor beschäftigt, nur 5 Prozent arbeiten im Industriebereich. Der Lebensstandard ist deutlich niedriger als im Süden – genaue Zahlen fehlen.

Den Strom bezieht Nordzypern kurioserweise immer noch aus dem Süden – zum Nulltarif. Aus ›humanitären Gründen‹ wurden die alten Stromleitungen nicht gekappt. Bis Ende 1994 wurde Strom im Wert von ca. 300 Mio. US-$ geliefert. Ende 1993 war östlich von Kyrenia ein Wärmekraftwerk fertiggestellt, das Nordzypern von den Stromlieferungen des Südens unabhängig machen soll. Schließlich nutzt diesen Strom auch das türkische Militär. Das Anfang 1995 noch nicht in Betrieb genommene 200-Mio-Dollar-Kraftwerk wurde von einer österreichischen Firma errichtet und kann Nordzypern pro Jahr 800 Millionen Kilowattstunden Elektrizität bescheren.

Der UN-Generalsekretär hat in den letzten Jahren umfassende Zypernpläne vorgelegt. Die UNO strebt die Wiederherstellung der Einheit Zyperns im Rahmen einer föderativen Republik an. Türken und Griechen sollen ihre eigene Innenpolitik gestalten. Außen-, Währungs- und Verteidigungspolitik sollen gemeinsam betrieben werden. Wie früher soll der Präsident ein Grieche, der Vizepräsident aber Türke sein. Die Verhandlungen kommen vor allem wegen der Eigentumsfragen nicht voran. Die nordzypriotische Seite ist nicht bereit, zuzulassen, daß die 1974 vertriebenen Griechen ihr Eigentum in Nordzypern wieder übernehmen. In deren Häusern wohnen jetzt Türkzyprioten und angesiedelte Türken vom Festland.

Die Zeit läuft für die Beibehaltung der Teilung. Schon heute können die jungen Leute in Nord und Süd einander nicht mehr verstehen. Entgegen aller Beteuerungen scheinen die USA mit der Teilung ganz zufrieden zu sein. Bei Lefkóniko in Nordzypern ist in den letzten Jahren – mit amerikanischer Hilfe, wie man munkelt – ein Großflughafen entstanden, den die Amerikaner mitbenutzen könnten. Und für die Briten gilt: Solange die südzypriotische Bevölkerung, einschließlich der Gewerkschaften und der Kommunisten, die Wiederherstellung der Einheit des Landes als vordringlichstes Ziel im Auge hat, solange richten sich die Proteste nicht in erster Linie gegen die englischen Basen auf Zypern. Divide et impera – teile und herrsche . . .

Die Republik Zypern heute

Politisches System und Parteien

Legislative Gewalt hat das Repräsentantenhaus, das alle fünf Jahre auf der Basis des reinen Verhältniswahlrechts gewählt wird und in dem nach den Wahlen vom Mai 1991 folgende Parteien vertreten sind:

- die konservative ›Demokratische Sammlung‹, DISY, und Liberale mit 35,8 Prozent der Stimmen. Vorsitzender: Gláfkos Klerídes
- die kommunistische Partei AKEL mit 30,6 Prozent. Interessant ist, das die Partei trotz des Niedergangs der sozialistischen Staaten seit Ende der 80er Jahre und trotz der Abspaltung der ADISOK (s. unten) gegenüber den letzten Wahlen von 1985 einen Zuwachs von ca. 3 Prozent erreichte. 1981 war sie mit 33 Prozent der Stimmen sogar die stärkste Partei Zyperns. Damit war Zypern das einzige Land Westeuropas, wo Kommunisten die stärkste Partei bildeten. Vorsitzender: Dimitris Christophías
- die ›Demokratische Partei‹ DIKO, die politisch zwischen DISY und AKEL einzuordnen ist, mit 19,5 Prozent. Vorsitzender: Spýros Kyprianoú, bis 1988 Präsident von Zypern
- die sozialistische Partei EDEK unter Vássos Lyssarídes mit 10,9 Prozent der Stimmen
- die ADISOK, eine reformkommunistische Partei, die Ende der 80er Jahre den ›Gorbatschowismus‹ innerhalb der AKEL vertrat und die sich daher 1990 abgespaltet hatte, mit 2,4 Prozent. Vorsitzender: Michalis Papapétrou.

Die Grüne Bewegung wird auf etwa 600 Mitglieder geschätzt, die in verschiedenen Umweltgruppen tätig sind. Im Parlament ist sie nicht vertreten.

Die Regierung wird vom Präsidenten gebildet, der alle fünf Jahre in allgemeinen Wahlen gewählt wird. Nach den Präsidentschaftswahlen vom 14. Februar 1993 löste Gláfkos Klerídes, Vorsitzender der konservativen ›Demokratischen Sammlung‹, mit den Stimmen der Nationalisten und einer hauchdünnen Mehrheit von einem halben Prozentpunkt seinen Vorgänger Geórgos Vassilíou ab, den Kandidaten der Linken Zyperns.

Der 74 Jahre alte Klerídes verfügt über reichliche politische Erfahrung. Als junger Rechtsanwalt verteidigte er in den 50er Jahren antibritische Befreiungskämpfer der EOKA. Nach der Unabhängigkeit Zyperns 1960 verhandelte er im Auftrag Makarios' mit den Türkzyprioten, und nach dem Putsch 1974 war er als Stellvertreter Makarios' schon einmal für wenige Monate Präsident der Republik. Im Hinblick auf die Lösung des Zypernproblems gilt Klerídes als weniger kompromißbereit als sein Vorgänger Vassilíou.

Einige Beispiele für Löhne und Preise

Die Zahlen stammen von der Statistischen Abteilung des zyprischen Wirtschaftsministeriums (Stand April 1995). Die Inflationsrate beträgt 4–5 %, 1 Zypernpfund = 3,30 DM.

Löhne

Studienrat am Gymnasium	1090,90 Pfund	=	3600,00 DM im Monat
Bauarbeiter	2,42 Pfund	=	8,00 DM pro Stunde
Näherin	1,66 Pfund	=	5,50 DM pro Stunde
Drucker	2,72 Pfund	=	9,00 DM pro Stunde

Preise

VW Golf, einfachstes Modell	11515,15 Pfund	=	38000,00 DM
1 Kilo Schafskäse	2,57 Pfund	=	8,50 DM
1 Kilo einfaches Brot	0,30 Pfund	=	1,00 DM
1 Flasche Tafelwein	0,87 Pfund	=	3,00 DM
1 Kilo Äpfel (Delicious)	1,06 Pfund	=	3,50 DM
1 Farbfernseher	442,24 Pfund	=	1400,00 DM

Wirtschaft und Bevölkerung

Zypern hat (1995) 690 000 Einwohner, davon 570 000 in der Republik und – ohne die türkischen Neusiedler und die stationierten Soldaten – 120 000 im Norden.

Das Tempo des zyprischen Wirtschaftswachstums ist beeindruckend: in den letzten zehn Jahren wuchs die Wirtschaft um durchschnittlich 6 Prozent, weit mehr, als sonst weltweit zu verzeichnen war. Selbst im Jahr des Golfkriegs, 1991, wuchs das zyprische Bruttosozialprodukt trotz drastischer Einbußen im Tourismusgeschäft noch um 1,2 Prozent.

Die gute Wirtschaftslage resultiert vor allem aus dem Tourismus, der zum Hauptdevisenbringer geworden ist. Exportüberschüsse werden in der Textilindustrie und bei den Nahrungs- und Genußmitteln erzielt. Exportschlager der Landwirtschaft sind Frühkartoffeln und Gemüse, Zitrusfrüchte sowie der schon in der Antike gerühmte zyprische Wein. Importiert werden hauptsächlich Maschinenbauerzeugnisse, Fahrzeuge, elektrotechnische Produkte und Brennstoffe. Die Beitrittsverhandlungen zur Europäischen Union beginnen 1996. Im Frühjahr 1995 hatten der Ministerrat und die EU-Kommission Zypern die wirtschaftliche Reife zur Vollmitgliedschaft grundsätzlich zugestanden.

Zypern (Süden und besetzter Norden) im Vergleich zu Griechenland, zur Türkei und zu Deutschland – je vier wichtige Daten zu Wirtschaft und Gesellschaft.

	Süden der Rep. Zyp.	Nordzyp.	Griech.	Türkei	Deutschl.
Einwohner	570 000	120 000	10 Mio.	57 Mio.	79 Mio.
Bruttosozialprodukt/Kopf	8020 US-$	1400 US-$	5990 US-$	1630 US-$	22320 US-$
Inflationsrate	4,6 %	ca. 70 %	18 %	68 %	4,7 %
Arbeitslosigkeit	unter 2 %	keine Ang.	8,6 %	11,5 %	7 %

* In der Bevölkerungszahl Nordzyperns sind nicht enthalten: 80–90 000 türkische Neusiedler vom Festland und 30–35 000 in Nordzypern stationierte türkische Soldaten.

Dabei ist Zypern gegenüber Griechenland schon weiter auf dem Weg zum Industriestaat. In Griechenland arbeiten noch 27 Prozent der Bevölkerung in der Landwirtschaft, wogegen es auf Zypern noch 19 Prozent sind. Der Lebensstandard ist auf Zypern höher als in Griechenland, auch von daher ist die Forderung nach Enosis heute nicht mehr relevant.

Die Regierung möchte Zypern zum Angelpunkt des internationalen Nahosthandels machen. Zypern soll in ökonomischer Hinsicht Nachfolger des vom Bürgerkrieg zerrütteten Libanon werden, der einstigen ›Schweiz des Nahen Ostens‹. Dazu bietet die Regierung ausländischen Offshore-Firmen und Investoren günstige Löhne, europäischen Lebensstil, gute Telekommunikationsmöglichkeiten und steuerliche Subventionen. Die saubere High-Tech-Industrie soll besonders gefördert werden, die Schmutz verursachende Chemie- und Schwerindustrie soll dagegen draußen bleiben. Die Agrarproduktion soll durch weitere Bewässerungsprojekte gefördert werden, im Tourismusbereich denkt man an den Ausbau des Messewesens, der Kongreßreisen und des Incentive-Tourismus (Belohnungsreisen für fleißige Mitarbeiter eines Unternehmens). Durch Spielkasinos sollen weitere Devisen ins Land kommen.

Die wöchentliche Arbeitszeit beträgt im öffentlichen Dienst und bei den Banken 38 Stunden. Frauen verdienen (außer im öffentlichen Dienst) nur 50–60 Prozent der Männerlöhne. Von den 160 000 Lohnempfängern sind 130 000 (81 Prozent) gewerkschaftlich organisiert – eine außergewöhnlich hohe Zahl. Über die Hälfte der Gewerkschafter (70 000) sind Mitglieder der kommunistisch orientierten Gewerkschaft PEO, die aus 10 einzelnen Industriebranchen besteht. Die zweite Groß-Gewerkschaft ist die konservative SEK, die ebenfalls aus einzelnen Branchen besteht und 45 000 Mitglieder hat.

Zum Bildungswesen: Es gibt eine sechsjährige Schulpflicht und 3 bis 6 weiterführende Schuljahre. 95 Prozent der Schüler erreichen einen höheren Abschluß. Neben einer pädagogischen Hochschule für die Lehrerausbildung besitzt Zypern seit 1992 auch eine Universität. Sie besteht aus 10 Fakultäten und versteht sich laut Gründungsdekret als eine Einrichtung, die auch den Türkzyprioten offen steht.

ANTIKER MYTHOS UND BYZANTINISCHE MALEREI

Mythen der Insel der Aphrodite

Aphrodite

Zypern war für die alten Griechen die Insel der Aphrodite. Das Aphroditeheiligtum in Paphos galt ihnen, ähnlich wie das Apolloheiligtum in Delphi, als ›Nabel der Welt‹. Die moderne Religionsgeschichte hegt keine Zweifel, daß die Griechen Aphrodite aus dem Osten rezipiert haben. Die Griechen haben die orientalische große Göttin der Fruchtbarkeit und des Krieges, die Magna Mater, die Herrin der Tiere *(pótnia therón)*, die bei den Babyloniern Ischtar, bei den Phöniziern Astarte heißt, in ihr Religionssystem eingepaßt. Da dieses System mit dem Göttervater Zeus an der Spitze aber vaterrechtlich geprägt war, vollzog sich die Eingliederung der Ischtar/Astarte/Aphrodite nur widersprüchlich – und indem die Macht der ehemaligen Muttergottheit beschnitten wurde.

Die mykenischen Griechen waren um 1200 eingewandert, aber vorher schon bestanden Handelskontakte. Die Göttin war damals auf Zypern schon seit Jahrhunderten verehrt, was zahlreiche Funde von Frauenstatuetten belegen. In der Sage um Agápenor von Tegea, der aus der Peloponnes gekommen war und Paphos gründete, spiegelt sich die Übernahme des Heiligtums der großen Göttin von Paphos durch die Mykener wider.

Die mykenischen Priesterkönige und ihre Nachfolger nannten sich in der Folgezeit Kinyraden. Mit diesem Titel versuchten sie ihre Herrschaft zu legitimieren, denn Kínyras war, wiederum nach griechischen Quellen, der eigentliche Gründer und Priesterkönig von Paphos, ein Nichtgrieche, der für die vormykenische Zeit des Heiligtums steht (vgl. unten den kyprischen Sagenkreis).

Die Bezeichnung Aphrodite für die Große Göttin von Paphos scheint sich auf Zypern gar nicht recht eingebürgert zu haben. Nur ein einziges Mal erscheint der Name Aphrodite auf einer (leider undatierten) Weihinschrift (nach Karageorghis). Sonst heißt sie einfach ›Göttin‹ oder ›Paphierin‹. Die Priesterkönige von Paphos, die Kinyraden, trugen noch bis ins 4. Jh. v. Chr. den altertümlichen Titel ›Priester der Herrin‹ *(iereús tis anássas)*. Dieselbe Göttin wurde von den Phöniziern in Kítion als Astarte verehrt.

Schauen wir uns vor diesem historischen Hintergrund die griechischen Mythen an. Die Ilias und die Odyssee Homers aus dem 8. Jh. v. Chr. sind die frühesten Quellen. Für Homer ist Aphrodite eine Tochter des Zeus und der Dione. Die Listenreiche steht auf seiten der Trojaner, beschützt den ›Frauenhelden‹ Paris, zeigt sich der Helena »mit überaus schönem Hals, reizender Brust und funkelnden leuchtenden Augen«. Von Helena wird sie regelrecht ausgeschimpft. Zeus sagt gönnerhaft zu ihr:

»Dir sind nicht gegeben, mein Kind, die Werke des Krieges.
Wende dich lieber den lieblichen Werken der Hochzeit zu!
Jenes wird alles Athena und Ares, der schnelle, besorgen.«
(Ilias 5, 428–430)

Auch Hesiod, der böotische Bauerndichter, der um 700 v. Chr. lebte, malt in der Theogonie ein ähnlich entschärftes Bild einer auf Liebesbändeleien reduzierten Aphrodite:

»Dieses Amt hatte sie von Anfang an
Bei den Menschen und den unsterblichen Göttern:
Jungfräuliches Necken, Anlächeln, listiges Täuschen,
Süße Befriedigung, erotische Liebe und Schmeichelei.«

All diese ›Ämter‹, besser Funktionen der Aphrodite stammen aus dem sexuellen und erotischen Bereich. Dahinter kann man die Aphrodite als Fruchtbarkeits- und Herrschergöttin nur erahnen. Die Homerischen Hymnen dagegen, der 5. und 6. Aphroditehymnos, im 7. Jh. entstanden, zeichnen ein anderes Aphroditebild: »Muse, sing mir die Werke der goldenen Aphrodite, der Kyprierin, die den Göttern süßes erotisches Verlangen erregt«, heißt es zunächst am Anfang des 5. Homerischen Hymnos, an den Anfang der Odyssee erinnernd. Doch dann, Z. 3–5:

»Sie beherrscht die Geschlechter der sterblichen Menschen,
Die Vögel des Himmels und alle Tiere,
Sowohl die, die das Festland, als auch die, die das Meer ernährt.«

Für Aphrodite als Fruchtbarkeitsgöttin und ›Herrin der Tiere‹ sprechen auch Zeile 68–74 des Hymnos. Sie war zum Berg Ida bei Troja geeilt, um den schönen Anchises zu treffen ...

»Und sie gelangte zum Ida, Nährer der Tiere, wo Quellen rieseln,
Gradaus durchs Gebirg ans Gehöft im Geleite
Wedelnder Wölfe in fleckigem Fell, blitzäugiger Löwen;
Bären und schnelle, auf Rehe lüstern versessene Panther
Folgten; beim Anblick schwoll ihr das Herz vor Freudengefühlen,
Daß sie den Tieren Verlangen erregte und alle zusammen
Kosend zu zweit zum Schlummer sich legten im Schatten des Hofes.«

Zurück zu Hesiod. Er überlieferte in der Theogonie eine andere Version der Geburt Aphrodites als Homer. Uranos (gr., ›Himmel‹) fürchtete, von seinen Kindern, den Titanen, entmachtet zu werden. So steckte er sie wieder in den Bauch der Erde, Gaia, zurück.

»Aber es stöhnte im Innern die riesige Erde
Grambedrückt und sann auf böse, listige Abwehr;
Und sie formte sogleich ein graues Eisengebilde,
Eine gewaltige Sichel ...«

Kronos, eines der Kinder des Uranos, erklärte sich bereit, am Vater eine Strafe zu vollziehen, die die »erhabene Mutter« Gaia ersonnen hatte: den Uranos zu kastrieren (Z. 177–196).

»An kam mit der Nacht der gewaltige Uranos,
Nach Liebe sich sehnend umschlang er sie.
Da streckte der Sohn aus seinem Versteck die linke Hand,
Mit der rechten ergriff er die große, schneidende,
Scharfzahnige Sichel und hieb dem eigenen Vater
Schnell ab die Geschlechtsteile und warf sie
Hinter sich ...

Aber sobald er die Geschlechtsteile mit der stählernen
Sichel abgeschnitten
Und sie vom Lande hinab in das brandende Meer geworfen hatte,
Trieben sie lange umher. Aus unsterblichem
Fleisch entstand weißer Schaum, aus dem wuchs eine Jungfrau.
Sie kam zuerst zur heiligen Insel Kythera,
Doch dann gelangte sie zum ringsumflossenen Kypros.
Aus dem Meer stieg dort die Ehrfurcht gebietende, schöne Göttin, Blüten
Sprossen unter den Schritten ihrer Füße ...«

Dieser letzte Satz Hesiods weist auf die vormalige Fruchtbarkeitsgöttin. Die zunächst einleuchtende Erklärung ihres Namens von gr. *aphros*, Schaum, also ›Schaumgeborene‹, wird heute als nachträgliche Erklärung von den Etymologen bestritten.

Aus der Leben erzeugenden Muttergottheit wurde nach griechischer, patriarchalischer Interpretation bei Hesiod eine Göttin, die allein vom Manne abstammt und deren vormalige Bedeutung sich nur zwischen den Zeilen ablesen läßt. Im ganzen spiegelt die Geburtsgeschichte Aphrodites, wie sie Hesiod beschreibt, wohl den Widerstand des Mutterrechts gegen das Vaterrecht wider.

Eine Verbindung Aphrodites zum Himmel (Uranos) ergibt sich aber auch aus der orientalischen Mythologie. Bei den semitischen Völkern des Vorderen Orients wurde die Große Göttin auch als ›Königin des Himmels‹, gr. Uranía, verehrt. Herodot, der griechische Geschichtsschreiber des 5. Jhs. v. Chr., erzählt von ihrem Tempel in Askalon in Syrien: »Es ist dies, wie ich erfahren habe, der älteste von allen Tempeln, die die Göttin hat. Auch der Tempel auf Kypros ist von Askalon aus gegründet worden.«

Uranía ist der häufigste Beiname der Aphrodite an ihren griechischen Kultorten (nach Erika Simon). Uranía war auch die Göttin des Krieges; Pausanias, der Reiseschriftsteller der römischen Kaiserzeit, erwähnt in seiner Beschreibung Griechenlands an mehreren Stätten bewaffnete Standbilder der Aphrodite. Hier wurde also der alte Charakter der Göttin nicht verleugnet.

Der kyprische Sagenkreis

Auch in den lokalzyprischen Sagen kommt Aphrodite vor. Pygmalion, König von Kypros und außerdem Bildhauer, verliebte sich unsterblich in eine Aphroditestatue, die er selbst geschaffen hatte. Aphrodite erbarmte sich seiner und ließ die Statue lebendig werden. (In der Neuzeit hat man die Statue Galatea genannt – die antiken Quellen erzählen davon nichts.)

Die einstige Statue gebar dem Pygmalion zwei Kinder: Paphos, nach dem die Stadt auf Zypern benannt wurde, und Metharme. Die Geschwister heirateten später.

Sohn des Paphos war Kínyras, der in der mythologischen Überlieferung Priesterkönig von Paphos war. Seine Tochter, Myrrha oder Smyrna, weigerte sich, Aphrodite zu verehren. Das war ein Frevel – eine Hybris, wie die Alten sagten. Aphrodite ließ Myrrha daraufhin sich zur Strafe in den eigenen Vater verlieben. Als Kínyras einmal betrunken war, schlich sie sich zu seinem Lager, befriedigte ihren Wunsch nach sexuellem Verkehr mit dem Vater und wurde schwanger. Als Kínyras erkannte, was geschehen war, wollte er seine Tochter töten. Sie floh, er verfolgte sie und hätte sie gefaßt, wenn die Götter sie nicht in einen Strauch verwandelt hätten, der fortan ihren Namen trägt, Myrrhenstrauch. Nach einiger Zeit wurde Adonis aus diesem Strauch geboren.

Nun gibt es zwei Versionen des Mythos um Adonis. Nach der ersten gab ihn Aphrodite der Persephone in Pflege. Die aber weigerte sich, den schönen Jüngling an Aphrodite zurückzugeben. Zeus schließlich entschied, daß er künftig ein Drittel des Jahres bei Persephone und ein Drittel des Jahres bei Aphrodite verbringen sollte. Das restliche Drittel sollte ihm selber zur freien Verfügung gehören. Adonis nutzte sein eigenes Jahresdrittel, um es ebenfalls mit Aphrodite zu verbringen.

Nach der zweiten Version traf Aphrodite den herangewachsenen Adonis bei der Jagd, verliebte sich in ihn und verführte ihn. Artemis, die Jagdgöttin, oder Ares, der Liebhaber der Aphrodite, waren jedoch eifersüchtig und schickten einen gefährlichen Eber, der Adonis tötete. Aus dem Blut des Getöteten wuchs eine Rose oder Anemone hervor.

Der Sohn von Adonis und Aphrodite war Golgos, nach dem die Stadt Golgoi auf Zypern benannt wurde.

An diesem kyprischen Sagenkreis, den vor allem Ovid überlieferte, fallen zwei Arten sexueller Verbindungen auf: einmal die tabuisierten Inzestverbindungen der Herrscher – Paphos mit seiner Schwester Metharme und Kínyras mit seiner Tochter Myrrha. Zweitens die Verbindung der Göttin Aphrodite mit einem Sterblichen – zunächst als Statue mit Pygmalion, dann aber vor allem mit dem schönen, jugendlichen Adonis.

Die Inzestverbindungen, die hier vom griechischen Mythos tabuisiert werden, beruhen wohl auf einem älteren, tatsächlich ausgeübten Brauch am Beginn der orientalischen Klassengesellschaft. Damals müßte das Königtum matrilinear vererbt worden sein. Der männliche Herrscher konnte nur über die Heirat seiner Schwester oder seiner Tochter die Herrschaft ausüben beziehungsweise verlängern. Die matrilineare Erbfolge wäre dann dort ein rechtliches Überbleibsel aus der vorausgegangenen, matristisch geprägten Urgesellschaft.

Mythologische Genealogie

1. Zwei Versionen der Geburt der Aphrodite

Abstammung von Vater und Mutter
Zeus ⚭ Díone
|
Aphrodite

Abstammung ohne Mutter
Uranos ⚭ Gaia
| |
Aphrodite — Titanen, darunter Kronos

2. Der kyprische Sagenkreis

Zeus ⚭ Io
|
Epaphos ⚭ Memphis
|
Belos ⚭ Libye
|
Pygmalion ⚭ Aphroditebildnis (Galatea)
|
Paphos ⚭ Metharme
(Geschwisterheirat)
|
Smyrna (Myrrha) ⚭ Kínyras (dessen Mutter unbekannt)
|
Smyrna
|
Adonis ⚭ Aphrodite
|
Golgos

3. Mythen, die die mykenische Einwanderung widerspiegeln und rechtfertigen

Herkunft der Mykener aus Ägina
Zeus ⚭ Aigina
|
Aiakos ⚭ Endeis
|
Telamon ⚭ Hesíone
|
Teukros, Gründer von Salamis

Teukros heiratet eine der Töchter des Kínyras. Seine Nachfolger sind somit wie die des Agápenor von Paphos ›Kinyraden‹.

Herkunft der Mykener aus Attika
Erechtheus
|
Pandion
(auch Pandion-Erechtheus)
|
Aigeus ⚭ Aithra
|
Theseus ⚭ Phaidra
|
Akamas, Gründer von Soloi

Herkunft der Mykener aus der Peloponnes

Agápenor von Tegea, König von Arkadien, (Nachfolge-) Gründer von Paphos. (Zur ersten, autochthonen Gründung vgl. den kyprischen Sagenkreis.) Agápenors Nachfolger nennen sich Kinyraden.

Die Verbindung zwischen Adonis und Aphrodite erinnert an das Verhältnis zwischen Anchises und Aphrodite, das der 5. Homerische Hymnos ausführlich beschreibt. Hinter beiden Beziehungen erkennen wir den »orientalischen Mythos von der großen Mutter und ihrem Liebhaber, der stirbt, wie die Vegetation stirbt, und wieder zum Leben zurückkehrt...« (H. J. Rose).

In der ersten Version der Adonissage erkennen wir in der Dreiteilung des Jahres die Jahreszeiten und damit das Werden und Vergehen der Natur. In der zweiten Version entsteht aus dem Blut des gestorbenen Adonis als neues Leben eine Blume. »Die Riten des Adonis waren seit dem 5. Jahrhundert in Griechenland allbekannt. Außer dem langwierigen Klagen und Singen von Trauerliedern über einem Bild des toten Knaben schlossen sie die Bereitung des berühmten ›Gartens des Adonis‹ ein, wobei Samenkörner flach in den Boden gesät wurden, aus denen Pflanzen schnell emporwuchsen, die ebenso schnell wieder verwelkten« (Rose). Auf Zypern wurden Adonisfeiern vor allem in Paphos und Amathous abgehalten.

Die mythischen Städtegründer

Man beachte in der Genealogie der kyprischen Heroen (s. linke Seite) ihre Herkunft aus Griechenland – ein schönes Beispiel der ideologischen Funktion des Mythos: Die einheimischen kyprischen Herrscher Pygmalion, Paphos und Kínyras werden vom griechischen Zeus und von der Io, die getrieben von einer Viehbremse nach Ägypten auswanderte und dort als Isis verehrt wurde, hergeleitet. So sollten Überlegenheits- und Herrschaftsansprüche der Mykener und ihrer griechischen Nachfolger im Osten und auf Zypern legitimiert werden. Zu diesem Zweck wurden auch die Gründungslegenden der kyprischen Stadtkönigtümer geschaffen. Akamas, Sohn des athenischen Nationalheroen Theseus und der Phädra, gründete Sóloi. Aus Ägina stammt der Neugründer von Énkomi und Sálamis, Teukros, der sich zusätzlich noch mit einer Tochter des Kínyras verheiratet, um – wiederum über die weibliche Erbfolge – seine Herrschaft ausüben zu können. Aus der Peloponnes stammt der Gründer von Paphos, Agápenor von Tegea, der den älteren und einheimischen Kínyras als Gründer ablöst.

Byzantinische Wandmalereien in den Kirchen Zyperns

Zypern besitzt im großen und ganzen drei Gattungen von Kunstschätzen: erstens die archäologischen Schätze, zweitens die gotische Architektur der Kreuzfahrerzeit und drittens die Wandmalereien in den zahllosen kleinen, manchmal versteckt liegenden byzantinischen Kirchen. Diese Malereien haben einen festen Platz in der byzantinischen Kunstgeschichte. Zum einen weil die byzantinische Malerei der ersten Hälfte des 12. Jhs. nur durch Kirchen auf Zypern repräsentiert ist, zum anderen weil manche Malereien zu den hervorragendsten Beispielen der gesamten byzantinischen Kunst zählen. Die Fresken der 1. Malserie von Asínou (Farbt. 28) sind unter beiden Aspekten bedeutend.

Eher provinzielle Ausführung zeigen dagegen die Fresken der Nikolauskirche von Kakopetriá. Die Fresken der Panagía von Tríkomo im Norden der Insel schließen stilistisch an die von Asínou an, sind aber nicht so gut erhalten. Zu den weiteren Höhepunkten mittelbyzantinischer Malerei gehören im Süden neben Asínou die Fresken von Lagouderá (von 1192; Farbt. 27, 30 u. vordere Umschlagklappe) und die der Enkleistra (Eremitenhöhle) des Einsiedlermönches Neóphytos (1183–1196).

Byzantinische Malerei ist nicht ohne weiteres zu verstehen. Ihre Stilmittel, lineare und flächige Darstellung, Verzicht auf ›richtige‹ Perspektive, wie fixiert wirkende, ohne Rücksicht auf wirkliche Größenverhältnisse aneinandergereihte ober übereinander geordnete Figuren und deren hieratische und frontale Erscheinung, entsprechen nicht unserem heutigen westeuropäischen Kunstgeschmack.

Allein schon die Tatsache, daß Motive und Stil sich über Jahrhunderte wenig verändert haben, ja im Grunde bis heute gleichgeblieben sind, paßt ganz und gar nicht zu unseren westlichen Vorstellungen von Künstlerkreativität und Entwicklung. (Ein gutes Beispiel für das Gleichbleiben von Stil und Thematik ist der, inzwischen beigelegte, Streit der Byzantinisten um das Apsismosaik der Panagía Angelóktistos in Kíti [Abb. 57]. Die Datierungsvorschläge differierten um 700 Jahre, gingen vom 5. bis zum 12. Jh.)

›Kunst‹ will die byzantinische Malerei aber auch gar nicht sein. Sie ordnet sich ganz einem Lehrzweck unter, sie möchte nur die möglichst authentische Illustration einer theologischen Aussage sein, eben der orthodoxen Lehre.

Das byzantinische Bildprogramm

Byzantinische Kirchen sind nach einem bestimmten Bildprogramm ausgemalt, das dem orthodoxen Gläubigen in jeder Kirche, die er besucht, wieder entgegentritt. Das Bildprogramm tritt aber kaum jemals in reiner Form auf, sondern es ist – wie auch die Architektur der Kirche – modifiziert durch die verschiedenen Kirchenmaler und Stifter, durch ihre soziale Stellung und geographische Herkunft.

Die französischen, venezianischen und genuesischen Auftraggeber haben viele Ikonen und Fresken ›verwestlicht‹. Jedoch meist nur stilistisch – in der Motivwahl bleibt auch der fränkische Auftraggeber beim byzantinischen Kanon. Schöne Beispiele verwestlichter byzantinischer Malereien findet man in Galáta (Panagía Podítou), in Kalopanagiótis (Lateinische Kapelle des Lampadistís-Klosters; Farbt. 32) und in Pyrga (Königliche Kapelle).

Andere fränkische Auftraggeber legen keinen Wert auf eine Verwestlichung der byzantinischen Malereien. Die Fresken der Erzengel-Michael-Kirche in Galáta z. B. sind traditionell gemalt, obwohl der Auftraggeber, inschriftlich gesichert, ein Venezianer war.

Andererseits sind aber auch Fresken von Kirchen, die Griechen gestiftet haben, unter westlichem Einfluß entstanden, wie die ›Italizismen‹ in den ansonsten traditionell byzantinischen Malereien von Platanistása (Heiligkreuzkirche), Kourdáli (Joachim und Anna) und Geroskípou (Paraskeví) verraten (Abb. 59).

Man unterscheidet im Bildprogramm, so wie es sich nach dem Ende des Bilderstreites (843; vgl. u. S. 129) herausbildete, eine vertikale und eine horizontale hierarchische Ordnung.

In der *vertikalen Hierarchie* symbolisiert die Kuppel die himmlische Sphäre. Dort sind Christus als Allherrscher (Pantokrator), die obersten Engelhierarchien und im Tambour der Kuppel die Propheten dargestellt. Die zweite Sphäre stellt den Übergang zur irdischen Sphäre dar. Die Tonnengewölbe und die oberen Wandzonen zeigen die christologischen und mariologischen Themen. Die dritte und letzte Sphäre ist die irdische. Hier sind die Heiligen bzw. die Vertreter der kirchlichen und weltlichen Hierarchie abgebildet.

In der *horizontalen Hierarchie* steht die Apsis des Altarraums (Bema) an vorderster Stelle. In der Konche der Apsis findet man Maria in repräsentativer Haltung, mit Christus auf dem Arm zwischen zwei Erzengeln. Jesus trägt meist schon als Kind die Schriftrolle in der einen Hand, mit der anderen segnet er. Seine Gesamthaltung ist schon die eines Erwachsenen. Nie wird Jesus in der byzantinischen Kunst als unbeholfenes Baby auf dem Arm seiner Mutter Maria dargestellt. Die byzantinische Repräsentationskunst betont seine Gottnatur, und Maria wird als Gottesgebärerin verehrt. Über dem Altar ist im Tonnengewölbe meistens die Himmelfahrt dargestellt. Die Bilderwand, die Ikonostase, trennt den Altarraum (Bema) vom Gemeinderaum (Naos). Auch sie unterliegt einer gewissen Ordnung; z. B. muß rechts vom Eingang immer Jesus abgebildet sein, links dagegen Maria.

Es folgt der Gemeinderaum mit den christologischen und mariologischen Szenen und den Heiligen. Über dem Ausgang oder im Narthex der Kirche befindet sich oft das ›Jüngste Gericht‹ aus der Johannes-Offenbarung. (Schöne Beispiele in der Johanneskirche in Nikosia, Abb. 7, im Lampadistís-Kloster von Kalopanagiótis und in Asínou. Beschreibung des Darstellungstypus anhand von Bildern im Ikonenmuseum in Nikosia, vgl. S. 157f.)

Die christologischen und mariologischen Szenen im Kirchenschiff und Altarraum orientieren sich am sogenannten Zwölf-Feste-Zyklus, der sich seit der mittelbyzantinischen Zeit herausgebildet hat. Aber wie in der Kirchenarchitektur tritt uns der Zyklus kaum jemals in reiner Form entgegen, sondern ist je nach Platzangebot in der Kirche, nach sozialer Stellung des Auftraggebers, nach Fähigkeit und Wissen des Malers verändert und erweitert oder verkürzt. Die Themen des Zyklus sind den Evangelien und der Apostelgeschichte entnommen. (Ausnahmen: Höllenfahrt und Marientod.)

Der Zwölf-Feste-Zyklus (Dodekaortion)

Verkündigung (Evangelismós)
Geburt Jesu (Génesis)
Darstellung Jesu im Tempel (Hypapánte)
Taufe (Báptesis)
Verklärung (Metamórphosis)
Auferweckung (Égersis) des Lazarus
Einzug in Jerusalem (Baióphoros)
Kreuzigung (Staúrosis)
Höllenfahrt (Anástasis)
Himmelfahrt (Análepsis)
Pfingstwunder (Pentekosté)
Marientod (Koímesis)

Vertikale und horizontale Hierarchie des Bildprogramms

Vertikale Hierarchie

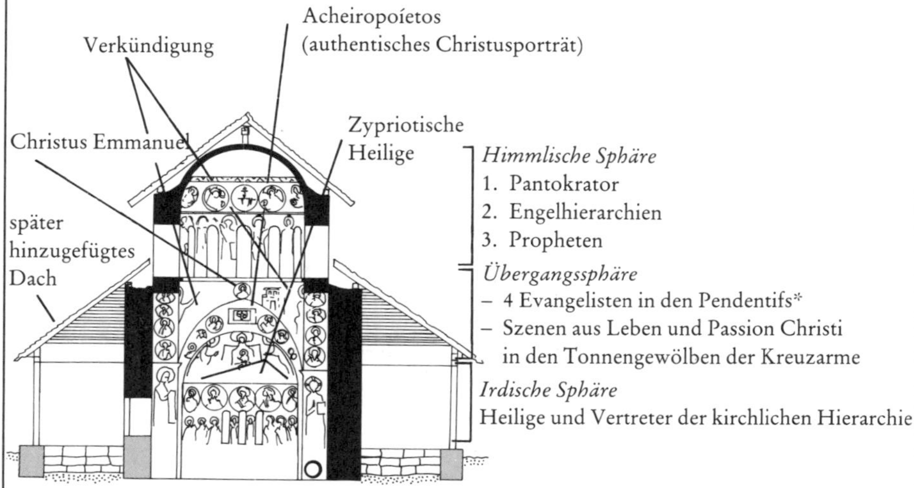

* In Lagouderá Ausnahme: Hier ist die Verkündigungsszene in die östlichen Pendentifs gerückt. Dafür je 2 Evangelisten in den verbliebenen Westpendentifs

Horizontale Hierarchie

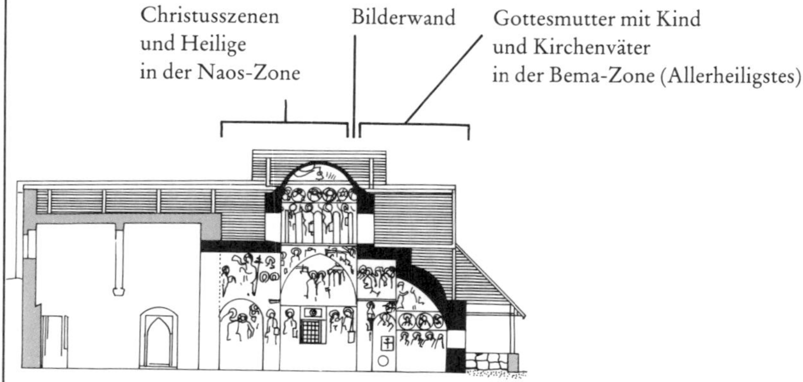

Der Bildzyklus fängt in der Regel auf der Südwand neben der Ikonostase an, zieht sich über die West- und Nordwand und endet wieder an der Ikonostase.

Ein anderer, nicht verbindlicher, aber manchmal dargestellter Zyklus ist der Akáthistos-Marienhymnos. Er wird im Stehen gesungen (*akáthistos* bedeutet ›nicht sitzend‹) und hat 24 Strophen, denen 24 Bilder entsprechen. Er findet sich auf Zypern im Katholikon des Neóphytosklosters und im Narthex des Lampadistís-Klosters von Kalopanagiótis.

Es gibt noch viele andere Darstellungstypen, die alle ihren bestimmten Ort im Bildprogramm der Kirchen haben. Im Bema etwa findet sich unter der Mariendarstellung der Apsis oft die Apostelkommunion (schöne Beispiele in Asínou, in der Panagía Podítou bei Galáta und in der Heiligkreuzkirche von Platanistasa). Im Bema sind auch öfters die ›Äußerste Erniedrigung‹ (Ákra tapeínosis), der ›Zerteilte‹ (Melismós) und die ›Opferung‹ (Thysia) zu finden. Im Giebel der Ostwand des Naos ist gerne Christus Emmanuel (z. B. in der Erzengel-Michael-Kirche bei Galáta) oder der ›Alte der Tage‹ (Palaiós ton hemerón, z. B. in Louvarás oder Asínou) dargestellt. (Vgl. zu diesen Typen und auch zu den verschiedenen Marientypen jeweils das Glossar auf S. 330 ff.)

Ikonenverehrung

Der Schlüssel zum Verständnis dieser hier nur angedeuteten Ordnung und ihrer Beibehaltung über Jahrhunderte liegt in der Praxis der Ikonenverehrung. (Zur Entwicklung der zyprischen Ikonenkunst vgl. S. 155 f., 158 f.)

Den Christen der ersten neun Jahrhunderte nach Christus war die Bilderverehrung allerdings noch nicht so selbstverständlich wie den orthodoxen Christen heute. Schließlich heißt es in den Zehn Geboten, deren Inhalt die Christen übernommen haben: »Du sollst Dir kein geschnitztes Bild machen ... Du sollst Dich nicht vor diesen Bildern niederwerfen und sie nicht verehren.«

Das Frühchristentum stand der Bilderfrage zunächst ablehnend gegenüber, schon um sich von der heidnischen Bilderverehrung abzusetzen, die die Christen ja allenthalben umgab. Die ersten Bilder in gottesdienstlichen Räumen tauchen im frühen 3. Jh. auf. Allerdings wurden sie wohl hier noch nicht verehrt, sondern dienten nur zur Illustration. Im 4. Jh. treten drei der vier großen Kirchenväter der orthodoxen Kirche, Basilius, Johannes Chrysóstomos und Gregor von Nazianz, bereits für die Bilderverehrung ein. Gegen sie waren z. B. die Kirchenväter Eusebios von Cäsarea und – aus Zypern – Epiphanios von Sálamis. Im 5. oder 6. Jh. räsoniert Dionysios Pseudo-Areopagítes über die Bilderfrage: schon die Verfasser der Heiligen Schrift hätten ja Gleichnisse aus der sinnlich erfaßbaren Menschenwelt benutzt, um das an sich undarstellbare Göttliche zu vermitteln, »weil sie unser menschliches Vorstellungsvermögen berücksichtigen und uns ... ein Mittel geistiger Erhebung verschaffen wollen, das unserer Natur angemessen ist«; letztlich könne man »den himmlischen Wesen sehr wohl eine Gestalt verleihen, sei diese noch so niedrigem Stoffe entnommen, denn dieser Stoff selbst bewahrt durch seine stoffliche Ordnung hindurch einige Spuren der geistigen Schönheit, da er sein selbständiges Wesen von der Schönheit schlechthin bekommen hat und es folglich möglich ist, sich durch dessen Vermittlung bis zu den unstofflichen Urbildern aufzuschwingen«.

Das Bild, gr. Ikone, ist somit Abbild eines unstofflichen Urbildes und enthält einen gewissen ›Anteil‹ des ewig Wahren und Schönen, der himmlischen Wesen. Die platonische Philosophie (vgl. etwa das Höhlengleichnis im ›Staat‹) hat diese Anschauung mitgeprägt. Das Bild ist gleichsam ein Fenster zu den Himmlischen. Die Verehrung gilt im eigentlichen Sinne nicht dem Bild, sondern dem Urbild, nämlich Christus, Maria und den Heiligen.

Das Bild muß aber dem Urbild möglichst entsprechen. Wie kann man aber mit »stofflichen Mitteln«, wie der Pseudo-Areopagítes sich ausdrückt, das Unstoffliche darstellen? Die Lösung dieses Widerspruchs war, die Bilder zu *verfremden:* auf ›richtige‹ Perspektive verzichten; die Bilder flächig komponieren; wenn schon Stoff für den Hintergrund, dann den edelsten und leuchtendsten nehmen, nämlich Blattgold; die von der stofflichen, zweitrangigen Natur vorgegebenen Größen- und Raumverhältnisse nicht konsequent befolgen.

Da sich das ewig wahre Urbild nicht wandelt, darf sich auch das Abbild nicht wandeln. So erklärt sich letztlich die Beibehaltung der Themen und Formen in der byzantinischen Malerei. Die authentischsten Bilder sind die, die angeblich von Aposteln selbst gemalt wurden. Der Evangelist Lukas persönlich soll drei Marienikonen gemalt haben, die – unter wundersamen Umständen auf Zypern gefunden – zur Gründung der Klöster Kýkko, Chrysorrogiátissa und Troodítissa führten.

Eine hübsche Legende, die in mehreren Versionen existiert, erzählt von einem Porträt Jesu, das durch Abdruck entstanden ist. Ein Gesandter des Fürsten Abgar von Edessa (9–46 n. Chr.) hatte ein Bild von Jesus gemalt. Dieses authentische Bild sei dann in einen Ziegel geritzt in die Stadtmauer von Edessa verbaut worden. Als die Perser 544 Edessa belagerten, hatte ein Bischof die Vision vom vergessenen Ort des Ziegels ... Eine andere Fassung erzählt von einer Frau, der im kappadokischen Kamulia in einem Brunnen das Bild Christi erschien. Das daher Kamulianum genannte Bild habe in ihrem Gewand einen Abdruck hinterlassen. Es kam 574 nach Konstantinopel und wurde in den Grenzkriegen des 5. und 6. Jh. dem Heer vorangetragen. Auch im Westen gibt es mit dem ›Schweißtuch der Veronika‹ eine ähnliche Legende; Veronika (d. h. *vera icona,* ›wahres Abbild‹) hatte mit ihrem Tuch Jesus beim Kreuzgang den Schweiß vom Gesicht abgetrocknet. In Lagouderá und in der Erzengel-Michael-Kirche von Galáta z. B. haben wir zwei dieser ›nicht von Menschenhand gemachten‹ Bildnisse (Acheiropoíetoi): den gemalten Ziegelsteinabdruck, das Keramidion, und den Tuchabdruck, das Mandylion.

Noch heute müssen auf Zypern übrigens Ikonen, die für eine Kirche bestimmt sind, erst dem Erzbischöflichen Amt zur Kontrolle vorgelegt werden, damit keine ›falschen‹ Darstellungen der Heiligen ausgestellt werden.

Die Bilderfrage führte im 8. Jh. zum sogenannten Bilderstreit. 730 erklärte Kaiser Leon III., der ›Isaurier‹, die Bilder für verboten. Sein Sohn ließ 745 die Bilder gar zerstören und verfolgte die Bilderverehrer (Ikonodoulen) mit Folter und Hinrichtung. Auch die Mönche widersetzten sich den Bilderfeinden (Ikonoklasten); ihre Klöster wurden zerstört,

34 Königsgrab 50 von Sálamis; Überwölbung aus römischer Zeit. Seit dem 14. Jh. bekannt als ›Gefängnis der hl. Katharina‹

35 Drei Gräber, je mit steilem Dromos, im Cellárka-Bezirk von Śalamis

36 Stehengebliebener Teil des Grabhügels und rekonstruierte Plattform des ›Grabmals des Nikókreon‹ beim modernen Dorf Énkomi/tk. Tuzla, Ende 4. Jh. v. Chr.

37 Einer der Tunnel, die die Stadtmauer von Alt-Paphos unterqueren, Anfang 5. Jh. v. Chr.

38 Von den Ausgräbern wiederaufgestellte Statuen im Gymnasium von Sálamis, römisch

39 Theater von Koúrion, römisch, teilrekonstruiert. Dahinter die Küstenebene

40 Theater von Soli, römisch, teilrekonstruiert. Im Hintergrund die Bucht von Mórphou

41 Frühchristliches Mosaik in der Basilika von Soli

42, 43 Gladiatorenmosaike von Koúrion, römisch, Areal II

Römische Mosaike im Haus des Dionysos, Katopaphos: 44 Pyramos und Thisbe 45 Dionysos, Akme und Ikarios, rechts die ›ersten Weintrinker‹ 46 Poseidon und Amýmone

45

46

Römische Mosaike im Haus des Dionysos, Katopaphos: 47 Apoll, Daphne und Peneios (v. l. n. r.) 48 Phädra und Hippolytos, rechts oben ein Eros mit der Fackel der unerfüllten Liebe

49 Leda mit dem Schwan. Römisches Mosaik aus Alt-Paphos, Zypernmuseum Nikosia (vgl. Farbt. 21)

50 Römisch-frühchristliches Ktisis-Mosaik im Eustólios-Komplex in Koúrion

51 Apsisrund der frühchristlichen Basilika Kampanópetra in Sálamis. Im Hintergrund die Säulen des Ost-Atriums und das Meer

52 Frühchristliche Basilika Agía Trias

53 Atrium der Großen Basilika von Koúrion (vgl. Titelbild)

54 Mehrkuppelkirche der hl. Paraskeví in Geroskípou

55 Postbyzantinische Kreuzkuppelkirche der Agía Kyriakí, davor die Säulen der frühchristlichen Basilika. Chrysopolítissa-Komplex, Katopaphos

56 Kirche der Panagía Angelóktistos, Kíti

57 Maria zwischen den Erzengeln. Apsismosaik der Panagía Angelóktistos, 6. Jh.

58 Stavrós tou Agiasmáti bei Platanistása, eine der typischen Satteldachkirchen des Tróodosgebirges

59 Hl. Mamas, 1494, Kirche Stavrós tou Agiasmáti, Platanistása

60 Verklärung Christi, 1510–1520, Kirche Metamórphosis tou Sotíros, Palächóri

61 Kirche Agios Nikólaos tis stégis (›vom Dach‹) bei Kakopetriá

62 König Janus von Lusignan (Regierungszeit 1398–1423) und seine Frau Charlotte von Bourbon als Stifter in der ›Königlichen Kapelle‹ in Pyrga (vgl. Abb. 84)

63 Stifterbild, 1474, Erzengel-Michael-Kirche in Pedoulás

Stifterbilder: 64 Dragoman Christophakis (rechts unter einer Leinwandschicht, die die Restauratoren angebracht haben) mitsamt Familie, 1747, Kirche des hl. Georg von Arpera bei Tersephánou

65 Stifter in der Heiligkreuzkirche in Pelendri, 14. Jh.

66 Säulenheiliger Symeon Stylites in der Panagía Arakiótissa, Lagouderá, 1192

67 Asínou. Kirche der Panagía Phorbiótissa

68 Lagouderá. Kirche der Panagía Arakiótissa

ihre Güter konfisziert. Das Bilderverbot wurde 787 ausgesetzt, trat dann nochmals in Kraft und wurde 843 endgültig aufgehoben. Die Bilderfeinde zerstörten fast alle frühbyzantinische Kunst. Nur im *Apsismosaik von Kíti* (Abb. 57) und in einigen *Fußbodenmosaiken* der Basiliken haben wir auf Zypern noch einen Abglanz dieser Zeit. Aus der Zeit des Bilderstreits selbst hat man in der Marienkirche von *Geroskípou* einige anikonische Reste entdeckt.

Wie man die Ursachen des Bilderverbots auch erörtern mag, eines steht fest: Die konfiszierten Kirchenschätze halfen mit, den Unterhalt des Heeres in den Araberkriegen zu dekken, und das zum Teil antistaatlich eingestellte Mönchstum, das durch Stiftungen reich geworden war und großen Einfluß auf die Bevölkerung hatte, wurde geschwächt.

Soziologische Deutung des Bildprogramms

Die festgefügte Ordnung des Bildprogramms der Kirchen läßt aber auch noch eine soziologische Deutung zu. Der byzantinische Kaiser war oberster Kirchenherr. Er ließ sich als Stellvertreter, als Verwalter (Vicarius) Gottes auf Erden verehren. Die kirchliche Kunst war somit auch Ideologieträgerin des Staates. Die feste Ordnung des Bildschmucks in den Kir-

Stifterfiguren auf Ikonen im Ikonenmuseum (IM) Nikosia (Zeichnungen nach Rice)
1. Bild: Von der ›Darstellung im Tempel‹ aus Agios Kassianos, Nikosia, um 1530. IM Nr. 49
2. Bild: Stifter mit flämischen Hüten auf einer Nikólaos-Ikone aus der Chrysaliniótissa, Nikosia, um 1540. IM Nr. 127

chen sollte auch die Unumstößlichkeit des byzantinischen Staats- und Gesellschaftssystems propagieren. Jesus als Pantokrator in der Kuppel, die Engel als Adjutanten, die ganze Kirchenhierarchie spiegelt die Hierarchie des Staates. Überall in den Kirchen des Reiches begegnete dem Gläubigen das im wesentlichen gleiche Bildprogramm. Nicht zu unterschätzen ist die frühere psychologische Wirkung des Kircheninnenraums: Die Heiligen scheinen – besonders beim Schein der Kerzen – den Gläubigen von allen Seiten prüfend anzuschauen. Ging er aus der Kirche, gab ihm das ›Jüngste Gericht‹ mit seiner Darstellung der Höllenqualen über dem Ausgang die drastische Mahnung mit, nicht gegen die Gesetze von Kirche und Staat zu verstoßen.

In der byzantinischen Feudalgesellschaft hat sich kein freies Bürgertum als führende Klasse entwickelt, das die religiös geprägte Kunst zum Naturalismus hin hätte verändern können. So wie es im Westen war, als ausgehend von Florenz in Italien die Renaissancemalerei entstand. Dem Wollen, Können und Genie des Künstlers waren in Byzanz enge Grenzen gesetzt.

Die Gründe für das lange Bestehen der byzantinischen Kunst liegen aber auch in ihrer Volksverbundenheit. Das Handeln vieler Heiliger berührt unmittelbar die Probleme der Armen. Auf Zypern etwa der hl. Mamas: Er lebte als Einsiedler in einer Höhle bei Mórphou. Da er am öffentlichen Leben nicht teilnahm, meinte er, er müsse auch keine Steuern bezahlen. Daraufhin schickte der byzantinische Statthalter zwei Soldaten zu Mamas, die ihn in die Hauptstadt bringen sollten. Auf dem Weg dorthin erschien den dreien plötzlich ein Löwe und stürzte sich auf das Lamm, das Mamas im Arm trug. Mamas besänftigte den Löwen, setzte sich auf ihn und ritt so geradewegs in den Amtssitz des Statthalters in Nikosia (Farbt. 31; Abb. 59). Der befreite den Mamas daraufhin auf Lebenszeit von allen Steuern.

Oder die beiden Ärzte Kosmas und Damian. Sie heilten viele Kranke unentgeltlich und bekehrten sie zum Christentum. In Lagouderá sind sie im Bogen der Nordwestnische dargestellt.

Neben den Kirchen mit ›klassischen‹ Malereien, die die byzantinische und (ab 1192) fränkische Oberschicht in Auftrag gegeben hat, gibt es auch Kirchen, die einfache Bauern gestiftet haben. Hier fehlten die Mittel, einen berühmten Maler, vielleicht aus Konstantinopel, zu engagieren. In Vizakiá (Erzengel Michael), in Kiláni (Agía Mavra) und in Kakopetriá (Agios Georgios Perachorítis) finden sich naive Bauernmalereien von unbekannten Künstlern.

Es wäre lohnend, einmal nachzuforschen, inwieweit sich in den Kirchenmalereien der Haß der Griechen, besonders der Unterschicht, gegen die fränkischen Herren Zyperns ausdrückt; z. B. in Vizakiá: Da trägt der römische Soldat, der dem gekreuzigten Jesus einen Speer in die Seite sticht, die Kleidung eines venezianischen Adligen. Und oft sind auch einige katholische Franken bei den Personen, die auf der Darstellung des Jüngsten Gerichts in die Hölle verwiesen werden.

Soziologisch interessant ist außerdem, daß Ikonen und Fresken, die unter fränkischem Einfluß entstanden sind, die Stifter recht exponiert mit abbilden. In der traditionellen byzantinischen Malerei tritt der Stifter eher fromm hinter seiner Weihgabe zurück.

FÜHRER ZU DEN SEHENSWÜRDIGKEITEN

Lárnaka

Lárnaka ist nach Nikosia und Limassol die drittgrößte Stadt Zyperns. Nach dem Krieg von 1974 und der türkischen Besetzung Nordzyperns wurde der internationale Flughafen von Nikosia nach Lárnaka verlegt. Flüchtlinge strömten aus dem besetzten Norden nach Lárnaka, die Einwohnerzahl der Stadt hat sich von 21 000 im Jahre 1969 auf heute 65 000 verdreifacht. Hinzu kommen noch Soldaten der UN-Friedenstruppen, Geschäftsleute, Flüchtlinge aus dem vom Bürgerkrieg zerrütteten Libanon und Touristen.

Die Stadt besitzt nach Limassol den zweitwichtigsten Hafen Zyperns. Fährverbindung besteht mit dem Libanon. Auf der Reede von Lárnaka liegen immer einige Tankschiffe, denn hier ist der größte Ölhafen Zyperns; immer Betrieb herrscht auch unter den hohen Palmen der Strandpromenade mit ihren zahlreichen Kebab-Bratereien, Restaurants und Bars (Abb. 1).

Hauptsehenswürdigkeiten von Lárnaka sind die Pierides-Sammlung, die Lazaruskirche (Abb. 2) und die für den Laien optisch nicht viel hergebenden, historisch aber um so wichtigeren Ausgrabungen von Kítion. Lárnaka besitzt kein in sich geschlossenes Altstadtviertel mehr wie Nikosia und, mit Abstrichen, Limassol.

Geschichte Lárnaka hatte im Laufe der Geschichte viele Namen. Im Altertum hieß die Stadt Kítion, das ist das Kittim des Alten Testaments. Die Franken nannten sie Salines oder Salina, nach dem nahen Salzsee (Abb. 4), der schon damals ausgebeutet wurde. Die Bezeichnung Lárnaka wurde erst um 1600 allgemein benutzt und kommt von gr. *larnax,* ›Sarkophag‹, wohl nach den vielen antiken Gräbern, die man auf dem Boden Lárnakas gefunden hat.

Lárnakas große Zeit kam mit der Herrschaft der Türken. 1841 war die Stadt mit 13 000 Einwohnern sogar noch etwas größer als Nikosia. Hier wohnten nach einer Schätzung von 1816 achthundert Europäer und dazu zweihundert, die sozusagen auf der Durchreise waren – in der Hauptstadt Nikosia und in Limassol dagegen traf man damals gerade je eine Handvoll Europäer! Der Grund: Lárnaka war zur Türkenzeit Stadt der Konsulate und ausländischer Handelsniederlassungen. Gräber von Konsuln und von Angestellten der bedeutenden englischen Levant Company kann man auf einem kleinen Friedhof hinter der Lazaruskirche besuchen. Aus dieser »glanzvollen Zeit« hat, wie der französische Kulturattaché Roger Milliex sich 1972 ausdrückte, »die Stadt noch den etwas melancholischen Charme großer, verarmter Familien zurückbehalten«.

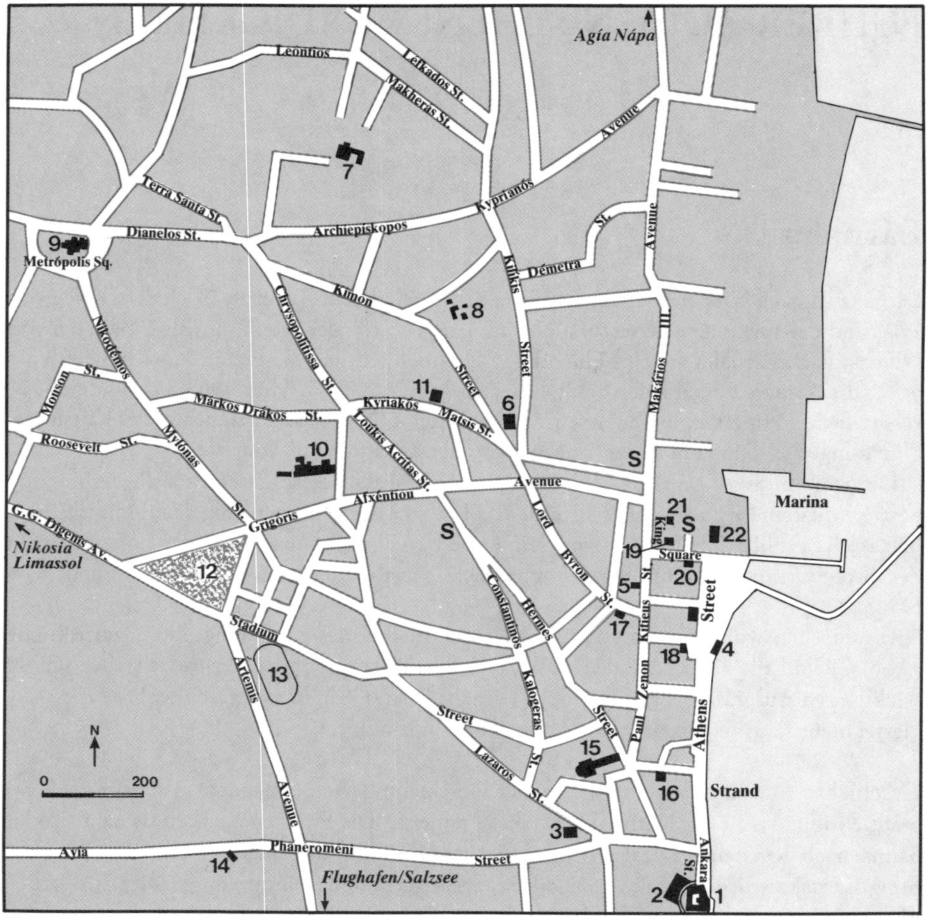

Lárnaka

1 Türkisches Hafenkastell 2 Moschee Djami Kebir 3 Lazaruskirche 4 Kimon-Standbild 5 Pierides-Sammlung 6 Archäologisches Distriktmuseum 7 Ausgrabungen beim Astartetempel von Kítion, Areal II 8 Akropolis der phönizischen Stadt 9 Bischofssitz/Kathedrale 10 Krankenhaus 11 Badeanstalt 12 Park 13 Zenon-Stadion 14 Phaneromeni-Kirche 15 Markthalle 16 Staatlicher Kunsthandwerksladen 17 Telefonamt 18 Busstation ›Lefkaritis‹ (nach Nikosia und Limassol) 19 Tourist Information 20 Busstation für Agía Nápa 21 Postamt 22 Zollamt S = Büro für Sammeltaxen nach Limassol und Nikosia

Einer der Konsuln hat sich einen berühmt-berüchtigten Namen gemacht: Luigi Palma di Cesnola vertrat ab 1865 die Vereinigten Staaten und nutzte seine Freizeit, um sich als Hobbyarchäologe und (mit Zustimmung der osmanischen Behörden) als Grabräuber zu betätigen. Bedeutende Funde verließen das Land und sind heute in der Cesnola Collection des Metropolitan Museums in New York zu besichtigen. Unter diesen Umständen ist die Sammeltätigkeit eines anderen Hobbyarchäologen, des Zyprioten Demetrios Pierides, positiver zu werten – blieben so doch die Funde im Land und sind heute in Lárnaka in der Sammlung der Pierides-Stiftung zu sehen.

Cesnola in Generalsuniform (Harper's Magazine, 1872)

Das bronzezeitliche Kítion war eine bedeutende Hafenstadt, die ähnlich wie Énkomi Kupfer verarbeitete und exportierte. Seit dem 10. Jh. v. Chr. siedelten sich Phönizier in Kítion an; die Stadt wurde eine bedeutende phönizische Kolonie, deren Astartetempel – auf den Ruinen eines bronzezeitlichen Heiligtums erbaut – weit über die Grenzen Zyperns hinaus bekannt war. Im Bündnis mit den Persern konnte sich das phönizische Kítion andere Stadtkönigtümer einverleiben: um 470 Idalion, später Tamassós mit seinen Kupferminen, Gólgoi und Amathous. Auch Sálamis war von 450–411 unter phönizischer Herrschaft.

Aus dem Reisebericht des englischen Republikaners und Konsuls Alexander Drummond von 1744

»In Larnaca, einer angenehmen Stadt, etwa eine Meile von einem geraumen Meerbusen, ist eben nichts Sehenswürdiges. Die Häuser sind von Lehm in Gestalt der Ziegeln gebauet, der in der Sonne getrocknet ist. Sie sind der Erdbeben wegen, die hier immer anstehen, nirgends mehr als ein Stockwerk hoch...

Eine kurze Meile davon ist der Hafen von Salines, der seinen Namen von einer Menge daneben liegenden Seen hat. Die Venetianer pflegten hier jährlich eine große Menge Salz zu machen, wobei sie wichtige Summen Geldes gewonnen haben, die wenigstens 100000 Piasters, oder nach englischem Gelde 12500 Pfund Sterlings jährlich betrugen; gegenwärtig aber bringt der Pacht davon kaum mehr als 2000 Pfund ein. Dieser Unterschied in den Einkünften ist lediglich der Schläfrigkeit der Leute, der Ungewißheit des eigenthümlichen Besitzes und der gar zu großen Nachlässigkeit der Vorgesetzten, die ihre Zeit mit Arglist und Erpressungen zubringen, zuzuschreiben.«

Kítion ist die Geburtsstadt von Zenon, dem Begründer der stoischen Philosophie, der allerdings nicht auf Zypern, sondern in Athen gewirkt hat. (Zu Zenon und seiner Lehre vgl. S. 42.)

1 Türkisches Hafenkastell Eine kleine Anlage mit Wehrgang um einen Innenhof. Das Fort ist durch eine Inschrift über dem Eingang – dort auch das Monogramm des Sultans – auf 1605/06 datiert, 1625 wurde es repariert. Von hier feuerten die Türken Böllerschüsse zur Begrüßung der vorbeifahrenden Schiffe ab. Die Briten benutzten es als Gefängnis, und dann diente es bis zur Fertigstellung des neuen Distriktmuseums als Depot für die Funde von Kítion. Heute ist im Obergeschoß des Forts eine kleine Ausstellung zur nachklassischen Kultur Zyperns. Im Hof drei Kanonen, die Krupp 1911, vor den Balkankriegen, dem Osmanischen Reich verkauft hat.

2 Djami Kebir Gegenüber vom Hafenkastell steht diese Moschee aus dem 19. Jh., eine ehemalige lateinische Heiligkreuzkirche. Sie ist kürzlich restauriert worden und stellt heute für viele Araber, die nach Lárnaka kommen und weiterreisen wollen, eine Art Anlaufstelle dar.

3 Lazaruskirche Ein paar hundert Meter weiter östlich befindet sich die Lazaruskirche aus dem 10. Jh. (Abb. 2), ein Bau, der typologisch zu den mittelbyzantinischen Mehrkuppelkirchen Zyperns gehört (vgl. zu diesen S. 71). An den Vierungspfeilern sind in Höhe des Gewölbeansatzes als Spolien korinthische Kapitelle eingemauert. Unter dem Diakonikon (Raum rechts neben dem Altarraum) geht es eine Treppe hinunter in die Krypta mit dem (leeren) Sarkophag des hl. Lazarus.

Die Legende sagt, daß Lazarus in seinem zweiten Leben, nach der Auferweckung in Bethanien, nach Kítion kam und hier Bischof wurde. Denn hier entdeckte man im Jahre 890 einen Sarkophag mit der Aufschrift ›Lazarus‹. Sogleich transportierten Beauftragte des byzantinischen Kaisers die kostbaren Reliquien nach Konstantinopel. Hier raubten sie die Kreuzfahrer, die 1204 die Stadt erobert hatten, und brachten sie nach Marseille, wo Lazarus im übrigen ebenfalls Bischof gewesen sein soll.

Die Kirche wurde 1589 von den Türken, die sie konfisziert hatten, zurückgekauft und diente fortan zu Gottesdiensten beider christlicher Konfessionen.

4 Kimon-Standbild An der Strandpromenade steht eine marmorne Büste des Athener Feldherrn *(strategós)* Kimon. Der Sohn des Marathonsiegers Miltiades wurde nach den Perserkriegen, nach 479 v. Chr., von der Volksversammlung Athens öfters zu Flottenexpeditionen gegen die Perser ausgeschickt, um einerseits die wichtigen Seewege und damit die Getreidezufuhr, andererseits aber auch die Herrschaft Athens im Delisch-attischen Seebund, einem Verteidigungsbündnis griechischer Poleis gegen die Perser, zu sichern. Vor Lárnaka erlag er einer Krankheit.

5 Pierides-Sammlung

Wenn Sie überlegen, welches der beiden archäologischen Museen von Lárnaka Sie besuchen sollen, das Distriktmuseum oder das Museum im Privathaus der Kaufmanns-, Diplomaten- und Wissenschaftlerfamilie Pierides, entscheiden Sie sich besser für das letztere. Das Haus steht zwischen zwei hohen Araukarien und ist eines der letzten Beispiele privaten herrschaftlichen Wohnbaus des 19. Jhs. in Lárnaka. Demetrios Pierides (1811–1895) hatte damals mit Erlaubnis der osmanischen Behörden angefangen, Altertümer zu sammeln; seine Nachfahren – bis heute in der fünften Generation – sind ihm darin gefolgt; doch nicht nur als Sammler, die Pieridesnachkommen waren auch Diplomaten und Wissenschaftler. Ein gelbes Schild über dem Eingang des Hauses weist es als schwedisches Generalkonsulat aus. Von 1907–1939 waren Zenon D. Pierides, Lukas Z. Pierides und ein zweiter Zenon D. Pierides auch Konsuln des Deutschen Reiches, was die in der Bibliothek des Hauses zwischen den Familienporträts aufgehängten Bestallungsurkunden mit den Unterschriften Wilhelms II. und Hindenburgs belegen. Die Witwe des letzten Zenon D. Pierides, Theodora, ist heute Verwalterin der Sammlung, die inzwischen in eine Stiftung umgewandelt ist. Frau Pierides steht bei Fragen gern zur Verfügung.

Die Sammlung besitzt wichtige Objekte, von denen sich einige durchaus mit den Funden des Zypernmuseums in Nikosia messen können. Hervorzuheben ist eine 36 cm hohe, auf einem Hocker sitzende Figur aus Soúskiou, die den Kopf, mit weit geöffnetem Mund, erhoben hat und die Hände an die Wangen hält. Ein großes Loch im Hinterkopf – zum Einfüllen einer Flüssigkeit – und ein zweites, kleineres Loch an der Penisspitze weist die Figur als Behälter für Spendflüssigkeit (Rhyton) aus. Die Plastik ist eine der wenigen männlichen Figuren aus dem Chalkolithikum. Vielleicht nicht auf Zypern hergestellt, gehört sie typologisch einer balkanischen Tradition an. Aus dem Chalkolithikum stammen auch die ausgestellten kreuzförmigen Idole. Wichtig außerdem ein Krug der Gattung Red-Polished-Ware der frühen Bronzezeit mit menschlichen Figuren – Darstellung familiärer Szenen – unter dem Öffnungsrand. Wie im Zypernmuseum erhält der Besucher, hier aber anhand von weniger Funden, einen Überblick über die wichtigsten Keramikgattungen: White-Painted und Rot-auf-Schwarz der mittleren Bronzezeit, Base-Ring- und mykenische Keramik der späten Bronzezeit und vor allem die hervorragenden Vasen des Free-Field-Stils der archaischen Periode. Aus dem Mittelalter besitzt das Museum braun-grüne ›Sgrafitto-Keramik‹ des 13. und 14. Jhs., darunter eine sogenannte Hochzeitsschale mit einem sich umarmenden Paar.

6 Archäologisches Distriktmuseum Das kleine Museum enthält vor allem Funde aus Kítion, Chirokitía, Pýla und Ársos, einem Aphroditeheiligtum im Norden von Lárnaka. Im Raum links des Eingangs befinden sich vorwiegend Kalksteinplastiken und Terrakotten, rechts die Keramiksammlung und Kleinfunde.

7 Kítion, Heiligtum mit Bronzeverarbeitungsanlagen

Orientierung: Kítion gehört zum heutigen Lárnaka. Mehrere Ausgrabungsareale im Norden der Stadt. Die ›Akropolis‹ (8) der phönizischen Stadt liegt hinter dem Distriktmuseum. Leider ist außer ein paar Steinen davon heute nichts mehr zu sehen. Wir beschreiben Areal II (Eintrittsgeld). – Der Ausgrabungsbefund ist schwer zu erkennen, weil das Areal mehrmals zerstört und überbaut wurde. Vgl. zu den Hauptphasen die Grundrisse auf den Plänen.

1. Phase: Bereits vor der Zerstörung um ca. 1200 v. Chr. gab es in Kítion zwischen den Heiligtümern 2 und 3 einen ›heiligen Garten‹ mit Pflanzen und kleinen Bäumen, die in Löchern (vgl. Grundriß S. 137) eingepflanzt waren und mit Hilfe einer Wasserleitung bewässert wurden, so jedenfalls die phantasievolle Interpretation der Ausgräber.

2. Phase: Nach 1200 bauten wie in Énkomi Mykener die Stadt wieder auf. Heiligtum 2 und der ›heilige Garten‹ wurden in einen großen Tempelkomplex einbezogen, das als Heiligtum 1 bezeichnet wird und mit 33,60 × 22 m Ausdehnung eines der größten der späten Bronzezeit Zyperns war. Es hatte im Westen ein Allerheiligstes und gleich daneben im Norden einen Durchgang zu den Bronzewerkstätten, die direkt an der Stadtmauer lagen, so daß der beim Schmelzen anfallende Rauch und Schmutz, ohne zu belästigen, nach Norden abziehen konnte. In den offenen Werkstätten standen Schmelzöfen, waren Brunnenschächte im Boden eingelassen, außerdem wurde als Zusatz zur Bronzemischung Knochenasche verwendet.

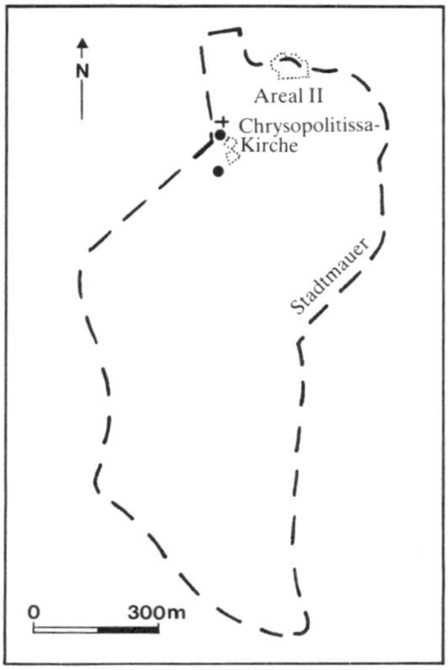

Verlauf der Stadtmauer des spätbronzezeitlichen Kítion
● *Weitere Ausgrabungsgebiete*

Grundriß 1
Areal II von Kítion, Heiligtumkomplex und Bronzeverarbeitungsanlagen. Späte Bronzezeit

1. Phase Anfang 13. Jh. v. Chr.
1 Kanalsystem
2 Löcher (für Pflanzen ?)
3 Kupferschlacke gefunden
4 Heiligtum 3 mit Altar
5 Heiligtum 2 mit Altar

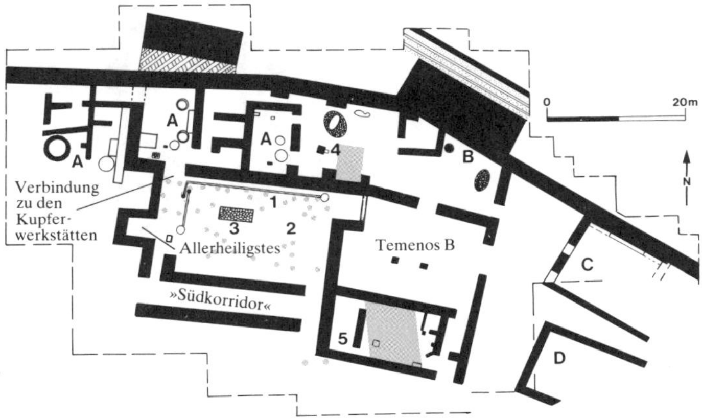

2. Phase Anfang 12. Jh. v. Chr.
A Werkstätten mit Schmelzöfen
B Stadtmauer mit Bastionen
C Heiligtum 4
D Heiligtum 5

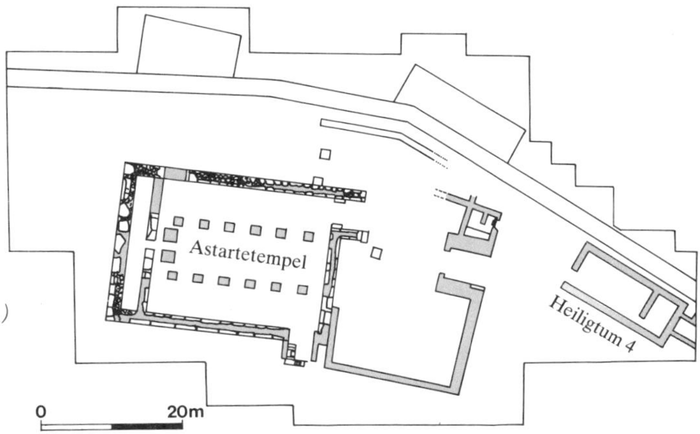

Grundriß 2
Areal II von Kítion, Phönizischer Astartetempel (ca. 850 v. Chr.) und Heiligtum 4 (ca. 450 v. Chr.). Grundrisse (nach Karageorghis)

Im Allerheiligsten des Heiligtums 4 fand sich in einem Elfenbeinschatz ein Gerät, das als Opiumpfeife gedeutet wird. Vielleicht wurde im Verlauf der Kulthandlung Rauschgift geraucht.

Im Heiligtum 5 lagen wie in Énkomi Stierschädel; sie wurden wohl als Masken bei bestimmten Zeremonien getragen. Der Stierkult war schon Jahrhunderte vorher vom Orient über die Minoer zu den Mykenern gedrungen.

Die Nähe und die Bedeutung des Meeres für Kítion als Hafenstadt, von wo Bronzebarren ›in alle Welt‹ verschifft wurden, wird deutlich aus Steinankern, die wohl Votivgaben gewesen sind, und aus einem Graffito an der Südfassade des Heiligtums 1, das Schiffe abbildet.

Aquädukt von Lárnaka, erbaut 1747. Nach: Illustrated London News, 1878

3. Phase: Die Zeit der phönizischen Kolonie, in der der Astartetempel errichtet wurde, gehört bereits der frühen Eisenzeit an. Der Tempel war wahrscheinlich das Hauptheiligtum der Phönizier auf Zypern. Er wurde mehrmals verändert und brannte 312 v. Chr. nieder.

Aquädukt Fährt man über die Ausfallstraße nach Limassol, so sieht man links der Straße die Arkadenreihe des 10 km langen Aquäduktes, der in der Türkenzeit Wasser aus Brunnen beim Tremithus-Fluß nach Lárnaka brachte (Abb. 104). Das Bauwerk wurde 1746–1750 auf Initiative des türkischen Gouverneurs errichtet. Noch bis 1936 war der Aquädukt in Betrieb. Reste eines weiteren türkischen Aquäduktes sind noch bei Aphánia im türkisch besetzten Norden erhalten.

Das Fest der Sintflut

Das Sintflut-Fest (gr. kataklysmós) wird – vor allem in Lárnaka – noch heute so gefeiert, wie es der zyprische Philologe Georgios Lukas 1874 beschrieb. Es hat vorchristliche Wurzeln, die jedoch im einzelnen umstritten sind. Als Vorläufer kommen die Aphrodite- und Adonisfeiern der Antike in Frage, aber auch die Hydrophórien und Anthestérien. Interessant ist, daß auch die islamischen Bewohner daran teilnehmen.

»Die Sintflut. Aus ältesten Zeiten haben wir auf Zypern noch jetzt ein Fest, das wir jedes Jahr auf merkwürdige Weise feiern. Am ersten Tag nach Pfingsten, am Tage der Heiligen Dreifaltigkeit, kommen alle, die Bedürfnis nach Abkühlung fühlen, herbei, um sich und andere mit Wasser zu überschütten ... Die Bewohner der Städte und Dörfer im Inneren der Insel kommen nüchtern an den Wasserquellen zusammen und überschütten sich mit den dazu hergestellten und von ihnen so genannten Physiklai (eine Art Wasserpistole, A.S.). Die meisten Leute ... verbringen den ganzen Tag damit, sich in der Strömung der Flüsse und Bäche herumzuwälzen ... Auch die Bewohner der am Meere liegenden Städte ... schauen vom Morgengrauen an zusammengedrängt an den Meeresufern zu und beginnen ganz begeistert mit dem heidnischen Fest. Zu Hunderten stürzen sie auf die Kähne und Boote, und sehr viele Stunden verbringen sie, die das übrige Jahr Landbewohner sind, auf diesen Booten mit Springen und Lärmen auf dem Meer ...

Seit wann datiert dieses merkwürdige Fest? Das ist ungewiß. Nur das wissen wir aus Überlieferungen, daß es Fest der Aphrodite genannt wird und den Mohammedanern und den übrigen Nationalitäten auf Zypern gemeinsam ist.«

Umgebung von Lárnaka

Moschee Chala Sultan Tekke

Etwa 3 km außerhalb Lárnakas liegt in einem Palmenhain direkt am Salzsee das Kloster (Tekke) der Um Haram, der Pflegemutter Mohammeds (arab. Um Haram, türk. Hala Sultan = ›Große Mutter‹; Farbt. 10). Um Haram nahm als Begleiterin ihres Mannes im Jahre 647 am arabischen Einfall nach Zypern teil. Hier stürzte sie von ihrem Maultier und verunglückte tödlich. Der Ort ihres Unfalls wurde zum drittwichtigsten islamischen Heiligtum nach der Kaaba in Mekka und dem Grab Mohammeds in Medina. Über ihrem verhüllten Grab ist eine Trilithkonstruktion mit einem Querstein in 5 m Höhe gebaut, von der niemand so recht weiß, wie die Steine dorthingekommen sind. Die Sage berichtet in verschiedenen Versionen, daß sie übers Meer geschwommen oder geflogen seien ...

Heute ist das Grabmal in einem Annexbau der später hinzugekommenen, im Jahre 1816 vom türkischen Gouverneur gestifteten Moschee untergebracht. Die Moschee ist von klassischer Form, mit Kuppel über dem quadratischen Unterbau, und besitzt die übliche Innenausstattung mit Mihrab und Minbar (Abb. 3). Vor dem Eingang steht auch der übliche Reinigungsbrunnen. (Zu Architektur und Ausstattung der Moschee vgl. S. 89.) (Vor Eintritt bitte Schuhe ausziehen.)

Salzsee von Lárnaka Von der Moschee sind es nur ein paar Schritte zum Rand des Salzsees (Abb. 4). Im August, wenn Regen- und Seewasser im flachen See verdunstet ist, beginnt der staatlich kontrollierte Salzabbau. Der Staat besitzt das Salzmonopol. Er schließt Verträge mit einzelnen Unternehmern, die ihrerseits Arbeitskräfte einstellen, so daß hier zusammen 100–150 Arbeiter in Kolonnen bis zu den ersten Regenfällen im Herbst Salz schürfen. Mit Eseln und – auch schon motorgezogenen – Loren wird das Salz zunächst auf Halden an den Rand des Salzsees gebracht. Von hier bringen es Lastwagen in ein Hauptlager, wo es gereinigt wird.

Vom Mittelalter bis zum Beginn des Zweiten Weltkrieges exportierte Zypern Salz in die umliegenden Länder und nach Europa. Die Franken hatten sogar Rohre verlegt, um Regenwasser, das sonst in den See geflossen wäre und die Verdunstung aufgehalten hätte, ins Meer umzuleiten.

Heute jedoch lohnt sich der Export nicht mehr, von den 20000–50000 Tonnen Salz, die der See produziert, werden rund 9000 Tonnen allein für den Eigenbedarf Zyperns benötigt.

In den Wintermonaten ist der See Heimstätte für Flamingos, die vom Kaspischen Meer hierher kommen.

Ein anderer, größerer Salzsee, an dem ebenfalls Flamingos überwintern, liegt auf der Halbinsel Akrotíri. Hier wird jedoch kein Salz gewonnen.

Spätbronzezeitliche Siedlung Chala Sultan Tekke Ein kurzer Spaziergang von der Moschee aus entlang des Salzsees führt zur (umzäunten) Ausgrabungsstätte von Chala Sultan Tekke. Schwedische Archäologen haben hier die Grundmauern einer Siedlung ausgegraben, die an Bedeutung dem benachbarten Kítion nur wenig nachgestanden haben soll. Ein bisher auf Zypern einmaliger Fund ist eine Badeanlage, ähnlich wie sie die Minoer auf Kreta hatten. Die Ausgrabung ist im kleinen Museum des türkischen Forts in Lárnaka anschaulich dokumentiert. Sie wird in jährlichen Kampagnen fortgesetzt.

Kíti. Kirche der Panagía Angelóktistos

Die Kirche bewahrt in ihrer Apsis ein einzigartiges frühchristliches Mosaik aus dem 6. Jh. (Abb. 57). Das Dorf Kíti trägt noch den Namen der alten Stadt Kítion.

Die ›von den Engeln erbaute‹ (gr. *angelóktistos*) Kirche ist eine Kreuzkuppelkirche aus dem 11. Jh. mit späteren Anbauten (Abb. 56; vgl. a. Farbt. 1). Sie fußt auf den Trümmern einer frühchristlichen Basilika, von der nur die Apsis übriggeblieben ist. Darin sieht man das Mosaik der stehenden Maria vom Typ der Hodegetría (Jesus auf dem linken Arm Marias), das als das einzige bekannte Beispiel dieses Typs aus der Zeit vor dem Bilderstreit gilt. Flankiert wird die Gottesmutter von den Erzengeln Michael und Gabriel, die je eine Weltkugel mit Kreuz in der Hand tragen. Über ihr die Inschrift ›Hagía Maria‹, ohne einen weiteren repräsentativen Titel.

Die Datierung des Mosaiks von Kítion war lange Jahre umstritten. Die Vorschläge reichten vom 5. bis zum 12. Jh. Erst 1952 wurde schließlich der dekorative Fries freigelegt, der am Apsisbogen entlangläuft. Erst dieser Fries mit Enten, Papageien und Hirschen, die um Brunnen stehen, welche von Akanthusblättern umrahmt sind, spricht wegen seines »hellenistic spirit« (Megaw) für eine vor-ikonoklastische Datierung.

Im übrigen zeigt der Streit um die Datierung des Mosaiks ein weiteres Mal, wie relativ wenig sich die byzantinische Kunst verändert. Gerade die Beibehaltung der alten Themen und der Art ihrer Darstellung macht das Wesentliche dieser Kunst aus.

Tersephánou. Kirche des Agios Georgios von Arpera Die kleine Kirche liegt 2 km nordöstlich von Kíti zwischen den Dörfern Tersephánou und Dromolaxía in der Nähe des Staudamms für den Tremithos-Fluß. Von Kíti kommend hinter der Flußbrücke rechts abbiegen. Schlüssel beim Bauernhof neben der Kirche.

Die Kirche aus der Zeit der türkischen Herrschaft (von 1745) besitzt einige postbyzantinische Fresken. Interessant vor allem das große Stifterbild über der Nordtür: ein Dragoman, der Grieche Christophakis, und seine Familie in kostbaren Kleidern, die sie als führende Mitglieder der Gesellschaft jener Zeit ausweisen (Abb. 64). (Zur Rolle des Dragomans vgl. S. 88.) Interessant auch ein Bild an der Ikonostase: ein hundsköpfiger Christophoros. In den Legenden der Ostkirche wurde der menschenfressende Kynokephale (der ›Hundsköpfige‹), der wahrscheinlich in Nubien zu Hause war, getauft und Christophoros geheißen. Fortan war er der menschlichen Sprache mächtig und wirkte als Missionar. Die katholische Legende um den christustragenden Heiligen ist später entstanden und wohl nur die Illustration seines Namens.

Kelliá. Kirche des Agios Antonios Sie liegt auf einem kleinen Hügel über dem Dorf. Dort nach dem Schlüssel fragen. Die Kirche enthält verschiedene Schichten mittelbyzantinischer Malereien vom frühen 11. Jh. an, die somit zu den frühesten byzantinischen Fresken der Insel gehören.

Pýla Das einzige Dorf Zyperns, in dem – unter der Aufsicht von UN-Soldaten – Türken und Griechen noch zusammenleben. Pýla liegt auf der ›Green Line‹ und ist von Süden her frei zugänglich. Gute Fischrestaurants am Marktplatz. (Fisch wird von Nordzypern her billig importiert.

Agía Nápa

Das ehemalige Fischerdorf beim Kloster Agía Nápa ist heute zu einer Hotelstadt geworden, die die alte Siedlung im wahrsten Sinne des Wortes geschluckt hat. Hier haben sich nach dem Verlust ihrer Hotels im Krieg von 1974 griechische Unternehmer mit günstigen Regierungskrediten Land gekauft und Hotels und Ferienwohnungen hochgezogen.

Immerhin besitzt Agía Nápa einen schönen Sandstrand, sonst eine Seltenheit auf Zypern (Abb. 11), und ein Meeresmuseum auf dem Gelände des Voula Beach Hotels.

Kloster Errichtet 1530 (nach einer verschollenen Inschrift, die kopiert wurde), also unter venezianischer Herrschaft. Es gehört zusammen mit dem Palazzo del Provveditore in Famagusta, dem Famagustator in Nikosia und den Befestigungen zu den wenigen einigermaßen bis gut erhaltenen venezianischen Bauten auf Zypern. In der Mitte des Klosterhofes steht ein Brunnenhaus, das unter einer Kuppel einen oktogonalen Brunnen mit Eroten- und Girlandenschmuck besitzt. Die Spitzbögen der Arkaden des Innenhofs und des Brunnens stellen ein typisches Bauelement der Kreuzfahrergotik dar, die hier und auch noch in der Türkenzeit weiter rezipiert wird.

Eine Treppe führt hinunter in eine Höhlenkirche, wo, der Klostergründungslegende nach, ein Jäger einst die Ikone der Gottesmutter fand. (Vgl. ähnliche Gründungslegenden auch bei den Klöstern Chrysorrogiátissa, Machärás und Troodítissa.)

Seit 1973 ist im Klosterkomplex ein Ökumenisches Konferenzzentrum für die christlichen Kirchen des Nahen und Mittleren Ostens eingerichtet.

Paralímni und Protarás Sich durch neue Hotelbauten rasch vergrößernde Badeorte mit Sandstrand östlich von Agía Nápa.

Xylophágou Am Rand des englischen Basengebiets mündet im Winter ein Flüßchen ins Meer, dessen Unterlauf aber auch im Sommer mit (Meer-)wasser gefüllt ist. An diesem kleinen, malerischen Flußhafen gibt es einige nette Tavernen.

Pyrga. ›Königliche Kapelle‹ (›Chapelle royale‹)

Orientierung: Die Kapelle (Abb. 84) liegt westlich von Lárnaka in der Nähe der Autobahn Nikosia–Limassol im Dorf Pyrga neben der modernen Kirche Agía Marina. Nach dem Schlüssel im Kafenion nebenan fragen. (Eintrittsgeld)

Rechteckige Einraumkapelle ohne Apsis von 1421 mit franko-byzantinischen Fresken. Gotisches Spitztonnengewölbe, das durch drei Gurtbögen in zwei Joche unterteilt ist. Niedriger Dachaufsatz. Drei Eingänge und mehrere Fenster. Die Bezeichnung ›königliche Kapelle‹ ist modern.

Beschreibung und Geschichte: Camille Enlart, der Erforscher der gotischen Architektur Zyperns, konnte 1896 noch eine französische Inschrift ausmachen, von der heute nichts mehr erhalten ist: »... l'an de Nostre-Seigneur M.CCCC et XXI ... ceste chapelle (en) l'onor de Dieu et de l(a P)a(ssi)on de nostre ...« – »Im Jahre Unseres Herren 1421 ... diese Kapelle zur Ehre Gottes und der Passion unseres ...«

Auf französische Beteiligung beim Bau der Kapelle weisen zudem folgende Merkmale:

1. Die Wappen des Königreichs Zypern und Jerusalem auf den Gewölbegurten. (Vgl. Beschreibung und Abbildung der Wappen bei Kolossi, S. 239.) Es handelt sich also offenbar um eine königliche Beteiligung an der Stiftung. (Wappen der Lusignans finden wir auch an der Ikonostase der Erzengel-Michael-Kirche in Pedoulás und der Ikonostase der Herakleidioskirche des Lampadistís-Klosters in Kalopanagiótis).
2. Personen der fränkischen Hierarchie auf den Bildern des neutestamentlichen Zyklus. Auf der großen Kreuzigungsdarstellung (Ostwand) knien links und rechts zu Füßen des Gekreu-

›Königliche Kapelle‹ in Pyrga, von 1421. Grundriß und Querschnitt (nach Papageorgiou)

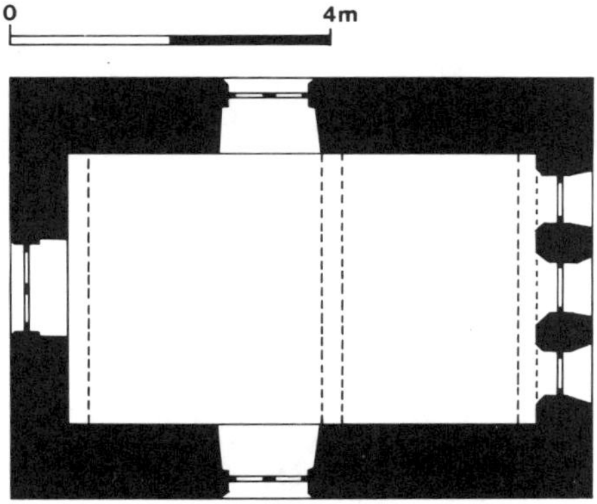

zigten zwei Personen mit Kronen auf ihren Häuptern (Abb. 62). Das müssen, wenn wir die Datierung der Kirche auf 1421 akzeptieren, König Janus von Lusignan, der von 1398–1423 regierte, und seine Frau Charlotte von Bourbon sein, die 1422 starb. (Vgl. die Genealogie der Lusignans S. 78/79). (Wenige Jahre später, 1426, erlitten Janus und das königliche Heer bei der Schlacht von Chirokitía eine totale Niederlage gegen die ägyptischen Mamelucken. Janus wurde als Geisel gefangengenommen, und der Lusignanstaat mußte hohe Tributzahlungen an die Mamelucken leisten. Das Aufbringen der Tribute wurde auf die griechische Bevölkerung abgewälzt – das führte 1427 zu den ersten größeren Bauernaufständen; vgl. hierzu auch die Tabelle S. 84).

Auf der Darstellung der Beweinung (unter der Kreuzigung) sieht man rechts im Bild einen lateinischen Bischof mit Mitra, der hier anstelle von Josef von Arimathia die Füße Jesu hält. Also wurde die Kirche auch unter katholisch-bischöflicher Beteiligung gestiftet.

3. Beschriftung der Bilder auf Französisch. Falsch geschrieben ist La sene für ›La cene‹, das Abendmahl (Nordseite des Ostgewölbes), und La sension für ›L'ascension‹, die Himmelfahrt (Südseite des Ostgewölbes). Also hat hier ein byzantinischer Maler gewirkt, der das Französische, das damals auf Zypern gesprochen wurde, nicht gut beherrschte.

Stil und Ikonographie: Die Komposition der neutestamentlichen Szenen selbst richtet sich nach den vorgegebenen byzantinischen Typen. Stilistisch lassen sich neben den vorherrschenden byzantinischen Einflüssen auch westliche ausmachen: z. B. bei der Panagía Hodegetría (Maria hält Jesus auf ihrem linken Arm) rechts der Westtür sowie beim Abendmahl und der Fußwaschung an der Nordseite des Ostgewölbes. Hier waren also offenbar verschiedene byzantinische Maler am Werk.

Die übrigen Fresken: Im Ostjoch sind die Szenen aus dem Leben Jesu, im Westjoch die aus dem Leben Marias dargestellt. Die Gewölbe waren auf jeder Seite in drei Zonen unterteilt. Leider ist der Zustand der Freskenfragmente sehr schlecht.

Stázousa Wanderer und Freunde gotischer Architektur finden 6 km südöstlich von Pyrga in Richtung Klavdía die Ruine eines Zisterzienserklosters mit restaurierter Kirche.

Kornos Westlich von Pyrga liegt gleich hinter der Autobahn Kornos, wo nach traditioneller Art Tonkrüge, Pithoi, geformt und gebrannt werden (Farbt. 6).

Kloster Stavrovoúni

Orientierung: Das Kloster liegt auf einem 688 m hohen Berg und öffnet seine Pforten nur männlichen Besuchern. Nur sonntags wird für Frauen manchmal eine Ausnahme gemacht.

Stavrovoúni (d. h. Kreuzesberg) ist das älteste Kloster der Insel, eine Gründung des 4. Jhs. (Abb. 69, 70). Das Heiligkreuzkloster liegt auf einem einzelnstehenden Berg, der von alters her den Seefahrern als Landmarke diente. Heute leben hier fünfzehn Mönche – damit schon ist das Kloster eines der gefragtesten der Insel. Kunstgeschichtlich hat es nichts Besonderes zu bieten, doch ist der Blick von hier oben auf das Tróodosgebirge, auf die staubige Mesaoríaebene und auf das Mittelmeer eine Fahrt die Serpentinen hinauf wert.

Geschichte und Beschreibung: 327 n. Chr. strandete der Legende nach Helena, die Mutter Konstantins des Großen, der 321 das Christentum durch ein Edikt toleriert hatte, von Jerusalem kommend, Reste des heiligen Kreuzes als Reliquien mit sich führend, auf Zypern. Hören wir, was der russische Abt Daniel, einer der ersten bekannten Pilger des Mittelalters auf Zypern, zu Stavrovoúni zu sagen hat: »Und ebenda ist ein sehr hoher Berg, und auf diesem Berg hat die heilige Helena, die Kaiserin, ein Kreuz aus Cypressenholz errichtet zur Vertreibung der Teufel und jeglichem Gebresten zur Heilung und hat hineingesetzt einen anbetungswürdigen Nagel Christi ... und bis auf den heutigen Tag steht dieses Kreuz in der Luft, haftet mit nichts in der Erde, sondern hält sich so in der Luft.« Das war Anfang des 12. Jhs. erzählt; 100 Jahre später, 1212, berichtete auch Willibrand von Oldenburg, ein deutscher Pilger, vom schwebenden Kreuz: »Dasselbe soll ohne einigen Anhalt in der Luft hängen und hin und her schweben« – worauf Willibrand einschränkt: »was man jedoch nicht leicht zu sehen bekommt«.

1426 sollen die Mamelucken bei ihren Einfällen auf Zypern das Kreuz geraubt haben, doch ein Splitter davon sei in dem Silberkreuz enthalten, das in der Kirche gezeigt wird.

Die heutige Anlage des Klosters geht auf das 17. und 18. Jh. zurück, unruhige Zeiten, in denen »Piraten die Klöster zu überfallen pflegten« (aus einer vom Kloster herausgegebenen Broschüre). Daher auch der Festungscharakter der Anlage. Dies und »ein fünf Meter tiefer Schacht (vor dem nachts verschlossenen Tor, A. S.) hinderte alle Marodeure daran, in das Kloster einzudringen«. Aus vier unterirdischen Zisternen, die sich im Winter mit Regenwasser füllten, konnte sich das Kloster immer mit ausreichend Wasser versorgen.

Als Besonderheit zeigen die Mönche zwei Krypten: die eine unter der Kirche, in der die Gebeine der verstorbenen Mönche drei Jahre lang aufbewahrt werden; die andere, die ›Geheimkrypta‹, diente einst als Zufluchtsort bei Überfällen und zur Verwahrung des Klosterschatzes. Heute ist darin eine Konstantin und Helena geweihte Kapelle.

Kloster Agía Varvára Am Fuße des Kreuzberges liegt als ›Zweigstelle‹ von Stavrovoúni das Kloster der hl. Barbara mit Wirtschaftseinrichtungen. Gegenüber, an der Straßenkurve, hat ein ikonenmalender Mönch seine Werkstatt.

Von Lárnaka nach Nikosia

Dáli. Das antike Idalion Auf zwei Hügeln im Süden der heutigen Ortschaft Dáli befinden sich die wenigen Reste von Idalion, einem der bedeutendsten antiken Stadtkönigtümer. Ein Hinweisschild an der Dorf-Umgehungsstraße weist den Weg zum westlichen Hügel, der Akropolis von Idalion. Dort haben amerikanische Ausgrabungen Teile der Stadtmauer und Grundmauern eines Gebäudekomplexes aus dem 5. Jh. ans Licht gebracht. Heute sind die beiden Hügel von Dáli von Schanzgräben durchzogen – nur wenige hundert Meter von hier verläuft die ›Green Line‹ (vgl. Farbt. 4).

In Idalion wurden besonders Aphrodite und ihr Geliebter Adonis verehrt. Adonis, Sohn des Kínyras und der Myrrha, wurde hier der Sage nach von einem Eber getötet (vgl. Mythologie, S. 105).

Um 470 v. Chr. eroberte Kítion die Stadt, und Idalion geriet unter phönizische Herrschaft. Besser als die heute sichtbaren Mauern dokumentiert eine Stelle aus dem Buch des Hobbyarchäologen und Raubgräbers Luigi Palma di Cesnola, von 1865–1876 amerikanischer Konsul in Zypern, die einstige Bedeutung Idalions: »Zu Ende des dritten Jahres meiner Ausgrabungen in Dali hatte ich an die 10000 Gräber geöffnet und daraus eine ungeheure Zahl von Vasen und anderen Grabbeigaben von höchstem historischen Interesse entnommen.«

Kirche Agios Demetrianos Am Dorfrand von Dáli an der Straße nach Potamiá liegt die Kirche des hl. Demetrianos. Nach dem Schlüssel in der Nachbarschaft fragen.

Von den Wandmalereien des einschiffigen, überkuppelten Baus ist allein das Bildfeld der Stifter gut erhalten. Es zeigt einen Michael Katzouroubis und dessen Frau, die ein Modell der Kirche an Jesus weitergeben, der rechts oben erscheint. Beide tragen die französisch beeinflußte Mode der Zeit um 1317, das durch eine Inschrift belegte Baujahr der Kirche.

Perachorió. Zwölf Apostel-Kirche Die Kirche liegt im Friedhof am Dorfende, kurz vor der Autobahn. Schlüssel in einem der vorletzten Häuser der Zufahrtsstraße.

Der kompakte, einschiffige, ebenfalls überkuppelte Bau (allerdings ohne Tambour) enthält seltene Malereien im klassischen, vom Konstantinopel der Komnenenzeit beeinflußten Stil. Die 1160–1180 entstandenen Malereien sind damit Nachfolger derer in Asínou und Vorläufer des klassischen Stils in der Zelle des Neóphytos von 1183 und von Lagouderá aus dem Jahre 1192. Manche von den Gesichtern der Heiligen sind nicht ausgemalt.

Alámbra Archäologisch Interessierte können bei Alámbra, dem südlich benachbarten Dorf, auf einem Hügel die Reste einer bedeutenden mittelbronzezeitlichen Siedlung, in der einst Kupfer weiterverarbeitet wurde, und ein Gräberfeld aufspüren. Die Ausgrabungen der amerikanischen Mission dauern an.

Nikosia (Stadtplan in der hinteren Umschlagklappe)

Der international übliche Name für die Hauptstadt der Republik Zypern ist Nikosia, eine Bezeichnung, die auf die Kreuzfahrer zurückgeht. Die Griechen nennen sie Levkosía, die Türken Lefkóşa (Farbt. 9; Abb. 99).

Nach der gewaltsamen Teilung der Insel 1974 – die Grenze geht mitten durch die Stadt – ist der griechische Teil Nikosias gewaltig angeschwollen. 1960 zählte man in ganz Nikosia

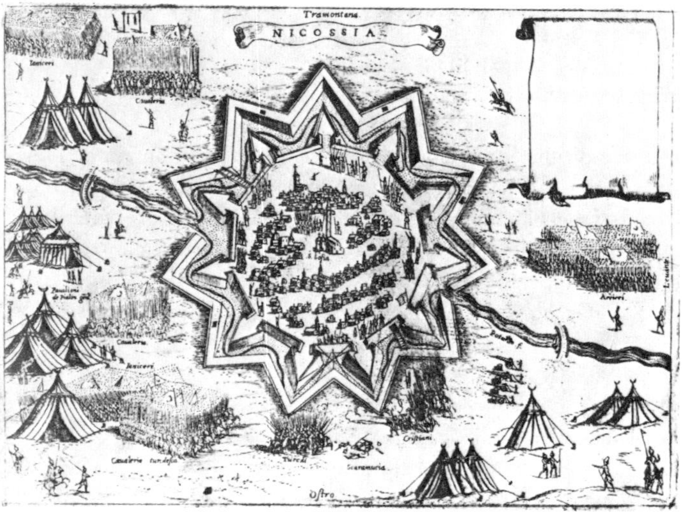

Plan von Nikosia mit Szenen der Belagerung, um 1570. Von Giovanni Francesco Camocio (nach: The History of the Cartography of Cyprus, Nikosia 1980)

noch 73381 griechische und 22134 türkische Zyprioten. Heute hat allein der griechische Teil Nikosias 160000 Einwohner, Gesamt-Nikosia dürfte rund 200000 Einwohner haben – die Bevölkerung hat sich verdoppelt.

Flüchtlingssiedlungen, die man leicht an der Reihenhausarchitektur und an ihrer recht billigen Ausführung erkennen kann, bestimmen das Bild neuerstandener Vorstädte. (Zu den Flüchtlingssiedlungen vgl. S. 97.) Die Flüchtlinge aus dem Norden waren und sind billige Arbeitskräfte für alte und neue Industrien. Viele neue Firmen haben sich am Stadtrand von Nikosia angesiedelt. Die Schließung des Flughafens von Nikosia 1974 behindert jedoch die wirtschaftliche Entwicklung der Stadt. Doch verbindet inzwischen eine Autobahn Nikosia mit dem Hafen Limassol, und so dauert die Fahrt mit dem Auto zum Flughafen in Lárnaka auch nur noch knapp eine Stunde. Alle größeren Firmen, alle Regierungsinstitutionen und Botschaften, wichtige Kultureinrichtungen haben ihren Sitz in Nikosia.

Geschichte: Nikosia wurde in der Zeit des Wiederaufschwungs nach Vertreibung der Araber 965 gegründet. Es dürfte zwei Vorläuferstädte gegeben haben, einmal Ledra, das als ›Lidir‹ in einer Liste kyprischer Stadtkönigtümer erwähnt wird, die 673/72 v. Chr. den Assyrern Tribut bezahlen, zum zweiten eine hellenistische Gründung, die den Namen des Leukos trug, nach einem Sohn des Ptolemaios I. Soter.

Nikosia war Sitz der lateinischen Könige von Zypern und der katholischen Erzbischöfe. Leider ist vom Palast der Lusignans (1376–82 erbaut, aber es gab schon einen Vorgängerbau) außer einigen Architekturfragmenten und eher vagen Reisebeschreibungen nichts Näheres bekannt. Wir wissen nicht einmal seine genaue Lage. Nur, daß er zusammen mit einer angegliederten Dominikanerkirche als königlicher Grabeskirche in der Nähe des Paphos-Tors gestanden hatte. Beim Bau der kreisrunden venezianischen Befestigungsanlage, die einen kürzeren Radius als die ältere hatte, mußten alle Gebäude außerhalb des Mauerrings weichen – auch der alte Lusignanpalast. 1426 zerstörten die ägyptischen Mamelucken bei ihrem Einfall die Stadt. (Zu den Folgen dieses Einfalls vgl. die Tabelle S. 84.) 1570 wurde Nikosia von den Türken erobert. Aus katholischen Kirchen wurden Moscheen, und Nikosia war zunächst Sitz eines türkischen, dann, ab 1878, eines englischen Gouverneurs. Nach den Terroranschlägen der 60er Jahre von griechischer EOKA und türkischer TMT auf die jeweils andere Bevölkerungsgruppe trennen UN-Friedenstruppen und die ›Green Line‹ die türkisch besiedelte Innenstadt von den griechisch besiedelten Quartieren. (Zu den Ereignissen von 1963/64 vgl. S. 95 f.)

Festungsring von Nikosia

Nachdem Venedig im Verlauf des 16. Jhs. schon viele seiner Kolonien im östlichen Mittelmeerraum an die Türken verloren hatte, war es um die Mitte des Jahrhunderts und nach der gescheiterten türkischen Belagerung von Malta 1565 nur noch eine Frage der Zeit, bis der

Oben: Die ideale Stadtbefestigung der Renaissance nach einem Entwurf Pietro Cataneos von 1554 (nach Hale). Unten: Die danach 1567–1570 realisierte Befestigung von Nikosia. Stich von Steffano Lusignano, 1573 (nach: The History of the Cartography of Cyprus, Nikosia 1980)

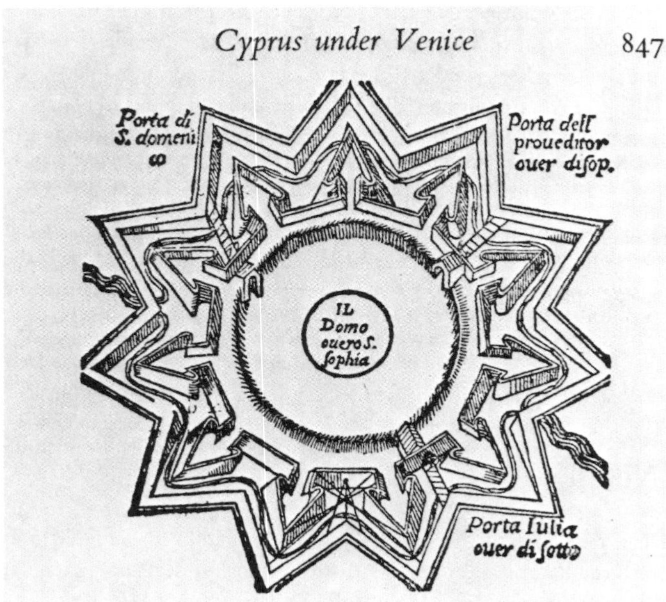

Angriff auf Zypern an die Reihe kam. Folglich schickte Venedig hervorragende Festungsingenieure, u. a. Giovanni Girolamo Sanmicheli, den Neffen des berühmten Michele Sanmicheli, nach Zypern, die Zustandsberichte von den veralteten Festungsanlagen anfertigten und Pläne, wie sie zu verbessern wären. Die Artillerietechnologie hatte sich enorm entwikkelt. Für die hohe Durchschlagskraft und große Reichweite der Kanonen mußten neue Anlagen mit schräggestellten Mauern, mit Gräben und Vorfeldern gebaut werden. Erst viel zu spät, drei Jahre vor dem Angriff, ließ Venedig nach Plänen der Brüder Ascanio und Giulio Savorgnano in großer Eile den runden Stadtring um Nikosia errichten, mit herzförmigen Bastionen, drei Eingängen und einem Wassergraben, der vom Pediaios gespeist wurde. Der kreisrunde Stadtring entsprach Überlegungen zur idealen Stadtbefestigung, die der italienische Militärarchitekt Pietro Cataneo schon 1554 in seinen ›Quattro primi libri di architettura‹ angestellt hatte und die Guilio Savorgnano dann 26 Jahre nach Nikosia auch in Palma(nova), in Italien, realisiert hatte.

Die Bastionen tragen bis heute die Namen einflußreicher italienischer Familien. Nur die Tore heißen jetzt anders. Das Paphos-Tor war einst die Porta Domenica (benannt nach dem Dominikanerkloster), das Kyrenia-Tor hieß Porta del Provveditore (nach dem venezianischen Oberbefehlshaber in Kriegszeiten) und das Famagusta-Tor nannte man Porta Giuliana (nach Giulio Savorgnano). Von diesen Eingängen ist das Famagustator am besten erhalten. Es ist eine genaue Kopie eines der venezianischen Stadttore von Heraklion auf Kreta. Heute ist das Famagusta-Tor schön restauriert und dient als Ausstellungs- und Vortragszentrum der ›Volkshochschule‹ von Nikosia.

Bei der Costanzabastion drangen am 9. September 1570 die ersten türkischen Truppen in die Stadt. Dabei fiel nach der Überlieferung ein Standartenträger, dem die Türken nach ihrem Sieg ein Grabmal auf die Costanzabastion setzten (12). Später folgte einen Moschee, auf die jedoch in den unruhigen 60er Jahren EOKA-Leute einen Sprengstoffanschlag verübten. So beschädigt steht sie heute noch da.

Geschichte der Belagerung. Im März 1570 stellte der Sultan des Osmanischen Reiches, Selim II. ein Ultimatum an die Signoria in Venedig: »Wir verlangen Zypern, das ihr uns freiwillig oder gezwungen geben werdet...« Am 3. Juli 1570 setzte die türkische Armee unter dem Oberbefehl Mustafa Paschas mit 350 Schiffen von Kleinasien nach Zypern über. Die griechischen Bewohner Zyperns hatten sich zum überwiegenden Teil in die Festungen Nikosia, Kyrenia und Famagusta geflüchtet; einige wenige zogen sich ins Tróodosgebirge zurück, andere liefen zu den Türken über. Am 25. Juli begann die Belagerung. Weniger als 10000 Verteidiger unter dem Kommando Nicola Dandolos, des Gouverneurs von Zypern, waren hoffnungslos unterlegen. (Darüber hinaus haben viele Historiker an den militärischen Fähigkeiten Dandolos Zweifel angemeldet, der eigentlich für den Oberbefehl nicht vorgesehen war – der von Venedig hierzu nach Zypern gesandte Provveditore war jedoch unterwegs gestorben. Dazu kam noch, daß eine Entsatzflotte unter dem Kommando Andrea Dorias nicht rechtzeitig eintraf.) Am 9. September erstürmten die Türken die Stadt und plünderten sie. Rund 20000 Einwohner verloren ihr Leben.

Der deutsche Pilger Ludolf von Suchen erzählt vom Treiben der Adelsgesellschaft in Nikosia um 1340

»Nikosia ist die Hauptstadt von Zypern und liegt unterhalb der Gebirge inmitten einer weiten Ebene mit bestem und gesundem Klima. Wegen der wohltemperierten Luft und wegen des gesunden Klimas leben in dieser Stadt der König von Zypern und alle Bischöfe des Königreichs und andere Prälaten. Hier wohnen zum großen Teil auch die anderen Fürsten, Grafen, Edelleute, Barone und Ritter.

Täglich beschäftigen sie sich mit Speerwerfen, Turnieren und besonders mit der Jagd. In Zypern gibt es wilde Schafe (wohl die Mufflons, A. S.), die man in anderen Teilen der Welt nicht findet. Diese werden mit Leoparden gefangen, denn anderweitig können sie nicht gefaßt werden.«
(Übersetzung aus dem Lateinischen A. Schneider)

Nikosia, Hauptstadt der Republik Zypern (Südnikosia)

Zypernmuseum

Ein Muß für Zypernbesucher. Das Zypernmuseum, Nationalmuseum für Archäologie, ist in einem klassizistischen Bau (1908–1924 von den Briten errichtet) untergebracht und beherbergt alle wichtigen, ausschließlich kyprischen Funde der Insel. Gleich rechts am Eingang befindet sich ein Buchladen, wo man nicht nur populäre, sondern auch wissenschaftliche Literatur zur kyprischen Altertumswissenschaft erstehen kann. Im Museum selbst ist eine wissenschaftliche Bibliothek.

Im folgenden können nur die wichtigsten Objekte vorgestellt werden. Vgl. auch die Abschnitte zu Kunst und Kultur im Allgemeinen Teil. Als Hilfestellung zur historischen Einordnung der Objekte dienen außerdem die synchronoptischen Tabellen zur Bronzezeit (S. 20f. und 27), zur Zeit der Stadtkönigtümer (S. 40f.), zum Hellenismus (S. 45f.) und zur Römerzeit (S. 68f.). Die im folgenden *kursiv* gesetzten Objekte finden Sie in jenen Tabellen wieder.

Raum 1: Rechts die *Funde von Chirokitía* (1. und 2. Periode, vgl. S. 16f., 234ff.): Andesit-Idolplastik, Steinschalen (eine mit Reparaturlöchern), Halsketten aus Karneol und Röhrenmuscheln. *Kammstrich-Keramik.* Links die *ersten auf Zypern vorkommenden Metallfunde* und *Rot-auf-Weiß-Keramik aus Erími.* Links neben der Tür zu Raum II *chalkolithische, kreuzförmige Steatitidole.* (Zu den Keramikgattungen der Bronzezeit vgl S. 18ff., 20f.)

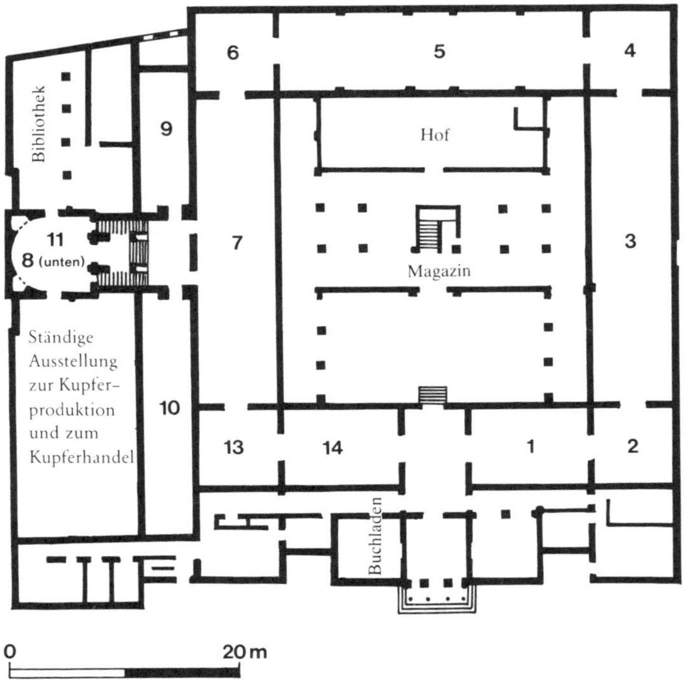

Zypernmuseum, Grundriß

Raum 2: *Schnabelkannen der Philía-Kultur.* Die charakteristische *rotglänzende Keramik der frühen Bronzezeit,* vorwiegend Grabbeigaben vom Friedhof von Vounoús. In der freistehenden Vitrine drei berühmte Terrakottamodelle: Schale, darin Kulthandlung in einem runden Heiligtum mit heimlichem Beobachter vom Schalenrand aus, und Pflugszene, beide aus Vounoús (Abb. 23, 24; Beschreibung der Modelle S. 19); drei Rinderköpfe auf Holzstelen (Xóana), davor ein Mensch, der eine Opfergabe in einen Pithos gießt, aus Kotcháti.

Raum 3: Rechts in der Wandvitrine *mykenische Keramik,* die vom 14. Jh. an in Zypern auftaucht. Darunter der Zeuskrater, auf dem eine mythologische Szene dargestellt ist, die auch in der Ilias Homers vorkommt: Zeus hält die Schicksalswaage beim Aufbruch eines Kriegers zur Schlacht (nach Nilsson, dem schwedischen Mythenforscher). Links die Keramikgattungen der Bronzezeit: aus der mittleren Bronzezeit ›*Bemalung auf weißem Grund*‹ (White Painted), *Rot-auf-Schwarz-Keramik* und ›*Keramik mit schwarzem Überzug*‹ (Black Slip). Außerdem eine schöne ›Kamaresschale‹, ein Import aus Kreta. Aus der späten Bronzezeit ›*Weißüberzogene Keramik*‹ (White Slip) sowie die charakteristischen ›*Standringkrüge*‹ (Base Ring).

In der freistehenden kreuzförmigen Vitrine das berühmte *Fayencerhyton aus Kítion* – ebenfalls späte Bronzezeit (ein Rhyton ist ein meist nach unten spitz zulaufendes – konisches – Spendgefäß) mit drei Friesen: oben Tierfries, dann Stierjagd, unten Spiralmuster.

In der zweiten freistehenden kreuzförmigen Vitrine importierte *attische Vasen* mit schwarz- und rotfiguriger Malerei.

Rechts davon in der kleinen freistehenden Vitrine die ›Hubbard-Vase‹ aus dem 8. Jh. *(Bichrome Keramik)* mit rätselhaftem, wohl orientalischem Thema: Zwei weibliche Gestalten versuchen mit Halm oder Schlauch eine Flüssigkeit aus einem Gefäß zu trinken. Auf der anderen Seite tanzende Frauen.

Weiter rechts an der Wand schöne Beispiele des kypro-archaischen ›freien malerischen Stils‹ *(Free-Field-Stils):* zwei Oinochoen, eine mit einem Stier, der an einer Lotusblume riecht, die zweite mit einem Vogel, der einen Fisch im Schnabel trägt.

Raum 4: Einige von rund 2000 *Votivfiguren des Heiligtums von Agía Iríni,* dessen Blütezeit in der Archaik war: vorwiegend Adoranten, zum Teil bewaffnet, auch Wagen und Stiere. Interessant ein Mann mit Stiermaske (vgl. als Analogie den kretischen Minotauros der griechischen Mythologie).

Raum 5: Die kyprische *Kalkstein-Großplastik,* die in der Archaik entstand. Gleich rechts neben dem Eingang die Reste einer monumentalen Statue aus Tamassós. Um die Mitte des 7. Jhs. entstanden, zeigt sie die orientalischen Züge der frühen archaischen Plastik. Man beachte, wie die Statuen weiter hinten im Raum dagegen mehr und mehr griechische Züge annehmen und vergleiche im einzelnen den etwa 50 Jahre später entstandenen blitzeschleudernden Zeus aus Kítion mit archaischem Lächeln. Oder – weiter links hinter dem Mauervorsprung – den Kopf einer Kore aus Idalion mit deutlich ionischem Einfluß aus dem frühen 5. Jh. Am Ende des Raumes steht schließlich unübersehbar die Aphrodite von Soli, wohl die bekannteste kyprische Statue, deren Fotografie fast jede Werbeschrift für die ›Insel der v. Chr. Rechts davon eine Votivstele mit einem Dionysoshaupt auf der einen und mit einer Sexszene auf der anderen Seite.

Raum 6: Vor allem die überlebensgroße *Bronzestatue des römischen Kaisers Septimius Severus* (193–211 n. Chr.) aus Kythräa in der Pose eines griechischen Helden oder Athleten.

Raum 7: Vor allem Bronzeobjekte, Siegel, Münzen und Schmuck. Rechts bronzene Waffen und Werkzeuge, beachtenswert der *Spieß (Obolos) mit der Inschrift ›Opheltou‹* (des Opheltes) aus Alt-Paphos, die erste griechische Inschrift auf Zypern. Außerdem die *Bronzekuh vom Athenatempel in Vouní* (5. Jh. v. Chr.). Links in der Wandvitrine der *›Gehörnte Gott von Énkomi‹* und der *›Barrengott‹*, der speerbewaffnet auf einem Kupferbarren steht (späte Bronzezeit; Abb. 26, 27). Weiter rechts hängt an der Wand das Römische Mosaik der

Leda mit dem Schwan aus Alt-Paphos (Abb. 49). Gegenüber davon die Rekonstruktion eines der *Königsgräber von Tamassós.* Dort rechts abbiegen in die Räume 8–11.

Raum 8: Rekonstruktion der Grabformen in Originalgröße mit Grabbeigaben vom Neolithikum bis zum 5. Jh. v. Chr. Zum Teil Mehrfachbestattungen. Im Dromos eines früheisenzeitlichen Grabes eine Menschenbestattung, wohl ein ›Aufpasser‹.

Raum 9: Grabmonumente, vorwiegend 6.–3. Jh. v. Chr. An der Rückwand des Raumes zwei Grabstelen griechischen Stils (5. Jh. v. Chr.) aus Márion: ein junger, nur mit einem Tuch bekleideter Mann vor einer Stele mit der Inschrift ›Ich bin (die Stele) des Stasis, Sohn des Stasioikos‹, und zweitens eine sitzende Frau mit einem Vogel in der Hand, mit der Inschrift ›Ich bin (die Stele) der Aristila aus Salamis, der Tochter des Onasis‹.

Raum 10: Zeugnisse der bis heute nicht entzifferten bronzezeitlichen *kypro-minoischen Silbenschrift.* Die Zeichen selbst wurden – neben den griechischen – in der Eisenzeit dann bis zum Hellenismus weiter benutzt, um die griechische Sprache zu schreiben (vgl. die eben besprochenen Grabstelen in Raum 9 mit kyprischen Schriftzeichen).

Raum 11: Die berühmten Funde aus Grab 79 der *Königsgräber von Sálamis:* elfenbeinbeschlagene Möbel, bronzene Wagenbeschläge und -teile, großer Greifenkessel auf Dreifuß. Außerdem die Funde vom *Scheingrab (Kenotaph) des Nikókreon aus Sálamis:* beeindrukkend der im Scheiterhaufen gebrannte Tonkopf eines jungen Mannes im idealisierenden Stil der griechischen Spätklassik und die kleinen vergoldeten Alabastervasen, die Grabbeigaben waren (vgl. S. 38f.). Über Raum 11 gelangt man zur ständigen Ausstellung zum Thema Kupferproduktion und Kupferhandel auf Zypern.

Raum 12: Zurück im Raum 7 gehen wir nach rechts weiter zu den Gold- und Silberfunden. Berühmt sind hier das *Goldzepter aus Koúrion* mit zwei Lämmergeiern auf der Kugelspitze in Cloisonnétechnik (Emaille; in Zellen, die von Goldstegen gebildet sind, wird die Schmelzmasse eingegossen, 11. Jh.) und die *Silberschale aus Énkomi* (Abb. 25) mit einem Fries von Stierköpfen zwischen Lotusblüten in eingeschmolzenem Gold und Niello (schwärzliche Mischung aus Silber, Blei, Schwefel, Kupfer und Borax, 14. Jh. v. Chr.). Gegenüber vielfältige Kleinfunde. Teile des Silberschatzes von Lambousa.

Raum 13: Statuen vom römischen Gymnasium in Sálamis.

Raum 14: Gleich rechts *mittelbronzezeitliche Brettidole* und die spätbronzezeitliche Terrakottastatuette einer *vogelköpfigen weiblichen Gottheit* mit einem Kind im Arm. Wahrscheinlich eine vom Orient her rezipierte Muttergöttin, eine Vorläuferin der Aphrodite.

Weiter hinten rechts Terrakottamodell eines großen Stieres zwischen zwei kleineren Männern (um 500 v. Chr.), ein Beleg für das Fortleben des bronzezeitlichen Stierkults (Abb. 29;

vgl. hierzu S. 28). Das Fortleben der minoischen ›Göttin mit erhobenen Armen‹ dokumentieren die Statuetten aus geometrischer bis klassischer Zeit in der Vitrine gegenüber. Rechts davon interessante Modelle von gebärenden Frauen, mit Hebamme und Helferin. Wohl eine Weihgabe an eine Schutzgöttin der Geburt.

Gegenüber dem Museum befindet sich ein kleiner Stadtpark mit einer hübschen Caféterrasse zum Ausruhen. Am Rand des Parks liegen (schräg gegenüber dem Museum) das klassizistisch gebaute, 1967 fertiggestellte Stadttheater und – in der Homer Avenue – das Parlamentsgebäude.

Altstadt

Die kunstgeschichtlichen Hauptsehenswürdigkeiten in der Altstadt Südnikosias liegen alle in der Nähe des Erzbischöflichen Palastes. Einkaufsviertel mit Banken und Restaurants ist in und um Ledra Street und Freiheitsplatz. Hier in der Nähe liegt auch die
Laikí Gitoniá (Abb. 9). Das heißt übersetzt soviel wie ›volkstümliches Viertel‹: einige gekonnt restaurierte Häuser Alt-Nikosias, wo auch Zyprioten gerne hingehen, mit urigen Tavernen, Werkstätten für Kunsthandwerk und Andenkenläden. Hier befinden sich auch das Büro der Fremdenverkehrszentrale und ein **Museum für die Stadtgeschichte Nikosias** (Levendeio dimotiko Mouseio Levkosias, Odos Ippokratous 17.). Das vom Abriß bedrohte klassizistische Patrizierhaus wurde 1989 mit Hilfe der Levendis-Stiftung in ein Museum umgewandelt. Auf zwei Stockwerken ist die Geschichte Nikosias und damit auch Zyperns mit Hilfe moderner Museumsdidaktik (Leuchtstrahler, Vitrinen, Rekonstruktionen, Schautafeln etc.) von 3000 v. Chr. bis in die Moderne dokumentiert. Besonderer Wert ist dabei auf die Rekonstruktion des Alltags gelegt.

1 Palast des Erzbischofs und angrenzende Gebäude Der Palast ist ein unerwartet prächtiger Bau, errichtet in den unruhigen Jahren 1956–1961 (Abb. 6). Ihm gegenüber liegt das renommierte, in klassizistischem Stil erbaute Panzyprische Gymnasium (6), das Lawrence Durrell in seinem Buch ›Bittere Limonen‹ so anschaulich beschrieben hat. Gleich neben dem Erzbischöflichen Palast steht die kleine Johanneskirche (2), der man nicht ansieht, daß sie die orthodoxe Kathedrale Nikosias ist (Abb. 8). Sie gehörte ursprünglich zu einem Benediktinerkloster, ebenso wie der Bau des sich anschließenden Volkskundemuseums (3), das innen noch fränkische Architekturelemente enthält. Nach 1571 hatten die Orthodoxen die Klosteranlage übernommen. Der Erzbischof hatte seinen Sitz im Gebäude des späteren Volkskundemuseums – noch bis 1961, solange nämlich, bis der neue Palast fertiggestellt war. Die auffällige bronzene Monumentalstatue des Makarios vor dem Palast wurde erst Ende der 80er Jahre errichtet. Sie korrespondiert optisch mit dem Freiheitsdenkmal auf der Podocataro-Bastion der venezianischen Stadtmauer.

2 Johanneskirche Die Kathedrale Nikosias (Abb. 8, rechts) besitzt eine vollständige Innenausmalung von 1730. Im nördlichen Tonnengewölbe sind eine große Kreuzigungsszene und die üblichen Darstellungen der Passion Christi zu sehen. Gegenüber Fortsetzung des Passionszyklus und Szenen der Auffindung der Gebeine des Barnabas; ein Ereignis, das den Anspruch der zypriotischen Kirche auf Autokephalie untermauerte. (Zum Autokephaliestreit vgl. S. 69, 305). Interessant die Stuhlordnung vor der Ikonostase. Links haben der Staatspräsident und seine Frau ihre festen Plätze, rechts der Erzbischof, der Botschafter Griechenlands und zwei Bischöfe. Über dem Ausgang ein monumentales ›Jüngstes Gericht‹ (Abb. 7). (Zur Struktur des ›Jüngsten Gerichts‹ vgl. die Ausführungen zu den Ikonen 99 und 100 im benachbarten Ikonenmuseum, S. 157f. sowie Farbt. 26; zu seiner soziologischen Bedeutung vgl. S. 129f.)

3 Volkskundemuseum Dieses gotische Gebäude aus dem 15. Jh. gehörte zu einem ehemaligen Benediktinerkloster. Zur Zeit der türkischen Herrschaft, nachdem die Benediktiner vertrieben waren, wurde das Gebäude 1730 Sitz des orthodoxen Erzbischofs. Als dann Anfang der 60er Jahre der Erzbischof in den prächtigeren Bau nebenan umzog, wurde der alte Erzbischöfliche Palast als Cyprus Folk Art Museum neu eingerichtet. Die Ausstellungsstücke befinden sich in den ehemaligen Kloster- und Residenzräumen. Man beachte besonders den Kreuzgang mit den fünf angrenzenden Mönchszellen. Ausgestellt sind vor allem Arbeitsgeräte von Bauern, Küchengeräte, Kleidung, Stickereien, Möbel und auch Beispiele bäuerlicher Kirchenkunst.

4 EOKA-Museum Mit zum Gebäudekomplex des Volkskundemuseums gehört das ›Museum des Nationalen Kampfes‹. (Zur Geschichte und Struktur der rechtsgerichteten Befreiungsorganisation EOKA, die von 1955–59 den bewaffneten Kampf gegen das englische Kolonialregime führte, vgl. S. 93f.). Im Museum dokumentieren Fotos und Modelle, hausgemachte Bomben und Handfeuerwaffen und auch ein Galgen die Unerbittlichkeit dieses Kampfes. Im Garten des Museums steht auf einem Podest sogar das Auto des Führers der EOKA, des Generals Grivas.

Ikonenmuseum

Im rechten Seitentrakt des Erzbischöflichen Palastes ist das Kulturzentrum der Makariosstiftung untergebracht (5). Darin befindet sich als wichtigste Abteilung ein Ikonenmuseum, das 1982 eröffnet wurde und eine Auswahl der besten Ikonen Zyperns enthält. Die Bilder waren vorher in anderen Sammlungen oder befanden sich noch ohne geeignete Bewachung und Pflege in den Kirchen. Etwa 150 Ikonen dokumentieren die Entwicklung von 1000 Jahren Ikonenmalerei vom 8. bis zum 18. Jh.

Natürlich hat es vorher auch schon Ikonen gegeben. Doch die sind meist im Bilderstreit (vgl. S. 112f.) vernichtet worden. Auf Zypern finden wir in Kíti, in der Apsis der Panagía Angelóktistos, ein schönes Beispiel *früh*byzantinischer Mosaikkunst (Abb. 57).

Die Ikonen der Ausstellung sind in (ungefährer) chronologischer Reihenfolge durchnumeriert. Im Plan des Ikonenmuseums sind nur die Nummern der im folgenden besprochenen Ikonen aufgeführt.

1–3: Die ältesten (mittelbyzantinischen) Ikonen der Sammlung aus der Zeit vor der Ankunft der Kreuzfahrer. Aus dieser Zeit stammen auch die Ikonen *16, 66* und *69* (vgl. unten).

Nun Beispiele für den fränkischen, westlichen Einfluß auf die Ikonenmalerei:

6: Maria mit Christuskind. Von der Kirche Ag. Kassianos, Nikosia. Ende 13. Jh. Die zehn kleinen Stifterfiguren links unten sind Mönche mit Dominikanerkutte. Dem fränkischen Einfluß zuzuschreiben sind außerdem die beiden Bildstreifen zu je acht Szenen von Wundertaten der Maria links und rechts am Rand der Ikone mit lateinisch geschriebenen Kommentaren. Die Gesichter des Hauptbildes wurden später übermalt. Bei dieser Ikone finden wir eine westlich beeinflußte Ikonographie, wobei aber im traditionellen byzantinischen Stil gemalt wurde. Die Ikone soll für die katholische Sophienkathedrale in Nikosia bestimmt gewesen sein (nach Papageorgiou).

7: Agios Nikólaos. Von der Kirche Ag. Nikólaos tis Stégis, Kakopetriá. Ende 13. Jh. Gleicher Aufbau wie *6*, wahrscheinlich derselbe Künstler. Als Stifterfiguren knien unten ein Kreuzritter mit Schwert und seine Frau. Auch hier je acht Randszenen, die aber diesmal griechisch kommentiert sind. Das Hauptbild, Agios Nikólaos, ist ganz klassisch gemalt.

8: Panagía Kamariótissa. Von der Kirche der Chrysaliniótissa, Nikosia. Ende 15. Jh. Naivrealistischer Stil (s. unten) mit vielen Stiftern zu Füßen der Maria. Zu diesem Stil gehört auch *29.*

16: Johannes der Täufer. Von der Kirche Asínou bei Nikítari. Erstes Viertel des 12. Jhs. Beispiel für den Höhepunkt der klassischen byzantinischen Malerei. Flächige, unstoffliche, lineare Malweise, auf das Wesentliche beschränkt, daher ohne Stifterfiguren und sonstige Beifügungen.

29: Agios Mamas. Von der Kirche der Chrysaliniótissa, Nikosia. Um 1500. Wie *8* naivrealistischer Stil. (Zur Geschichte dieses zypriotischen Heiligen s. S. 129).

46–48: Drei extrem lange Ikonen, die wahrscheinlich früher einen Kirchenpfeiler bedeckten. Aus der Chrysaliniótissa, Nikosia. Zweite Hälfte des 14. Jhs. – *46* ist durch eine Weihinschrift auf das Jahr 1356 genau datiert. Drei Bildzonen: Oben Jesus, dann in der Mitte zwei

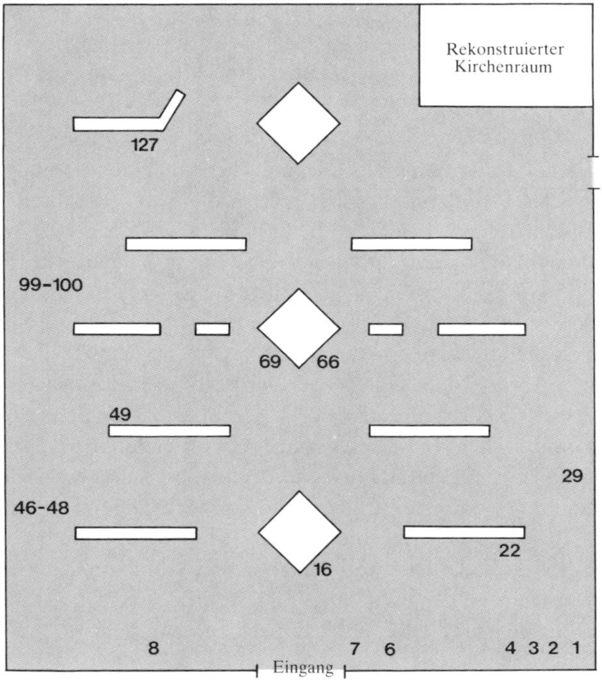

Ikonenmuseum im Erzbischöflichen Palast. Grundriß. Die Nummern beziehen sich auf Ikonen, die a) in der Museumsbeschreibung, b) im Kasten ›Drei Phasen der Ikonenmalerei auf Zypern‹ S. 158f. und c) in der Zeichnung auf S. 129 erwähnt sind

Erzengel. Fast die ganze untere Hälfte der Ikone nimmt die dritte Bildzone ein: ein Ehepaar und deren Tochter Maria. Die Gewänder der Stifter sind sehr detailliert und realistisch dargestellt. Die Figur der Tochter ist größer als die des Jesus in der oberen Zone gemalt – dies alles natürlich westlicher Einfluß. – *47,* Agios Eleftherios, einige Jahrzehnte später entstanden, ist dagegen im byzantinischen Paläologenstil gemalt – bis auf die drei Stifter, die zu seinen Füßen knien. – *48,* die hl. Paraskeví, ist zwar ebenfalls byzantinisch gemalt, trägt aber in ihren Händen ein Medaillon mit einer Christusbüste – ein westlicher Einfluß, »denn die hl. Paraskeví hat in der byzantinischen Tradition nie ein anderes Attribut als ein einfaches Kreuz nach dem Vorbild aller Märtyrer« (Papageorgiou).

66 und 69: Christus. Panagía tou Arákou, Lagouderá. Beide um 1190. Wie *16* Beispiele des Höhepunktes der ›reinen‹ byzantinischen Kunst im 12. Jh., noch ohne westlichen Einfluß. (Vgl. Erläuterung zu *16*).

99–100 Jüngstes Gericht. – *99* aus der Kirche der Phaneroméni, Nikosia, *100* aus der Kirche der Agii Anárgyri, Phiní. Beide 16. Jh. (Farbt. 26).

Das Jüngste Gericht ist ein Thema aus der Johannesapokalypse. Apokalypsen waren Schriften, die verfaßt wurden, um den Christen zur Zeit der Verfolgungen durch den römischen Staat Mut zu machen für ihren Kampf und ihre Missionsarbeit. Es werde ein tausendjähriges Reich kommen, heißt es bei Johannes, doch davor zunächst das Jüngste Gericht, bei dem Römer und Sünder in die Hölle verbannt würden, die wahren Christen aber ins Paradies, ins ›himmlische Jerusalem‹ kämen.

Bildaufbau des ›Jüngsten Gerichts‹: In der oberen Bildzone befindet sich auf beiden Ikonen Jesus in der Gloriole, umgeben von Aposteln und Engeln als Geschworenen. In der mittleren Bildzone kommen rechts die Toten aus ihren Gräbern hervor (sonst auch aus Fischmäulern – der Typus heißt »Meer und Erde geben ihre Toten wieder«). Die auferstandenen Toten werden vor das Kreuz, vor die Leidensinstrumente (Speer und Essigschwamm) und vor die aufgeschlagene Heilige Schrift geführt, wo ihre Sünden gewogen werden. (Das Motiv kommt aus der ägyptischen Religionsgeschichte, vgl. »Gewogen und zu leicht befunden«.) Schließlich kommen die Sünder rechts herab in die Hölle, wo sie von Teufeln empfangen werden. Die Guten aber gelangen nach links in den Himmel. Dort sind Märtyrer, Asketen, Kirchenväter usw. in Gruppen zusammengefaßt. Im eigentlichen Paradies, im Himmlischen Jerusalem, sitzen die Erzväter Abraham, Isaak und Jakob vor weißem Hintergrund mit Vögeln, Blumen und Bäumen. Sie halten die Seelen der Christen im Schoß. (Daher kommt es, daß man sich heute noch manchmal »wie in Abrahams Schoß« fühlt.)

In einem 1992 eröffneten Trakt sind die berühmten frühchristlichen Mosaike des 5.–6. Jhs. aus der Kirche Kanakaria bei Lythrángomi im besetzten Norden ausgestellt. Sie wurden nach der Invasion 1974 gestohlen, tauchten dann im Kunsthandel auf und wurden schließlich an die Republik Zypern zurückgegeben.

Im 1. Stockwerk des Kulturzentrums sind Bilder europäischer Malerei ausgestellt. Interessanter ist das 2. Stockwerk, in dem schöne Gravuren zur griechischen Geschichte des 19. Jhs. und von Tempelbauten hängen. Im Erdgeschoß befindet sich eine große Bibliothek, die in Ergänzung zur Bibliothek des Zypernmuseums die mittelalterliche und neuere Literatur über Zypern verwahrt.

Drei Phasen der Ikonenmalerei auf Zypern

1. Vom Ende des Bilderstreits bis zur Ankunft der Kreuzfahrer 1191
Traditionelle, klassische, eben ›typische‹ byzantinische Kunst in Anlehnung an die fortgeschrittenste Malerei der Hauptstadt Konstantinopel. Höhepunkt im 12. Jh.

2. Die Zeit der fränkischen Herrschaft (1191–1571)
Nach der Ankunft der Kreuzfahrer erfahren die Ikonen schrittweise eine ›Verwestlichung‹. (Vgl. das gleiche Phänomen in der Wandmalerei der Kirchen, S. 107f.). Diese Verwestlichung ist im 13. und 14. Jh. jedoch kaum zu erkennen, da man ja auch im Westen bis ins 14. Jh. hinein noch ›mittelalterlich‹ malte. Erst allmählich, mit Cimabue (um 1240 geboren), Giotto (1260–1337) und anderen Künstlern entwickelte sich in Italien, besonders in Florenz, die Malerei immer mehr hin zu Räumlichkeit und Naturalismus.

Die Kennzeichen westlichen Einflusses im 13. und 14. Jh. sind reliefartige Hintergründe, mit Ranken verzierte Nimben und – für den ungeschulten Betrachter am besten zu erkennen – ikonographische Details wie kleine Stifterfiguren am unteren Bildrand und deren westliche Kleidung und Mode.

Seit dem 15. Jh. beeinflußt die Renaissancemalerei mehr und mehr die Ikonenkunst auf Zypern, doch immer wirkt sich dies nur auf den Stil und auf ikonographische Beifügungen wie Stifterfiguren oder Bildstreifen aus, die am Rand der Ikone Szenen aus dem Leben des Heiligen zeigen. Die Heiligen selbst werden nach dem traditionellen byzantinischen Formschema gestaltet. Auf einer Ikone des Ag. Nikolaos aus dem 16. Jh. (Nr. 127, vgl. Plan Ikonenmuseum) tragen die Stifterfiguren flämische Hüte, ein interessanter Beleg für die Handelsbeziehungen und die Mode der Zeit (s. Zeichnung S. 129).

Andere Ikonen bleiben traditionell. Die großartige Paläologenkunst wirkt aus Konstantinopel bis nach Zypern. Die katholischen Auftraggeber der herrschenden Klasse beschäftigen in der Regel orthodoxe byzantinische Maler.

Was die ›Verwestlichung‹ der Malerei angeht, so gibt es verschiedene Stile, ›Schulen‹, wie die Byzantinisten sagen. Eine ist die *italo-byzantinische Schule* des 15. Jhs., eine andere die *zypro-byzantinische Schule* des 16. Jhs. Letzterer Begriff ist eine Anlehnung an den Begriff der *kretischen Schule*. Nach der Eroberung Konstantinopels durch die Türken kamen viele Künstler ins venezianische Kreta und auch nach Zypern. Die besten Vertreter dieser Schule, Theophanes und Damaskinos, der Lehrer El Grecos, waren jedoch Kreter. Die Künstler setzten die byzantinische Kunst der Paläologenzeit in den venezianischen Territorien fort.

Ein anderer dieser westlich beeinflußten Stile ist der ›naiv-realistische‹, z. B. bei *4*, *8* und *22* (vgl. Plan Ikonenmuseum).Daneben existiert aber die traditionelle, klassische Malerei in vielen Schattierungen weiter. Soziale Stellung und Religionszugehörigkeit des Auftraggebers wie künstlerische Sozialisation und religiöse Erziehung des Malers bestimmen Stil, Ikonographie und Qualität der Ikonen.

3. Die Zeit der türkischen Herrschaft (1571–1878)

Produktion und Qualität der Ikonen lassen nach – eine Folge einerseits des wirtschaftlichen Niedergangs (vgl. S. 87), andererseits aber auch des Fehlens einer (zwar katholischen, aber doch) christlichen Herrenschicht, die viele Ikonen in Auftrag gegeben hatte.

7 Herrenhaus des Dragomans Chatzigeorgákis Kornésios (Zur Zusammenarbeit zwischen Dragoman, ›Dolmetscher‹, orthodoxem Klerus und türkischen Behörden zur effektiveren Ausbeutung der Bevölkerung Zyperns vgl. S. 88.) Ch. Kornésios (Abb. S. 87) wurde 1808 in Istanbul wegen seiner Intrigen hingerichtet. Die Marmorplatte über dem Eingang seiner Residenz (in der Straße Patriarchis Gregorios; Eintrittsgeld) zeigt einen geflügelten Markuslöwen, den rechten Fuß auf einem Buch, in dem steht: Pax Tibi Marce Evangelista meus, »Friede Dir, Markus, mein Evangelist« – eine Spolie aus der Zeit der Venezianer; Kornésios hielt es eben nicht nur mit den türkischen Herren der Insel, sondern auch noch mit den seit über 200 Jahren von der Insel verschwundenen Venezianern. Das Herrenhaus (gr. *archontiko*) ist aus festem Stein gebaut (eine wichtige Beobachtung, denn in der zweiten

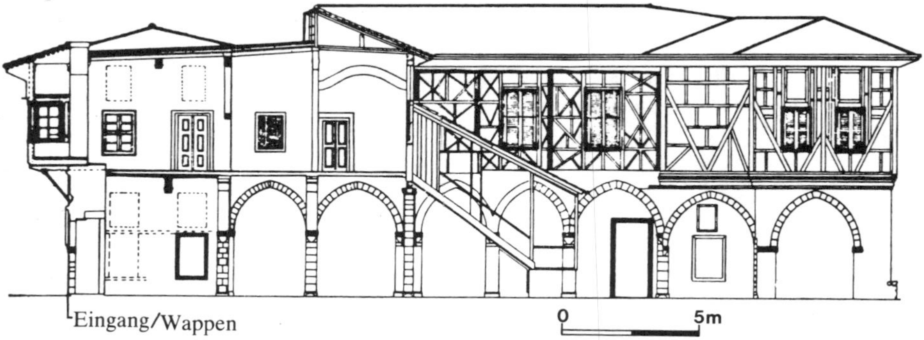

Herrenhaus des Dragomans Chatzigeorgákis Kornésios (1808 hingerichtet), Schnitt

Hälfte des 18. Jhs., seiner Entstehungszeit, waren die weitaus meisten Häuser Nikosias noch aus Lehm), innen neu renoviert und mit Möbeln ausgestattet.

8 Denkmal der Befreiung Nicht weit davon erhebt sich, schon von weitem sichtbar auf der Podocatarobastion das nach der Unabhängigkeit Zyperns (1960) errichtete ›Denkmal der Befreiung‹ (8). Priester, Männer, Frauen und Kinder verlassen einen Kerker, dessen Fallgitter zwei EOKA-Soldaten hochgezogen haben.

Im Viertel zwischen Famagusta-Tor und ›Green Line‹ gibt es noch viele alte türkische Häuser mit den typischen Holzerkern zur Straßenseite. Besonders sehenswert ist die Sackgasse, die von der Kirche Chrysaliniótissa (9) zur ›Green Line‹ führt.

13 Tripiótis-Kirche 1690, also unter türkischer Herrschaft erbaut, mit großer, üppig mit Holzschnitzwerk verzierter Ikonostase.

14 Phaneroméni-Kirche Ebenfalls noch unter türkischer Herrschaft, 1872, errichtet. Vor der Apsis der Kirche steht im Garten ein Mausoleum, in dem die Bischöfe begraben liegen, die der türkische Gouverneur Kutschuk Mehmed 1821 hinrichten ließ, um durch diese Abschreckungsmaßnahme ein Übergreifen des griechischen Befreiungskampfes auf Zypern zu verhindern. (Vgl. hierzu Tabelle S. 91.)

Nördlich der Phaneroméni befindet sich die Arablar-Moschee (15) mit ihrem kleinen Minarett.

10 Omeriye-Moschee Früher eine katholische Augustinerkirche. Vom Minarett herrlicher Blick über ganz Nikosia (geöffnet Mo–Sa 10–12.30, 13.30–15.30 Uhr, Eintrittsgeld). Gegenüber dem basilikalen Bau sieht man ein Türkisches Bad (11), das im Grundriß dem ›Großen Bad‹ im nördlichen Teil der Altstadt entspricht.

1 Ruhepause vor der Kirche der Panagía Angelóktistos in Kíti ▷

2 Grieche in zypriotischer Tracht mit einem ›Koboloí‹, einer vielbenutzten Spielkette

3 Zypriotin

4 Olivenbäume bei Dalí/Idalion

5 Bei Paphos

7 Lévkara ▷

6 Tonware im Töpferdorf Kornos

8 Hafen von Kyrenia

9 Blick über Nikosia auf die Selimiye-Moschee (Sophienkathedrale) und aufs Pentadáktylosgebirge. Dort der Fels, der einer Hand gleicht, die sich festkrallt (daher ›Fünffingergebirge‹)

10 Moschee Chala Sultan Tekke in einem Palmenhain am Salzsee bei Lárnaka

11 Kastell von Kyrenia

12 Nadelwälder des Tróodos zwischen Kýkko und Panagiá

13 Terrassenlandschaft bei Agros im Tróodosgebirge

14 Felsküste bei Polis

15 Blick vom Palast von Vouní auf die Felseninsel Pétra tou Limníti, Ort einer neolithischen Siedlung

16 Leuchtturm und römisches Odeion von Paphos

17 Hellenistisches Grab der ›Königsgräber‹ bei Paphos

18 Apollotempel im Hylátes-Heiligtum von Koúrion, römisch, Teilrekonstruktion

19 Kolonnade eines der Räume des ›Südkomplexes‹ des Apollo-Hylátes-Heiligtums

20 Rückseite eines römischen ›Togatus‹; dahinter die Säulenreihen der Palästra von Sálamis

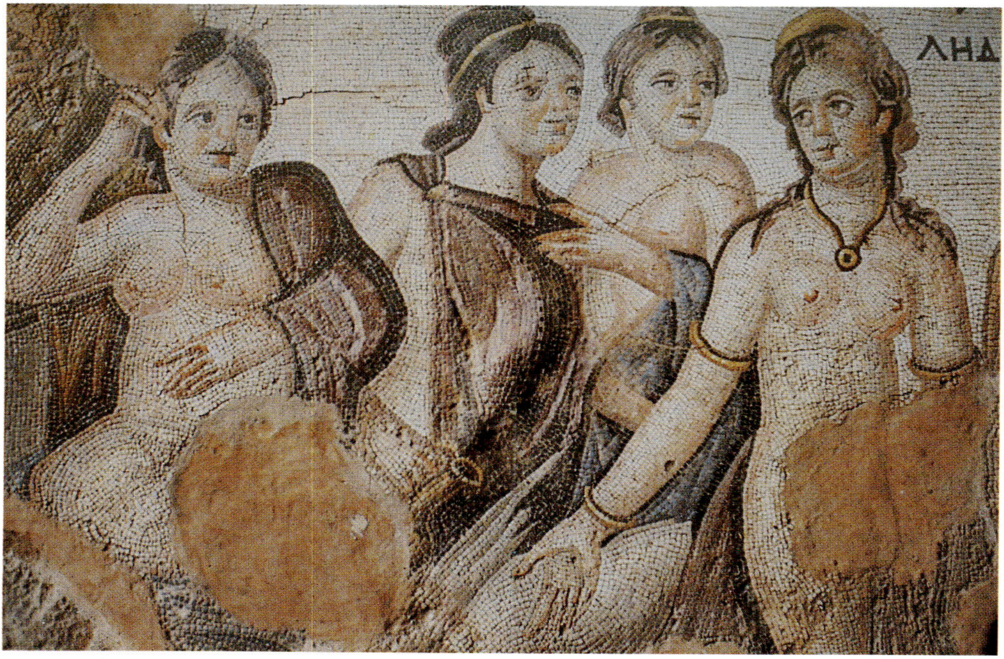

21 Mosaik im Haus des Aion, 4. Jh.: Leda (rechts) mit dem Schwan (nur zum Teil im unteren Bildfeld erhalten) und Personifikationen (vgl. Abb. 49)

22 Achillesmosaik im Areal I von Koúrion, römisch

23 Mosaik im Haus des Aion: Hermes und Dionysos mit Heiligenschein

24 Landschaft bei Paphos ▷

26 ›Jüngstes Gericht‹, Ikone des 16. Jhs. im Ikonenmuseum Nikosia

◁ 25 Peristeróna, Mehrkuppelkirche und Minarett; dahinter schneebedeckte Berge des Tróodosgebirges

27 Christus als Pantokrator, Kuppelfresko der Panagía Arakiótissa, Lagouderá, 1192

28 Fresko der Kirche der Panagía Phorbiótissa, Asínou: Marientod, 1105/06

29 Höhlenkirche des Neophytos, ›Fußwaschung‹. 2. Freskenserie von 1196 mit Übermalung von 1503

30 ›Tempelgang der Maria‹, 1192, Panagía Arakiótissa, Lagouderá. Hinter Maria die Eltern Joachim und Anna und die Sieben hebräischen Jungfrauen, rechts der Hohepriester Zacharias. Über dem Hohepriester nochmals Maria, als junges Mädchen Speise von einem Engel empfangend ▷

31 Hl. Mamas, 1510–1520, Kirche Metamórphosis tou Sotíros, Palächóri (vgl. Abb. 59 und 60)

32 ›Einzug in Jerusalem‹, 13. Jh., Herakleidioskirche, Kloster des hl. Ioannis Lampadistís, Kalopangiótis

34 Gotisches Prämonstratenserkloster Bellapais

◁ 33 Kloster Machärás

35 Kreuzgang von Bellapais mit Zypressen

Paphos-Tor Vor diesem Stadttor befinden sich Wohnviertel und Kirche der Maroniten, einer christlichen Glaubensrichtung, die den Papst anerkennt und vor allem im Libanon zu Hause ist. Hier wohnen jetzt viele Flüchtlinge aus den Maronitendörfern des besetzten Nordens, z. B. aus Kormakiti.

Vor Verlassen der Altstadt sollte man einen Blick in die römisch-katholische Franziskanerkirche (16) werfen, die zwar direkt auf der ›Green Line‹ steht, aber trotzdem zugänglich ist.

Türkisch besetzter Teil von Nikosia

Orientierung: Einreiseformalitäten siehe ›Praktische Reisehinweise‹, S. 355.‹ Der einzige Grenzübergang in den türkisch besetzten Teil Zyperns ist beim alten ›Ledra Palace Hotel‹, das jetzt von UN-Soldaten belegt ist (31). Von hier aus ist es nicht weit zum Kyrénia-Tor, wo man den Stadtrundgang durch Alt-Nikosia am besten beginnt. Kleiner Chan, Bedesten und das Steinmuseum sind nicht ständig geöffnet. Man wende sich bei Interesse an den Antikendienst, der bei der Katharinenkirche untergebracht ist.

Kyrénia-Tor Der frühere Durchgang durch das Kyrénia-Tor ist heute geschlossen. Die Straße, die links und rechts am Tor vorbeiführt, haben die Briten durch die Stadtmauer gebrochen. Der viereckige Turm auf dem Tor ist türkischer Herkunft.

17 Museum für türkische Volkskunst Ein paar Schritte weiter die Girne-Straße hinauf Richtung Altstadt liegt links das ehemalige Kloster der Tanzenden Derwische (Mevlevi Tekke), seit 1963 ein Museum für türkische Volkskunst. Die Mitglieder des Ordens versuchten, durch Tanz in einen Zustand religiöser Kontemplation zu kommen. Der Orden wurde im 13. Jh. gegründet und 1925 von Kemal Atatürk verboten. Im Museum befinden sich Trachten der Derwische, Musikinstrumente und türkische Waffen. In einem Korridor stehen Sarkophage von Derwischen, die jeweils eine kleine Säule mit der Nachbildung eines Derwischhutes tragen.

18 Venezianische Säule Die 6 m hohe Triumphsäule auf dem Atatürkplatz, die aus dem römischen Sálamis stammt, erhebt sich auf einer sechseckigen Basis mit Wappen venezianischer Familien (Abb. 91). Dabei ein Wappen des Dogen Francesco Donato (1545–1553), der die Triumphsäule wohl hat errichten lassen. Eine kupferne Weltkugel ersetzt heute den früheren Markuslöwen.

In der Nähe der Säule sehen Sie die klassizistischen Verwaltungsgebäude der Briten aus braunem Stein, die Post und den Gerichtshof. Früher stand hier der Palazzo del Governo der Venezianer und der Konak (Statthalterpalast) der Türken.

19 Kleiner Chan Die osmanische Karawanserei aus dem 17. Jh., die auch ›Hof der Glücksspieler‹ hieß, hat im Erdgeschoß Ställe und Wirtschaftsräume, im Obergeschoß die

Ansicht von Nikosia. Nach: Salvator, Levkosia, die Hauptstadt von Zypern, 1873

Herbergsräume. In allen wichtigen Handelsorten des Osmanischen Reiches ließen die Türken damals als Infrastrukturmaßnahme ›Hotels‹ bauen.

20 Großer Chan Der zweite guterhaltene Chan von Nikosia (Büyük Han) wurde gleich nach 1571 erbaut. Achten Sie auf die achteckigen Schornsteine und auf die Kapelle über dem Reinigungsbrunnen in der Mitte des Hofes. 1878–1893 war hier ein britisches Gefängnis.

Großer Chan in Nikosia, erbaut kurz nach der türkischen Eroberung 1571. Nach: Salvator, Levkosia, die Hauptstadt von Zypern, 1873

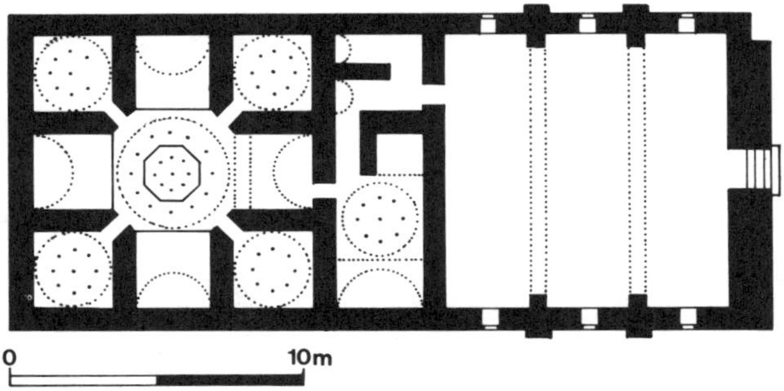

Türkisches ›Großes Bad‹ in Nikosia. Grundriß

21 Großes Bad Das Türkische Bad (Büyük Hamam) hat als Eingang noch das Portal seines Vorgängers, der gotischen Kirche St. Georg der Lateiner (Abb. 101). Es ist noch in Betrieb und hat den gleichen Grundriß wie das Bad gegenüber der Ömeriye-Moschee im anderen Teil von Nikosia.

22 ›Bedesten‹ Der heute Bedesten, d. h. ›Markt‹ genannte Bau neben der Sophienkathedrale war die orthodoxe Bischofskirche der venezianischen Periode und wäre ein Beleg dafür, daß die orthodoxen Bischöfe, seit 1260 aus den Städten verbannt, zurückgekehrt waren. Die Kirche ist ein Kuppelbau, der sich auf Resten einer byzantinischen Kirche des 12. Jhs. erhebt: ein architektonisches »Potpourri« (Enlart) (Abb. 90). Auf dem Türsturz des Nordtors, das in Anlehnung an die Portale der Sophienkathedrale nebenan mit Archivolten prächtig gestaltet wurde, finden sich sechs Wappen venezianischer Familien und in der Mitte dazwischen eine Heiligenfigur. Hier in der Umgebung ist auch heute noch das Marktviertel.

Sophienkathedrale (Selimiye-Moschee)

Die Krönungskirche der Lusignans (23) ist mit 66 × 38 m die größte gotische Kirche auf Zypern (Farbt. 9; Abb. 89, 90, Hintergrund). 1209 legte Alice de Champagne, die Frau Hugos I., den Grundstein. 1326, im gleichen Jahr wie die später angefangene ›Schwesterkirche‹ des hl. Nikolaus in Famagusta, wurde der Bau geweiht. 1373 plünderten die Genuesen die Kirche, 1426 die Mamelucken (zum historischen Zusammenhang vgl. S. 76, 77 und S. 84). 1571 wurde sie in eine Moschee umgewandelt und nach Sultan Selim II. benannt. Anstelle der Kirchturmpyramiden errichteten die Türken zwei Minarette.

In seinen Architekturformen entspricht der Bau der französischen Hochgotik, allerdings mit einigen Archaismen. Der Chor besitzt einen Umgang – anders als St. Nikolaus in Famagusta, aber so wie die berühmten französischen Kathedralen von Reims, Amiens und Chartres. St. Sophia hat aber wiederum, anders als diese Kathedralen, kein Querschiff, keinen Kapellenkranz um den Chor und kein Triforium (vgl. die Charakteristika gotischer Architektur auf Zypern S. 83).

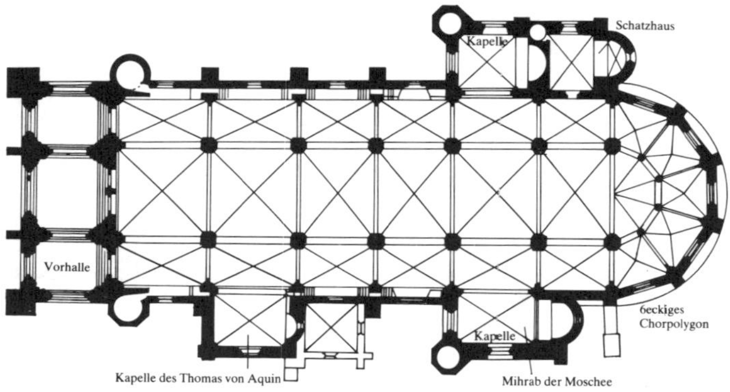

Sophienkathedrale in Nikosia, erbaut 1209 bis 1326. Grundriß (nach Enlart)

Außer einigen Resten in den Archivolten des Portals haben die Türken den Figurenschmuck entfernt, wie es ja ihrer bilderlosen Religion entspricht. Die vom Gewölbeansatz herunterkommenden Dienste laufen nicht – wie in Frankreich sonst üblich – über kantonierte Pfeiler bis zum Boden, sondern werden von Säulen getragen. Die einst sichtbaren Grabplatten im Boden der Kathedrale sind heute von den Teppichen der Moschee bedeckt. Die Teppiche richten sich zusammen mit den Gebetsnischen nach Mekka aus.

Beim zweiten Joch befindet sich an der Südwand der Kirche eine Kapelle, die dem Thomas von Aquin geweiht war. Der hatte nämlich König Hugo III. von Lusignan (1267–1284) – für Thomas Vorbild eines ›aufgeklärten Monarchen‹ – eine Schrift mit dem Titel ›Über die Herrschaft der Fürsten‹ gewidmet. Heute sind dort einige Grabplatten von Adligen ausgestellt, die in der Kirche bestattet waren.

Über der Vorhalle an der Westfront ist eine breite Galerie, die früher religiös-politischen Zeremonien diente. Die Westfront und die übrige Außenfassade sind weniger ausgeschmückt als bei St. Nikolaus in Famagusta.

24 Osmanische Bibliothek Hinter dem Chor der Sophienkathedrale steht ein Bibliotheksgebäude, das 1829 der Gouverneur von Zypern zu Ehren Sultan Mahmuds II. errichten ließ (Abb. 100).

25 Steinmuseum Das venezianische Haus aus dem 15. Jh. hat der englische Architekt und Bauhistoriker George Jeffery als Aufbewahrungsort für mittelalterliche und venezianische Architekturfragmente und Grabsteine eingerichtet (daher ›Steinmuseum‹; s. Abb. 92, 93). Das große Maßwerkfenster darin im spätgotischen Flamboyantstil soll vom Palast der Lusignans stammen. (Nach Jeffery jedoch vom venezianischen Gouverneurspalast.) Schlüssel beim Wärter der Osmanischen Bibliothek.

26 Ehemaliger Sitz des lateinischen Erzbischofs Nahe der Kathedrale liegt auch die ehemalige Residenz des katholischen Erzbischofs. Nach 1571 war das Gebäude dann Sitz eines osmanischen obersten Kadis, und auch ein türkischer Gouverneur hat hier gewohnt. Die kostbaren Holzschnitzereien der Innenräume des restaurierten Hauses stammen aus türkischer Zeit. Unterirdische Tunnel verbinden den Erzbischofssitz mit der Sophienkathedrale und mit der Katharinenkirche. Heute gehört dieser lateinisch-ottomanische Architekturmix zur Stadtverwaltung.

27 Katharinenkirche Nach 1571 Haydar-Pascha-Moschee, so benannt nach einem Kommandeur der türkischen Belagerungsarmee. Das spätgotische Bauwerk des 14. Jhs. ist heute eine private Kunstgalerie. Vielleicht dürfen Sie das Minarett erklimmen – ein schöner Ausblick belohnt Sie dafür (Abb. 99).

28 Derwisch-Pascha-Haus Im Westteil der Altstadt liegt diese Residenz des Begründers der ersten türkischen Zeitung auf Zypern. Die türkzypriotische Denkmalspflege hat das Haus in den letzten Jahren sorgfältig restauriert und zu einem Volkskundemuseum ausgestaltet, das den gehobenen Lebensstil eines türkischen Bürgerhauses zeigt. In diesem Stadtteil war früher auch das armenische Viertel, dessen Kirche (einst eine Benediktinerkirche, 29) heute allerdings auf dem Gebiet der ›Green Line‹ steht und somit nicht zu besichtigen ist.

30 Arab-Achmet-Moschee Ebenfalls einem der Eroberer Zyperns gewidmet (vgl. Abb. 103, Reinigungsbrunnen der Moschee). Die Moschee aus dem 17. Jh., 1845 restauriert, liegt malerisch in einem Friedhofsgarten. Das monumentale Grabmal darin gehört dem Zyprioten Kamil Pascha (1833–1913). Er war Großwesir des osmanischen Reiches.

Als letztes sei noch das ›Museum der Barbarei‹ erwähnt, das ganz im Westen des türkisch besetzten Teils von Nikosia liegt. Hier ermordeten EOKA-B-Leute während des innerzypriotischen Konflikts von 1963/64 die Familie des türkzypriotischen Arztes und Offiziers Nihat Ilhan. (Zu diesen Auseinandersetzungen vgl. S. 95.)

Nikosia im Jahr 1873, in den letzten Jahren der türkischen Herrschaft. Ludwig Salvator, Erzherzog von Österreich, erzählt:

»Bäder gibt es in Nikosia im Ganzen acht. Diese sind nach gewöhnlicher türkischer Art eingerichtet und weisen kleine Badekammern ... auf.

Zwei Bäder gehören der Regierung an, die übrigen Privaten.

Als Versammlungsort dient den Griechen ein kleines Circolo in der Tripiotis-Gasse, wo einige Zeitungen aufliegen (von denen aber keine auf Zypern gedruckt wird). Die Türken und theilweise auch die Griechen benützen dazu die Bazars ... und die Kaffeehäuser.

Der Khans gibt es fünf ... Vor Allen der Bejuk Khan, der auf der Front eine von 11 Spitzbögen gebildete Halle, deren mittlerer Bogen höher wie die anderen ist, und einen Hof mit sieben Bögen auf jeder Seite aufweist. In der Mitte ist eine Quelle.«

Von Nikosia zum Kloster Machärás

Orientierung: Entfernung Nikosia–Machärás 35 km, keine Busverbindung.

›Königsgräber‹ von Tamassós (beim modernen Ort Politikó)

In Homers Odyssee sagt Athena zu Telemachos, dem Sohn des Odysseus:

> »Jetzo schifft ich hier an; ich steure mit meinen Genossen
> Über das dunkle Meer zu unverständlichen Völkern,
> Mir in Temesa Kupfer für blinkendes Eisen zu tauschen.«
> (Odyssee I, 184)

Temesa ist das zyprische Tamassós und war offenbar schon zu Zeiten Homers, also im 8. Jh. v. Chr., eine bedeutende und bekannte Kupferproduktions- und -handelsstadt. Im 4. Jh. soll Stadtkönig Pasíkypros sein ganzes Territorium an den phönizischen Herrscher Pumiathon von Kítion verkauft haben.

Nur zwei erhaltene und rekonstruierte ›Königsgräber‹ oder ›Kriegergräber‹ aus der zweiten Hälfte des 7. Jhs. zeugen noch von einstiger Blüte (Gräber IV und V). Es sind offenbar steinerne Nachbildungen einer früheren Holzkonstruktion, wie man z. B. an der Zahnschnittleiste über dem Eingang in Grab V sehen kann (Abb. 33). Ein getreppter Dromos führt durch einen Eingang – links und rechts davon Blendpfeiler mit proto-ionischen Volutenkapitellen in Form einer Lotusblüte – in die Grabkammer mit dem steinernen Sarkophag. Grab V hat noch eine Vorkammer (vgl. die noch früheren Königsgräber von Sálamis, S. 33ff., 304f.).

Eines der Gräber von Tamassós ist auch in Raum 7 des Zypernmuseums rekonstruiert.

Wenige Meter südlich der Gräber finden sich die bei den deutschen Ausgrabungen seit 1970 zutage gekommenen Ruinen. Der Befund, der sich dem Auge heute bietet, ist reichlich verwirrend. Unmittelbar an einem Heiligtum fand man Spuren von Bronze, Gold und Zinn. Hans-Günter Buchholz, Grabungsleiter der Mission der Universität Gießen, interpretiert den Befund als Astarte-Aphrodite-Heiligtum mit Wohn- und Werkräumen. (Vgl. zur Einheit Werkstätten-Tempel auch das Astarteheiligtum in Kítion, S. 136.)

Herakleidioskloster Am Dorfrand von Politikó liegt das Kloster des hl. Herakleidios, das seit 1962 von Nonnen wieder bewohnt wird (Abb. 79, 80). Herakleidios war Begleiter der Apostel Paulus und Barnabas. In Tamassós wurde er erster Bischof von Zypern. (Auch im Kloster von Kalopanagiótis ist ihm eine Kapelle geweiht.)

Auf seinem Grabe wurde eine frühchristliche Basilika errichtet. Nach einer komplizierten Baugeschichte, die zu erzählen uns hier der Platz fehlt, wurde aus dieser ersten Basilika schließlich der heute zu sehende Komplex: die zweischiffige Klosterkirche aus dem 15. Jh. –

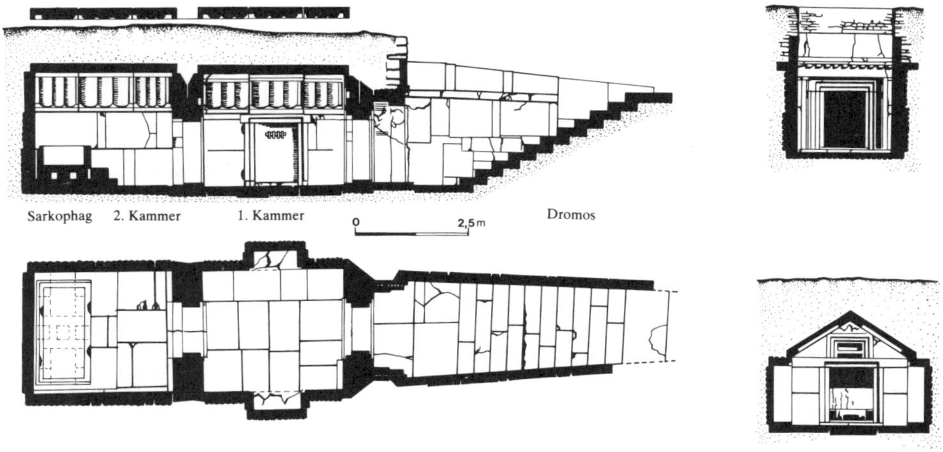

Königsgrab in Tamassós/Politikó, 650–600 v. Chr. Längsschnitt, Grundriß und Querschnitte (nach Buchholz)

mit Wandmalereien – und die danebenliegende Kreuzkuppelkirche aus dem 14. Jh., die mit mehreren Steinsarkophagen ein Mausoleum darstellt. Die Sarkophage sollen einst die Skelette des Herakleidios, die seines Gefährten und Nachfolgers Mnason und anderer Heiliger enthalten haben. Heute ist das Kloster ein beliebtes Ausflugsziel für Leute aus Nikosia, ebenso wie das 13 km weiter in 800 m Höhe gelegene Kloster Machärás (Abb. 71; Farbt. 33).

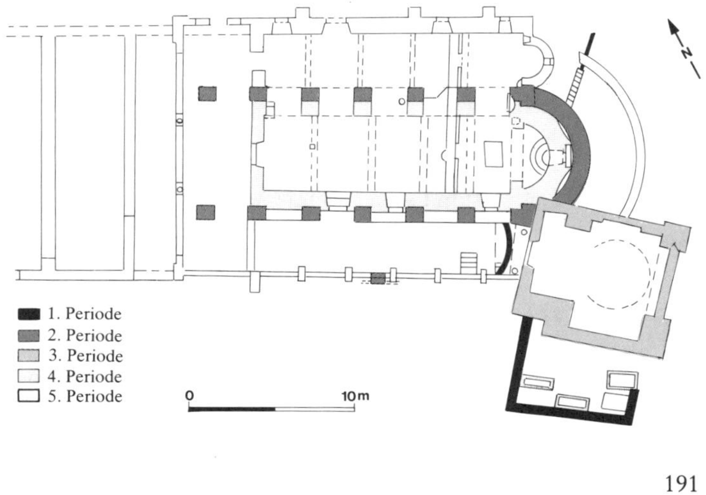

Agios-Herakleidios-Kloster in Politikó: Basilika und Mausoleum, ab 4. Jh. Grundriß (nach Papageorgiou)

Kloster Machärás

Geschichte des Klosters: Den Anlaß zur Klostergründung gab wie auch bei Agía Nápa und Chrysorrogiátissa die Auffindung einer wundertätigen Ikone. Wie bei Chrysorrogiátissa steuerte der byzantinische Kaiser Manuel I. Komnenos (1143–1180) Mittel zur Errichtung des Klosters bei. Ikonenfunde unter mehr oder minder wundersamen Umständen, anschließende Kirchen- oder Klostergründungen – dafür gibt es in der griechisch-orthodoxen Welt vom 10–12. Jh. viele Beispiele, die ihre historische Ursache im folgenden haben: Während des Bilderstreits (730–843, vgl. S. 112f.) wurden gerade von den Mönchen, den konsequentesten Anhängern der Bilderverehrung, viele Ikonen versteckt, um sie vor der Zerstörung der Ikonoklasten (der Bilderfeinde) zu retten. Diese Ikonen wurden dann nach Wiederzulassung der Bilderverehrung ›gefunden‹. Nach dem Sieg über die Araber – auf Zypern erst 965 – kam es im ganzen byzantinischen Reich zu einer außenpolitischen, wirtschaftlichen und kulturellen Blüte, die in der Komnenenzeit (1081–1185) zwar erschüttert war, aber doch bis zum Ende des 12. Jhs. anhielt und viele Kirchen- und Klosterneubauten nach sich zog. (Zu dieser byzantinischen ›Renaissance‹ vgl. S. 69f.)

Hier in Machärás steckte der Legende nach ein Messer in der Ikone oder bewachte sie auch nur. Daher der Name des Klosters, denn Messer heißt auf Griechisch *machaíri*. Man sagt der Ikone krankenheilende Kräfte nach. Sogar zwei fränkische Könige des 14. Jhs., Hugo IV. (1324–1359) und Jacques I. (1382–1398) von Lusignan, seien hier heraufgepilgert, um der Pest zu entgehen, die in Nikosia wütete.

1892 zerstörte ein Brand das Kloster vollständig. So sind die jetzigen Bauten neueren Datums (Abb. 71; Farbt. 33). Ein Einraummuseum erinnert an die EOKA. Der Besuch des Klosters lohnt besonders im Sommer, wenn die Berge Kühlung bieten. Eine Taverne ist vorhanden.

Neben dem Kloster und einige hundert Meter unterhalb davon sind Gedenkstätten des EOKA-Befreiungskämpfers Grigóris Afxentíou, der sich in einer Höhle am 3. März 1957 bei lebendigem Leibe verbrennen ließ, nachdem britische Soldaten versucht hatten, ihn in seinem Versteck auszuräuchern.

Wandertip: Ein Forstweg führt von der Gedenkstätte des Grigóris Afxentíou 14 km das Tal hinunter bis nach Politikó (s. a. Abb. 20).

Phikárdou Das Dorf mit seiner traditionellen Naturstein-Architektur wurde 1978 unter Denkmalschutz gestellt. Es war zu diesem Zeitpunkt schon fast verlassen. Inzwischen werden die Häuser wieder restauriert, und ein ›Rural Museum‹ zeigt das ehemalige Arbeitsleben. Ein Kafenion ist vorhanden. Zu erreichen ist Phikárdou über eine Schotterstraße sowohl von Machärás aus als auch direkt von Nikosia aus über Klirou.

Von Nikosia ins Tróodosgebirge

Peristeróna. Kirche der hll. Hilarion und Barnabas Nähert man sich Peristeróna – auf halbem Wege zwischen Nikosia und Kakopetriá –, fallen schon von ferne das Minarett der Moschee und der Glockenturm der byzantinischen Kirche der hll. Hilarion und Barnabas ins Auge (Farbt. 25). Nach dem Schlüssel im benachbarten Kafenion fragen. Es handelt sich um eine der für Zypern im 10. und 11. Jh. charakteristischen Mehrkuppelkirchen. (Zu den Mehrkuppelkirchen vgl. S. 71; dort auch Grundriß der Kirche in Peristeróna.) Wie die Kirche der hl. Paraskeví in Geroskípou hat der Bau in Peristeróna drei Kuppeln über dem Mittelschiff des Langhauses und je eine – etwas niedrigere – über den Seitenschiffen, um ein Querhaus zu markieren.

Im Narthex der Kirche befinden sich eine in Venedig 1604 gedruckte Bibel, zwei fränkische Grabplatten und die geschnitzte byzantinische Holztür der Kirche.

Vizakiá. Erzengel-Michael-Kirche Eine Einraumkapelle mit Satteldach und Narthex, am Ortsende. (Nach dem Schlüssel in den benachbarten Häusern fragen.)

Die Kirche bewahrt Fresken aus dem 16. Jh., noch aus der Zeit der venezianischen Herrschaft, in einem naiven, aber nichtsdestoweniger ausdrucksstarken Bauernstil. Der Soldat der Kreuzigungsszene, der Jesus den Speer in die Seite stößt, ist – nach Kopfbedekkung und gegürtetem Schwert zu urteilen – ein venezianischer Adliger. Die in Reih und Glied stehenden Soldaten, die im Begriff sind, Jesus nach dem Judaskuß gefangenzunehmen, tragen venezianische Schwerter.

Waren etwa die Venezianer, die von 1489 bis 1571 die Insel beherrschten, die einzigen Militärs, die Maler und Auftraggeber kannten? Oder drückt sich in der Darstellung der Venezianer in der Rolle ungläubiger und christenfeindlicher Soldaten ein Protest gegen die venezianische Herrschaft aus? Wir wissen jedenfalls aus den Quellen, in welcher elenden Lage die Bauern damals lebten. (Vgl. den Augenzeugenbericht S. 81.)

Ein anderes, sozialgeschichtlich interessantes Detail: Beim Abendmahl halten die Jünger Gabeln in den Händen, ein »sehr seltener Luxus in der byzantinischen Malerei« (Stylianoú). Warum dies ausgerechnet in einer Bauernkirche?

Beschreibung der erhaltenen Fresken: Südwand, obere Zone: Verkündigung, Geburt Jesu, Darstellung Jesu im Tempel, Taufe, Auferweckung des Lazarus. *Untere Zone:* Die Heiligen Petrus und Paulus, Georg und Mamas. *Westwand:* Im Giebel die Kreuzigung, darunter Fortsetzung des neutestamentlichen Zyklus: Fußwaschung, Abendmahl, Judaskuß, Kreuzabnahme. *Untere Zone:* Konstantin und Helena.

Asínou. Kirche der Panagía Phorbiótissa

Orientierung: Die Kirche liegt rund 5 km südlich von Nikitári an den Ausläufern des Tróodos (Abb. 67). Schlüssel beim Dorfpfarrer in Nikitári.

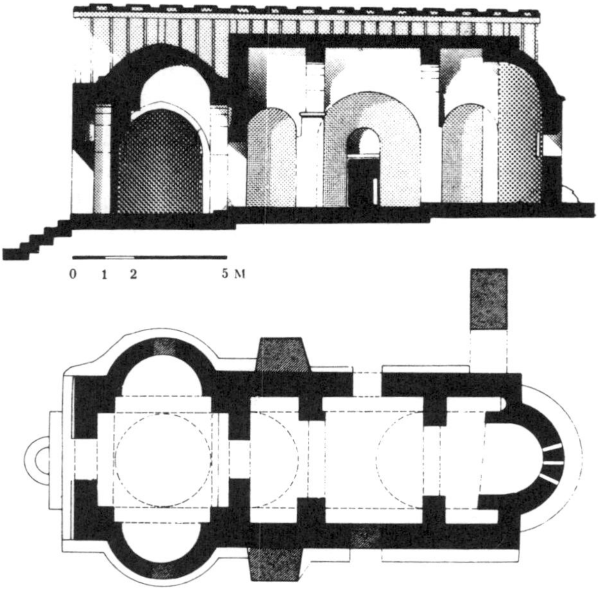

Panagía Phorbiótissa in Asínou, Anfang 12. Jh. mit Narthex vom Ende des Jhs. Längsschnitt und Grundriß (nach Sotiriou und Sakopoulo)

Die rechteckige, einschiffige und eingewölbte Kirche ist komplett mit Malereien aus verschiedenen Phasen geschmückt (Farbt. 28). Von überregionaler Bedeutung sind davon die frühesten Bilder aus dem Anfang des 12. Jhs. (1. Malserie), die etwa zwei Drittel des gesamten Bildschmucks der Kirche ausmachen. Sie wurden wahrscheinlich von Künstlern aus Konstantinopel gefertigt und sind in der gesamten byzantinischen Wandmalerei die einzigen datierten Beispiele aus dem Anfang des 12. Jhs. Andere Beispiele byzantinischer Malerei dieser Zeit sind übrigens ebenfalls auf Zypern zu finden: in der Nikólaos-Kirche bei Kakopetriá, in der Hagia Triada des Klosters Agios Chrysóstomos in Nordzypern (zur Zeit nicht zu besichtigen, da militärisches Sperrgebiet) und – schon aus der Jahrhundertmitte – in der Panagía Theotókos in Tríkomo, ebenfalls im Norden.

Die Malereien von Asínou wurden 1965–1967 vom Dumbarton-Oaks-Institut der Harvard-Universität gereinigt und leuchten jetzt wieder in alter Frische.

Ein Narthex mit Kuppel und zwei Apsiden sowie ein neues Satteldach wurden dem ursprünglichen Bau gegen Ende des 12. Jhs. hinzugefügt.

Der Name Asínou leitet sich wahrscheinlich von Asine her, jener Stadt in der Argolis auf der Peloponnes, von woher im 11. Jh. v. Chr. Siedler nach Zypern kamen und den Namen mitbrachten. Heute ist vom antiken Asínou nichts mehr erhalten. ›Phorbiótissa‹, der Beiname Marias, kommt wohl von den Euphorbiaceae, den Wolfsmilchgewächsen.

Datierung: Kernbau und 1. Malserie sind aufgrund einer Inschrift über dem Südeingang von 1105–1106 – aus der Zeit vor den Lusignans also, als Zypern Provinz des byzantinischen Reiches war.

Dort bei der Inschrift ist auch der Stifter abgebildet: ein Nikephóros, der den Titel eines Magisters trägt, demnach ein hoher Verwaltungsbeamter des byzantinischen Staates. Er trägt das Kirchenmodell in der Hand. (Dies hat übrigens ein Satteldach – nach Stylianoú ein Beleg dafür, daß diese typische zypriotische Architekturform der ›Scheunenkirche‹ nicht erst von den Franken eingeführt wurde, wie manche Forscher glauben.) Die hohe gesellschaftliche Stellung des Nikephóros und seiner Mutter oder Frau, die – laut Inschrift schon 1099 verstorben und kleiner gemalt – hinter ihm steht, drückt sich in ihren vornehmen, edelsteinbesetzten Kleidern aus.

Stil und Ikonographie: Die wichtigsten Fresken sind
1. die Serie des klassischen, höfischen Stils der frühen Komnenenzeit (byzantinische Kaiserdynastie 1081–1185)
2. die verschiedenen Malserien des 14. Jhs., der Lusignanzeit also, in einem bäuerlichen, aber traditionellen Stil. In beiden Phasen halten sich die Künstler an die klassische Ikonographie.

1. Serie, 1105/06 Die Malereien der 1. Serie befinden sich vorwiegend im Altarraum und im Westjoch des Kirchenschiffs (Naos).

Altarraum: Apostelkommunion. (Die Apostelkommunion – gemalt in der Regel in der Apsis in der Nähe des Altars – stellt die Nachvollziehung des ›historischen‹ Abendmahls dar). Man beachte, wie Jesus über die Häupter der Apostel hinweg strafend Judas anschaut, der sich abwendet und sein empfangenes Brot ausspuckt. Besonders hier ist in der Darstellung der Apostel der höfische, konstantinopolitanische Stil mit den leicht in die Länge gezogenen Figuren zu beobachten – ähnlich wie in Lagouderá 86 Jahre später, aber noch nicht so bewegt und ›manieriert‹.

Gewölbe über dem Altar: Fragmente der Himmelfahrt Jesu. *Lünette (Feld unter Nischenbogen) der Nordostnische des Altarraums:* Geburt der Maria. Gegenüber in *Südostnische:* Tempelgang der Maria. Seitlich unter beiden Szenen *links und rechts der Apsis* die hier zum erstenmal auf Zypern, später aber häufig dargestellte Kommunion der greisen Maria von Ägypten (links) durch den Mönch Zosimas (rechts). Maria von Ägypten hatte, so die Legende, 17 Jahre in Alexandria als Dirne gelebt. Dann war sie in Jerusalem bekehrt worden. Sie zog sich in die Einöde zurück und führte 47 Jahre lang als Büßerin ein asketisches Leben.

Westjoch des Naos: Über der Westtür sehr gut erhaltenes Bild des Marientods. In der Lünette darüber Einzug in Jerusalem und Abendmahl. Im *Gewölbe* Pfingstwunder (teils zerstört), Auferweckung des Lazarus und Fußwaschung. *Nordnische des Westjochs:* Die Vierzig Märtyrer von Sebasté. Die Darstellung der halbnackt zusammengedrängten Menschen fußt auf folgender Legende: Die christlichen Soldaten wurden von den Truppen des römischen Kaisers Licinius 320 n. Chr. gefangengenommen und auf einem zugefrorenen See in der

Nähe der kleinarmenischen Stadt Sebasté zusammengepfercht. Um die Qualen der Erfrierenden noch zu steigern, wurde am Rande des Sees als Verlockung ein heißes Bad errichtet. Einer der vierzig kann dem nicht widerstehen; er verläßt seine Kameraden – doch zugleich begibt sich ein Soldat der Peiniger, beeindruckt von der Tapferkeit der anderen, an seiner Stelle aufs Eis (beide Personen sind auf der Laibung des Nischenbogens dargestellt). In der vordersten Reihe bricht einer der Märtyrer zusammen, doch seine Kameraden stützen ihn. Über den Märtyrern sind 38 Kronen gemalt, die sich der Legende nach auf die Tapferen herabsenkten; zwei weitere Kronen hält Jesus in einem Medaillon über dem Nischenbogen in der Hand.

Legende wie Darstellung sollen Kameradschaft und Standhaftigkeit des Soldatenstandes zeigen. Die Vierzig Märtyrer waren Schutzheilige der Offiziere der byzantinischen kaiserlichen Armee. Das Thema war offenbar in den ersten Jahren des 12. Jhs. sehr beliebt – es findet sich auch in der Nikólaos-Kirche bei Kakopetriá und in der Anna-und-Joachim-Kirche in Kalíana.

2. Serie, 14. Jh. In der Konche der *Apsis* Maria vom Typ der Orans, eine Übermalung des früheren Bildes. Ebenso übermalt auch die Opferung des Isaak in den Zwickeln links und rechts der Apsis. Vom gleichen Maler ist das Stifterbild der Anastasia im *Narthex.*

3. Serie, 3. Viertel des 14. Jhs. Im *mittleren Joch* des Naos an der Ostwand, dem Triumphbogen, die Verkündigungsszene, links der Erzengel, rechts Maria. Zwischen ihnen der ›Alte der Tage‹ (vgl. S. 111, 330). In der Laibung des Triumphbogens David und Salomon. Der Festzyklus, der mit der Verkündigung begonnen hat, setzt sich im *Gewölbe* fort: im *Süden* Geburt, Darstellung Jesu im Tempel, Taufe und Verklärung; im *Norden* die Passion mit Judaskuß, Kreuzigung, Kreuzweg und Grablegung.

4. Serie, 1332–1333 Die Ausmalung des *Narthex* mit dem Jüngsten Gericht, das inschriftlich datiert ist.

Tróodosgebirge

Achtzehn Prozent der Gesamtfläche Zyperns sind mit Wäldern bedeckt. Davon sieht der Reisende, der sich in den Städten und an den Stränden der Südküste oder in der Mesaoriaebene, in Nikosia aufhält, zunächst einmal nichts. Im Altertum jedoch waren nach dem Zeugnis des hellenistischen Universalgelehrten Eratosthenes (bei Strabo 50,14) »die Ebenen so stark bewaldet, daß die Bäume alles überdeckten und keinerlei Ackerbau möglich war. Einige Verminderung hatten die Bergwerke bewirkt, da man zum Schmelzen des Kupfers und Silbers Bäume fällen mußte. Dazu kam auch die Ausrüstung der Flotten ...« Ein Rest dieses alten Waldreichtums hat sich in den früher nur schwer zugänglichen Tälern und an den Hängen des Tróodosgebirges erhalten (Farbt. 12, 13; Abb. 14, 15). Hier hat dann der

Krieg von 1974 schwere Schäden angerichtet: Durch Feuer sind 15 Prozent der gesamten Waldbestände Zyperns vernichtet worden. Die hauptsächlichen Baumarten sind die Aleppo- und die Tróodoskiefer, die Zypresse, Platane, Zwergeiche und Pinie – und der zyprische Baum schlechthin, die Zeder, deren eine Art, *cedrus brevifolia,* nur auf Zypern anzutreffen ist.

Wandern im Tróodos

Am besten erschließt man sich den Reichtum der Tróodosnatur zu Fuß auf gut beschilderten Wegen, von denen drei als Wald- und Naturlehrpfade angelegt sind.

1. Der Chrómion-Pfad 10 km, unterwegs eine Quelle zur Erfrischung. Er beginnt in der Ortschaft Tróodos (Restaurants, Souvenirläden, zwei Hotels) und endet an einer verlassenen Chrom-Mine. Von hier aus wurde noch bis zum Krieg von 1974 das Erz über eine Drahtseilbahn den Berg herunter nach Kakopetriá geschafft. Zurück über die Asphaltstraße, 4 km bis Tróodos.

2. Der Pfad Makriá Kontárka 3 km. Er beginnt bei John's Tavern an der Südseite der Läden und Lokale von Tróodos und endet an einem Aussichtspunkt.

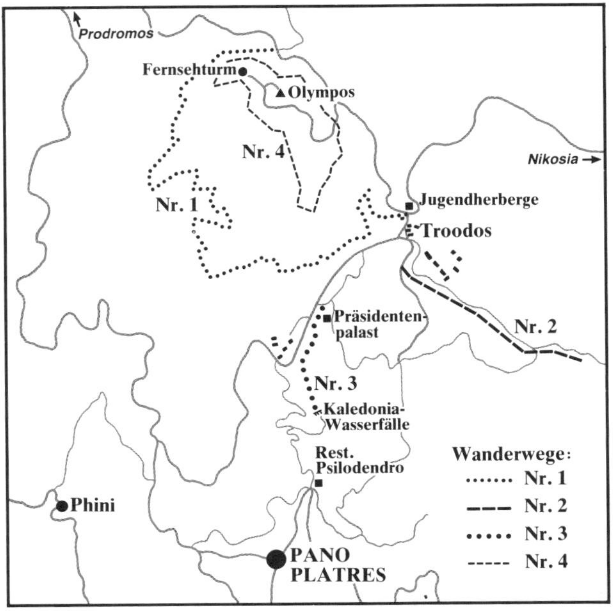

Tróodosgebirge mit den gekennzeichneten Naturlehrpfaden

3. Der Pfad Krýos Potamós 2 km. Er beginnt an der Sommerresidenz des Präsidenten, führt am Bach (gr. *krýos potamós*, ›kalter Fluß‹) entlang den Berg hinunter und endet an den Kaledonia-Wasserfällen. Von hier erreicht man nach einer dreiviertel Stunde das Forellenrestaurant Psilódendro bei Páno Plátres, mit der Möglichkeit, telefonisch ein Taxi für die Rückkehr nach Tróodos zu bestellen.

Plátres ist ein vornehmer Luftkurort, wo nicht nur die zypriotische Oberschicht, sondern auch Reiche des Nahen Ostens luxuriöse Villen besitzen. Hier gibt es sieben Hotels, darunter das erstklassige, traditionsreiche Forest Park, aber auch einige einfache Pensionen.

4. ›Rund um den Ólympos‹ Dieser 5 km lange Weg ist nicht als Naturpfad angelegt. Beginn und Ende der Wanderung kurz hinter der Straßenkreuzung Pródromos-Ólympos. Der Ólympos, auch Chionístra, ›Frostbeule‹, genannt, ist mit 1951 m der höchste Berg Zyperns. Auf seiner Spitze besitzen die Briten eine Radarstation, die den Luftraum des gesamten Nahen Ostens bis hin zum Indischen Ozean kontrollieren kann.

Von Mitte Januar bis Mitte März kann man an den Hängen des Ólympos skifahren (drei Lifte, Skiverleih an der Hütte des Cyprus Skiclubs oder in Tróodos).

Tal der Zedern Etwas abseits vom Zentrum des Tróodos liegt das Tal der Zedern, das bequem jedoch nur mit dem Auto zu erreichen ist. Hat man Glück, sieht man hier, aber mehr noch in den nördlich angrenzenden Wäldern das seltene zyprische Wildschaf, das Mufflon, von dem nur noch einige in freier Wildbahn leben. 1937 war das Mufflon auf 4 Böcke und 11 weibliche Schafe dezimiert, heute gibt es wieder mehrere hundert. Will man sich beim Auffinden der Mufflons nicht auf sein Glück verlassen, so besuche man das Mufflongehege bei **Stavrós tis Psókas**, wo sich auch eine Forststation und eine Taverne befinden. Hier kann man auch übernachten (im Sommer nach Voranmeldung, ✆ 06-232144) und einige Tage zum Wandern bleiben (neu angelegter Naturpfad).

Im August sind die Kurorte und übrigen Dörfer des Tróodos bis aufs letzte Bett belegt. Dann nämlich machen die Zyprioten Urlaub. Und die zieht es in die Bergregionen, wo die durchschnittliche Tageshöchsttemperatur auch im heißesten Monat August nicht über 27 Grad steigt.

Tróodos, eine Problemregion: Mehr als mit dem Fremdenverkehr sind die Tróodosbewohner mit der Landwirtschaft beschäftigt. Für die Hoteliers und Privatvermieter bedeutet der Tourismus nur für 1–2 Monate im Jahr ein volles Haus. Die Bauern produzieren vor allem wohlschmeckendes Obst und noch besseren Wein, den man in einfachen Dorftavernen bekommen kann. In manchen Dörfern gibt es ein alteingesessenes Handwerk, z. B. in Phiní die Töpferei und Korbflechterei oder in Moutoullás das Schnitzhandwerk (Brotbretter und Tröge).

Die Bewirtschaftung der schwer zugänglichen und kleinflächigen Terrassenfelder des Tróodos ist jedoch unrentabel. Auch die zahlreichen Bewässerungsprojekte, Staudämme, die die Regierung baut, ändern daran grundsätzlich nichts. Unrentabel ist auch das dörfliche

Handwerk angesichts industriell gefertigter Produkte. Viele Dörfer veröden, manche sind schon ganz verlassen. In Phikárdou bei Machärás z. B. leben nur noch wenige Menschen, die Regierung hat den Ort unter Denkmalschutz gestellt (s. a. S. 192). Viele Dorfbewohner pendeln täglich zur Arbeit in die Städte.

Byzantinische Kunst im Tróodosgebirge: Die kunstgeschichtlichen Sehenswürdigkeiten des Tróodosgebirges sind die oft versteckt liegenden Kirchen und Kapellen mit ihren byzantinischen Wandmalereien. Die der mittelbyzantinischen Zeit, vor allem des 11. und 12. Jhs., sind für die byzantinische Kunstwissenschaft von größter Bedeutung. Auch die Architektur der Kirchen ist interessant: Viele tragen ein zweites, mit Holzziegeln gedecktes Satteldach und sehen so von ferne wie die Bauernhäuser und Scheunen in unseren Breiten aus. Ómodos und Kakopetriá und andere Dörfer des Tróodos haben ihre traditionelle Architektur bewahrt. Ohne zu stören kann man auch z. B. im verlassenen Dorf Philáni in der Nähe von Machärás die Lehmziegelbauweise und Struktur der Bauernhäuser des näheren studieren.

Kakopetriá und Galáta

Kakopetriá, ein schönes Beispiel alter zypriotischer Dorfarchitektur, steht heute unter Denkmalschutz. Zusammen mit dem benachbarten Ort Galáta liegt Kakopetriá (dessen Name ›Ort der schlechten Steine‹ bedeutet) im Tal des Karyótisflusses. Zahlreiche Pappeln und Obstbäume wachsen in diesem breiten und fruchtbaren Tal und tragen mit dazu bei, daß Kakopetriá und Galáta beliebte Sommerfrischen sind – Nikosia ist schließlich nur 55 km entfernt.

Unterhalb von Galáta liegen, nah beieinander, zwei Kirchen, die zwei unterschiedliche Stilrichtungen byzantinischer Malerei auf Zypern verkörpern: die Erzengel-Michael-Kirche im nachbyzantinischen Stil des frühen 16. Jhs. und die Kirche der Panagía Podítou im italo-byzantinischen Stil der gleichen Zeit. (Nach dem Schlüssel zu beiden Kirchen in den Kafenia von Galáta fragen.)

Vielleicht haben Sie bisher geglaubt, byzantinische Fresken ›sehen alle gleich aus‹ – hier jedenfalls springt der Unterschied ins Auge.

Erzengel-Michael-Kirche von Galáta

Kleine, ganz ausgemalte Kapelle von 1514 mit Satteldach. Alle Malereien gut erhalten. Eigentlich ist die Kirche der Panagía Theotókos geweiht, doch bekannt ist sie unter dem Namen des Erzengels.

Stifter, Stil und Ikonographie: In sozialgeschichtlicher Hinsicht außergewöhnlich interessant ist das Bild mit der Stifterfamilie über der Nordtür. Unter Maria, Jesus und Johannes dem Täufer (als Deesis-Darstellung) berichtet eine griechische Inschrift, daß die Kirche auf Kosten des ›Monsieur‹ Stephanos Zacharia und seiner Gattin Loiza errichtet worden sei. Ausgemalt sei sie auf Kosten des ›Monsieur‹ Polos Zacharia, seiner Gattin Madelena und ihrer Kinder. Als Maler nennt die Inschrift Symeon Auxéntes und als Datum der Vollendung der Kirche 1514.

Die Vornamen der Stifter, Stephanos, Loiza, Polos und Madelena, sind gräzisierte Formen der italienischen und französischen Namen Stefano, Luigia bzw. Louise, Paolo und Madeleine. – Die Kirche wurde ja zur Zeit der venezianischen Herrschaft gebaut. Paolo trägt – auf dem Stifterbild links – ein Kirchenmodell in der Hand. Ihm zu Füßen gegenüber die Kinder und Madeleine. Das Wappen, das zwischen der Familie abgebildet ist, hat im rechten Wappenfeld einen aufrechtstehenden Löwen; jenes Symbol, das auch aus dem Wappen der französischen Königsfamilie der Lusignans bekannt ist. Waren die weiblichen, französischen Mitglieder unserer Stifterfamilie, Madeleine und vielleicht Louise, aus königlichem Hause? Und haben sie sich mit Männern der neuen venezianischen Herrenschicht (ab 1489) vorteilhaft verheiratet?

Die kniende Madeleine auf dem Stifterbild ist prächtig gekleidet und hält eine Rosenkranzkette in ihren Händen – ein Beleg dafür, daß sie katholisch ist. Ihre Tochter dagegen ist orthodoxer Religion, denn sie hält ein aufgeschlagenes Buch mit Versen des berühmten orthodoxen Akáthistos-Marienhymnus in den Händen. (Die Strophen des Akáthistoshymnus sind in Kalopanagiótis und im Katholikon des Neóphytosklosters bildlich dargestellt, vgl. S. 210f. und 277.)

Es handelt sich hier um eine venezianische Familie, deren Kinder im orthodoxen Glauben erzogen wurden. Die Kirche war eine Familienkapelle. Ein byzantinischer Maler, Symeon Auxéntes, hat sie stilistisch und ikonographisch nach den traditionellen orthodoxen Richtlinien ausgemalt. Dagegen treten einige ›Verwestlichungen‹ in Stil und Ikonographie völlig zurück, z. B. die westliche Auffassung bei der Darstellung der Auferstehung.

Zu diesem Stil gehören auch die gleichzeitig entstandenen Fresken der Verklärungskirche in Palächóri (vgl. S. 206f.) und die Sozomenoskirche in Galáta, die 1513 ebenfalls von Symeon Auxéntes ausgemalt wurde. Letztere mit Darstellung des ›Jüngsten Gerichts‹ und der Konzilien auf der Außenwand.

Fresken: Der übliche neutestamentliche Zyklus. *Südwand, obere Zone:* Verkündigung, Geburt Jesu, Darstellung Jesu im Tempel, Auferweckung des Lazarus, Einzug in Jerusalem, Verklärung, Abendmahl. *Untere Zone:* Heilige, darunter (an der Tür) die Kommunion der Maria von Ägypten durch den Mönch Zosimas. (Zu ihrer Legende vgl. Asínou, S. 195.) *Westwand, Giebel:* Christus Emmanuel, Erzengel Michael und Gabriel, Kreuzweg, Kreuzigung, Kreuzabnahme. *Zone des Bildzyklus:* Fußwaschung, Jesus am Ölberg, Judaskuß, Jesus vor Hannas und Kaiphas (den Hohepriestern), Christus vor Pilatus, Verleugnung des Petrus. *Untere Zone:* Heilige. *Nordwand, obere Zone:* Verspottung, Geißelung, Beweinung, Auferstehung (nach westlicher Art dargestellt!), ›Noli me tangere‹ (Begegnung der Maria Magdalena mit Jesus, der ihr als Gärtner erscheint), Anástasis. Dann folgt die Marienlegende, also die Vorgeschichte des Jesuszyklus: Gebet Joachims, Begegnung Joachims mit Anna, eingeschoben das Stifterbild, Tempelgang der Maria. *Untere Zone:* Heilige, darunter Konstantin und Helena, dazwischen das Kreuz.

Altarraum, Nordwand: Opferung Isaaks. *Südwand:* Gastmahl des Abraham. *Ostgiebel:* Himmelfahrt, darunter, längs der Halbkuppel der Apsis, Pfingstwunder. Über der *Nordostnische,* die die Prothesis darstellt, toter Christus mit Leidensinstrumenten, vom Typ der ›Äußersten Erniedrigung‹.

Die zum Bildprogramm gehörenden beiden ›authentischen‹ Christusporträts befinden sich ebenfalls in der Kirche: Über der Südtür das Tuch, das Mandýlion, und über der Westtür der Ziegel, das Keramídion. (Zu diesen ›Porträts‹ vgl. S. 112.)

Kirche der Panagía Podítou

Einraumkirche von 1502, die einst zu einem Kloster gehörte. Das in den Bergen übliche Satteldach sitzt auf zusätzlichen Mauern auf, so daß die Kirche vollständig geschützt wie in einer Hülle steht. Die Dachfenster sind neueren Datums. Die Kirche besitzt im Altarraum und an der Innen- und Außenseite der Westwand Malereien bester Qualität im italo-byzantinischen Stil.

Stifterbild mit Inschrift: Laut griechischer Inschrift haben die Kirche Demetre De Coron und seine Gattin Helena errichtet. De Coron ist in den historischen Quellen auch sonst bekannt: ein adliger Franzose, der schon vor 1489 Soldat war, noch zur Zeit der Lusignans also. Zur Zeit der Errichtung der Kirche, 1502, unter den Venezianern also, ist er ein alter Mann gewesen; und so ist er auf dem Stifterbild, das Kirchenmodell in der Hand, auch dargestellt.

Wir haben es hier wie bei der nahegelegenen Erzengel-Michael-Kirche mit einer lateinischen Familie zu tun, die sich der griechischen Sprache und des orthodoxen Brauches bedient, der Panagía eine Kirche zu stiften. Ganz anders als bei jener Kirche aber der Bildschmuck hier: eine Mischung klassisch-byzantinischer und italienischer Renaissancemalerei. Das betrifft jedoch nur den Stil – die Thematik (Ikonographie) der Bilder entstammt trotz mancher ›Verwestlichungen‹ in den Rand- und Genreszenen im wesentlichen der byzantinischen Tradition.

Fresken: Im *Westgiebel innen* die Kreuzigung. Man beachte die Bewegung, die sich überschneidenden Figuren, die Plastizität und den Naturalismus in der Darstellung der Menschenmenge um das Kreuz. *Altarraum:* Maria zwischen zwei Erzengeln. Darunter Apostelkommunion. Christus ist hier links und rechts, Brot und Wein verteilend, doppelt dargestellt. Judas, ganz links, wendet sich ab. *Ostgiebel:* Links empfängt Moses die Zehn Gebote, rechts Moses vor dem brennenden Dornbusch (vgl. dieselben Themen in der Lateinischen Kapelle in Kalopanagiótis). In der Giebelspitze das ›authentische‹ Christusporträt, das Mandylion. Auf der Süd- und Nordwand des Altarraums sechs Szenen aus dem Leben

Annas und Joachims, der Eltern Marias: Sie wollen dem Tempel in Jerusalem Opfer darbringen; sie kehren enttäuscht zurück, nachdem die Priester die Opfer ihrer Kinderlosigkeit wegen zurückgewiesen haben; Gebet Joachims um ein Kind; Gebet der Anna; Begegnung Annas und Joachims; Geburt der Maria. *Ostgiebel:* Anastasis und von Propheten umgebene thronende Gottesmutter. In der Giebelspitze der ›Alte der Tage‹.

Kalíana 3 km von Galáta entfernt steht in Kalíana eine Satteldachkirche aus dem 14. Jh. mit einer Darstellung der Vierzig Märtyrer von Sebasté (vgl. Asínou und Ágios Nikólaos tis stégis). Auf einem Deckenbalken der Kirche sind 18 Wappen fränkischer Familien gemalt. Wahrscheinlich haben Franken zur Stiftung beigetragen.

Kirche des hl. Nikolaus vom Dach (Agios Nikólaos tis stégis)

Orientierung: Die Kirche liegt im waldreichen Tal des Klários- oder Karkótisflusses 5 km südwestlich von Kakopetriá (Abb. 61). Das Gelände um die Kirche ist heute ein Schulcampingplatz. Von ca. 10–16 Uhr geöffnet, Mo geschl.

Bedeutung der Fresken und ihre Datierung: Die Nikólaos-Kirche ist wegen zweier Bildserien von überregionaler Bedeutung. Die erste Serie stammt vom Beginn des 11. Jhs. und stellt eines der wenigen Beispiele aus dieser Zeit in der gesamten byzantinischen Kunst dar. Die zweite Serie – rund 100 Jahre später ebenfalls in der mittelbyzantinischen Zeit entstanden, als Zypern Provinz des byzantinischen Reiches war – gehört zusammen mit den Malereien von Asínou und einiger anderer Kichen auf Zypern gar zu den einzigen Beispielen byzantinischer Malerei der frühen Komnenenzeit (byzantinische Kaiserdynastie 1081–1185). Außerdem wurde die Kirche bis ins 17. Jh. noch mit mehreren Bildserien von anderen Künstlern ausgeschmückt.

Architektur: Kreuzkuppelkirche aus dem frühen 11. Jh. mit im Quadrat eingeschriebenem Kreuz, eingewölbten Kreuzarmen und einer Kuppel, die von vier Säulen gestützt wird. Hundert Jahre später im frühen 12. Jh. Hinzufügung des überkuppelten Narthex und bald darauf des holzgedeckten Satteldachs, von welchem die Kirche auch ihren ungewöhnlichen Namen hat, ›vom Dach‹.

1. Freskenserie, frühes 11. Jh.: Folgende Bilder noch gut erhalten: auf der *Südseite des Westgewölbes* – in einem Bildfeld zusammengefaßt – Verklärung sowie Auferweckung des Lazarus. *Nordseite des Westgewölbes:* Einzug in Jerusalem. *Westlünette* (Feld unter dem Nischenbogen): Fragmente des Marientods. Einfacher und strenger Stil. Die Malereien sind von nicht sehr hoher Qualität, spiegeln jedoch die Tradition der konstantinopolitanischen Malerei wider.

2. Freskenserie, frühes 12. Jh.: Diese Malereien der frühen Komnenenzeit befinden sich im *Narthex* und im *südwestlichen Eckkompartiment* zwischen den Kreuzarmen. *Gewölbe:* Tempelgang der Maria. *Westwand:* Die Vierzig Märtyrer von Sebasté. (Legende und Ikonographie bei Asínou, S. 195f.; dort und in Kalíana kommt das Thema ebenfalls vor.) Südwand und gegenüberliegender Pfeiler: Heilige. *Narthex:* Jüngstes Gericht. Klassischer, strenger und höfischer Stil der frühen Komnenenzeit, gute Qualität.

Weitere Freskenserien: Am Ende des 13. oder am Anfang des 14. Jhs. – also nun zur Zeit der fränkischen Herrschaft – wurden Teile des Narthex und des Naos (Gemeinderaum der Kirche) zusätzlich bemalt. *Gewölbe und Lünette des Nordarms:* Kreuzigung, Auferstehung und Leeres Grab.

Von 1350 datieren der Pantokrator in der *Kuppel*, Geburt und Darstellung Jesu im Tempel im *Gewölbe des Südarms* und die Verkündigung in der dortigen *Lünette*.

Auch die Ausschmückung des *Diakonikons* (Raum südlich des Altars) entstand im 14. Jh.

Kakopetriá Am Dorfrand von Kakopetriá stehen zwei Kapellen mit einigen recht gut erhaltenen Fresken: Panagía Theotókos von 1520 und Agios Georgios Perachorítis aus dem ersten Viertel des 16. Jhs.

Lagouderá. Kirche der Panagía Arakiótissa

Orientierung: Die Panagía tou Arákou oder Arákos genannte Kirche gehört zu einem ehemaligen Kloster am Ortsrand von Lagouderá (Abb. 68). Schlüssel dort an Ort und Stelle.

Die Bezeichnung Arakiótissa kommt von gr. *arakás*, ›Erbse‹. Oft hat die Gottesmutter ja Beinamen von Pflanzen – etwa auch in Asínou die Phorbiótissa, abgeleitet von den Euphorbiaceae, den Wolfsmilchgewächsen.

Die Kirche besitzt hervorragende Malereien von überregionaler Bedeutung (Farbt. 27, 30 und vordere Umschlagklappe). Vollständigster Freskenzyklus der mittelbyzantinischen Zeit auf Zypern. Vom Dumbarton-Oaks-Institut der Harvard-Universität 1968–1973 sorgfältig restauriert und gereinigt, so daß die leuchtenden Farben schön zur Geltung kommen.

Einschiffige, eingewölbte Kirche mit Kuppel und Nischen, die die Kreuzarme andeuten. Später hinzugefügt sind das Satteldach samt Stützmauer und der Westteil der Kirche, der nicht ausgemalt ist.

Datierung: Die Fresken sind durch eine Stifterinschrift auf 1192 datiert. Stifter war ein gewisser Leon, Sohn des Authentes. Der Bau dürfte kurz vorher entstanden sein. Unklar bleibt, unter welchen Umständen die Kirche in dieser unruhigen Zeit nach der Eroberung Zyperns durch Richard Löwenherz, also im Jahre 1191, gestiftet und errichtet werden konnte.

Stil und Ikonographie: Klassischer, ›aristokratischer‹ Stil und klassische Ikonographie der Komnenenzeit (1081–1185; die Malereien sind sechs Jahre nach dem Tod des letzten Komnenen entstanden). Wahrscheinlich von Künstlern aus Konstantinopel gefertigt.

Fresken: In der *Kuppel* der Pantokrator, darunter Engel in Medaillons. Im *Tambour* Propheten. In den *Pendentifs* die Evangelisten Matthäus und Markus sowie die Verkündigung. Unter der Kuppel in der *Lünette (Nischenbogenfeld) der Südnische:* Marientod, darunter die überlebensgroßen Bildnisse der Panagia Arakiótissa, der Kirchenpatronin, und des Erzengels Michael. *Gewölbe des Naos (Westgewölbe):* Geburt Jesu und, gegenüber, Anastasis. Darunter an der Südwand Heilige, an der Nordwand die Taufe. Unter der Kuppel in der *Lünette der Nordnische:* Tempelgang der Maria. Darunter eine ganz ungewöhnliche Interpretation der Darstellung Jesu im Tempel: Es sind nur der alte Symeon mit dem Kind im Arm und Johannes der Täufer abgebildet (der eigentlich nicht in diese Szene gehört). Links davon das ›authentische‹ Ziegelporträt Jesu, das Keramidion, und dazu die Stifterinschrift.

Altarraum: Im gesamten Ostgewölbe über dem Altar die Himmelfahrt. Darunter, an der Südwand neben der Ikonostase der Säulenheilige und Mönch Symeon Stylites (Abb. 66). An der Nordwand, ihm gegenüber, ein anderer Säulenheiliger gleichen Namens. Die Mönche waren ja die konsequentesten Vertreter der Bilderverehrung, daher ihr Platz nahe der Ikonostase.

Apsis: Maria mit Jesus zwischen den Erzengeln Gabriel und Michael. Darunter sieben Medaillons mit zyprischen Heiligen und in der untersten Zone der Apsis die dort in der Regel dargestellten Kirchenväter, in der Mitte die vier kanonischen der Ostkirche: Johannes Chrysóstomos, Basilius, Gregor von Nazianz und Athanasius. Über der Apsis – wie üblich – das Schweißtuch mit dem ›authentischen‹ Christusporträt, das Mandylion. (Zu Keramidion und Mandylion vgl. S. 112.)

Platanistása. Heiligkreuzkirche (Stavrós tou Agiasmáti)

Orientierung: Die Kirche liegt rund 4 km unterhalb von Platanistása (Abb. 58). Im Dorf nach dem Wärter fragen, der mit Ihnen kommt.

Die Bezeichnung Stavrós (›Kreuz‹) von Agiasmáti leitet sich wahrscheinlich von der Stadt Agiasmáti im westlichen Kleinasien her, aus der nach dem Fall von Konstantinopel 1453 Flüchtlinge nach Zypern kamen und hier ein Kloster gründeten.

Mit leuchtenden Farben fast vollständig ausgemalte, bestens erhaltene Kirche. Einschiffig, mit Nischen in Nord- und Südwand als angedeuteten Kreuzarmen, mit Satteldach und ohne Kuppel. Vom üblichen Typ der Bergkirchen.

Datierung: Bau einschließlich Satteldachkonstruktion, Malereien und Ikonostase spätes 15. Jh. Zwei teilweise beschädigte Inschriften über Nord- und Südtür nennen die Namen des Stifters und des Malers. Das Stifterbild befindet sich schräg über der Südtür an der Außenwand des Naos: Ein gewisser Peter, Sohn des Peratis, und seine Ehefrau übergeben, geleitet von Maria, das Kirchenmodell an Christus. Die Künstlerinschrift über der Südtür trägt den Namen des Malers: Philip Goul – derselbe, der auch die inschriftlich auf 1495 datierte Mamaskirche in Louvarás ausgemalt hat. Die Jahreszahl der Inschrift ist leider zerstört, doch das Tagesdatum (7. Oktober) und der Wochentag (Dienstag) sind erhalten. Sucht man nun nach einem Jahr, an dem der 7. Oktober ein Dienstag war, erhält man als wahrscheinlichstes Jahr 1494, also ein Jahr vor dem Bau der erwähnten Mamaskirche desselben Künstlers.

Stil und Ikonographie: Traditionell, mit westlichen Einflüssen: z. B. sitzen beim Abendmahl einige Apostel mit dem Rücken zum Betrachter. Oder das Geburtsbild: Hier werden rechts unten Schafe gemolken, eine genrehafte Szene, die nicht zum kanonischen Typ gehört.

Historisch interessant und ganz ungewöhnlich ist eine Reihe von Darstellungen in der flachen Nische der Nordwand. Im Bogenfeld zehn Miniaturen zur Auffindung des Heiligen Kreuzes durch Helena, Mutter Konstantins. Auf der schmalen Bogenlaibung (und nur zu erkennen, wenn man mit dem Kopf in die Nische hineingeht) fünf Bilder. Zunächst die Vision Konstantins des Großen – ›In diesem Zeichen wirst Du siegen‹. Dann drei Szenen aus dem Alten Testament: Die Berufung Mose durch Gott im brennenden Dornbusch (Exodus 3,1–6), der Zug der Israeliten durchs Rote Meer – was auch die Vernichtung der ägyptischen Verfolger bedeutet –, und das anschließende Siegeslied (Exodus 15,1–21). Weiter der triumphale Einzug Konstantins in Rom und schließlich die feierliche Apotheose des heiligen Kreuzes.

Mit Recht hat Stylianoú diese Bildfolge historisch wie folgt interpretiert: 1453 wurde Konstantinopel, die Nachfolgerin Roms und Hauptstadt des Byzantinischen Reiches und der Orthodoxie, von den Türken genommen. Rund 40 Jahre danach sollen die Bilder sagen: Das Kreuz war in der Vergangenheit siegreich – warum soll es uns nicht auch jetzt wieder helfen?

Fresken des Innenraums Der neutestamentliche Zyklus ist hier auf 24 Bilder erweitert. Beginn des Zyklus wie üblich vor der Ikonostase an der Südwand.

Südwand, obere Zone: Elisabeth und Zacharias (die Eltern Johannes' des Täufers), die Evangelisten Matthäus und Lukas, Geburt der Maria, Tempelgang, Geburt Jesu, Darstellung Jesu im Tempel, Taufe, Auferweckung des Lazarus, Einzug in Jerusalem, Verklärung. Nach diesen Darstellungen der ersten Phase des Zyklus geht es dann weiter mit der Passion an der Westwand. Doch zunächst die *untere Zone:* meist Heilige; links und rechts der Tür zwei Säulenheilige, darunter Symeon Stylites. *Westwand:* im Giebelfeld Kreuzigung mit Kreuzweg und Kreuzabnahme. Darunter in der Bildfeldreihe Abendmahl, Fußwaschung, Jesus im Garten Gethsemane, Judaskuß, Jesus vor Hannas und Kaiphas (den Hohepriеstern). In der unteren Zone links der Tür der hl. Mamas, auf dem Löwen reitend (Abb. 59; zu seiner Legende vgl. S. 129) und rechts der hl. Georg, der Drachentöter. *Nordwand, obere Zone:* Verleugnung des Petrus, Jesus vor Pilatus, Verspottung, Beweinung, Ungläubiger Thomas, Himmelfahrt, Pfingstwunder, Marientod. Anschließend die Evangelisten Johannes und Markus entsprechend den anderen beiden Evangelisten gegenüber an der Südwand. *Untere Zone:* Heilige. *Ostwand (Triumphbogen):* Ganz oben Christusbüste, darunter Verkündigung. Links der Apsis von oben nach unten David, der Prophet Daniel und der hl. Stephanus. Rechts der Apsis von oben nach unten entsprechend Salomon, der Prophet Jesaja und der hl. Laurentius. *Apsis:* Maria vom Typ der Blacherniótissa mit den Erzengeln Michael und Gabriel. Dann das Repräsentationsbild der Apostelkommunion (Nachvollziehung des ›historischen‹ Abendmahls). *Unterste Zone:* in der Mitte der Opfertisch mit Patene, darin der junge Christus (gr. *melismós*, der Zerteilte), Hinweis auf das Oper Jesu für die Menschheit, das ja in der orthodoxen Liturgie am Altar (symbolisch) zelebriert wird. Links und rechts je vier Kirchenväter (die »an der Liturgie teilnehmenden Hierarchen«), davon sind fünf zypriotische Heilige.

Fresken der Außenseite
An der Westwand in der Lünette über der Tür die Anastasis, ›Noli me tangere‹ und das Thema der Frauen am leeren Grab. Im Giebelfeld das Jüngste Gericht. An der Südwand das oben erwähnte Stifterbild.

Palächóri. Kirche der Verklärung des Erlösers (Metamórphosis tou sotíros)

Orientierung: Hinter der Ortsausfahrt Richtung Arakapás rechts abbiegen. Schild beachten. Schlüssel beim Priester im Neubau neben der Kirche.

Vollständig ausgemalte Einraumkirche mit Satteldach.

Datierung: Bau und Fresken werden wegen großer stilistischer und ikonographischer Ähnlichkeiten mit den 1514 entstandenen Malereien der Erzengel-Michael-Kirche in Galáta auf etwa 1520 datiert (Farbt. 31; Abb. 60).

Stil und Ikonographie: traditionell, aber einige ›Verwestlichungen‹, z. B. bei der Interpretation der Auferstehungsszene.

Fresken: Der übliche neutestamentliche Zyklus beginnt im Ostgiebel mit der Verkündigung. *Südwand, obere Zone:* über der Nische zunächst Tod der Maria von Ägypten (zu ihrer Legende vgl. S. 195) und die Drei Jünglinge im Feuerofen (gegenüber, entsprechend, Daniel in der Löwengrube!). Dann Geburt, Darstellung Jesu im Tempel, Taufe, Auferweckung des

Lazarus, Einzug in Jerusalem, Verklärung. *Untere Zone:* in der Nische die Soldatenheiligen Georgios und Demetrios, rechts weitere Heilige. *Westwand, obere Zone:* Abendmahl, Fußwaschung, Jesus am Ölberg, Judaskuß. *Mittlere Zone:* Jesus vor den Hohepriestern Hannas und Kaiphas, Jesus vor Pilatus, Verleugnung des Petrus, Verspottung. *Giebel:* Kreuzigung. *Untere Zone:* die hll. Paraskeví und Marina, der hl. Mamas. *Nordwand, obere Zone:* Kreuzweg, Beweinung, Auferstehung, das leere Grab, Himmelfahrt, Pfingstwunder. *Untere Zone:* in der Nische Erzengel Michael, links Heilige. *Bema:* An Nord- und Südwand wie an dieser Stelle üblich die Opferung Isaaks und das Gastmahl des Abraham. In der Apsis Maria Blacherniótissa zwischen Erzengeln, darunter die Apostelkommunion (Judas, ganz links, spuckt seinen Brotbrocken aus). In der untersten Zone der Apsis zwischen den Kirchenvätern der Opfertisch mit Kelch und Patene. Über der Prothesisnische ein ungewöhnliches Christusbild vom Typ der ›Opferung‹ (Thysía): Jesus ist – in Kelch und Patene – doppelt dargestellt. Darüber ein rätselhaftes Gesicht.

Louvarás. Kirche des hl. Mamas

Orientierung: Die Kapelle vom Bergkirchentyp mit Satteldach liegt mitten im Dorf. Schlüssel beim Dorfpriester. Die meisten Bildfelder sind erhalten. Zur Heiligenlegende s. S. 129.

Datierung: Eine Inschrift über der Westtür datiert die Architektur auf 1455, die Malereien auf 1495. Links und rechts der Inschrift je ein Stifterpaar in gleicher Kleidung. Maler war Philip Goul, derselbe, der auch die Heiligkreuzkirche in Platanistása ausgemalt hat (s. S. 205).

Stil und Ikonographie: Traditionell, mit einigen wenigen westlichen Einflüssen, z. B. in der perspektivischen Darstellung der Hintergrundarchitektur.

Fresken: Die Wand ist in drei Zonen aufgeteilt, von denen zwei von den 27 Szenen des neutestamentlichen Zyklus eingenommen werden. Der Zyklus enthält einige ungewöhnliche Szenen und Kompositionen der Wunder Christi: 1. eine Dämonenaustreibung, die ›Heilung des Besessenen von Gadara‹ nach Matthäus 8,28–32; 2. die ›Heilung eines Kranken am Teich von Bethesda‹ nach Joh. 5.2–8; 3. ›Richtet nicht, damit ihr nicht gerichtet werdet‹ nach Matthäus 7,1–5. Dort heißt es dann bekanntlich weiter: ›Was siehst Du den Splitter im Auge Deines Bruders, aber den Balken in Deinem Auge nimmst Du nicht wahr‹. 4. Jesus und die Samariterin am Brunnen, 5. die Heilung eines Blindgeborenen nach Joh. 9,1–41 und 6. die Heilung der Schwiegermutter des Simon Petrus von ihrem Fieber nach Markus 1,30–31. (Die Wunder 2–5 unserer Numerierung sind übrigens auch in der Koimesiskirche von Kourdali zu sehen.)

Die anderen Bildfelder nehmen die üblichen Szenen des neutestamentlichen Zyklus ein, Beginn wie immer an der Südwand nahe der Ikonostase.

Pedoulás

Pedoulás ist Hauptort des Marathasatals und eine beliebte Sommerfrische, mit mehreren einfachen Hotels und vielen Privatzimmern.

Erzengel-Michael-Kirche

Orientierung: Die Kapelle liegt unterhalb der Hauptstraße im Dorf. Nach dem Schlüssel in der Nachbarschaft fragen.

Ausgemalte Einraumkapelle mit Satteldach. Späterer Südwestanbau.

Datierung: laut Inschrift auf dem Stifterbild (Abb. 63) über der Nordtür 1474, also 15 Jahre vor Beginn der venezianischen Herrschaft.

Stil und Ikonographie: traditioneller, provinzieller Stil eines einheimischen Künstlers. Herkömmliche Ikonographie.

Die wichtigsten Fresken: Der übliche neutestamentliche Zyklus beginnt an der Südwand nahe der Ikonostase: Geburt der Maria, Tempelgang der Maria, Verkündigung, Geburt Jesu, Darstellung Jesu im Tempel, Taufe, Einzug in Jerusalem (stark beschädigt), Judaskuß (in der Kleidung der Soldaten westliche Elemente, vgl. dieses Phänomen auch in Vizakiá). *Westgiebel:* Kreuzigung. *Nordwand:* Beweinung, Anastasis, Marientod. *Apsis:* Maria Blacherniótissa zwischen Erzengeln; darunter Kirchenväter. Die *Ikonostase* trägt im Gebälk das königliche Wappen der Lusignans: Das Marathasatal war aufgeteilt in fränkische Grafschaften und Krondomänen, daher das Wappen zu Ehrung des Königs, der das Kirchengelände gestiftet hat.

Moutoullás

Sehr hübsches Dorf im Marathasatal (Abb. 16). Das Quellwasser von Moutoullás gilt als das beste Trinkwasser Zyperns und ist – in Flaschen abgefüllt – überall auf der Insel zu haben. Hotels und Privatzimmer gibt es nicht in Moutoullás – dafür aber ein althergebrachtes dörfliches Handwerk (vgl. in dieser Hinsicht auch Lévkara). Mit Äxten und Schnitzeisen geformt werden zum einen hölzerne Tröge (Vournes), die man zum Wäschewaschen und Teigkneten verwendet, zum anderen lange Bretter mit Mulden darin (Sanides) zum Brotbakken. Die dritte Spezialität von Moutoullás ist eine kulinarische: eine Süßigkeit namens Soutsoúko – lange ›Würste‹ aus eingedicktem Traubensaft, mit Mandeln angereichert und manchmal in Puderzucker gewälzt.

Kirche der Panagía tou Moutoullá

Orientierung: Kommt man von Nikosia, liegt die Kirche am Ortsende etwas oberhalb der Hauptstraße. Schlüssel beim Dorfpfarrer, der im Haus gleich unterhalb der Kirche wohnt.

Einschiffige kleine Kirche mit Satteldach.

Datierung: Bau und Fresken 1280 gestiftet. Auf der Stifterinschrift sind ein Johannes von Moutoullás und seine Frau Irene abgebildet. Die Kirche gilt als die früheste erhaltene Satteldachkirche Zyperns. (Das noch frühere Satteldach der Kirche von Asínou von 1105/1106 ist nur auf dem Modell des Stifterbildes erhalten!)

Stil und Ikonographie: Knapper, linearer, traditioneller Stil. Man beachte die großen, expressiven Augen der unplastischen Figuren. Stylianoú sieht im Stil Anklänge an die – früheren – kappadokischen Kirchen.

Fresken: Die Kirche besitzt die übliche Ausschmückung mit dem Festzyklus in der oberen und Heiligen in der unteren Zone. Der Festzyklus – zum Teil zerstört und außerdem wegen des knappen Raums in der Kirche gekürzt – beginnt an der *Ostwand* links und rechts der Apsis mit der Verkündigung. Weiter an der *Südwand:* Geburt, Darstellung Jesu im Tempel. *Westwand:* Auferweckung des Lazarus, Einzug in Jerusalem, Kreuzigung. *Nordwand:* Anastasis, Marientod (stark zerstört). *Apsis:* Maria Blacherniótissa, darunter Kirchenväter. *Außenwand, Nordseite:* Jüngstes Gericht.

Kalopanagiótis. Kloster des hl. Ioannis Lampadistís

Orientierung: Das heute nicht mehr bewirtschaftete Kloster liegt, über eine Brücke erreichbar, jenseits des Flusses. Schlüssel beim Dorfpfarrer.

Der Kirchenkomplex besteht aus drei Kirchen:

1. *Im Süden* Kreuzkuppelkirche mit eingeschriebenem Kreuz (11. Jh., Kirchenpatron ist der hl. Herakleidios). Zwei Bildserien: die erste aus der ersten Hälfte des 13. Jhs., die umfangreichere zweite von etwa 1400. (Von einer noch früheren Bildserie aus dem 12. Jh. unter den späteren ist nur noch ein Bild zweier Mönche, nämlich der Stifterfiguren, erhalten.)
2. *In der Mitte* tonnengewölbte Kirche (neugebaut im 18. Jh., Kirchenpatron ist der krankenheilende Ioannis Lampadistís, ein lokaler Heiliger, von dem das Kloster seinen Namen hat). Nur spärliche Reste von Fresken.

Beide Kirchen haben im Westen einen gemeinsamen Narthex mit Malereien aus der Mitte des 15. Jh.

3. *Im Norden* eingewölbte Kapelle mit Malereien im italo-byzantinischen Stil um 1500. (Lateinische Kapelle genannt. Vgl. die Panagía Podítou in Galáta mit Malereien gleichen Stils.)

Ein zusätzliches Schutzdach bedeckt den ganzen Komplex.

Herakleidioskirche, 1. Serie, 1. Hälfte des 13. Jhs. Volkstümlicher, traditioneller, vom Osten her beeinflußter Stil. *Kuppel:* Pantokrator. *Westlicher Kreuzarm, Gewölbe:* Einzug in Jerusalem (Farbt. 32; am besten von allen Darstellungen dieser Serie erhalten) und Auferweckung des Lazarus. Darunter Opfer des Isaak. *Lünette (Feld unter dem Bogen) der Westwand:* Kreuzigung. Der bekehrte Centurio (Markus 15,39) trägt ein Schild: darauf der Löwe aus dem Wappen der Lusignans – fränkischer Einfluß also. *Südlicher Kreuzarm, Gewölbe:* Himmelfahrt.

Herakleidioskirche, 2. Serie, um 1400 Lokaler spätbyzantinischer Stil. Neutestamentlicher Zyklus, über 30 zum Teil sich wiederholende Szenen.

Narthex Das Bildprogramm des Narthex besteht aus den Wundern Christi und den Erscheinungen nach seiner Auferstehung. Die *Funktion des Bildprogramms* bestand wohl darin, die kranken Pilger auf die wundersamen Heilungen des hl. Ioannis Lampadistís ›einzustimmen‹. Traditioneller, provinzieller Stil.

Obere Zone: Christus und die Samariterin am Brunnen (Joh. 4,3–31), Heilung eines Kranken am Teich von Bethesda (vgl. Darstellung desselben Themas bei Agios Mamas in Louvarás), Heilung eines Wassersüchtigen (Lukas 14,2–4), Heilung eines Blindgeborenen (Joh. 9,1–7).

Mittlere Zone: Die Erscheinungen Jesu. Maria von Magdala informiert Petrus und Johannes über das leere Grab, Petrus und Johannes schauen selbst nach dem leeren Grab (Joh. 20,1–10), Maria Magdalena nochmals am leeren Grab und ihre Begegnung mit Jesus in Gestalt eines Gärtners (Joh. 20,11–18), Ungläubiger Thomas, dritte Erscheinung am See von Tiberias: Jesus hat den fischenden Jüngern zu einem vollen Netz verholfen. Petrus ist zweimal dargestellt, einmal im Boot am Ruder, dann im Wasser, auf Jesus zuschwimmend, wie das Evangelium berichtet (Joh. 21,1–14). Die Darstellung ist ein schönes Beispiel des byzantinischen Stilmittels der ›komplexen Übertragung‹, d. h. zwei oder mehrere zeitlich unterschiedliche Handlungen oder Ereignisse werden in einem Bildfeld zusammengefaßt.

Südlicher Teil der Ostwand des Narthex: Jüngstes Gericht mit Stifterfiguren. *Über der Tür in der Südwand:* Drei Jünglinge im Feuerofen mit dem thronenden Nebukadnezar und Daniel in der Löwengrube, ein Sinnbild der Auferstehung.

Lateinische Kapelle Das Hauptthema des Bildschmucks ist der Akáthistoshymnos, der berühmteste der ostkirchlichen Marienhymnen. Er wurde im Stehen gesungen (gr. *akáthistos,* »nicht sitzend«). Seine Urheberschaft und Entstehungszeit sind in der Forschung umstritten (er stammt wahrscheinlich von Romanos Melodos, dem berühmtesten byzantinischen Hymnenschreiber, 6. Jh.). Die 24 Strophen (gr. *Oikoi*, ›Häuser‹) des Hymnos sind in zwei Zonen an der Südwand und in drei Zonen an der Nordwand der Lateinischen Kapelle dargestellt. Jedes Bild ist mit der Anfangszeile der jeweiligen Strophe beschriftet. Wir heben hier nur zwei Strophen bzw. Bilder heraus:

8. Strophe: Das Malerhandbuch vom Athos, eine Art Gebrauchsanweisung für Ikonenmaler, hat auch beim Akáthistoshymnos genaue Vorschriften gegeben: »›Der Stern, der Gottes Weg ...‹ Ein leuchtender Stern inmitten eines Strahles geht aus dem Himmel hernieder auf einen Berg; die Magier auf Pferden zeigen ihn sich.« Genauso dies hier auf unserer Abbildung. Die drei Weisen auf ihren Pferden sind bewegt, plastisch und naturalistisch nach Art der italienischen Renaissance dargestellt, wogegen die Berge im Hintergrund wie ja auch das Thema selbst zur byzantinischen Tradition gehören.

24. und letzte Strophe, Nordwand, dritte Zone: »Oh allgepriesene Mutter ...« Zwei Päpste (Katholiken!) im Vordergrund – zu erkennen an ihrer kegelförmigen Tiara – nähern sich in devoter Haltung der Gottesmutter – lateinischer Einfluß also. Diese hält auf einem Thron sitzend Jesus im Arm. Beachte die unbyzantinische Darstellungsweise Jesu: hier als unbeholfenes, dickliches Kind, das sich mit beiden Händen, das Gesicht im Halbprofil, der Mutter zuwendet, wogegen die traditionelle byzantinische Kunst ihn sonst hieratisch und frontal abbildet, die Hände bereits zum Segen erhoben oder eine Schriftrolle tragend.

(Eine andere Darstellung des Akáthistoshymnos befindet sich im Katholikon des Neóphytosklosters, S. 277).

Kloster Kýkko

(Zufahrt über Pedoulás oder – auf unasphaltierten Waldwegen – von Paphos her)

Nach langer Fahrt auf kurvenreicher Strecke erreicht man Kýkko, ein in der ganzen orthodoxen Welt berühmtes Kloster (Abb. 73, 74). Berühmt, weil es eine Marienikone besitzt, die der Evangelist Lukas selbst gemalt haben soll. Wie bei den Acheiropoíetoi, den »nicht von Menschenhand gemalten« Bildern wie dem Mandylion oder dem Keramidion (vgl. hierzu S. 112) handelt es sich um eines der nach orthodoxer Auffassung authentischen, zeitgenössischen Porträts, in unserem Falle Marias, das nachzuahmen fortan die Aufgabe des Ikonenmalers war und heute noch ist.

Die Gottesmutter von Kýkko, Panagía Kykkótissa, ist so in der Marientypologie zu einem der rund 200 Darstellungsschemen Marias geworden. Die Byzantinisten können das Thema bis um 1000 n. Chr. zurückverfolgen. Der byzantinische Kaiser Alexios I. Komnenos (1081–1118), der auch das Kloster Machäräs mit Zuwendungen bedachte, schenkte die Ur-Ikone dem Gründermönch von Kýkko, einem Isaias, der die Tochter des Kaisers von einer seltenen Krankheit geheilt hatte. Auf der aufgerollten Schriftrolle, die Jesus auf der Ikone in der Hand hält, steht immer folgender Text: »Der Geist des Herrn ruht auf mir. Er hat mich gesalbt, den Armen die frohe Botschaft zu bringen ...« Diese Worte Jesu stammen

Gottesmutterbild der Panagía Kykkótissa (nach Onasch)

aus Lukas 4,18ff., sind jedoch dem Buch des Propheten Isaias bzw. Jesajas, des Namensvetters des Kýkkomönches, entnommen (61,1ff.).

Die Orthodoxen glauben, das Bild habe regenspendende Kräfte. Und weil Wasser für Zypern lebenswichtig ist, kommen Zyprioten hierher. Aber auch, um ihre Kinder hier am Sonntagmorgen taufen zu lassen und um der Grabstätte des 1977 verstorbenen Präsidenten und Erzbischofs Makarios, die sich oberhalb des Klosters befindet, einen Besuch abzustatten. Für die zahlreichen Besucher (jedoch nicht für ausländische Gäste) hat das Kloster vor kurzem einen hotelartigen Gästetrakt bauen lassen.

Kýkko ist das reichste Kloster und einer der größten Eigentümer Zyperns überhaupt. Es unterhält in Nikosia ein Verwaltungsgebäude, wo der Klosterbesitz vor allem nach kaufmännischen Gesichtspunkten verwaltet wird.

Die jetzigen Bauten, Malereien und Mosaiken des Klosters stammen aus dem 19. und 20. Jh., zum Teil aus jüngster Zeit. Im Kloster befindet sich ein kleines Museum.

Kloster Troodítissa Das Kloster der Gottesmutter ›vom Tróodos‹ ist mit 1300 m über dem Meeresspiegel das höchstgelegene der Insel (Abb. 77). Es liegt an der Straße von Pródromos nach Plátres. Seine Gründung geht ins 10. Jh. zurück, jene Zeit des Wiederaufschwungs nach der Vertreibung der Araber. Alle Bauten sind jedoch jüngeren Datums, die Klosterkirche ist von 1731. Die Klosterlegende berichtet von der wundersamen Auffindung einer Ikone und von einem Gürtel, den eine Frau einst dem Kloster verehrte, nachdem sie fruchtbar geworden war. Noch heute legen sich fromme Pilgerinnen diesen Gürtel um, um von der Gottesmutter Fruchtbarkeit zu erbitten.

Ómodos Der Ort mit dem Heiligkreuzkloster gilt als eines der schönsten Dörfer Zyperns. Das Kloster diente in den 50er Jahren den Aufständischen der EOKA als Unterschlupf.

Einige Räume des Klosters verwahren Erinnerungsstücke an die Zeit des antibritischen Widerstandskampfes.

Limassol

Limassol ist mit 140000 Einwohnern nach Nikosia Zyperns zweitgrößte Stadt und besitzt den Haupthafen von Zypern (Abb. 12). (Vor der Teilung der Insel 1974 war Famagusta wichtigster Umschlagplatz.) Ist Nikosia vorwiegend eine Verwaltungsstadt, so ist Limassol eine Stadt des Handels, der Industrie und, wiederum in Nachfolge Famagustas, des Tourismus. Rund ein Drittel aller Zypernreisenden verbringen ihren Urlaub an der ›Riviera‹ von Limassol. Die Vorstadt der Hotels und Appartement-Hochhäuser erstreckt sich zwischen Strand und Autobahn bis hin nach Amathous.

Limassol und auch Nikosia haben die Nachfolge von Beirut als Banken-, Handels- und Kommunikationsmetropole des Nahen Ostens angetreten. Zypern ist heute das, was der Libanon vor dem Bürgerkrieg war: die ›Schweiz des Nahen Ostens‹. Arabische Geschäftsleute und diejenigen, die es sich leisten können, dem Krieg im Libanon zu entfliehen, zieht es nach Zypern, und hier eher nach Limassol als nach Nikosia.

Geschichte: Wie viele zyprische Orte hatte die Stadt im Laufe ihrer Geschichte mehrere Namen. Heute nennen die Ausländer sie Limassol, die Griechen Lemessós.

Limassol war zwar schon zu Zeiten Byzanz' Bischofssitz, die Quellen aber sprechen erst seit fränkischer Zeit häufiger von Limassol. In der weiten Bucht mit dem schmalen Sandstrand, wo heute die Hotels liegen, ging Richard Löwenherz 1191 mit seinen Mannen an Land, um Berengaria von Navarra aus den Händen Isaaks Komnenos zu befreien und Zypern zu erobern. Die Hochzeit der beiden und die Krönung Berengarias zur Königin von England soll im Kastell (s. unten) stattgefunden haben.

Im Jahre 1815 war, nach dem Urteil des englischen Reisenden Turner, Limassol »nur noch eine elende Stadt, bestehend aus 150 Lehmschlammhäusern, von denen 100 den Griechen und 50 den Türken gehören. Doch werden von den 50 Schiffsladungen Wein, die Zypern exportiert, im Durchschnitt 20 in Limassol verladen«.

Was den Wein betrifft: KEO in Limassol ist heute die größte Weinkellerei, Destillerie und Bierbrauerei Zyperns. Sie liegt im Westen der Stadt und kann besichtigt werden. Jedes Jahr im Herbst findet außerdem ein großes Weinfest statt. Überhaupt, Limassol ist die Stadt der Vergnügungen und Festivals. Jedes Jahr im Frühjahr wird dann noch Karneval gefeiert.

Von den üblichen Sehenswürdigkeiten hat Limassol ansonsten nur ein Distriktmuseum und ein mittelalterliches Kastell zu bieten. Lohnend ist aber auf jeden Fall auch ein Bummel durch die Altstadt mit ihren Markthallen (1) und zahlreichen Geschäften. Im ehemaligen Türkenviertel stehen noch zwei Moscheen (2 und 3) und ein türkisches Bad (4). Im Stadtpark gibt es sogar einen kleinen Zoo (5).

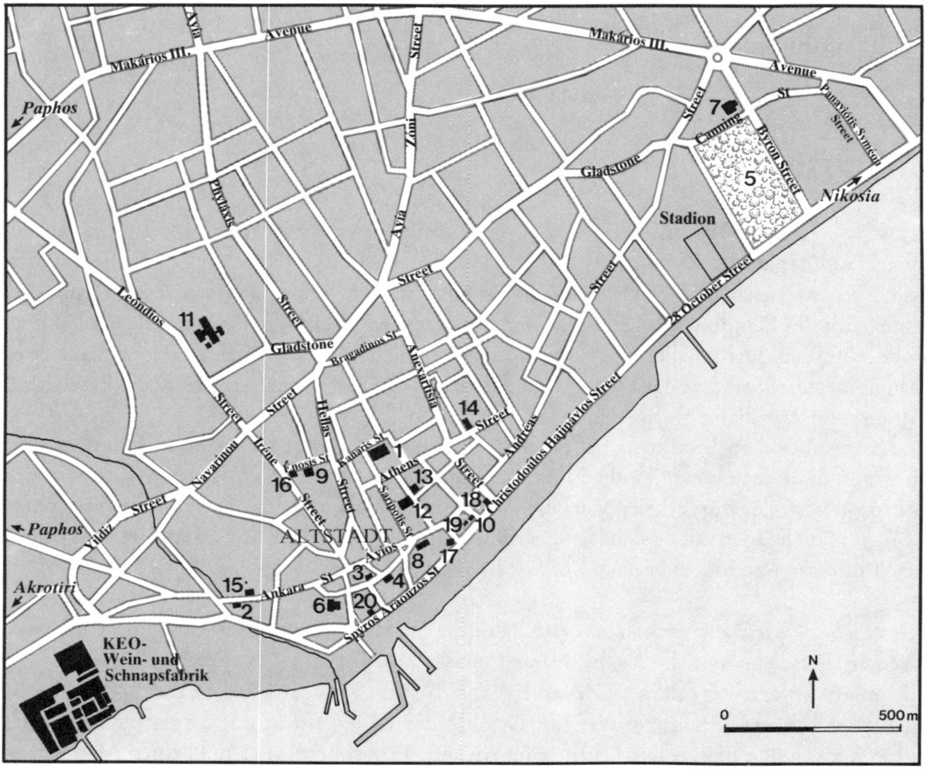

Limassol

1 Markthallen 2 Moschee 3 Moschee 4 Türkisches Bad 5 Stadtpark mit Zoo 6 Kastell 7 Archäologisches Distriktmuseum 8 Kirche Agía Nápa 9 Bischofspalast 10 Hotel Continental 11 Krankenhaus 12 Rathaus 13 Postamt 14 Telefonamt 15 Jugendherberge 16 Busstation der Gesellschaft KEMEK (nach Paphos und Nikosia) 17 Busstation der Gesellschaft Lefkaritis (nach Lárnaka) 18 Sammeltaxi-Büro 19 Mitropolis-Kirche 20 Tourist Information

6 Kastell Das Kastell fußt auf einer byzantinischen Festung. Aus dem 14. Jh. stammt die quadratische gotische Halle darin, von der aus eine Wendeltreppe aufs Dach der Festung führt. Das Kastell war von 1291 bis zum Verbot des Ordens 1308 Hauptsitz der Templer. König Janus (1389–1432) überließ die Burg später den Johannitern, die mehrere Umbauten vornahmen. (Zur Geschichte der Johanniter und zu ihrer Festung Kolossi, die sich 8 km weiter westlich befindet, vgl. S. 237ff.). Heute beherbergt das Kastell das ›Cyprus Medieval Museum‹; darin befinden sich neben Waffen, Rüstungen, Architekturteilen, Gebrauchs- und Küchengeschirr und Münzen Teile des ›Silberschatzes von Lambousa‹, eines frühbyzantinischen Hortfundes. Im Hof Reste von Zuckerrohrmühlen.

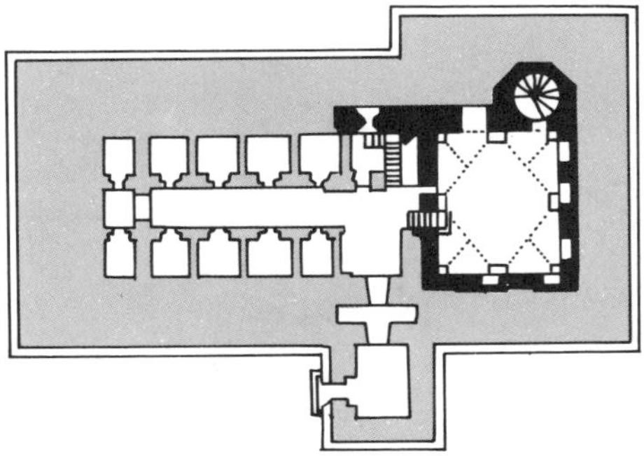

Kastell von Limassol, 14. Jh. (Gotische Halle, schwarz) mit den Verstärkungen des 16. Jhs. (Artillerie!), Grundriß (nach Jeffery)

7 Archäologisches Museum Ein modernes Gebäude in einem Garten am Rande des Stadtparks. Es enthält Funde aus der Koúrion-Gegend, aus Limassol und aus Amáthous.
Raum 1: Neolithische Funde aus Sotíra und Erími (Rot-auf-Weiß-Keramik). Außerdem Keramik aus allen Perioden der alten Geschichte Zyperns.
Raum 2: Vor allem Kleinfunde. Interessant Vitrine 6 mit Votivmodellen von Szenen aus dem alltäglichen Leben: ein Mensch in einer Badewanne, der von einem anderen gewaschen wird; zwei Figuren, die Brotteig kneten. Außerdem ein Priester mit Stiermaske und einzelne Stiermasken; ein Beleg dafür, daß der bronzezeitliche Stierkult sich auf Zypern noch lange gehalten hat. (Zum Weiterleben bronzezeitlicher Kulte zur Zeit der Stadtkönigtümer vgl. S. 28f.).
Raum 3: Plastiken und Sarkophage. Wichtig sind die Pilaster und die Hathorkapitelle (5. Jh. v. Chr.) aus Amáthous, ein Beleg dafür, daß die Stadtkönigtümer länger als die Poleis in Griechenland orientalischen Formen verpflichtet blieben.

Ein kleines **Volkskundemuseum** mit Volkskunst vom 19. und frühen 20. Jh. liegt in der Straße Agíou Andréou 253.

Ruinen von Amathous

Orientierung: Die Ruinen von Amathous liegen 8 km östlich von Limassol am Meer. Hinter einem Flußbett erhebt sich der Rest der einstigen Stadtmauer. Zwischen ihr und der 300 m weiter östlich gelegenen frühchristlichen Basilika lag einst die Unterstadt von Amáthous. Der Akropolishügel fällt auf der Nordseite abrupt ab. Dort im Norden waren weitere Teile der Unterstadt. (Das Grabungsgelände dort ist zu erreichen über die Autobahnabfahrt Agios Týchonas.) Auf der Höhe der Akropolis befand sich das Aphroditeheiligtum.

Seit 1980 versuchen französische und zypriotische Archäologen, dem aus der Literatur so bekannten Amáthous nun auch archäologisch auf die Spur zu kommen. Die Zerstörung der

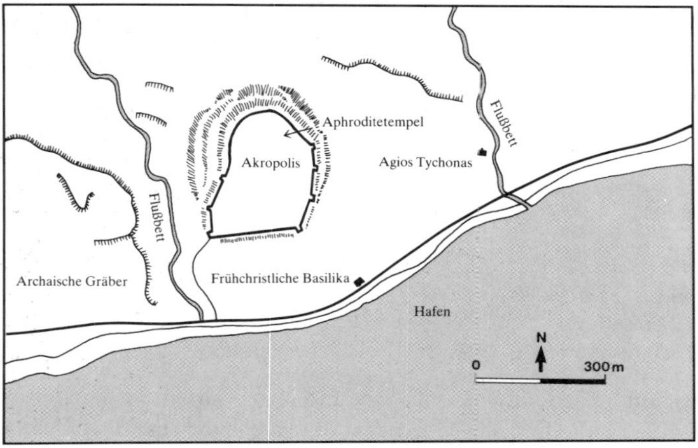

Amathous und Umgebung

Stadt durch Richard Löwenherz 1191, Plünderungen durch Grabräuber, endlich die Verwendung der Steine von Amáthous für den Bau des Suezkanals, dies alles trug dazu bei, daß die heute noch stehenden Grundmauern nicht ahnen lassen, daß hier einst das Zentrum eines der blühendsten kyprischen Stadtkönigtümer war. Französische Grabungen auf der Akropolis haben einen römischen Aphroditetempel zutage gebracht, dessen Front sich aus den wenigen Architekturteilen rekonstruieren läßt.

Ein riesiger, 14 Tonnen schwerer, 1,85 m hoher Kalksteinbehälter mit einem Durchmesser von 2,20 m, der heute im Louvre ausgestellt ist, hat einst ebenfalls auf der Akropolis gestanden, wohl ein Weihgeschenk. Ein zweiter dieser Riesenbehälter wurde 1976 gefunden.

Seit 1984 graben französische Archäologen auch am Hafen, wo unter der Wasseroberfläche Reste einer Kaimauer ausgemacht wurden.

In der Nähe des Amathus Beach Hotels hat das zypriotische Department of Antiquities eine Nekropole mit Gräbern vorwiegend aus der kypro-archaischen Zeit ausgegraben.

Mythologie: Plutarch erzählt in Verbindung mit Amáthous eine merkwürdige Variante des Theseus-Ariadne-Mythos. Theseus hatte die hochschwangere Ariadne bei einem Seesturm in Amáthous an Land gesetzt. Auf sein Schiff zurückgekehrt, trieb ihn der Sturm ab. Als er schließlich wieder in Amáthous an Land gehen konnte, erfuhr er, daß Ariadne in den Wehen gestorben sei. Daraufhin spendete Theseus Geld für eine jährlich zu vollziehende Kulthandlung: Ein Jüngling soll im Bett liegen »und aufschreien, wie es die Frauen während der Geburtswehen zu tun pflegen«.

Ist dies die mythologische Erklärung eines Kultes, in dem sich matristische Elemente aus der vorgriechischen Zeit erhalten haben? Ein anderes Beispiel von Geschlechtsvertauschung gibt uns Macrobius: Eine Statue der Aphrodite Amathousia gleiche einem bärtigen Hermaphroditen mit einem Zepter in der Hand und in Frauengewändern. Haben hier ebenfalls

69, 70 Kloster Stavrovoúni

71 Kloster Machäräs

72 ›Männerrunde‹

73 Kloster Kýkko im Tróodos

74 Innenhof des Klosters Kýkko

75 Arkaden im Kloster Chrysorrogiátissa

76 Kloster Chrysorrogiátissa

77 Kloster Troodítissa

78 In der Taverne beim Kloster Chrysorrogiátissa

79, 80 Herakleídioskloster bei Politikó

81 Neóphytoskloster bei Paphos

82 Kirche des Barnabasklosters bei Sálamis

83 Wohnturm der Johanniter-Festung Kolossi

84 ›Königliche Kapelle‹, Pyrga (vgl. Abb. 62)

85 Blick durch die Pfeiler der Kreuzfahrerfestung Seránda Kolónnes auf den Leuchtturm von Paphos

86 Westfassade der Nikolauskathedrale in Famagusta

87 Gotische Architektur der Nikolauskathedrale

88 Vorne die Kirche Agios Geórgios der Griechen, dahinter die Nikolauskathedrale, Famagusta

90 Kirche ›Bedesten‹, dahinter Minarette der Selimiye-Moschee (Sophienkathedrale), Nikosia ▷

89 Innenraum der Sophienkathedrale in Nikosia, jetzt Selimiye-Moschee

91 Venezianische Säule in Nikosia

92 Fränkisches Löwenwappen, ausgestellt im Hof des Kleinen Chans, Nikosia

93 Venezianischer Markuslöwe, Steinmuseum Nikosia

94 Oberburg der Festung Hilarion ▷

95 Gotisches ›Fenster der Königin‹ der Oberburg von Hilarion

96 Festung Buffavento

97 Kirche des Mamasklosters in Mórphou

99 Blick vom Minarett der Haidar-Pascha-Moschee (Katharinenkirche), Nikosia

◁ 98 Im Norden Zyperns

100 Osmanische Bibliothek, rechts Ostteil der Sophienkathedrale in Nikosia

101 Eingang ins ›Große Bad‹, Nikosia

102 Innenhof des Kleinen Chans, Nikosia

103 Reinigungsbrunnen der Arab-Achmet-Moschee, Nikosia

Kolossaler Kalksteinbehälter aus Amáthous, jetzt im Louvre, Paris (Foto nach einer Zeichnung von L. Meyer). 1976 fanden die französischen Archäologen in Amáthous eine weitere Kolossalvase dieses Typs

patriarchalische Griechen einen alten matristischen Kult für sich zurechtgebogen? Beispiele dafür gibt es jedenfalls genug in der griechischen Mythologie.

Anscheinend wurden in Amáthous alte, eteokyprische Kulte gepflegt. Dies paßt gut zur literarischen Überlieferung, die Amáthous als ungriechische, eben eteokyprische Stadt charakterisiert.

Kalavassós Wenn Sie auf der Autobahn von Amathous nach Chirokitía fahren, kommen Sie an der neolithischen Siedlung Kalavassós-Tenta vorbei. Ein Abstecher zu den Rundhäusern, die teilweise Pfeilerstützen und Grablöcher im Boden wie in Chirokitía haben, lohnt sich.

Die heutige Autobahn führt mitten durch zwei weitere, spätbronzezeitliche Grabungsfelder: Kalavassós-Agious und Kalavassós-Agios Dimitrios.

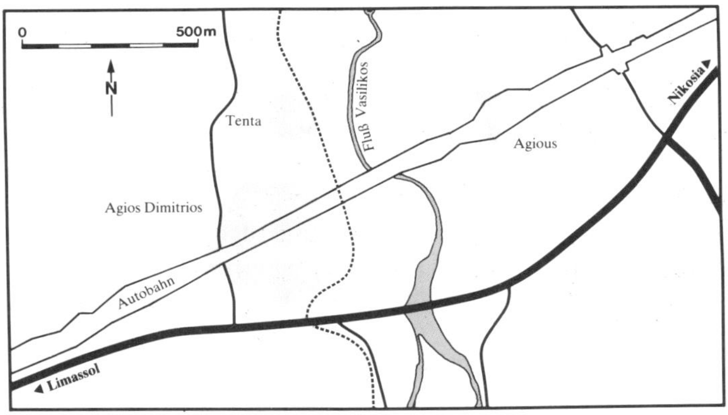

Lageplan von Kalavassós-Tenta, K.-Agious und K.-Agios Dimitrios

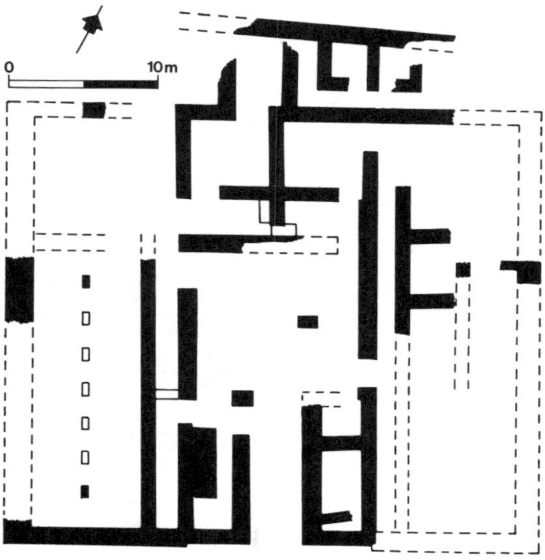

›Gebäude 10‹ in Kalavassós-Agios Dimitrios mit großem Innenhof, Späte Bronzezeit. Grundriß (nach Karageorghis)

In Agios Dimitrios fanden amerikanische Archäologen jüngst eine große Siedlung, von der ein Gebäude mit 10 qm großem Innenhof immerhin 36 × 30 m groß ist. Wenig außerhalb von diesem Bau fanden sich zwei Kammergräber, deren eines (das ›Prinzessinnen-Grab‹) außerordentlich reiche Grabbeigaben aus dem 14. Jh. bewahrte. Nacheinander wurden hier drei Frauen, um die 20 Jahre alt, ein Kleinkind um drei und ein Neugeborenes bestattet. Ein Skelett trug noch Hals- und Armbänder, Ohr- und Fingerringe, ja sogar Schmuck an den Zehen. Im ganzen enthielt das Grab 432 g Gold.

Steinzeitsiedlung Chirokitía

Orientierung: Die Grundmauern der Rundhäuser liegen auf einem Hügel zwischen Limassol und Lárnaka unweit der Autobahn (Hinweisschild). Eintrittsgeld. Die Ausgrabungen wurden von der Französischen Archäologischen Mission wiederaufgenommen und dauern an. Zu Chirokitía vgl. a. S. 16f.

Fruchtbares Land im Süden, Quellen in der Nähe, außerdem ein Wasserlauf, der den Hügel zur Hälfte umschließt, das waren gute Voraussetzungen für eine Besiedlung. Das Dorf bedeckte wahrscheinlich den Großteil des Hügels. Ohne erkennbare Ordnung stehen die Häuser, die unschwer in ihren Grundmauern zu erkennen sind, links und rechts von einer Mauer, die vom Fluß den steilen Hügel hinaufführt (Abb. 31). Die Grundmauern dieser Rundhäuser, Tholoi (die Tholos, ›runder Bau‹), sind bis zu 2,5 m stark und bestehen zum Teil aus mehreren dünneren Mauern, die nebeneinander errichtet wurden. Das Mauerwerk wurde mit aufgeschichteten Steinen vom Fluß Maroni errichtet; der obere Teil der

Tholoi mit dem konisch gewölbtem Dach war wohl aus luftgetrockneten Lehmziegeln. Die Tholosform ist sicherlich eine Übernahme älterer Behausungsformen, der Zelte und Lehmhütten. Tholos A mißt im Durchmesser mehr als 9 m und gehörte zu einem Gebäudekomplex, einer Art Gehöft. Hier wie auch in der Tholos B sieht man die gewaltigen Steinpodeste, die wohl Balken eines Zwischengeschosses getragen haben. Ein Herd befand sich auf dem Boden der Häuser, darüber, in der Dachkuppel, war das Rauchabzugsloch. Vgl. die Rekonstruktion S. 17.

Über die Bedeutung der mächtigen Mauer, die zwischen den Häusern vom Fluß hinaufführt und auf der anderen Seite des Hügels hinab wieder auf den Fluß trifft, wurde in der Forschung lange gestritten. Nach Meinung des Ausgräbers Porphyrios Dikaios konnte es keine Befestigungsmauer sein, da sie ja mitten durch den Ort geht. So interpretierte er die Mauer als einen befestigten Weg, um den Wasser- und Materialtransport vom Fluß hinauf ins Dorf zu erleichtern.

Die seit 1976 wiederaufgenommenen Grabungen der französischen Expedition haben jetzt erwiesen, daß die Mauer doch eine Befestigungsmauer war. Sie begrenzte in der Frühzeit von Chirokitía die östlich von ihr liegenden Häuser. Dann wurde das Dorf erweitert. Eine zweite Befestigungsmauer wurde weiter westlich errichtet. In dem Raum zwischen den

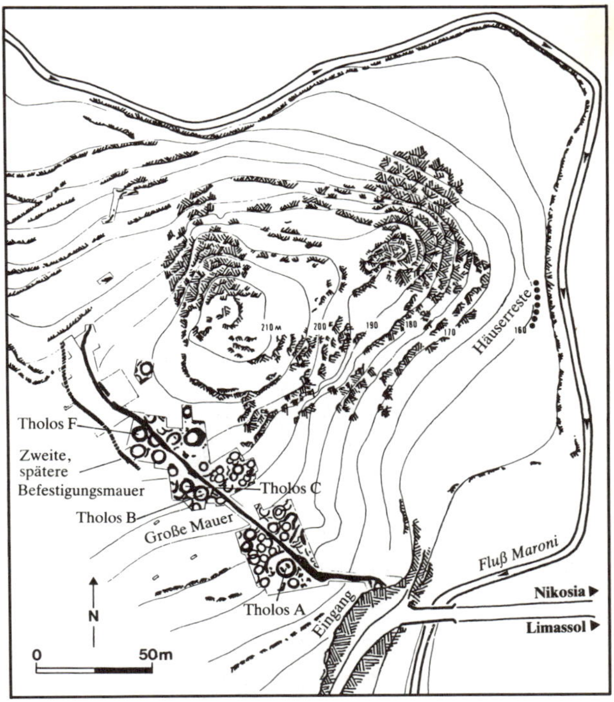

Neolithische Siedlung Chirokitía

Mauern errichteten die Bewohner von Chirokitía weitere Rundhäuser. Diese gehören also zu einer späteren Phase als die Häuser östlich der Mauer.

Nach Anwendung der C-14-Datierung unterschied man zwei Phasen der Siedlungsgeschichte des Dorfes: eine keramiklose Phase I und eine rund 1500 Jahre später anzusetzende Besiedlungsphase II, die gebrannte Keramik enthielt, die sogenannte Kammstrichware (ohne Töpferscheibe hergestellte Gefäße mit dunkelbraunem Überzug, den man vor dem Brennen mit einem kammartigen Gerät bearbeitete, so daß in den Kammstrichen der helle Kern des Gefäßes sichtbar wurde).

Das Rätsel um Chirokitía: Bisher ist es nicht gelungen, das ›Loch‹ von 1500 Jahren in der Siedlungsgeschichte von Chirokitía mit Funden zu füllen. Wahrscheinlich kamen um 4500 v. Chr., mit Beginn der Phase II, neue Siedler nach Zypern und Chirokitía. Doch warum war das Dorf so lange entvölkert? Und weiter, warum hört Chirokitía um 3500 v. Chr. plötzlich auf zu existieren? Die Bewohner verschwinden ebenso mysteriös, wie sie am Anfang des 7. Jahrtausends erschienen sind.

Lévkara

Páno, das obere Lévkara, ist mit den roten Ziegeldächern seiner Häuser ein malerisches Dorf an den Ausläufern des Tróodos (Farbt. 7). Deshalb und wegen seiner berühmten Stickereien wird es gern besucht. »Die Levkara-Stickerei (Abb. 19) ist eine Weißstickereitechnik. Mit Baumwollgarn auf Baumwollgrund werden sich wiederholende Zickzackmotive in Lochstickerei gearbeitet und nachher umsäumt mit Lochrosetten und Oberflächenplattstich« (Mary Gostelow). Lévkara war zur Zeit der venezianischen Herrschaft eine Sommerfrische der Herrenschicht. Wohl über die Venezianer ist die Produktion der dekorativen Tücher nach Lévkara gelangt. Man sagt, daß 1481 Leonardo da Vinci hier eine Altardecke für den Mailänder Dom erworben habe.

Früher zogen die Männer von Lévkara mit ihren spitzengefüllten Koffern als Verkäufer durch die Welt. Viele sprechen daher mehr oder minder gut mehrere Sprachen. Weltläufig

Tischuntersetzer aus Lévkara in Weißstickereitechnik

und geschäftstüchtig – das sind die Leute von Lévkara noch heute. In jedem Kunstgewerbeladen auf Zypern kann man die Spitzen kaufen und im Ort natürlich auch. Hier lebt das Lévkaraspitzengewerbe von den Tagesausflüglern; Hotels zum Übernachten gibt es nicht. Das Lévkara-Museum zeigt Spitzen- und Silberarbeiten.

Káto Lévkara In Káto, dem ›unteren‹ Lévkara, steht die mittelbyzantinische überkuppelte Erzengel-Michael-Kirche (spätes 12. Jh.) mit einigen erhaltenen Fresken, darunter eine Apostelkommunion in der Apsis.

Kloster Agios Minás Ein Abstecher (8 km) führt zu diesem Frauenkloster, in dem Nonnen Ikonen herstellen. Die Malarbeiten an den (auf Bestellung gefertigten) Ikonen dauern mehrere Monate oder sogar Jahre. Materialien, Farbgebung, Thema und Komposition der Ikonenmalerei sind von der Tradition vorgegeben. Noch heute muß jede Ikone, die in einer Kirche geweiht werden soll, erst vom Erzbischöflichen Amt in Nikosia freigegeben werden.

Johanniterfestung Kolossi

Orientierung: Der Johanniterwohnturm und die Reste einer Zuckerrohrfabrik liegen etwa 10 km westlich von Limassol inmitten fruchtbarer Landschaft (Abb. 83). Eintrittsgeld. Wenn man von Limassol her kommend die südliche Verbindungsstraße benutzt, fährt man durch lange Zypressenalleen und sieht links und rechts durch die Bäume Orangen- und Zitronenplantagen.

Geschichte: Der frühe fränkische Staat konnte zu seiner Konsolidierung einen im Kampf gegen die Araber bewährten Militärorden wie die Johanniter gut gebrauchen. Hugo I. (1205–1218) gab dem Ritterorden das fruchtbare Land bei Limassol zum Lehen. Als Gegenleistung konnte der Monarch Militärhilfe erwarten. (Hugo I. war es auch, der dem Orden der Prämonstratenser die Übersiedlung nach Bellapais ermöglicht hatte. Dort steht der zweite gut erhaltene Ordensbau auf Zypern, das Kloster Bellapais. Im Unterschied zu Bellapais ist Kolossi aber in erster Linie eine Festung – das schon charakterisiert treffend den Johanniter-Ritterorden.)

1291, nach dem Fall von Akkon, mußten die Johanniter wie auch die anderen Orden und Kreuzfahrer Syrien endgültig verlassen. Zypern wurde zeitweilig Hauptquartier der Johanniter, 19 Jahre lang, bis sie 1310 auf Rhodos ihren eigenen Staat begründen konnten. (Rhodos wurde dann 1522 von den Türken erobert. Der Orden siedelte über nach Malta, wo der Johanniterstaat erst durch die Französische Revolution aufgelöst wurde.)

Der Besitz von Kolossi wurde den Johannitern zunächst von den Templern streitig gemacht. Doch dann brachte ihnen das Verbot (1308) des Templerordens durch den Papst und seine Auflösung einen enormen Zuwachs an Ressourcen und Macht – und auch den endgültigen Besitz von Kolossi mit ca. 60 Dörfern und Leibeigenen in einer äußerst fruchtbaren Landschaft.

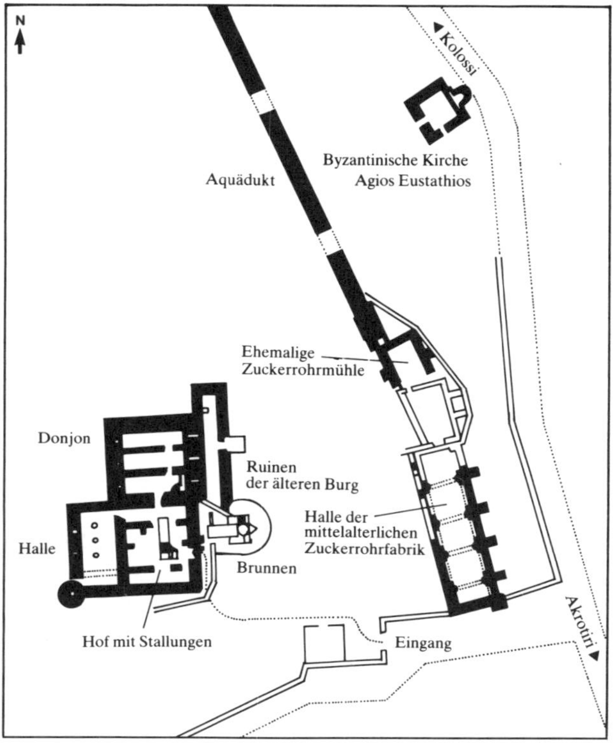

Kolossi, Wohnturm der Johanniter und Rohrzuckerfabrik mit Aquädukt. Grundriß

Fortan war Kolossi eine der zahlreichen, über ganz Europa verstreuten Komptureien des Ordens. Die Johanniter produzierten hier neben Weizen, Baumwolle und Öl vor allem Wein und Rohrzucker.

Dieser Wein ist heute noch als Commandaria-Wein bekannt. (Sein Name ist hergeleitet von Komptureí = Kommende, lat. *commandaria.*) Doch entspricht der sehr süße Tropfen heute nicht mehr dem allgemeinen Bedürfnis nach trockenen Weinen.

Zweites Hauptprodukt der Johanniterkomptureí war Rohrzucker. Direkt neben der Burg stand eine Zuckerrohrfabrik, zu der Wasser über einen Aquädukt geführt wurde (s. unten; zur Technik der Zuckerrohrverarbeitung vgl. die Beschreibung der Rohrzuckerfabrik bei Alt-Paphos S. 256).

Beachte im Hof von Kolossi das beeindruckende Exemplar eines Machärionbaumes (vgl. Abschnitt Baumriesen S. 338 f.).

Wohnturm (Donjon) Der heute stehende Wohnturm der Ordensburg – vom Typus eines französischen Donjons – ist erst um 1454 auf den Resten eines Vorgängerbaus errichtet worden (Abb. 83). Diese Datierung ergibt sich aus dem Wappenprogramm an seiner Ost-

Wappenprogramm an der Ostseite des Wohnturms von Kolossi

seite: in der Mitte unter der Krone das königliche Wappen, bestehend aus vier Feldern; von links oben nach rechts unten: die Wappen 1. des Königreichs Jerusalem, 2. der Lusignans, 3. des Königreichs Zypern und 4. Kleinarmeniens. Links davon das Wappen von Jean de Lastic (Großmeister des Ordens ab 1427), rechts das von Jacques de Milli (Großmeister von 1454–61), die den Bau gefördert hatten. In der unteren Zone des Wappenfeldes das Wappen des Großkompturs von Zypern, Louis de Magnac.

Der quadratische Wohnturm (16 × 16 m) war Hauptteil der Burg. Der Donjon hat eine Zugbrücke vor dem Eingang und darüber eine Pechnase, um heiße Flüssigkeiten auf ungebetene Eindringlinge schütten zu können. Oben am Dachrand sind Schießscharten.

Vergleicht man diese um 1454 entstandene Ritterburg mit den großen, geböschten, mit Gräben und Bastionen versehenen Befestigungsanlagen der Venezianer in Kyrenia, Famagusta und Nikosia aus der Mitte des 16. Jh., so sieht man, wie sich der Festungsbau innerhalb eines Jahrhunderts gewandelt hat. Die Entwicklung der Artillerietechnik machte den Donjon schon wenige Jahrzehnte nach seiner Entstehung zu einer veralteten, überflüssigen Festung.

Innen besteht der Donjon aus drei Geschossen, die über eine Wendeltreppe miteinander verbunden sind. Im Erdgeschoß waren drei überwölbte Kellerräume, zwei davon hatten Zisternen. Der Eingang über die Zugbrücke führt ins 1. Obergeschoß, das aus zwei Räumen besteht – einer Küche mit kaminartiger Feuerstelle und einem Raum, in dem sich gleich neben dem Eingang eine verwestlichte byzantinische Wandmalerei befindet: die Kreuzigung mit Johannes und Maria; links unten im Bildfeld das Lilienwappen des Stifters, Louis de Magnac, der ja auch die ganze Burg mit hat erbauen lassen. Im 2. Obergeschoß waren zwei Wohnräume, die beide mit einem Kamin beheizbar waren. Die Kamine tragen wiederum Wappen des Louis de Magnac. Einige Löcher auf halber Höhe in den Wänden sprechen dafür, daß ein hölzernes Zwischengeschoß eingezogen war. Über die Wendeltreppe geht es von hier weiter aufs Dach, wo Sie einen herrlichen Ausblick auf die Landschaft ringsum haben.

An der östlichen Seite der Burg, vor der Zugbrücke, fällt eine halbrunde Mauerstruktur mit einem erhöhten Brunnen in der Mitte ins Auge, zu dem Stufen hinaufführen. Diese Anlage gehört – genau wie die Mauern gleich östlich des Donjons – zur älteren Johanniterfestung des 13. Jhs.

Rohrzuckerfabrik Von der Rohrzuckerfabrik ist die große Verarbeitungshalle erhalten. Sie trägt auf der Südwand eine Inschrift, die besagt, daß der Pascha von Zypern, Murad, die Halle 1591, also 20 Jahre nach der türkischen Eroberung Zyperns, hat reparieren lassen. Am Ende des Aquäduktes war die Mühle. Dort steht noch ein steinernes Wasserbecken zum Reinigen der Gefäße (zur Technik der Zuckerrohrverarbeitung vgl. S. 256 ff.). An der Ostseite der Mühle liegt ein Mahlstein (Durchmesser 3,20 m).

1488, ein Jahr vor der Übernahme Zyperns durch die Venezianer, wurden die Johanniter vom letzten königlichen Oberhaupt Zyperns, der Venezianerin Catarina Cornaro, ›Adoptivtochter Venedigs‹ und Witwe Jacques des Bastards, enteignet. Sie übergab die Zuckerrohrfabrik und große Teile des Ordensbesitzes an ihren Bruder Giorgio Cornaro. Die Cornaros waren selber große Rohrzuckerproduzenten. Sie besaßen ausgedehnte Zuckerrohrplantagen in der Nähe von Kolossi bei Episkopí. Der Neffe Catarinas, Kardinal Marco Cornaro, bekam dann sogar den Titel eines Großkompturs des Johanniterordens. Diesen Titel führten die Cornaros bis zu ihrem Aussterben im Jahre 1799.

Halbinsel Akrotíri Gut 1 km östlich vom Dorf Akrotíri liegen nahe an der Grenze zum britischen Flughafen die Ruinen des im Mittelalter berühmten Klosters des hl. Nikolaus der Katzen. Die Mönche hielten sich dort einst Katzen, um der Schlangenplage Herr zu werden. Daher heißt die östliche Spitze von Akrotíri heute noch Kap der Katzen.

Koúrion

Die Ruinen von Koúrion liegen 70 m über dem Meer eindrucksvoll auf einem mächtigen Felsvorsprung in einer Kulturlandschaft, deren Besiedlung bis ins Neolithikum zurückgeht (Farbt. 18, 19; Abb. 39). Die Bauten stammen jedoch nur aus hellenistischer, römischer und frühchristlicher Zeit. Wo der Wohnbereich des Stadtkönigtums Koúrion, also der vorhellenistischen Stadt lag, weiß man bis heute nicht genau.

Geschichte: Stásanor, einer der Stadtkönige, hat nach Herodot (5, 113) beim Rachefeldzug der Perser nach dem ionischen Aufstand (vgl. S. 35) das kyprische Heer verraten und damit

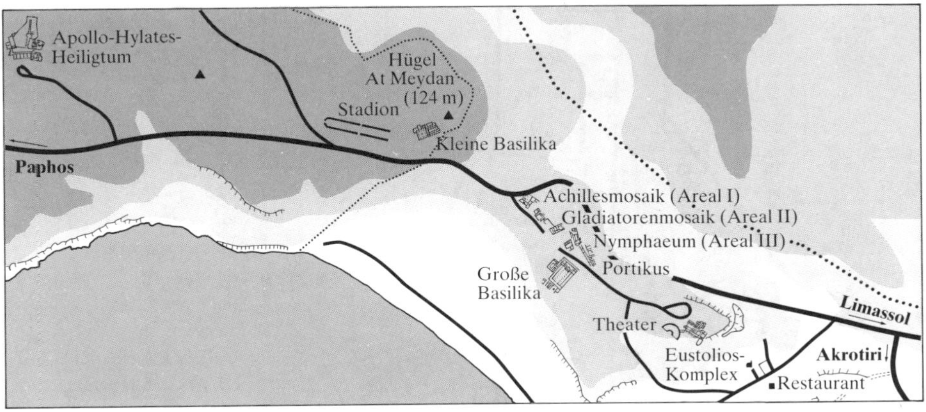

Lageplan von Koúrion und Umgebung

den Sieg der Perser erst ermöglicht. Er zog sich »mit einer nicht kleinen Schar von Männern« vom Kampf zurück. Streitwagen aus Salamis, so Herodot, hätten sich ihm angeschlossen.

Die Erdbeben des 4. Jhs. n. Chr. zerstörten die prächtig ausgebaute und florierende Stadt. Dieses Schicksal hatten auch Paphos und Sálamis erlitten. Nach einer frühchristlichen Wiederaufbauphase kam das Ende von Koúrion durch die Arabereinfälle Mitte des 7. Jhs. Episkopí, nicht weit von Koúrion im Osten gelegen, wurde neuer Bischofssitz (gr. *epískopos* = Bischof).

Zur Zeit der Kreuzzüge hatte sich die Baronsfamilie der Ibelins große Teile des Gebietes um Koúrion angeeignet und produzierte hier Rohrzucker in Konkurrenz zu den Johannitern von Kolossi.

Heiligtum des Apollo Hylátes

Orientierung: Das Heiligtum liegt 2 km westlich von Koúrion nahe der Straße (Farbt. 18). Eintrittsgeld. Die Ausgrabungen der Amerikanischen Mission dauern an.

Der Beiname Hylátes heißt übersetzt soviel wie ›Beschützer der Wälder‹. Apollo Hylátes ist ein nur auf Zypern verehrter Gott, vielleicht das Produkt einer Verschmelzung des griechischen Apollos mit einer einheimischen Gottheit, die die holzliefernden Wälder einst beschützte. Ähnlich sollten ja auch in der Bronzezeit die ›Barrengottheiten‹ von Énkomi die Kupferproduktion religiös absichern.

Die Großbauten des Heiligtums gehen auf das 1. und 2. nachchristliche Jahrhundert zurück. Außerhalb des eigentlichen Temenos, in das zwei Tore hineinführen (2, 3), liegen die sogenannte Palästra (1) und die Thermen (9). Im Süden flankiert den Bezirk ein Südgebäude (4), das mit seinen fünf Exedren mit Bänken und innerer Säulenstellung wahrschein-

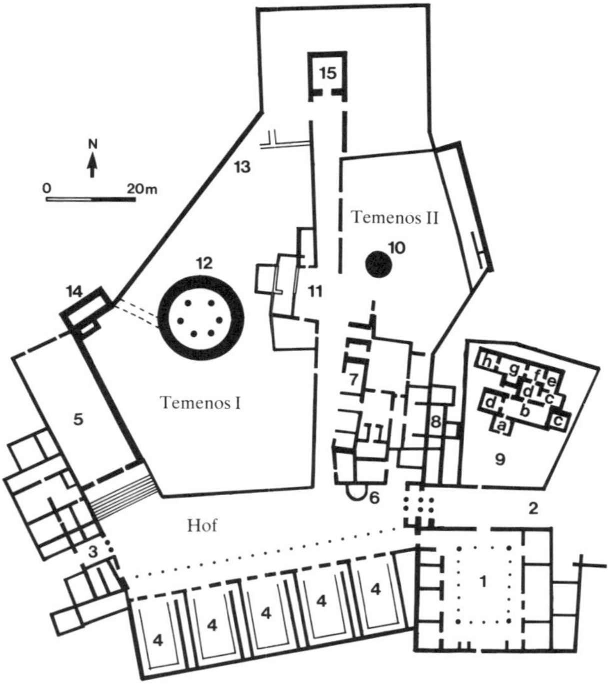

Heiligtum des Apollo Hylátes bei Koúrion, im wesentlichen römische Bauten

1 ›Palästra‹
2 Koúrion-Tor
3 Paphos-Tor
4 Südgebäude
5 Nordwestgebäude
6 Depotgrube
7 Stoa
8 Therme
9a Vestibül, b Frigidarium, c Kaltwasserbecken, d Apodyterion, e Tepidarium, f Sudatorium, g Caldarium, h Praefurnium
10 Archaischer Steinaltar
11 Zentralplatz
12 Rundmonument
13 Mysteriöse Felskanäle
14 Befestigter Eingang, Zisterne
15 Apollotempel

lich ein Empfangsraum für Besucher gewesen ist – mit der Möglichkeit, dort auch Weihgeschenke abzugeben. Links gegenüber erfüllte das Nordwestgebäude (5) wohl eine ähnliche Funktion. Dort, wo die schmale Straße vom Apollotempel her auf den Hof trifft, entdeckten die Ausgräber eine Depotgrube (›Bóthros‹) (6) mit Hunderten von Terrakotta-Weihgeschenken, die die Priester seit dem 5. Jh., um Platz zu schaffen, hierher ausgemustert hatten. Vorbei an einer Stoa (7) – dahinter Priesterwohnungen und wahrscheinlich eine Schatzkammer (8) – gelangt man zum ältesten Teil des Heiligtums, einem 1980 ausgegrabenen runden Steinaltar (10) mit Funden aus dem 7. Jh. v. Chr.

Die kürzlich restaurierte Front des Apollotempels (15), eines prostylen römischen Podiumtempels aus dem 1. Jh., ist auf die Straße ausgerichtet, die zu ihm führt. Biegt man am Zentralplatz (11) ab nach Westen, erreicht man nach wenigen Schritten ein merkwürdiges rundes Monument (12) mit 18 m Durchmesser. Es stellt einen umlaufenden Weg mit Eintiefungen in der Mitte dar. Hier ist zum erstenmal archäologisch ein Kult nachgewiesen, der durch Terrakottaplastiken schon vorher bekannt war: der Tanz um einen heiligen Baum. 1981 wurde auch die Rampe gefunden, die von einem Eingang in der westlichen Peribolosmauer zum Tanzplatz führte. Für die in den Felsen geschnittenen Kanäle, die man hin und wieder im Temenos sieht (z.B. bei 13), gibt es verschiedene Theorien. Eine Theorie hält die

Tanz um einen (heiligen?) Baum, archaisches Terrakottamodell. Zeichnung (nach Ohnefalsch-Richter)

Kanäle für Gräben, in die Bäume gepflanzt waren – eine Temenosbegrenzung aus vorrömischer Zeit. Keine schlechte Erklärung jedenfalls für ein Heiligtum des ›Beschützers der Wälder‹.

Stadion

Orientierung: Das römische Stadion liegt 1 km östlich von Koúrion an der Straße nach Paphos.

›Stadion‹ ist eigentlich ein Längenmaß: hier in Koúrion 186 Meter. Acht bis zehn Läufer starteten im Osten der insgesamt 229 m langen Anlage zum 186-Meter-Lauf. Die beiden Löcher für die Steinpfosten, die die Startlinie bildeten, sind 25 m vor dem östlichen Ende der Laufbahn zu sehen. Bei den Festlichkeiten zu Ehren des Apollo Hylátes, aber auch bei Siegen der römischen Armee und ähnlichen Gelegenheiten übten die Athleten hier neben Wettlauf auch andere Sportarten aus: z. B. Ballwerfen, wie es der ›Ballwerfer von Koúrion‹

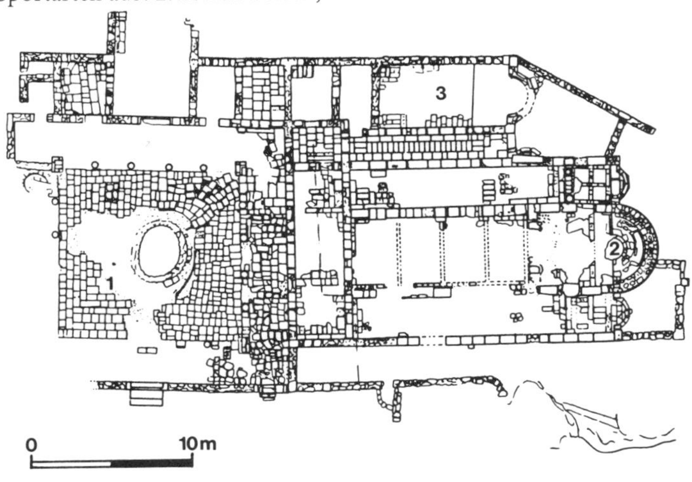

Kleine Basilika (›extra muros‹) von Koúrion, 5./6. Jh. Grundriß (nach Papageorgiou)
1 Atrium mit Kantharus
2 Synthronon
3 Kapelle

zeigt, der in der Palästra des Apolloheiligtums gefunden wurde. Das Stadion hatte Platz für 6000 Zuschauer. Ein Ausschnitt der sieben Sitzreihen ist rekonstruiert.

Vor der südlichen Längswand des Stadions erkennt man noch den Verlauf der Wasserleitung, die aus den Bergen kommend zunächst zum Apolloheiligtum, dann zum Stadion und schließlich ins Stadtgebiet führte.

Kleine Basilika 150 m westlich vom offenen Ende des Stadions liegen eingezäunt die Grundmauern einer frühchristlichen Basilika aus dem späten 5. oder 6. Jh., unter der man Reste von Tempelbauten gefunden hat. Die Basilika hat ein Atrium mit großem rundem Kantharus, ein Synthronon in der Apsis sowie nördlich der Längsschiffe eine kleine Kapelle, vielleicht für die Abgabe der Geschenke.

Nun die Beschreibung der Stätten, die auf dem Felsvorsprung von Koúrion liegen. Eintrittsgeld.

Große Basilika

Koúrion war wie Paphos und Sálamis Bischofssitz. Die große Basilika dürfte daher die Bischofskirche sein (5. Jh.; Abb. 53 und Titelbild). Heute geht man durch einen ehemaligen Nebeneingang (1) in den Basilikabezirk. Vorbei an einer Kapelle (2), wahrscheinlich für die Abgabe von Geschenken, gelangt man durch das nördliche Katechumenon (3) in den Narthex (4) der Basilika. Atrium (5) und Haupteingang (9) sind hier in Koúrion nicht vor die Westfront gebaut, sondern seitlich nach Norden versetzt – eine ungewöhnliche Anordnung,

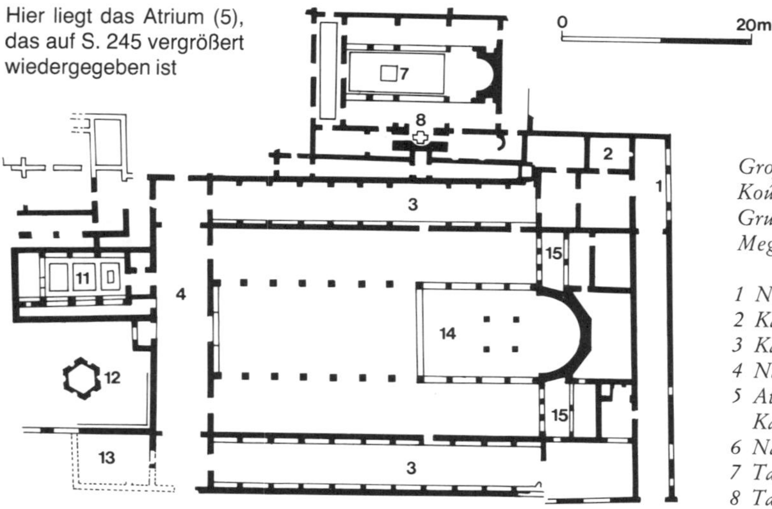

Große Basilika von Koúrion, 420–430. Grundriß (nach Megaw)

1 Nebeneingang
2 Kapelle
3 Katechumena
4 Narthex
5 Atrium mit Kantharus (S. 245)
6 Narthex (S. 245)
7 Taufbasilika
8 Taufbecken

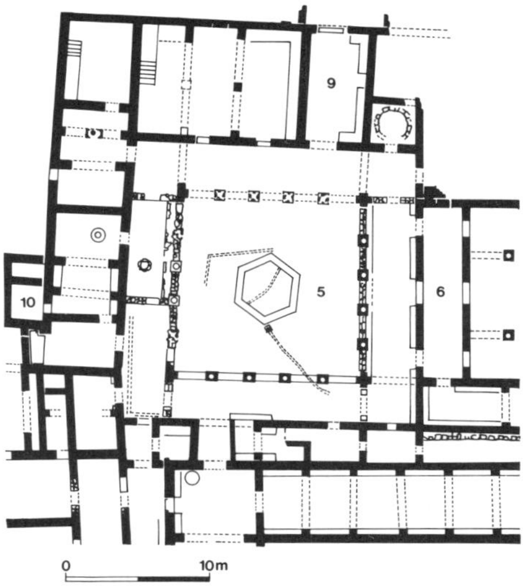

Atrium der Basilika

9 Haupteingang
10 Prieser-wohnungen
11 Kapelle (S. 244)
12 2. Atrium (S. 244)
13 Mosaik (S. 244)
14 Bema (S. 244)
15 Pastophorien (S. 244)

wohl aus Platzmangel so getroffen. Vom Atrium mit seinem hexagonalen Kantharus geht es durch einen Narthex (6) in die Taufbasilika (7), deren Taufbecken (8) sich rechts in einer Nische befindet. Es wurde später kreuzförmig verkleinert, nachdem die Kindertaufe mehr und mehr die Erwachsenentaufe abgelöst hatte. Von hier aus zog nach der Taufe eine Prozession mit den frisch Getauften durchs Atrium hinüber in die große Basilika zur ersten Kommunion. Im westlichen Trakt des Baukomplexes liegen die Priesterwohnungen (10) und gleich daneben eine zweite Kapelle für die Abgabe von Weihgeschenken (11). Aus ihr stammt ein Mosaik, das die Ausgräber in Raum 13 gebracht haben. Eine Inschrift in Raum 11 brachte dem Gläubigen einst Psalm 76 in Erinnerung: »Weiht Gelübde Jahwe, eurem Gott, und löset sie ein; ihr alle ringsum, dem Furchtgebietenden bringet Gaben herbei ...«

Ohne die Katechumena hat die Kirche drei Schiffe und gehört mit 55 m Länge zusammen mit den Basiliken von Paphos und Sálamis zu den größten Zyperns. Links neben der Apsis finden sich wie bei den späteren byzantinischen Kirchen die Pastophorien (15), Prothesis und Diakonikon. Im Bema (14) sind noch die Basen der vier Säulen zu sehen, die einst das Ciborium über dem Altar getragen haben.

Areale I–III (›Akropolis‹-Bezirk)

(Die Areale waren 1995 wegen neuer Grabungen nicht zugänglich)

Sich in diesem Stein- und Schichtenwirrwarr zurechtzufinden, ist nicht ganz einfach. Hier wurden ab hellenistischer Zeit immer wieder private und öffentliche Gebäude über älteren errichtet. Auffälligstes Monument in Areal III ist die Reihe von Säulen mit korinthischen

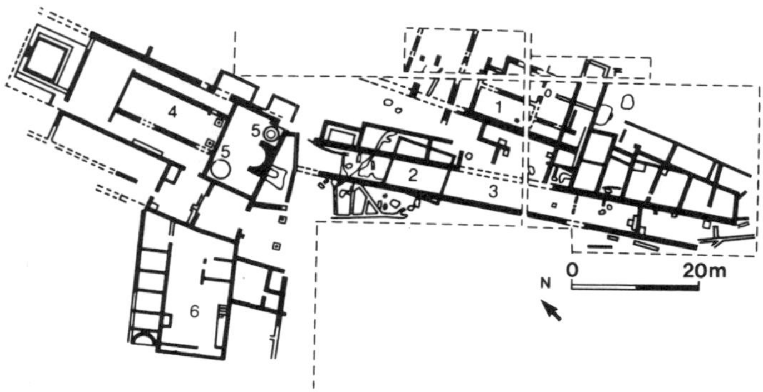

Koúrion, Areal III. Hellenistisch und römisch (nach Christou)

1 Hellenistisches Gebäude
2 Wasserreservoir
3 Römischer Portikus
4 Nymphaeum
5 Mittelalterliche Kalköfen
6 Südostsektor

Kapitellen, die die Archäologen wieder aufgestellt haben. Sie gehörten zu einem 65 m langen Portikus eines römischen öffentlichen Gebäudes. Unter dem Portikus liegt ein viereckiges, 3,5 m tiefes Wasserreservoir, das zusammen mit den danebenliegenden Zisternen und Leitungen in hellenistischer Zeit in Betrieb war. 25 m nördlich vom Wasserreservoir stehen auf dem Gelände eines römischen Nymphäums Reste zweier Kalköfen, in denen im Mittelalter die antiken Marmorblöcke zu Kalk wurden. Die Ausgrabungen des zypriotischen Departments of Antiquities dauern an.

Im Areal II lassen sich zwei Baukomplexe unterscheiden. Der obere hat einen peristylen Innenhof und eine Halle mit Apsis. Der untere Bau, weiter zur Straßenkreuzung hin, hat ein Vestibül, einen palästra-artigen Innenhof und sogar eine Badeanlage. Den Boden des Innenhofes zierten Mosaike: Gladiatoren im Kampf, mit Namen beschriftet (Abb. 42, 43). Dareios, der unbewaffnete Mann zwischen den Gladiatoren Lytras und E..., war dem Namen nach wahrscheinlich ein Perser.

Weiter an Zaun und Straße entlang kommt man zum Areal I direkt an der Kreuzung. Hier befinden sich weitere Fußbodenmosaike: Achill in Frauenkleidern (Farbt. 22), bewaffnet mit Speer und Schild, dahinter Deidameia, die Tochter des Königs Lykomedes. Thetis, die Mutter des Achill, hatte ihren Sohn bei den Töchtern des Königs Lykomedes versteckt, weil sie wußte, daß es ihm bestimmt war, vor Troja zu sterben. Doch ohne Achill konnte Troja nicht erobert werden, und so ließ sich Odysseus eine List einfallen: er brachte den Töchtern reichen Schmuck und eine Rüstung. Dann ließ er eine Kriegstrompete ertönen. Achill verrät sich, indem er zu den Waffen statt zum Schmuck greift. Ein zweites, ziemlich zerstörtes Mosaik zeigt in einem der Nebenräume Ganymed mit dem Adler, ein Darstellungstypus, der auch im Haus des Dionysos in Paphos so zu finden ist.

Theater und Eustólios-Komplex

Die Ursprünge des Theaterbaus von Koúrion liegen bereits im Hellenismus. In der Kaiserzeit, im 2. Jh., erhielt es seine jetzige Ausdehnung, wurde dann aber noch mehrmals umgebaut (Abb. 39). So z. B. im 3. Jh., als man die ersten Sitzreihen entfernte, ein Gitter um die Orchestra zum Schutz der Zuschauer anbrachte und hier dann Gladiatorenspiele und Tierhatzen stattfinden ließ (Abb. 42, 43). Das Theater konnte 3500 Zuschauer fassen und ist damit wesentlich kleiner als das Theater von Sálamis mit einem Fassungsvermögen von 17000 Zuschauern. Nach dem großen Erdbeben von 365 wurde das Theater von den Christen, die nun in Koúrion als Auftraggeber das Sagen hatten, nicht wieder aufgerichtet. Seine Sitzreihen wurden 1961 rekonstruiert.

Theater und Eustólios-Komplex in Koúrion. Grundriß (nach Karageorghis)

Theater: 1 Orchestra 2 Skenengebäude 3 Koilon bzw. Cavea 4 Korridor 5 Treppenturm 6 Außenstützen. – Eustólios-Komplex: 1 Vorhof 2 Vestibül 3 Peristylhof 4 Becken 5 Triklinium 6 Korridor 7 Apsisraum. – Therme im Eustólios-Komplex: 8 Frigidarium 9 Ktísis-Mosaik 10 und 11 Kaltwasserbecken 12 Apodyterien 13 Tepidarium 14 Caldarium 15 Eustólios-Inschrift 16 Christus-Inschrift

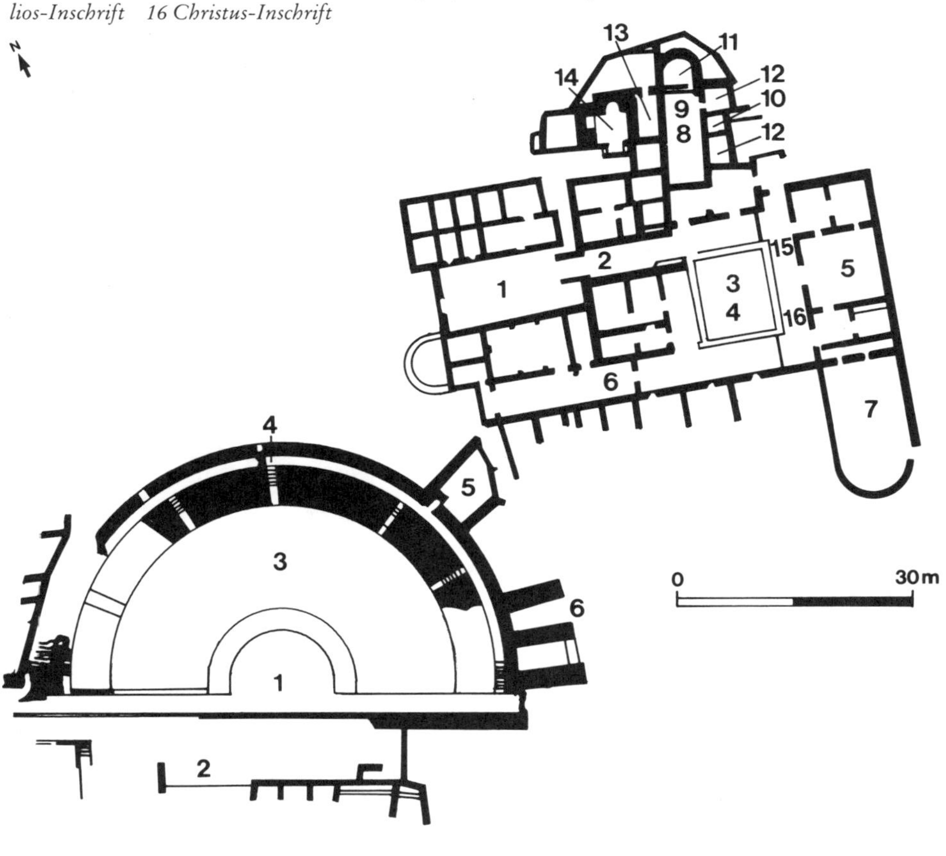

Der nach einer Mosaikinschrift Eustólios-Komplex genannte Bau besteht aus Badeanlagen (8–14), einem peristylen Innenhof mit Becken (3, 4), einem Eingangstrakt (1, 2) und aus Räumen im Süden, die die Ausgräber als Privaträume interpretieren. Auch hier ist der Bau mehrfach verändert worden. Die heute sichtbare Anlage stammt aus dem Ende des 4. Jhs. Ursprünglich, im Hellenismus, war der Bau wohl ein Privathaus, später, vom 4. bis zu seiner Zerstörung im 7. Jh., dann ein öffentliches Gebäude mit Therme. Ein Mosaik im großen Frigidarium der Therme (18) zeigt ein Brustbild einer Frau namens Ktisis, die einen Maßstab des römischen Fußes (Längenmaß) in der Hand hält (Abb. 50). Ktisis heißt im Markusevangelium soviel wie ›Schöpfung‹. In dieser auf den ersten Blick heidnisch anmutenden Personifikation dürfte also schon christliches Gedankengut stecken. Die anderen Mosaike des Eustólios-Komplexes sind eindeutig christlich geprägt. Sie verzichten ganz auf menschlich-figürliche Abbildungen und benutzen geometrische Ornamentik und Darstellungen aus der Tier- und Pflanzenwelt. Eine sehr fragmentarische Inschrift nennt Eustólios, den Erbauer »dieser kühlen windgeschützten Zuflucht«, eine andere, wichtigere, dokumentiert eindringlich den Übergang vom Heidentum zum Christentum: »Anstelle von großen Steinen und festem Eisen, anstelle von glänzender Bronze und Diamant ist dieses Haus umgürtet von den vielverehrten Symbolen Christi.« Die ›vielverehrten Symbole‹ sind vor allem Kreuze, die im geometrischen Ornament des Fußbodens häufig vorkommen. Am Eingang ins Haus des Eustólios wird man mit dem Wunsch willkommen geheißen: »Tritt ein ... und Glück für das Haus.«

Umgebung von Koúrion

Sotíra Neolithische Siedlung auf dem Hügel ›Teppes‹ mit noch gut zu erkennenden Grundmauern der Häuser. 250 m nordöstlich davon haben Ausgrabungen von 1981 die chalkolithische Siedlung Kaminoudia näher erforscht. Dort steht auch gleich am Feldweg ein merkwürdiger großer Stein mit einem länglichen Loch in der Mitte. Von Steinen dieser Art, die bis zu 3 m hoch sind, gibt es rund 50 auf der ganzen Insel. Alter und Funktion dieser Monumente sind bis heute nicht geklärt.

Episkopí Koúrion-Museum mit den Funden aus Koúrion und Umgebung. Am östlichen Ortsrand von Episkopí: bronzezeitliche Siedlungen Bamboúla und Phaneroméni.

Alt-Paphos (Koúklia, gr. Paläpaphos)

Orientierung: Die Ruinen von Alt-Paphos liegen 16 km östlich von Neu-Paphos auf einem Hügelplateau oberhalb der Hauptstraße Paphos–Limassol. Für das Aphroditeheiligtum und für das Museum in der fränkischen Festung Covocle wird Eintrittsgeld erhoben. Besichtigungsvorschläge außerdem: drei ›archäologische Spaziergänge‹, 1. zur Belagerungsrampe am Nordosttor (Abb. 37), 2. zu den Ruinen des ›Perserbaus‹ und 3. zu den Ruinen der mittelalterlichen Rohrzuckerfabrik in der Küstenebene. (Den Schlüssel für alle Orte hat der Wärter des Aphroditeheiligtums).

Geschichte des Heiligtums: Die heute noch sichtbaren Reste des Heiligtums lassen nicht vermuten, daß hier einst eine der wichtigsten Kultstätten der Antike war. Kultobjekt war niemals eine *Statue* der Aphrodite, sondern ein kegelförmiger Stein (Abb. S. 251). Die Abbildungen auf Münzen, Siegeln und einem Ring unterscheiden sich allerdings zu sehr voneinander, als daß man von ihnen auf die architektonische Gestaltung des Heiligtums schließen könnte. Nur eines haben alle gemeinsam: das anikonische (bildlose) Verehrungsobjekt. Bei der Architektur auf den Münzen handelt es sich wohl weniger um einen dreiteiligen Tempel, sondern eher um einen Schrein oder einen Baldachin, der von Pfeilern getragen wurde. Anikonische Kultobjekte gibt es übrigens auch in Delphi (Omphalos) oder in Dodona (Eiche).

Kupferzeitliche Funde in und um Paläpaphos lassen hier schon im 3. Jahrtausend auf die Verehrung einer Fruchtbarkeitsgöttin schließen. Wann aber und wie die anikonische Vereh-

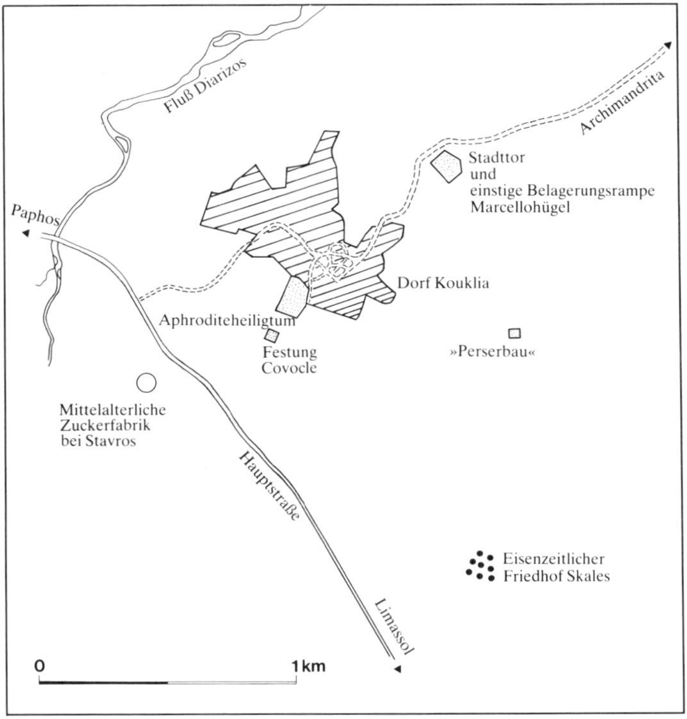

Alt-Paphos/Koúklia und Umgebung (nach Maier)

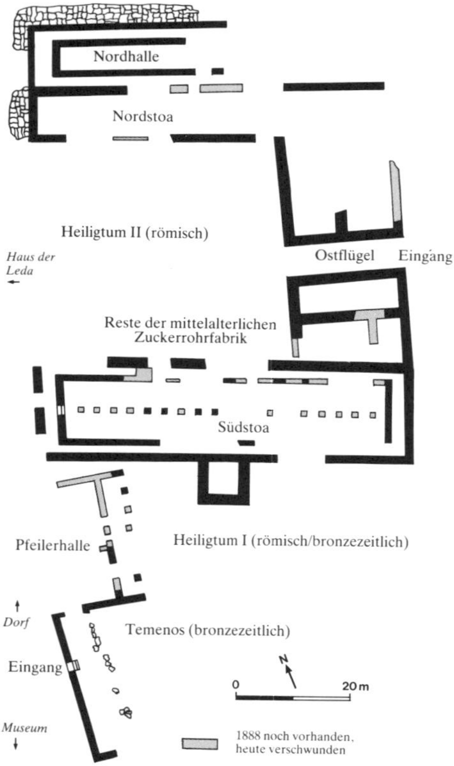

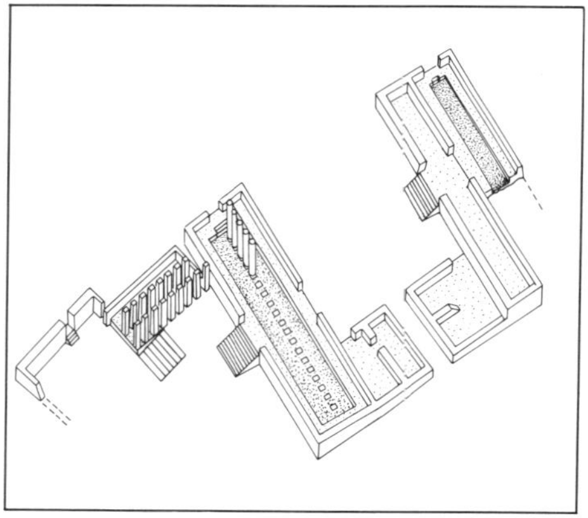

Das spätbronzezeitliche (südlicher Teil) und römische (nördlicher Teil) Aphroditeheiligtum. Grundriß und Rekonstruktion (nach Maier)

rung der Magna Mater und damit der Fruchtbarkeit entstanden ist, vermag niemand zu sagen. Jedenfalls trafen die Achäer, die ab etwa 1200 v. Chr. eingewandert waren (vgl. S. 26), auf den bildlosen Kult, übernahmen ihn und verehrten mit ihm fortan die griechische Aphrodite. Die vor den Griechen auf Zypern ansässige spätbronzezeitliche Bevölkerung hatte diese Fetischverehrung wohl ebenfalls schon übernommen, in Paphos wurde wohl eine Muttergottheit wie Astarte oder Ischtar verehrt. Genau benennen können wir sie nicht. Weihgeschenke jedenfalls stellen einen Astartetypus dar.

Es gibt in der griechischen Mythologie zwei verschiedene Gründer von Paphos und dem Aphroditeheiligtum. Kínyras, der mit seiner Tochter Myrrha den Adonis zeugte, steht für die älteste Zeit des Heiligtums. Agapenor von Tegea, der später, nach dem Trojanischen Krieg, Paphos gründete, steht für die griechische Einwanderung und für die Übernahme des Kultortes durch achäische Hohepriester, die sich jedoch weiter Kinyraden nannten. (Zur Mythologie von Paphos vgl. S. 102.)

Zum Aphroditekult in Paphos

Im Frühjahr, wenn die Natur aufblühte, fand das große Fest zu Ehren Aphrodites statt. Pilger aus der ganzen griechischen Welt nahmen daran teil. Eine Prozession zog vom Hafen über Geroskípou, dem ›Heiligen Hain‹, zum Heiligtum der Aphrodite. Hier wurden über mehrere Tage Mysterien- und Fruchtbarkeitskulte um Aphrodite und Adonis abgehalten.

Ein Element dieser Kulte war offenbar die Tempelprostitution, von der wir von Herodot wissen, daß »auch auf Kypros hie und da eine ähnliche Sitte herrschte« (1, 199): »Die meisten Frauen ... machen es folgendermaßen. Sie sitzen in dem Heiligtum der Aphrodite und haben eine aus Stricken geflochtene Binde ums Haupt. Es sind viele zur gleichen Zeit da; die einen kommen, die anderen gehen. Gradlinige Gassen nach jeder Richtung ziehen sich durch die harrenden Frauen, und die fremden Männer schreiten hindurch und suchen sich eine aus. Hat sich eine Frau hier einmal niedergelassen, so darf sie nicht eher nach Hause zurückkehren, als bis einer der Fremden ihr Geld in den Schoß geworfen und sich draußen außerhalb des Heiligtums mit ihr vereinigt hat. Wenn er ihr das Geld zuwirft, braucht er nur die Worte zu sprechen: Ich rufe Dich zum Dienst an der Göttin Mylitta. Aphrodite heißt nämlich bei den Assyriern Mylitta.

Die Größe des Geldstücks ist beliebig. Sie weist es nicht zurück, weil sie es nicht darf, denn es ist heiliges Geld.«

Wenn man diese Herodotstelle auf Paphos übertragen kann, so bedeutet dies dreierlei. Für die Frauen war die einmalige Hingabe ihres Leibes ein Weihgeschenk an die Göttin, der Spenderin aller Fruchtbarkeit. Für die Männer war der sexuelle Verkehr mit einer Fremden gegen Geld für Aphrodite wohl eine Art Initiation. Für die Priesterschaft schließlich müßte der Brauch eine wichtige Finanzquelle gewesen sein.

Kegelförmiger Steinfetisch von Alt-Paphos auf römischen Münzen

Auch nach der Verlegung der Stadt Paphos nach Westen zum Hafen am Ende des 4. Jhs. v. Chr. durch den letzten Stadtkönig von Paphos, Nikokles, blieb das Heiligtum ein zentraler Kultort. Ein Teil der Bevölkerung des *Ortes* Alt-Paphos allerdings siedelte in die neue Stadt über. Paphos war nun nur noch Kult-Ort.

Der Aphroditekult bestand bis ins 4. Jh. n. Chr. Dann wurde er von den Christen verboten.

Beschreibung des Heiligtums: Vom Heiligtum der späten Bronzezeit stehen bis heute noch einige der megalithischen Kalksteinblöcke, die einst die Temenosummauerung bildeten. Einen schmalen Eingang in das Temenos gab es im Westen. Nördlich sieht man noch Basen von Pfeilern, die zu einer Halle gehörten, die das Heiligtum im Nordwesten abgrenzte. Das Aphroditeheiligtum hat die typische Form eines orientalischen Hofheiligtums. Im Hof wird der kegelförmige Stein gestanden haben, vielleicht unter einem Schrein, so wie ihn die römischen Münzen später abbilden. Ob das Heiligtum schon vor der griechischen Einwanderung oder erst danach von Griechen errichtet wurde, ist noch ungeklärt.

Dieses spätbronzezeitliche Heiligtum blieb jedenfalls über die ›dunklen Jahre‹ und darüber hinaus intakt. Es wurde schließlich in der römischen Kaiserzeit (um 100 n. Chr.) durch einen monumentaleren Baukomplex ergänzt, das Heiligtum 2 auf dem Plan.

Die Hofform ist beibehalten: Im Norden die Abgrenzung durch Nordhalle und Nordstoa, im Süden durch die Südstoa. Hinter der Südstoa schloß das frühbronzezeitliche Heiligtum an. In das Temenos hinein gelangte man von Osten, durch einen 5,5 m breiten Eingang. Die ›Pfeilerbasen‹, die man gleich am Eingang im Hof sieht, sind mittelalterlich und gehören zur Zuckerrohrfabrik (s. unten). Heiligtum 2 bedeckt nun eine Fläche von 79 × 67 m. Wo jetzt der Schrein mit dem Kultobjekt gestanden hat, ob in Heiligtum 1 oder 2, ist unbekannt, ebenso wie die genaue Funktion der Hallen und der östlichen Räumlichkeiten. Maier, der Ausgräber von Alt-Paphos, nennt sie »kultische Bankethallen«. Anlaß zur Errichtung von Heiligtum 2 mögen die Zerstörungen des Erdbebens von 76/77 n. Chr. gewesen sein.

Der deutsche Pilger Felix Faber zur ›schönen unkeuschen Frau Venus‹ von Paphos. Aus der deutschen Ausgabe seines Reiseberichts von 1556

»Am Tage sahen wir Zyperland vor uns und fuhren an einer zerstörten Stadt hin, heißt Paphum, das die erste Stadt in Zyperland ist gewesen. In der stand ein Schloß, auf dem die schöne unkeusche Frau Venus ihre Wohnung hatte, und nach ihrem Tod bauten die ihr dahin einen Tempel, zu dem alle Frauen von Griechenland wandelten und brachten Frau Venus, der Abgöttin, ihr Opfer. Hinter der Stadt liegt rechts der erste Venus-Berg. Und daß man sagt, er liege bei Rom, ist Fantasey, auch ist nichts daran ...

Den wüsten Frau-Venus-Tempel ließ Sankt Paulus und Sankt Barnabas zerbrechen, und bekehrten die Stadt und das ganze Zyperland.«

Südstoa und Nordhalle lassen sich einigermaßen rekonstruieren: Die 11 m breite und 56 m langgestreckte Südstoa hatte ein Bodenmosaik aus geometrischen Mustern. In der Mitte stand eine Reihe dorischer Säulen, die das Dach getragen hatten. Entlang der Wände war innen etwa 60 cm über dem Mosaik ein Podium aufgeschüttet. Ein ähnliches umlaufendes Podium war auch in der Nordhalle.

Museum in der Lusignan-Festung Covocle Die bedeutendsten Funde von Alt-Paphos sind ins Archäologische Nationalmuseum in Nikosia gebracht worden, darunter das berühmte Mosaik ›Leda mit dem Schwan‹ (Abb. 49), von dem sich eine Kopie am Fundort befindet (Weg dorthin beginnt am Eingang in die Festung).

Raum 1: Dokumentation des Aphroditeheiligtums. Ob der ausgestellte schwarze Kultstein tatsächlich das berühmte konische Kultobjekt darstellt, ist umstritten.

Raum 2: Chalkolithisches weibliches Idol, Mahlstein, Webgewichte, Elfenbeinarbeiten, Badewanne vom früheisenzeitlichen Friedhof Skales. Dann die Funde aus der Belagerungsrampe, darunter ein spätarchaischer Kopf, Steine mit zyprischer Silbenschrift, ein ionisches Kalksteinkapitell und eine hellenistische Statuenbasis mit Weihinschrift auf Griechisch, die den späteren König Ptolemaios als Stifter nennt. Außerdem Gefäße der mittelalterlichen Rohrzuckerfabrik. Unter Raum 2 eine gotische Halle.

›Perserbau‹ Ein paar Minuten zu Fuß und Sie kommen zu einem Grabungsplatz, wo an der Innenseite der archaischen Stadtmauer ein Gebäudekomplex von 42 × 43 m Ausdehnung, der ›spätarchaische Quaderbau‹, in den Grundmauern noch zu erkennen ist. Die Sockelschicht besteht aus sorgfältig behauenen Spiegelquadern, darüber erhob sich Lehmziegelmauerwerk, das ein Ziegeldach getragen hat. Die Vielzahl kleiner Räume, die engen Korridore, die symmetrische Anordnung erinnern an achämenidische Palastbauten des späten 6. und frühen 5. Jhs. v. Chr. Handelt es sich hier um die Residenz eines persischen Gouverneurs, der nach dem Abfall der kyprischen Stadtkönigtümer und der Einnahme der Stadt 498/97 v. Chr. (vgl. S. 35f.) Paphos kontrollieren sollte? Oder ist es die Residenz des paphischen Stadtkönigs, der sich hier als persischer Vasall persische Palastbauten zum Vorbild nahm, wie Maier meint? (Das gleiche Problem haben wir übrigens auch mit dem persischen Palast von Vouní im türkisch besetzten Norden in der Nähe von Sóloi, vgl. S. 322.)

Stadtmauer, Stadttor und Belagerungsrampe Der gut lesbare Ausgrabungskomplex liegt auf dem Marcello-Hügel, 1 km außerhalb von Koúklia rechts an der Straße nach Archimandríta. Schlüssel zum Ausgrabungsgelände beim Wärter des Aphroditeheiligtums.

Die Bewohner von Paphos hatten, bevor es im Winter 498/97 v. Chr. zur Belagerung durch die Perser kam, ihre Lehmziegel-Stadtmauer verbreitert und mit einer Steinschicht verstärkt. Vor der Mauer hatten sie einen Graben ausgehoben und außerdem den Zugang

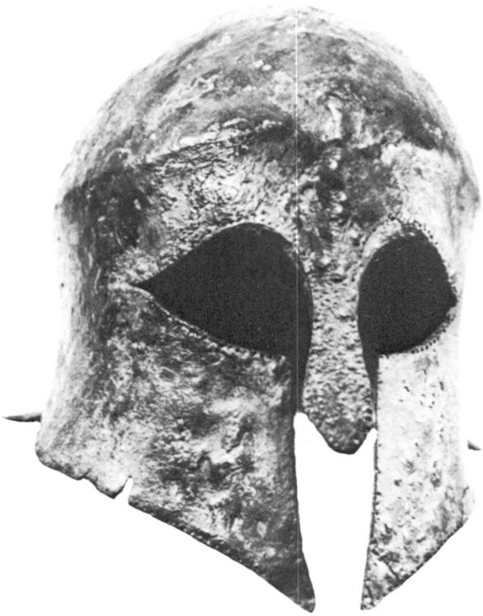

Korinthischer Helm (wahrscheinlich eines griechischen Söldners in persischen Diensten) von der Belagerungsrampe in Alt-Paphos

durchs Stadttor in sich so versetzt und mit Bastionen befestigt, daß Angreifer einen verwinkelten Eingang passieren mußten.

Die Perser schütteten den Graben an einer Stelle nahe beim Stadttor zu und errichteten unter ständigem Pfeilbeschuß – mehrere hundert Pfeilspitzen wurden gefunden – eine Rampe, auf der sie offenbar einen Belagerungsturm bis an die Stadtmauer heranschieben wollten, um so auf die Mauer überspringen zu können (Abb. 37).

Die Verteidiger jedoch trieben als Gegenmaßnahme Stollen unter der Stadtmauer in den aufgefüllten Stadtgraben. Ziel der Operation war, unter der Rampe Hohlräume zu schaffen und diese samt Belagerungsturm zum Einsacken zu bringen. Die Hohlräume wurden zunächst mit Balken und Brettern abgestützt. Dann brachten die Verteidiger im rechten Moment Brennmaterial in Bronzekesseln herbei und setzten die Holzstützen in Brand (Kessel wie Brandspuren wurden gefunden). Ob es die einfallsreichen Paphier schafften, so einen Belagerungsturm außer Gefecht zu setzen, wissen wir nicht. Sicher ist nur, daß Paphos von den Persern genommen wurde und bis zur Zeit Alexanders des Großen unter persischer Oberherrschaft stand.

Abenteuerlustige Besucher können durch einen Stollen, der etwa 30 m südöstlich vom Stadttor an der Innenseite der Stadtmauer hinabführt, recht bequem zum Graben gelangen. Die Rampe wurde von den Ausgräbern abgetragen.

Zum historischen Zusammenhang vgl. S. 35ff. Dort auch Näheres zum archäologischen Befund.

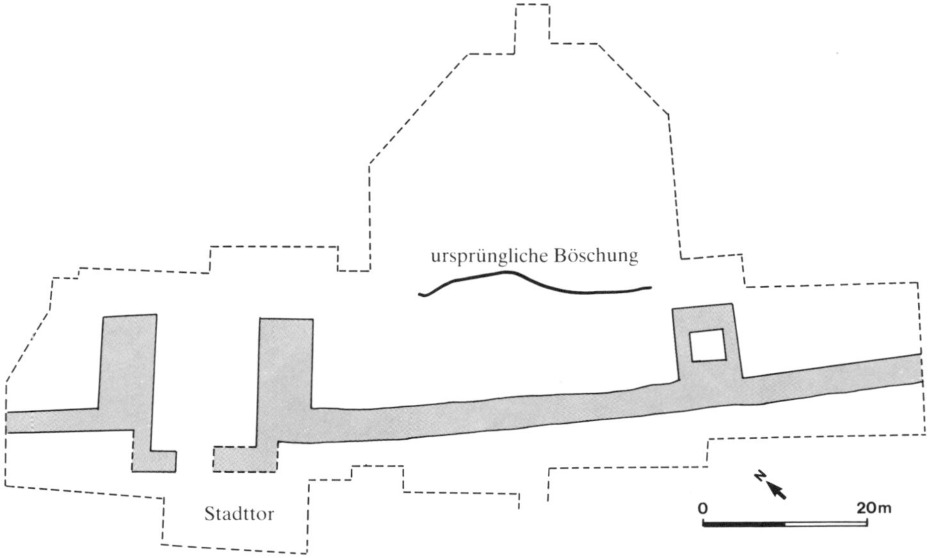

Teil der Stadtmauer, Tunnel und (heute abgetragene) Belagerungsrampe von Alt-Paphos. Oben um 500 v. Chr., unten nach den Perserkriegen. Grundrisse (nach Maier)

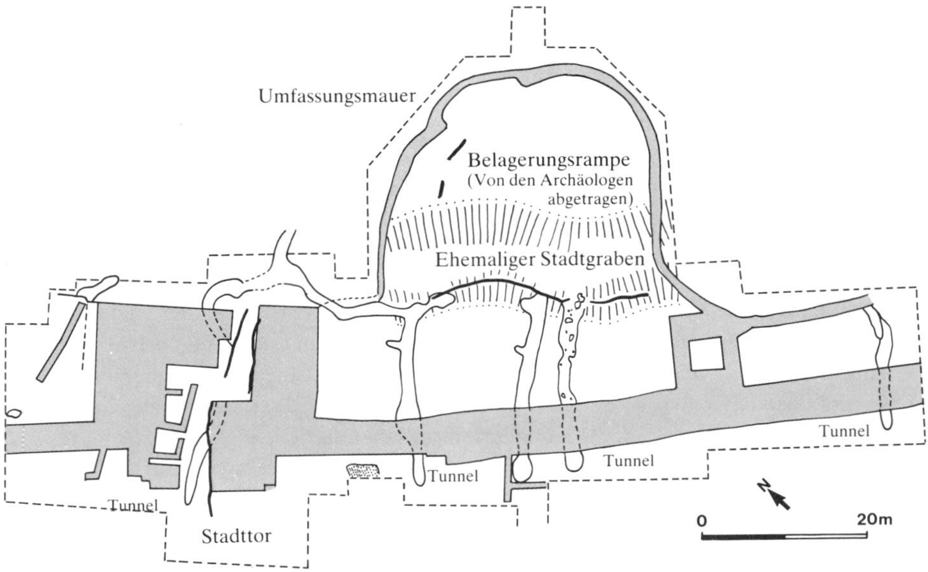

Belagerung einer Stadt mit Rampe und Belagerungsturm-Wagen auf assyrischem Relief. Britisches Museum, London

Ruinen einer mittelalterlichen Rohrzuckerfabrik In der Küstenebene, jenseits der Straße Paphos–Limassol, liegt in der Gemarkung Stavros ein Grabungsfeld, das sich als Zuckerraffinerie herausgestellt hat, ein Stück ›Industriearchäologie‹ also. Vom Ende des 14. bis zum 16. Jh. war in Koúklia das Zentrum einer königlichen Domäne der Lusignans für den Anbau von Zuckerrohr.

Die Zuckerrohrverarbeitung verlief in drei Phasen:

1. Phase: Das geerntete Zuckerrohr wurde in Stücke geschnitten und auf einer Mühle ausgepreßt. Zugtiere bewegten den Mahlstein.

2. Phase: Die dabei anfallende Zuckerrohrmasse wurde in einer Wassermühle nochmals gepreßt: Das Wasser strömte durch einen Druckwasserkanal mit Düse und setzte ein horizontal angebrachtes Wasserrad in Bewegung, das sich in einem Raum unter den Mahlsteinen befand. Von diesem Wasserrad wurde die Drehung auf den Läuferstein darüber übertragen. Wassermühlen dieser Art gab es im 14. Jh. häufig im Nahen Osten, von wo aus die Zuckerrohrverarbeitung auch nach Sizilien und Spanien gelangt ist.

3. Phase: Die zweimal gepreßte Zuckerrohrmasse wird ein oder mehrere Male in Kupferpfannen gekocht und anschließend in trichterartige Tongefäße gefüllt, die auf Töpfe gesetzt waren, in die die flüssige Melasse abtropfen konnte. In der Trichterform kristallisierte dann der Zucker aus und konnte schließlich als Zuckerhut aus der Form gelöst werden.

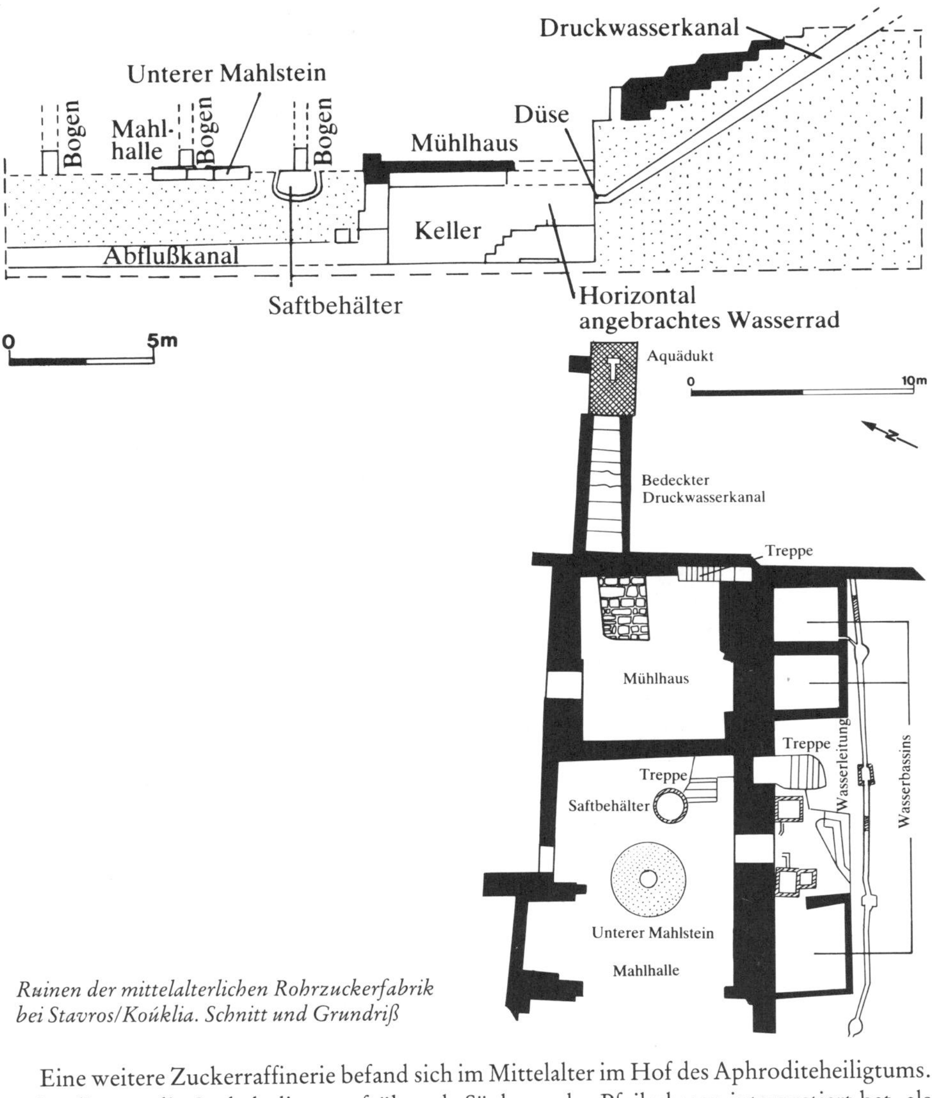

Ruinen der mittelalterlichen Rohrzuckerfabrik bei Stavros/Koúklia. Schnitt und Grundriß

Eine weitere Zuckerraffinerie befand sich im Mittelalter im Hof des Aphroditeheiligtums. Hier dienten die Sockel, die man früher als Säulen- oder Pfeilerbasen interpretiert hat, als Basen für die Herdstellen. Verwaltungszentrum der Rohrzuckerproduktion war die Burg von Koúklia.

Offenbar gingen beim Herauslösen des Zuckers immer wieder Gefäße zu Bruch, so daß man sich Reservevorräte an Formen halten mußte: Von den Formen fanden die Ausgräber 6678, von den Töpfen aber nur 2827 Exemplare.

Die Bassins dienten zum Waschen und Wässern der Formen und Töpfe. Durch Wässern läßt sich der Zuckerhut besser aus der Form lösen.

Die osmanische Herrschaft und der Import von billigerem westindischen Zucker brachte die Rohrzuckerproduktion von Zypern schließlich zum Erliegen. (Zur Zuckerrohrfabrik bei Kolossi vgl. S. 240.)

Geroskípou (Geroskipos)

Name und Lage des Dorfes an der alten Pilgerstraße von Neu-Paphos zum Aphroditeheiligtum in Alt-Paphos, dem heutigen Koúklia, spiegeln die frühere Bedeutung Geroskípous wider: Hierós Kípos heißt ›heiliger Hain‹ oder ›heiliger Garten‹. Wir kennen auf Zypern und auch in Griechenland manche solcher Gärten und Haine, die zu den antiken Heiligtümern gehörten, auf Zypern z. B. der Hain des Apollo Hylátes bei Koúrion, des Gottes der Wälder. Aus Idalion und Tamassós sind ›Gärten der Aphrodite‹ bekannt. Ein schattiger Garten oder Hain, der den Pilgern auf dem Weg zum Aphroditeheiligtum Gelegenheit zur Rast bot, dürfte auch hier gewesen sein – heute ist davon nichts mehr zu sehen.

Geroskípou ist heute ein recht wohlhabendes Dorf von 1800 Einwohnern, deren Bauern am Wachstum des Tourismus im 3 km entfernten Paphos mehr oder minder vorteilhaft teilhaben. Viele haben ihre Grundstücke in der fruchtbaren Ebene am Meer an Hotelgesellschaften verkauft. Noch bis zum 2. Weltkrieg arbeiteten in Geroskípou Manufakturen, die Maulbeerseide verarbeiteten. Ein anderer, noch florierender Zweig der Wirtschaft von Geroskípou ist die Produktion von türkischem Honig, Loukoúmi genannt. Die auf ganz Zypern bekannte Süßigkeit kann man in den Geschäften an der Hauptstraße erstehen.

Volkskundemuseum In einem Haus aus Natursteinen, das einem Konsul des 18. Jhs. gehörte. Ausstellung verschiedener Handwerks- und Agrartechniken mit guter Beschriftung. Besonders interessant die Rekonstruktion der Seidenherstellung. Der Seidenspinner (Bombix mori) ist ein uraltes Haustier des Menschen. Seine Zucht zum Zwecke der Seidenherstellung hat in China bereits im 3. Jahrtausend v. Chr. begonnen. Fortan versuchte China, sein Monopol hierauf zu behaupten. Unter Justinian, im 6. Jahrhundert n. Chr., sind die Eier des Seidenspinners heimlich nach Konstantinopel gebracht worden, womit die Seidenproduktion nun auch im Byzantinischen Reich beginnen konnte. Die Raupen, die sich von den Blättern des Maulbeerbaums ernähren, spinnen einen dichten Kokon. Sein etwa 2 km langer, hauchdünner Faden liefert die Seide, die nach der Abtötung der Puppen durch heißes Wasser abgehaspelt wird.

Kirche der hl. Paraskeví

Architektur: Fünfkuppelkirche aus dem 10./11. Jh. vom Typ der Mehrkuppelkirchen (Abb. 54). Diese Bauform leitet sich von der Johanneskirche in Ephesos her und stellt eine Stufe der

architektonischen Entwicklung vom basilikalen Langhaus hin zur zentralen Kreuzkuppelkirche dar. (Zu den Mehrkuppelkirchen Zyperns vgl. S. 71.) (Die Kirche ersetzt einen Vorgängerbau aus der Zeit des Bilderstreits, s. unten.) Einen fast identischen Grundriß hat die zeitgleiche Kirche der hll. Hilarion und Barnabas in Peristeróna. Eine Besonderheit der Paraskevíkirche ist das überkuppelte Mausoleum in der Form eines Tetrakonchos, das dem Kirchenbau südlich der Apsis angegliedert ist.
Fresken: Bei den Restaurierungs- und Reinigungsarbeiten, die der zypriotische Antikendienst zwischen 1974 und 1977 durchführte, kamen unter den Malereien des späten 15. Jhs. mehrere Serien früherer Ausmalung zutage: Fresken aus dem 10. und späten 12. Jh. und sogar Reste anikonischer Dekoration aus der Zeit des Bilderstreits, die 1993 aber weitgehend abgenommen waren.

Freskenserie des späten 12. Jhs. Hierzu gehört die eindrucksvolle Koimesis-Darstellung (Grablegung der Maria), von der ein großer Teil in der aufgerissenen Fläche in der Mitte der späteren Kreuzigungsszene (Nordwand, unter der mittleren Kuppel) zu sehen ist. Man beachte auch hier den Juden Jephonias, dem der Erzengel die Hände abschlägt, die sich nach der Seele der Maria ausstrecken.

Freskenserie des späten 15. Jhs. Diese Malereien bilden heute den Hauptschmuck der Kirche. Stilistisch gehören sie zur Kunst der Paläologenrenaissance; westliche Einflüsse in Stil und Ikonographie sind z. B. an der Darstellung der Menschenmenge bei der Kreuzigungsszene abzulesen, gerade auch im Vergleich zur darunterliegenden linearen und hieratische Darstellungsweise des Marientods aus dem mittelbyzantinischen 12. Jh. – Bewegung, auch die Gemütsbewegung in den Gesichtern, mehr Plastizität, Räumlichkeit und Naturalismus machen dagegen die Malereien des späten 15., venezianischen Jhs. aus.

Mittlere Kuppel: Maria vom Typ der Orans. Im Tambour neun von ehemals zwölf Propheten. In den Pendentifs die vier Evangelisten. *Westkuppel:* Pantokrator. In einem der Pendentifbilder – von der Position her ungewöhnlich – der Apostel Paulus, der einem Schreiber diktiert.

Der übliche neutestamentliche Zyklus im *Naos* (Kirchenraum) beginnt an der Südwand unter der mittleren Kuppel und endet gegenüber an der Nordwand. Jede Lünette (Feld unter einem Bogen) ist in zwei Zonen eingeteilt; nur die Kreuzigung nimmt das ganze Bildfeld ein. Erhalten sind: Geburt der Maria, Tempelgang der Maria, Geburt Jesu. Dann die Taufe mit ungewöhnlicher Personifizierung des Meeres (mit *thalassa,* Meer, ist das Bild beschriftet): eine nackte Frau in einem kleinen Boot, das zwei wolfsköpfige Meeresungeheuer ziehen. Links die Personifikation des Jordans. (Beide Darstellungen fußen auf Psalm 114,3: »Das Meer sah es und floh, der Jordan wandte rückwärts den Lauf«). Es folgen Auferweckung des Lazarus, Einzug in Jerusalem, Abendmahl, Fußwaschung, Christus vor Hannas und Kaiphas (den Hohepriestern; Bild stark zerstört), Judaskuß, Pilatus wäscht die Hände in Unschuld, Kreuzweg und schließlich die Kreuzigung.

Paphos

Orientierung: Paphos (30000 Einwohner) besteht aus zwei Ortsteilen: der Oberstadt, ›Ktima‹ (gr. ›Eigentum‹), und der Unterstadt Nea- oder Kato-, Neu- oder Unter-Paphos. Beide Ortsteile bitte nicht verwechseln mit Alt-Paphos, dem heutigen Koúklia. In Koúklia befindet sich das berühmte Aphroditeheiligtum von Paphos.

Paphos-Ktima

1 Archäologisches Museum 2 Sammel- und Privattaxis 3 Volkskundemuseum 4 Rathaus 5 Städtische Bibliothek 6 Bezirksverwaltung 7 Byzantinisches Museum (Ikonensammlung) 8 Gerichtsgebäude 9 Reihe der Gymnasien 10 Krankenhaus 11 Polizei 12 Telefonamt 13 Staatlicher Kunsthandwerksladen 14 Markthalle 15 Postamt 16 Jugendherberge 17 Büro der Cyprus Airways 18 Kino 19 Busgesellschaft KEMEK 20 Stadtbusse 21 Bus nach Polis 22 Ehemaliges Türkenviertel

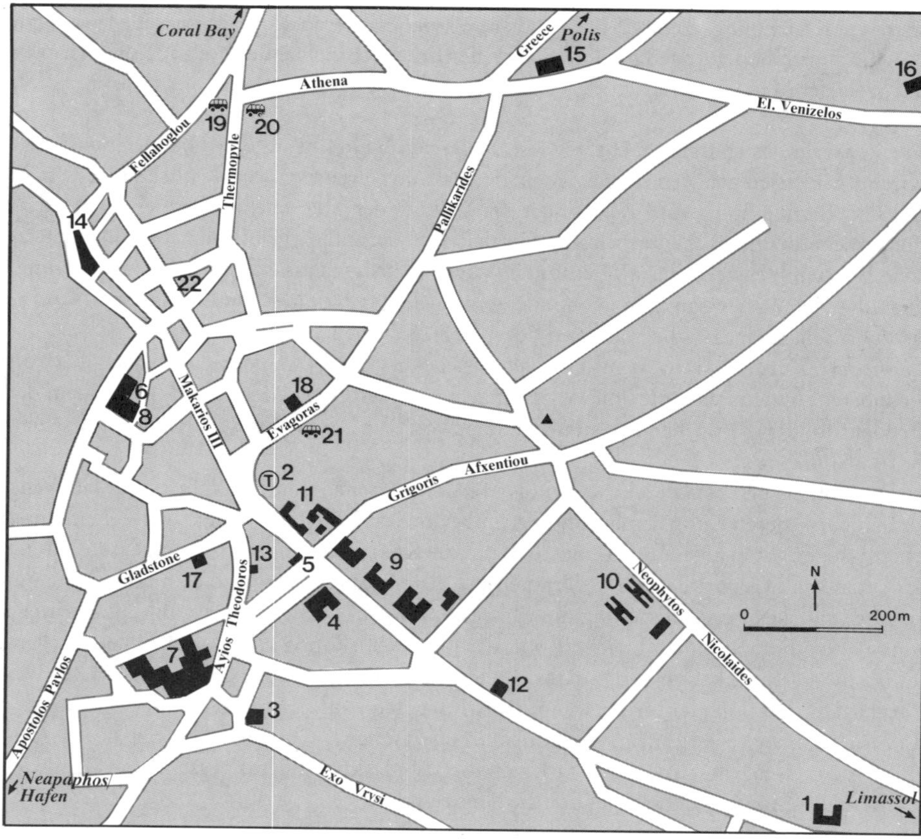

Ktima Ktima ist die Hauptstadt des Distriktes Paphos und Handelszentrum für die Agrarprodukte der Umgebung, vorwiegend Wein und Bananen. Nördlich des zentralen Platzes erstreckt sich bis hin zur Kebirmoschee das ehemalige Türkenviertel, dessen Einwohner wegen des Zypernkrieges 1974 geflohen sind. Zu den ersten Eindrücken von Paphos gehört die lange Reihe der tempelartigen, klassizistischen Gymnasien rechts der Hauptstraße von Limassol her, die aus den ersten Jahren der englischen Kolonialzeit stammen. Ktima ist ein geschäftiger und urbaner Ort, ohne viel Touristenrummel. Er liegt auf einem Felsplateau über dem Meer, und die Paphioten rühmen ihr Klima als das gesündeste von ganz Zypern.

Katopaphos Die Hotelstadt hat nur rund 2000 Einwohner, dafür aber ein Vielfaches an Reisegästen. Katopaphos war vor 1974 ein unscheinbarer Fischerhafen. Der Ort war wegen seiner römischen Mosaiken nur Archäologen und Bildungsreisenden ein Begriff. Das sollte

Neapaphos mit hellenistischen, römischen und frühchristlichen Denkmälern

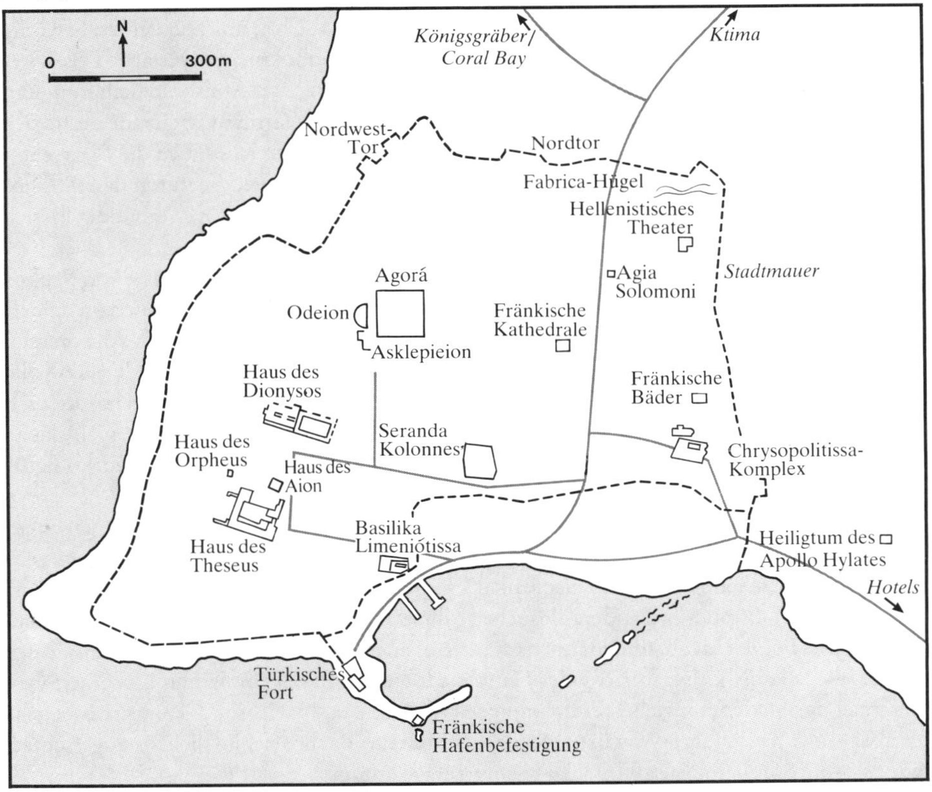

sich schnell ändern: Nachdem die touristischen Zentren Zyperns 1974 von den Türken besetzt waren, erlebte Paphos ähnlich wie Limassol und Agía Nápa einen Hotel-Bauboom. Von dem 1984 eröffneten Flughafen von Paphos erhoffen sich die Hoteliers eine weitere Steigerung des Tourismus. Ein touristischer Entwicklungsplan sieht vor, die Ausgrabungen der römischen Villen mit den berühmten Mosaiken zu beschleunigen, denn auch die archäologischen Schätze ziehen den Tourismus nach Paphos.

Zusätzlich fördern die Bauunternehmen die Erforschung des antiken Paphos. Immer wieder stoßen die Bagger beim Hotelbau auf Gräber und Grundmauern, so daß das Cyprus Department of Antiquities Dringlichkeitsgrabungen durchführen muß, bevor der Hotelbau weitergeht.

Die polnische Archäologische Mission ist bei den Ausgrabungen bisher am erfolgreichsten gewesen. Sie gräbt den Palast des römischen Statthalters aus und hat 1983 einen sensationellen Mosaikfund gemacht, die Mosaiken im ›Haus des Aion‹ (s. unten). Aber auch Grabungen des zypriotischen Antikendienstes bringen jedes Jahr Neues, Aufsehenerregendes ans Licht.

Geschichte: Nea, das ›neue‹ Paphos heißt so, weil im 4. Jh. v. Chr., um 320, der letzte König des Stadtkönigtums Paphos, Nikokles, die Stadt von Alt-Paphos hierher verlegen ließ. Über die Gründe dieser Neuanlage von Paphos, über die Trennung von Aphroditeheiligtum und Stadt können wir nur Vermutungen anstellen. Alexander der Große war gerade gestorben (323 v. Chr.). Seine Offiziere stritten sich um das Erbe des Weltreiches. Um die Herrschaft auf Zypern kämpften Antígonos und Ptolemaios. Die Stadtkönige, die durch den Alexanderzug die Freiheit von persischer Oberherrschaft gewonnen hatten, verbündeten sich sowohl mit Antígonos als mit Ptolemaios.

Wahrscheinlich versprachen sich die Paphier von der neuen Lage am Hafen von Paphos eine bessere Partizipation an den neuen Wirtschafts- und Verkehrsmöglichkeiten im damals noch nicht zerfallenen Alexanderreich. Die Nähe von Neu-Paphos zu den Holzvorkommen der Ausläufer des Tróodosgebirges mag ebenfalls für die Verlegung der Stadt eine Rolle gespielt haben. Zypern war im Hellenismus ja nicht nur Holzexporteur, sondern baute auch selbst Schiffe. Wie dem auch sei, Nikokles und die Paphier hatten jedenfalls nicht lange Freude an ihrer Unabhängigkeit, schon bald mußten sie und alle kyprischen Stadtkönigtümer den mächtigeren Diadochen weichen. (Zu diesen Ereignissen vgl. S. 43.)

Die neue Stadt wurde nach einem System rechtwinklig sich schneidender Straßen angelegt, die Wohnblöcke *(insulae)* und öffentliche Gebäude umgrenzten. Dieses System geht auf den griechischen Architekturtheoretiker Hippodamos von Milet zurück (›Hippodamisches System‹). Strabo und andere Besucher rühmten die wohlgebaute Stadt. Paphos löste Sálamis als Hauptstadt ab, und Hauptstadt blieb es auch später unter den Römern, bis in der Spätantike Sálamis-Constantia wieder Hauptstadt wurde. In der römischen Kaiserzeit verlieh man der Stadt Schmeichelbezeichnungen wie Augusta, Flavia und Claudia. Erdbeben, Araber- und Kreuzfahrerverwüstungen haben das alte Paphos schließlich so zugerichtet, wie es heute durch die Ausgrabungen wieder zutage kommt.

Die römisch-kaiserzeitlichen Villen von Paphos haben ihre schönklingenden Namen, Haus des Dionysos, Haus des Theseus usw., von den Ausgräbern bekommen.

Haus des Dionysos

Orientierung: Eintrittsgeld. Das Schutzdach wurde 1979 in Form einer römischen Villa errichtet.

2000 qm Wohnfläche, davon 556 qm Mosaikboden, drei Innenhöfe, Impluvien, darunter ein Fischteich (6), beste Lage in unmittelbarer Nachbarschaft zum Statthalterpalast. So die stichwortartige Beschreibung der römischen Villa, auf die man 1962 bei Baggerarbeiten zufällig stieß. Die Villa steht auf einem hellenistischen Vorgängerbau, von dem links am Eingang noch ein Mosaik aus schwarz- und weißen Kieselsteinen zu sehen ist: die Skylla, ein Meeresungeheuer, das aus der Odyssee bekannt ist. Das Fußbodenmosaik ist als Schmuck privater Villen im hellenistischen Alexandria entstanden. Vom früheren Hauseigentümer stammt außerdem ein Münzschatz von 2484 silbernen Tetradrachmen aus den Jahren 204 bis 88 v. Chr., den Arbeiter zufällig in einem Raum unter dem Boden der kaiserzeitlichen Villa gefunden haben (7). Wahrscheinlich wurde das Geld dort vergraben.

Schlafzimmer, Bäder und Toilettenräume waren im Ost- und Nordtrakt der Villa und hatten Kieselböden. Küche und Werkstätten befanden sich im Westtrakt und hatten einfache gestampfte Lehmböden. Bauzeit der Villa ist in etwa die Wende vom 2. zum 3. Jahrhundert.

Fast alle Mosaike der Villa waren dem Thema Liebe gewidmet. Die räumliche und naturalistische Darstellungsweise macht die hohe künstlerische Qualität der Mosaike aus. Darüberhinaus sind die Mosaike aber auch Ausdruck des Geschmacks und der Lebensweise der

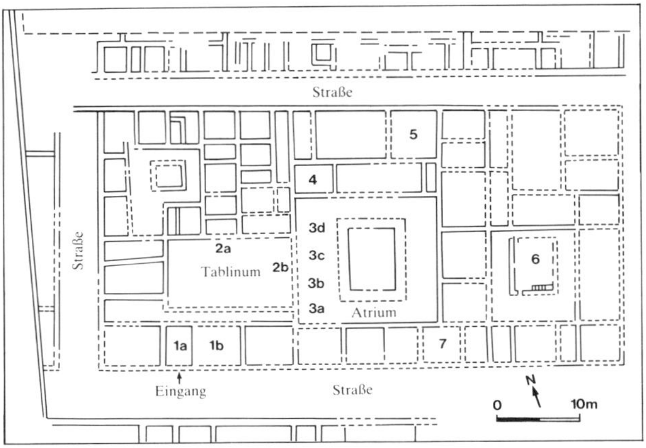

Haus des Dionysos in Neapaphos, Grundriß

römischen Oberschicht in den Provinzen, deren Ideal es war, in genießerischer Muße den Tag hinzubringen.

Mosaike des Eingangsbereichs

1a Narziß betrachtet sein Spiegelbild im Wasser Narkissos hatte die Liebe der schönen Nymphe Echo zurückgewiesen und wurde deshalb von Aphrodite oder Nemesis dazu verdammt, sich in sein eigenes Spiegelbild zu verlieben. Er verzehrte sich in Sehnsucht zu sich selbst und wurde schließlich zur Erlösung in die Blume verwandelt, die fortan seinen Namen trägt.

Eine ähnliche Geschichte erzählt ein Mosaik im Gymnasium von Sálamis: Hylas, der die Liebe der Nymphen verschmäht, wird von ihnen entführt.

1b Personifikationen der ›Mutter Erde‹ und der vier Jahreszeiten Dazwischen Vögel, Pflanzen, Obstkörbe. Eine Inschrift sagt: »Gegrüßt seiest auch Du!«

Mosaike im Tablinum (Empfangshalle)

2a Idealisiertes Landleben Weinlese. Weinbauern, die Trauben schneiden, sammeln und in Netzen zu den Lasttieren tragen. Ein Hase, der Grünes frißt, ein Rebhuhn und andere Tiere. Dazwischen Eroten.

2b Triumphzug des Dionysos mit Gefolge Panther ziehen den Wagen. Dieses Bild hat der Villa den Namen gegeben.

Mosaike im Atrium

3a Pyramos und Thisbe Die Geschichte der verbotenen Liebe zweier Nachbarskinder aus Babylon (Abb. 44). Als Thisbe als erste zum geheimen Treffpunkt kommt, überrascht sie ein Löwe (auf dem Mosaik allerdings ein Panther). Voller Angst flieht Thisbe und verliert dabei ihren Schleier. Pyramos (hier dargestellt als Flußgott – Strabo erwähnt einen Fluß Pyramos in Kilikien), der etwas später eintrifft, sieht den Schleier und glaubt, der Löwe hätte Thisbe gefressen. Aus Verzweiflung begeht er Selbstmord. Thisbe findet später die Leiche ihres Geliebten und folgt ihm in den Tod.

3b Dionysos und die Nymphe Akme Von rechts zieht Ikarios mit seinem Wagen voller Weinschläuche heran (Abb. 45). Dionysos hatte ihn den Weinanbau gelehrt. Akme kostet vom edlen Trunk. Doch später bringen zwei Hirten, die rechts im Bildfeld als »die ersten Weintrinker« gekennzeichnet sind, Ikarios um.

3c Poseidon und Amýmone Die schöne Amýmone wurde beim Wasserholen an einer Quelle von einem Satyrn belästigt. Doch schon eilt Poseidon zur Hilfe herbei und verliebt sich sogleich in Amýmone (Abb. 46). Über dem Krug in der Bildfeldmitte schwebt ein Eros, offenbar mit einem Sonnenschirm in der linken Hand.

3d Peneios, Apoll und Daphne Apoll, den Bogen in der Hand, verfolgt die nackte Daphne, die man mit fliegendem Schleier aufgeregt neben ihrem Vater Peneios stehen sieht (Abb. 47). Da sie sich Apoll nicht hingeben will, fleht sie zu Zeus. Der verwandelt Daphne in einen Lorbeerstrauch, der nun für immer ihren Namen trägt und der von Apoll besonders geliebt wird. Auf dem Mosaik haben sich die Unterschenkel Daphnes schon in Lorbeer verwandelt.

Die Bilder 3a–d schmücken die Westseite des Atriums. Die restlichen drei Seiten zeigen Tier- und Jagdfriese, dabei unter anderem Mufflons, von denen heute nur noch wenige Exemplare frei im Tróodosgebirge leben.

Die übrigen Mosaike

4 Hippolytos und Phädra Die, wie mir scheint, wertvollste Darstellung im Haus. Phädra verliebt sich in ihren Stiefsohn Hippolytos. Doch der will nichts von ihr wissen und wendet sich auf dem Mosaik mit seinem Jagdhund von ihr ab (Abb. 48). Phädra schaut finster, in verletztem Stolz. Ein Eros mit hämischem Gesichtsausdruck rechts im Bild entfacht mit seiner Fackel in Phädra noch zusätzliche Leidenschaft. Phädra verleumdet Hippolytos bei seinem Vater Theseus, indem sie vorgibt, Hippolytos habe ihr nachgestellt. Theseus bat daraufhin Poseidon, seinen Sohn zu töten. Und als Hippolytos mit seinem Pferdegespann am Meeresstrand entlangfuhr, schickte Poseidon einen weißen Stier aus den Wellen. Die Pferde scheuten, der Wagen stürzte, Hippolytos fand den Tod. Phädra brachte sich anschließend selber um.

5 Zeus in Gestalt eines Adlers entführt den Jüngling Ganymed

Haus des Aion

Der sensationellste Mosaikfund der letzten Jahre, und das nicht nur auf Zypern, war das 1983 ausgegrabene Fußbodenmosaik im Haus des Aion, datiert ins 4. Jh., in die Zeit nach den Erdbeben von 332 und 342, als das Christentum schon eine respektable Macht auf Zypern geworden war (Farbt. 21, 23). Das Mosaik liegt in einem Haus, das schräg gegenüber vom Eingang zum Statthalterpalast stand. In einem 9 × 7,6 m großen Saal breiten sich fünf Mosaikfelder aus (siehe Abbildung Seite 266): 1. *Leda mit dem Schwan,* umgeben von einigen Personen, darunter den Personifikationen Eurotas und Lakedemonia (Schreibfehler!). Vgl. das gleiche Thema im Gymnasium von Sálamis. – 2. *Dionysos als Kind auf dem*

Schoß von Hermes. – 3. *Schönheitswettbewerb zwischen der äthiopischen Königin Kassiopeia und den Töchtern des Nereus.* – 4. *Triumphzug des Dionysos*, vgl. das gleiche Thema im Haus des Dionysos. – 5. *Wettstreit zwischen Apoll und Marsyas.* Der Satyr hatte den Gott zu einem Flötenwettstreit herausgefordert. Für diese Vermessenheit ließ ihm Apoll die Haut abziehen; links eine Gestalt, die in der Rechten schon das Messer hält. Dieses Motiv ist in der antiken Kunst öfters dargestellt. Es sollte zeigen, daß jede Hybris, jedes Auflehnen gegen die guten und edlen Werte (der Herrschenden) eine grausame Strafe zur Folge haben würde.

Mosaike im Haus des Aion

Dionysos als alleiniger Gott – ein heidnisches Gegenmodell zum Christentum

In spätrömischen Mosaiken findet man ikonographische Details, die auch aus der christlichen Kunst bekannt sind.

Der Theseus im Statthalterpalast wendet sich beim Kampf gegen den Minotauros diesem nicht zu, wie es bei früheren Darstellungen des Themas üblich ist, sondern schaut ähnlich wie die Heiligen auf den frühchristlichen Mosaiken kontemplierend und unbestimmt in die Ferne.

Die Gedanken der Unsterblichkeit und der Unabwendbarkeit des Schicksals, die ja auch das Christentum kennt, finden wir auf dem Achillesmosaik, ebenfalls im Statthalterpalast, dargestellt. Überhaupt: Darstellungen der Taufe kommen in der spätrömischen Kunst immer häufiger vor.

Im 2. Mosaikfeld des Hauses des Aion sitzt Dionysos gar mit Heiligenschein (!) würdevoll auf dem Schoß des Hermes (Farbt. 23). Der hat seine Hände verhüllt, um Dionysos nicht direkt anzufassen. Die Verhüllung der Hände, *manuum velatio,* ist eine alte orientalische Tradition, die höchste Verehrung bedeutet. Setzen wir für Hermes Maria und für Dionysos Jesus, so haben wir Maria mit dem Christuskind, wie sie umgeben von den Heiligen auch auf byzantinischen Mosaiken vorkommen. Die Nymphen als Ammen, Tropheus, der Erzieher, die Personifikationen Nektar und Ambrosia, die Unsterblichkeit verleihen, endlich die Versinnbildlichung der Göttergeburt, Theogonia, sie alle wenden sich erwartungsvoll Dionysos-Christus zu.

Dionysos, der Erlöser, ist erschienen. Welch ein Gegensatz zu den früheren, weltlich-sinnlichen Darstellungen im Haus des Dionysos! Die Mosaike des Hauses des Theseus und des Aion stammen aus der Zeit, als das Christentum zwar schon toleriert worden war, sich aber noch nicht als alleinige Staatsreligion durchgesetzt hatte (zwischen dem Toleranzedikt Konstantins des Großen 313 und dem Dekret des Theodosius, der 380 das Christentum zur alleinigen Staatsreligion erklärte und 391 die heidnischen Kulte verbot). Große Teile der römischen Aristokratie, aus deren Kreisen die Auftraggeber der Mosaike stammen, waren noch nicht zum Christentum übergetreten. Das Bildprogramm des Mosaiks ist ein Versuch, mit der bewährten Aussagekraft der traditionellen Mythologie der neuen christlichen Ideologie ein gleichwertiges Konzept entgegenzusetzen.

In Sálamis waren die Auftraggeber des mit den Mosaiken von Paphos gleichzeitigen Thermenumbaus schon Christen. Sie übertünchten oder verbauten die heidnischen Mosaike und verstümmelten die Statuen.

Haus des Theseus

Seit 1965 gräbt die polnische Archäologische Mission an diesem Haus, das aller Wahrscheinlichkeit nach Sitz des spätrömischen Statthalters war. Erst jetzt steht das Ausmaß des ›Hauses‹ fest: vier große Trakte mit Therme, Heiligtümern und vielen Räumen, deren Funktion noch nicht zu bestimmen ist, erstrecken sich um einen Innenhof. Die Gesamtfläche des

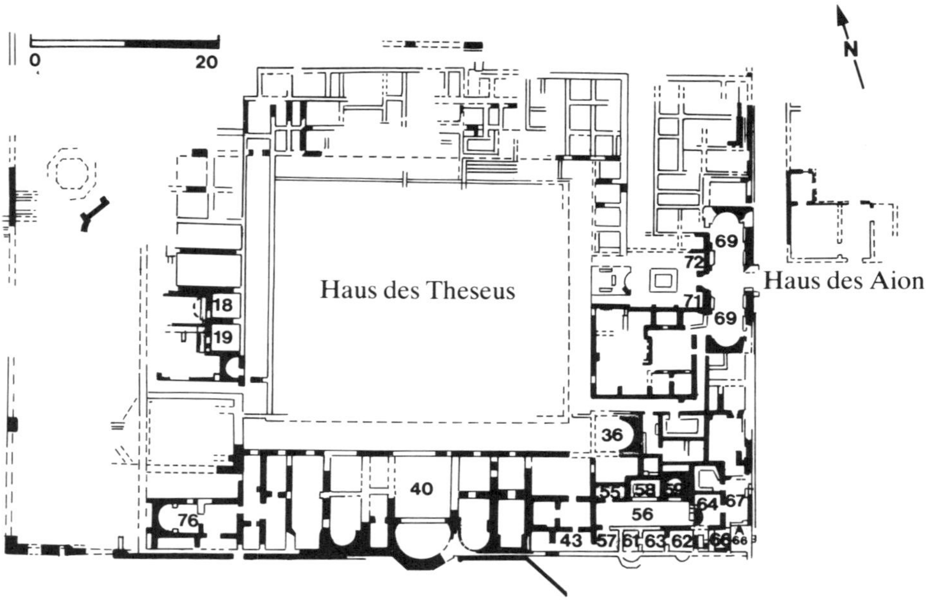

Haus des Theseus (Statthalterpalast) und Haus des Aion. Grundriß (nach Daszewski)

Therme: 43 Eingang in die Therme vom Palast aus 67 Eingang von außen 64 u. 57 Apodyterium 56 Frigidarium 58 und 59 Zwei Kaltwasserbecken 61 Tepidarium 63 Sudatorium 62 Caldarium 55 Unctuarium (für Massagen und Salbungen) 66 Praefurnien 66a Wasserreservoir. – Kulträume: 18. u. 19. – Eingangsbereich mit anschließendem Atrium: 69, 71, 72. – Mosaike: 40 Achillesmosaik 36 Theseusmosaik 76 Poseidon-Amphitrite-Mosaik (Nicht zur Besichtigung freigegeben.)

Palastes beträgt etwa 9480 qm, also fast das Fünffache des Hauses des Dionysos. Zwei der drei Fußbodenmosaike mit mythologischen Themen sind über Holzstege zugänglich.

Das erste Mosaik schmückte die Apsis an der östlichen Seite der Südkolonnade des Innenhofs. Es ist von einem geometrischen Labyrinth-Ornament umgeben und zeigt in der Mitte der kreisrunden Darstellung Theseus, der seine Keule zum Schlag gegen den Minotauros erhoben hat, der rechts von ihm schon zu Boden gegangen ist. Von oben links herab schaut Ariadne mit ängstlichem Gesichtsausdruck zu. Die beiden restlichen Gestalten auf dem Mosaik sind Personifikationen: Kreta, die Frau mit der Mauerkrone, und Labyrinth, der halbnackte Mann, der links am Boden hingelagert ist. Alle Personen sind, wie auch im Haus des Dionysos, namentlich gekennzeichnet. Der Mosaikkünstler war allerdings in griechischer Orthographie nicht perfekt: Minotauros ist falsch als Meinotauros geschrieben. (Nebenbei bemerkt sind solche Schreibfehler für den Sprachhistoriker Belege dafür, daß schon in der Römerzeit wie heute noch im Neugriechischen ei wie i ausgesprochen wird.) Das Mosaik stammt aus dem späten 3. Jh., entstand also rund 100 Jahre nach den Mosaiken in der Villa des Dionysos. Die Köpfe von Theseus und Ariadne wurden nach den Zerstörungen der Erdbeben von 332 und 342 neu eingesetzt.

Das zweite Mosaik stellt Achill dar, der als Kleinkind von den Ammen Ambrosia und Anatrophe gerade gebadet werden soll. Hinter dem Badebecken ruht die Mutter Thetis. Rechts davon der Vater Peleus auf einem Thron. Daran anschließend weiter rechts die Moiren Klotho (Spindel), Lachesis und Atropos, die Verkörperungen des unabwendbaren Schicksals. Thetis hatte den Achill ja unverwundbar machen wollen, indem sie ihn in das Wasser des Styx tauchte. Nur an einer Stelle, an der Ferse nämlich, wo sie ihn festhielt, konnte er getroffen werden, und das ist ja dann auch durch den Pfeil des Paris so gekommen.

Der Palast war bis ins 5. Jh. bewohnt und stellte in der Spätzeit, nachdem Sálamis-Constantia Hauptstadt geworden war, einen Nebensitz des Gouverneurs dar.

Haus des Orpheus (früher ›Haus des Herakles‹) Noch nicht zur Besichtigung freigegeben. In dieser kleineren Villa haben zyprische Ausgrabungen 1984 in einem Saal von 4,25 × 5,10 m ein Mosaik entdeckt, das Orpheus darstellt, der inmitten wilder Tiere, einer Schlange und sechs Vögeln, mit seiner Lyra auf einem Felsen sitzt.

Orpheusmosaik (noch nicht zur Besichtigung freigegeben)

Die beiden anderen, früher entdeckten Mosaike: 1. Herakles, der mit seinem Speer auf einen ihn anspringenden Löwen zugeht, 2. Eine Amazone, die in der einen Hand eine Doppelaxt trägt und in der anderen ihr Pferd am Zügel hält. Das Haus des Orpheus ist schon in der Mitte des 2. Jhs. zerstört worden.

Agora, Odeion und Asklepiosheiligtum Von dem 95 × 95 m großen Platz sind nur noch die Fundamente der Kolonnaden zu erkennen, die einst mit korinthischen Säulen geschmückt waren. Gleich neben der Agora steht das Odeion, das ursprünglich 25 Sitzreihen für 3000 Zuschauer hatte (Farbt. 16). Heute sind davon zwölf Sitzreihen rekonstruiert. Die erste Vorstellung nach der Rekonstruierung fand am 29. Juni 1975, ein Jahr nach dem Zypernkrieg, statt: Die Schüler und Schülerinnen des Ersten Gymnasiums von Paphos führten die ›Medea‹ des Euripides auf.

Die Grundmauern links neben dem Odeion gehörten zum Asklepieion, einem antiken Therapiezentrum und Heiligtum, das es auch in Epidauros oder Kos gibt. Alle drei Bauten stammen aus dem frühen 2. Jh. und sind ost-westlich ausgerichtet.

Stadtmauer 300 m nördlich von diesen Anlagen sind noch Reste der hellenistischen Stadtmauer zu erkennen, die hier bis 7,15 m um den anstehenden Fels erhöht ist. Eine rampenartige Brücke führt zum Strand hinab.

Grotte der hl. Solomoní Die Grottenkirche war einst eine Synagoge. Solomoní ist die Mutter, die zusammen mit ihren sieben Söhnen bei den Judenverfolgungen unter Antíochos IV. Epiphánes im Jahre 168 grausam ums Leben kam (vgl. 2. Makkabäer 7). Wie andere jüdische Märtyrer wurde Solomoní auch später von den Christen verehrt. Da ihr Hilfe bei Augenleiden nachgesagt wird, bringen die heilungsuchenden Pilger Stoffetzen als Votivgaben mit, die jetzt draußen an der Terpentinpistazie (vgl. S. 338) hängen. Die Höhlenkirche wurde im 12. Jh. ausgemalt. Feuchtigkeit und die Unsitte der Besucher, ihre Namen einzuritzen (darunter schon Kreuzfahrer!), haben die Malereien heute fast zerstört.

Hinter der Kirche der hl. Solomoní erhebt sich der *Fabricahügel* mit Felskammergräbern, Steinbrüchen und einem hellenistischen Theater, dessen Cavea im Südosten des Hügels in den Fels gehauen ist. (Das Theater wird seit 1987 von der Archäologischen Mission der Universität Trier ausgegraben.)

Schräg gegenüber der Kirche der hl. Solomoní erhebt sich die noch stehende Südwestecke der *römisch-katholischen Kathedrale* aus dem 13. Jh. mit dem Ansatz des gotischen Rippengewölbes.

Unten am Hafen hinter den Tavernen liegen die Reste der frühchristlichen *Basilika ›Limeniótissa‹*, der Hl. Gottesmutter vom Hafen. Hier wie beim unten beschriebenen Kreuzfahrerkastell ›Seránda Kolónnes‹ fanden Marmorsäulen mit korinthischen Kapitellen von der Agora ihre Wiederverwendung.

Türkisches Fort Am Hafen selbst erhebt sich das türkische Fort, das durch eine arabische Inschrift über dem Eingang auf das Jahr 1592 datiert ist, auf den Resten einer mittelalterlichen Befestigung, zu der auch die Reste eines weiter draußen auf der Mole stehenden Befestigungsturms gehören. Von den antiken Molen sind noch Reste unter der Wasseroberfläche zu erkennen.

Seránda Kolónnes Neuere Ausgrabungen des Dumbarton Oaks Center for Byzantine Studies haben ergeben, daß das Kastell der ›Vierzig Säulen‹ – nach den wiederverwendeten Säulen von der Agora so genannt – eine Kreuzfahrerfestung war und nicht, wie bisher angenommen, eine frühbyzantinische (Abb. 85). Das Kastro hatte allerdings nur wenige Jahre Bestand: Es wurde nach 1192, der Ankunft der Lusignans, errichtet und 1222 durch ein Erdbeben zerstört. Ein überlieferter byzantinischer Vorgängerbau muß in der Nähe gestanden haben. Im Erdgeschoß der Festung erkennt man ohne weiteres die Latrinen in den mächtigen Stützpfeilern, die Mühle, mit der einst Zuckerrohr zerquetscht wurde, die Futterkrippen für Pferde und Esel und das Bad. Das Kastell bestand aus einem inneren und

Kreuzfahrerfestung ›Seránda Kolónnes‹ in Neapaphos. Grundriß (nach Megaw)

1 *Runde Bastionen des äußeren Mauerrings*
2 *Rechteckige Bastionen des inneren Mauerrings*
3 *Innere Stützpfeiler z. T. mit eingebauten Latrinen*
4 *Innenhof*
5 *Bad*
6 *Mühlen*
7 *Futterkrippen*
8 *Stall*
9 *Brücke*
10 *Treppe zur Zisterne*

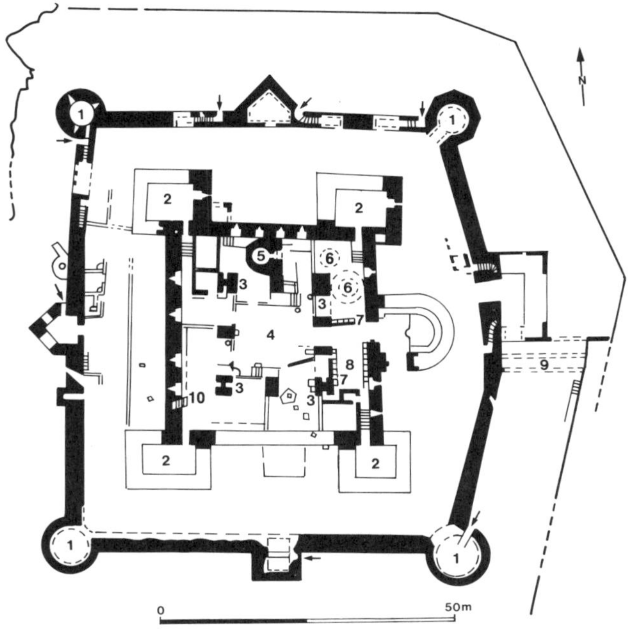

einem äußeren Mauerring mit raffiniert-verwinkelten Zugängen. Den Reisenden des Mittelalters und noch des 16. Jhs. galt die Ruine als Heiligtum der Aphrodite.

Chrysopolítissa-Komplex

Hier gräbt schon seit 1964 der zypriotische Antikendienst. Der Komplex stellt mit seinen drei Kirchen über 1000 Jahre byzantinische Geschichte dar. Die frühchristliche Basilika aus dem 4. Jh. (Abb. 55, vor der postbyzantinischen Kreuzkuppelkirche), die einst wohl die Bischofskirche von Paphos war, wies ursprünglich eine Doppelapsis auf, wie sie auf Zypern sonst nicht vorkommt, aber aus der Johanneskirche in Ephesos und aus der Apostelkirche in Konstantinopel bekannt ist. Im 6. Jh. wurde die Kirche umgebaut. Anstelle der sieben Schiffe bekam sie fünf, anstelle der Doppelapsis eine einzige, der Fußboden wurde erhöht und neu gefliest. Die Kirche ist an der Westseite trapezförmig gebaut: die Südwand ist mit 53 m länger als die Nordwand mit 48 m. Vor der Kirche erstrecken sich der 4 m breite Narthex und das Atrium mit seinen Säulen, von denen die Archäologen einige wieder aufgerichtet haben.

Bei Ankunft der Kreuzfahrer war die Basilika zerstört. Nördlich von ihr entstand im 13. Jh. eine gotische Franziskanerkirche, deren bauliche Gliederung man an den noch stehenden Diensten gut erkennen kann. Unmittelbar westlich von dieser gotischen Kirche steht auch noch der abgegriffene Säulenschaft, an dem der Legende nach Paulus mit ›40 weniger eins‹, also mit einer Peitsche von 39 Riemen geschlagen wurde. Wie die Apostelgeschichte berichtet, hatte Paulus vorher den römischen Prokonsul Sergius Paulus bekehrt.

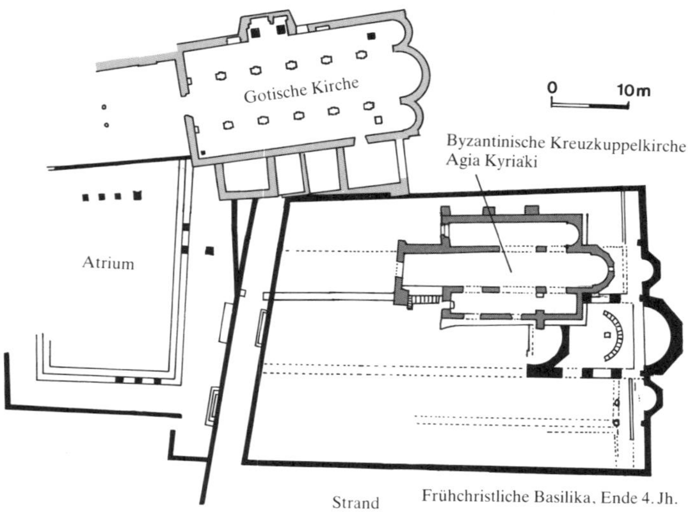

Chrysopolítissa-Komplex in Neapaphos. Grundriß (nach Papageorgiou)

Die dritte Kirche ist eine byzantinische Kreuzkuppelkirche, der Agía Kyriakí Chrysopolítissa (›der von der goldenen Stadt‹) geweiht, erbaut nach 1571.

Nördlich vom Chrysopolítissa-Komplex stehen in einem umzäunten Gebiet die noch gut erhaltenen überkuppelten *fränkischen Bäder.*

›Königsgräber‹

Orientierung: Die Gräber liegen 2,5 km nördlich von Paphos, links von der Straße nach Agios Geórgios. Eintrittsgeld.

Das Areal der Königsgräber ist nur der nördliche Teil eines Gräberfeldes, das sich nördlich an die Stadtmauer des antiken Paphos anschloß (Farbt. 17). Es sind keine ›Königs‹-Gräber, sondern die Gräber der griechischen Oberschicht, wahrscheinlich der ptolemäischen Beamten oder auch der reichen Einheimischen. Die Stadtkönige gab es ja im Hellenismus nicht mehr.

Typische Form der größeren Gräber ist das Peristylgrab: ein in den Felsboden gearbeitetes ›Haus‹ mit Atrium und Peristyl. Das Peristyl besteht aus Säulen oder Pfeilern, die zusammen mit dem Gebälk manchmal in einem Stück aus dem Fels gehauen sind. Die Peristyle mit Säulen tragen ein dorisches Gebälk mit Architrav, Triglyphen und Metopen. Darüber sieht man öfters noch die Lagerung für die Balken, die das Grab einmal verschlossen hatten. Eine Treppe führt in das Grab hinunter. Vom Hof aus sind die Grabkammern in den Felsen gehauen, und von denen aus gehen kleine Nischen, Loculi, für die einzelnen Bestattungen in den Felsen. Manche Höfe und Grabkammern haben dazu noch in den Boden eingelassene Schachtgräber. Die Gräber waren innen verputzt, zum Teil sogar mit Stuck, und bemalt. In jedem Grab war ein Brunnen. Wir wissen nicht, welche Feierlichkeiten hier mit dem Brunnenwasser stattfanden.

In manchen Gräbern (z.B. Grab 4) sieht man Kreuzeszeichen an den Wänden. Auch Christen benutzten wohl die Gräber als Katakomben. Seltsame Stege in den Wänden, an denen Seile oder Ketten befestigt gewesen sein können, lassen allerdings vermuten, daß die Gräber auch als Gefängnisse dienten. Der Stil der Haus-Gräber ist rein griechisch. Die Sitte des unterirdischen Grabhauses kommt aus Ägypten.

Grab 1: Felskammergrab mit zwei kleinen Loculi für Kinder und fünf größeren für Erwachsene.
Grab 2: Dromos mit 13 Stufen führt zu Atrium und Grabkammer, die tonnengewölbt ist. Vier Loculi und zwei Schachtgräber. Südwestlich von diesem Grab befindet sich ein weiteres Kammergrab.
Vor Grab 3 sehen Sie einige *Schachtgräber.* Hier wurden bei den Ausgrabungen 1977 ein goldener Ohrring und ein goldener Fingerring gefunden. Zwischen den Gräbern 3 und 4 sieht man Gruppen von Schachtgräbern, die durch kleine Mauern voneinander getrennt sind

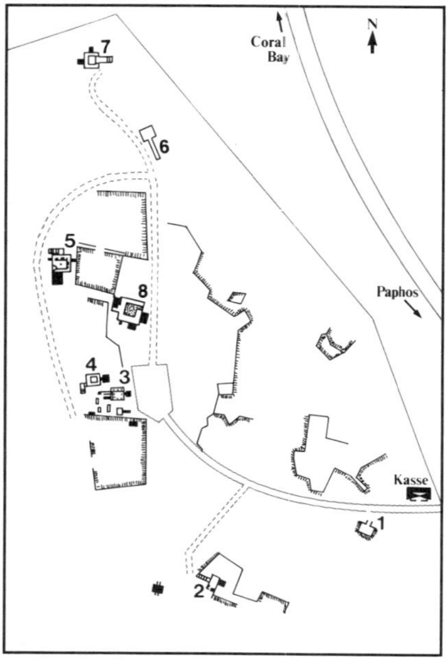

Hellenistische ›Königsgräber‹ von Neapaphos

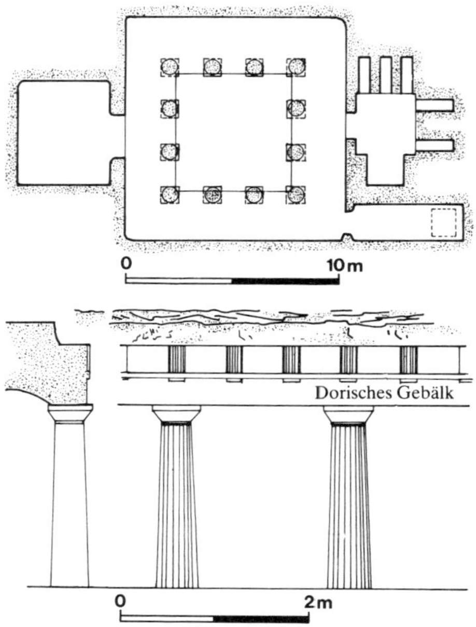

Typisches Atriumgrab der ›Königsgräber‹. Grundriß und Schnitt (nach Jeffery)

(vgl. den Cellarka-Bezirk bei den Königsgräbern in Sálamis). Offenbar handelt es sich um einzelne Familiengrabstätten. Fünf von den zwanzig Gräbern sind Kindergräber.
Grab 3: Peristylgrab mit dorischer Säulenordnung wie oben beschrieben. Von dort kann man über einen Durchgang in ein danebenliegendes Kammergrab klettern. Hier sind Kreuzeszeichen und noch Reste der Wandmalerei zu sehen.
Grab 4: Peristylgrab mit Pfeilern. Vor dem Zugang neuere Ausgrabungen mit weiteren Gräbern.
Grab 5 und 7: weitere Peristylgräber.
Grab 8: Es hat kein Peristyl, sondern nur ein Atrium mit einem rechteckigen Felsblock in der Mitte. Darin ein Brunnen und ein zweiter Dromos. Im Grab 8 haben die Ausgrabungen der 70er Jahre Grabbeigaben zutage gebracht: ein Pferdeskelett, Toilettenobjekte, eine Tonlampe und Keramik aus hellenistischer und römischer Zeit.

Neue griechische Ausgrabungen haben im Norden der Nekropole ein Peristylgrab (6) mit einem 20 m langen Dromos mit 14 Stufen entdeckt, dem längsten je auf Zypern gefundenen Dromos.

Archäologisches Distriktmuseum von Paphos (In der Oberstadt) Die Räume 1–4 enthalten in chronologischer Reihenfolge die Funde aus dem Bezirk Paphos. In Raum 1 die Funde der chalkolithischen Siedlung Lemba-Lakkous. Unbedingt sehenswert sind die tönernen römischen ›Wärmflaschen‹ in Gestalt von Körperteilen; die Flaschen wurden in der Nähe des Hauses des Dionysos gefunden und gehörten vielleicht einem rheumakranken Römer. Sogar ein ›Peniswärmer‹ befindet sich unter den Exemplaren. Von der Großplastik ist ein Aphroditetorso zu erwähnen, den man in der Nähe von Paphos im Meer fand, und außerdem in Saal 4 der von vier Engeln getragene Renaissance-Baldachin italienischer Herkunft, der in der gotischen Franziskaner-Kirche gefunden wurde.

Volkskundemuseum Unverzichtbar ist ein Besuch des privaten Volkskundemuseums von Georgos Eliades. Professor Eliades ist Honorarkurator des Distriktmuseums und von Jugend an begeisterter Sammler archäologischer und volkskundlicher Objekte. Er selbst oder seine Frau führen Sie vielleicht durch die Sammlung, die im Privathaus der Familie Eliades untergebracht ist. Auf dem Gelände dieses Hauses liegen auch Felsgräber, wie sie für die Gegend von Paphos so typisch sind.

Byzantinisches Museum Eine Ikonensammlung mit spät- und nachbyzantinischen Ikonen befindet sich in einem Anbau des Bischofspalastes.

Kloster des hl. Neóphytos

Neóphytos war einer der für die Ostkirche so charakteristischen Einsiedlermönche. Über sein Leben wissen wir aus seinen eigenen Schriften und aus den Inschriften in der Höhle gut Bescheid. (Bekannteste Schrift ist ein polemisches Traktat von 1196, das die Ausbeutung der zypriotischen Bevölkerung durch Isaak Komnenos und die Kreuzfahrer eindringlich beschreibt, vgl. davon Auszüge S. 75f.) Einer Heirat, mit der die Eltern den Achtzehnjährigen bedrängten, konnte er entgehen, indem er ins Kloster des hl. Johannes Chrysóstomos bei Kyrenia eintrat. Nach siebenjährigem Klosteraufenthalt machte er sich auf die Suche nach einem geeigneten Ort, wo er dann den Rest seines Lebens als Eremit verbringen wollte. Nach vielen Abenteuern fand er eine Höhle bei Paphos und begann mit ihrem Ausbau:

1159 Einteilung der Höhle in eine Zelle (Cella) und eine unmittelbar anschließende, dem heiligen Kreuz geweihte Höhlenkapelle. Beide Räume zusammen bezeichnet Neóphytos als Énkleistra. Er richtet sich mit einer steinernen Liege, einem steinernen Tisch und Stuhl eine spartanische Bleibe ein. In eine Nische der Cella baut er sich – beizeiten an den Tod denkend – sein künftiges Grab.
1170 Begründung des offiziellen Klosterbetriebs. Neóphytos selbst verfaßt die Mönchsregel, das Typikón.
1183 Neóphytos erweitert die schon vorhandene Kapelle um einen Kirchenraum (Naos), so daß die Kapelle nun zum Altarraum (Bema) der neuen Höhlenkirche wird.

Im selben Jahr beauftragt er den wahrscheinlich Konstantinopler Maler Theodoros Apseudes mit der Ausmalung von Cella und Bema.

1196 Neophytos baut sich – wohl weil ihn der rege Betrieb in der Höhlenkirche stört – eine zweite Cella oberhalb der Höhlenkirche. Dort kann er in Ruhe über einen Hörschacht den Liturgien in der Kirche folgen.

Im selben Jahr beauftragt er einen zweiten, unbekannten Maler mit der Ausmalung der Höhlenkirche.

So haben wir hier zwei, 13 Jahre auseinanderliegende Malserien des späten 12. Jhs. von überregionaler Bedeutung, etwa zeitgleich mit den Fresken von Lagouderá. Außergewöhnlich ist, daß der Heilige hier selbst Stifter seiner Malereien ist und sich schon zu Lebzeiten mit den heiligen Personen zusammen abbilden läßt. Einzigartig die Szene, wo Neóphytos sich von zwei Engeln in den Himmel führen läßt. Dem aufmerksamen Betrachter zeigen sich feine stilistische Unterschiede zwischen den beiden Neóphytosserien. Die 1. Serie ist wie in Lagouderá in einem eher weichen, bewegten, von Konstantinopel beeinflußten klassischen Stil gemalt, wogegen die 2. Serie streng, linear, eher ›monastisch‹ (so wird der Stil von manchen Byzantinisten bezeichnet) anmutet. Die beiden Anástasis-Darstellungen im Bema und im Naos aus der 1. und aus der 2. Serie eignen sich gut zu einem Vergleich.

Fortsetzung der Chronologie:
1214/15 Tod des Neóphytos im Alter von etwas über 80 Jahren.
15. Jh. Bau der Klosterkirche gegenüber der Énkleistra.
1503 Erneuerung (Übermalung) einiger Fresken in Naos und Bema. Bemalung der Außenseite der Énkleistra.

Gleichzeitig oder allgemein im frühen 16. Jh. Ausmalung der Klosterkirche.

Hörschacht zur zweiten Cella oberhalb der Höhlenkirche

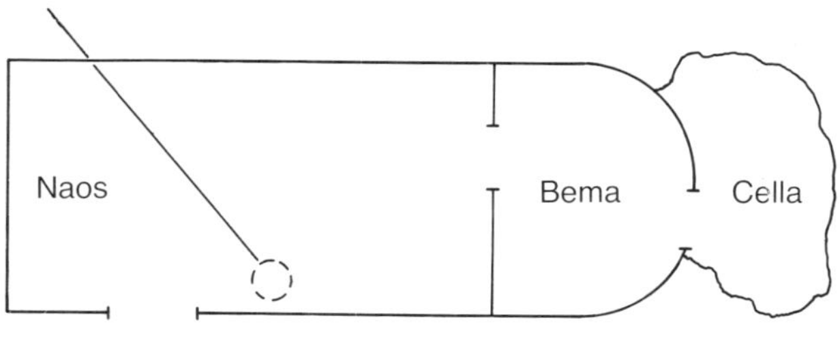

Die Eremitenhöhle des hl. Neóphytos mit der benachbarten Höhlenkirche

Fresken der Cella und des Bemas

1. Freskenserie von 1183 Über dem Grab: Anástasis und Kreuzigung. *Über der Tür zum Bema:* zweite Darstellung der Kreuzigung. *Links vom Grab:* Déesis (thronender Christus zwischen Maria und Johannes dem Täufer); zu Füßen Jesu Neóphytos in knieender Proskynesehaltung. *Decke des Bemas:* einzigartige Darstellung des Neóphytos, der von zwei Engeln gen Himmel geleitet wird (Apotheose). Ein zeitgenössisches Porträt des Heiligen! *Links und rechts der Tür zur Cella:* Verkündigung. *Über dem Altar:* Maria Orans, daneben Kirchenväter. *Westwand:* Asketen. (Der Pantokrator an der Decke des Bemas stammt von 1503.)

Fresken des Naos

2. Freskenserie von 1196 und Übermalungen von 1503 Der übliche neutestamentliche Zyklus beginnt mit der Passion an der Südseite des Naos und setzt sich nach rechts hin fort: Abendmahl, Fußwaschung (beide Bildfelder Übermalungen von 1503 – zu erkennen an der venezianischen Architektur im Hintergrund (vgl. Farbtafel 29). Die folgenden Bildfelder gehören zur 2. Serie von 1196: Jesus am Ölberg, Judaskuß, Pilatus wäscht die Hände in Unschuld, Kreuzweg, Kreuzigung, Kreuzabnahme, Beweinung (stark zerstört), Anástasis, Erscheinung Jesu vor Maria und Maria Magdalena nach Auffindung des leeren Grabes (nach Matthäus 28,9). *Decke:* Fragmente der Himmelfahrt. *Untere Wandzone:* Märtyrer und Asketen. (Das Gastmahl des Abraham an der Südwand gehört zur Dekoration von 1503.)

Fresken der Klosterkirche

Das Katholikon ist eine Kuppelbasilika (Abb. 81), deren drei eingewölbte Schiffe durch Arkadenreihen voneinander getrennt sind. Die erhaltenen Malereien aus der ersten Hälfte des 16. Jhs., also aus der Zeit der venezianischen Herrschaft, sind in Stil und Ikonographie traditionell, auf die Paläologenzeit zurückgreifend, mit wenigen westlichen Adaptionen gestaltet.

Südliches Seitenschiff: Szenen aus dem Leben Annas und Joachims: sie möchten ihre Opfergaben dem Hohepriester Zacharias geben; die Gaben werden jedoch wegen der Kinderlosigkeit der beiden abgelehnt; Joachims Gebet um ein Kind. *Nördliches Seitenschiff:* Die 24 Strophen des Akáthistoshymnos (der ›im Stehen gesungene‹ berühmte Marienhymnus der Ostkirche – vgl. dasselbe Thema in der Lateinischen Kapelle von Kalopanagiótis im italobyzantinischen Stil). Die einzelnen Bildfelder sind nicht durch Streifen voneinander getrennt, sondern gehen ineinander über – ein gutes Beispiel für das byzantinische Stilmittel der ›kontinuierenden Darstellung‹. Jedes Bild ist mit den Anfangsworten der entsprechenden Strophe beschriftet.

Malereien in der *Apsis:* Maria mit Christus zwischen zwei Engeln, darunter Apostelkommunion und Kirchenväter. Auf der Bogenlaibung zwischen Altarraum und Diakonikon die katholischen Heiligen Laurentia und Ignatius – Einfluß der venezianischen Herrschaft.

Agios Geórgios

Chalkolithische Siedlung bei Lemba Fünf der Rundhütten wurden kürzlich wieder aufgebaut und eingerichtet, so daß der Alltag der Urgesellschaft lebendig wird. Die Hütten waren innen und außen bemalt. Zufahrt nach Lemba: Abzweig von der Küstenstraße beim Restaurant Karmi. Nach 800 m Schild: Prehistoric Village.

Auf dem Weg nach Agios Geórgios folgen weitere prähistorische Siedlungen: In *Kissónerga*, ebenfalls aus dem Chalkolithikum, gräbt die Universität Edinburgh, in der spätbronzezeitlichen Festung *Paläkastro-Maa* der zypriotische Antikendienst. Maa liegt am Nordende der Coral Bay, die einen schönen Sandstrand besitzt, aber seit Anfang der 90er Jahre mit Hotels langsam zugebaut wird.

Über Pegia gelangt man zur modernen Agios-Geórgios-Kirche, die malerisch auf einer Klippe über dem Meer steht. Strand und Hinterland sind hier unverbaut, weil naturgeschützt. Es gibt einen kleinen Fischerhafen, mehrere Tavernen (die – Seltenheit auf Zypern – frischen Fisch anbieten) und kleine Pensionen.

Basilika-Komplex bei Agios Geórgios Hauptbau ist eine mittelgroße Basilika, deren drei Schiffe im Osten je von einer Apsis abgeschlossen sind. Die Hauptapsis besitzt noch den Bischofsthron (Kathedra) und die Sitzreihen (Sýnthronon) für den höheren Klerus. Im Westen der Basilika ein Atrium mit großem Kantharus (in Form des Impluviums der römischen Hausarchitektur) und daran anschließend ein Baptisterium. Nördlich vom Baptisterium führen zwei Eingänge in eine zweite dreischiffige, aber kleinere Basilika mit angedeutetem Querschiff. Diese Kirche war vielleicht Vorgängerbau der Hauptbasilika, wurde dann

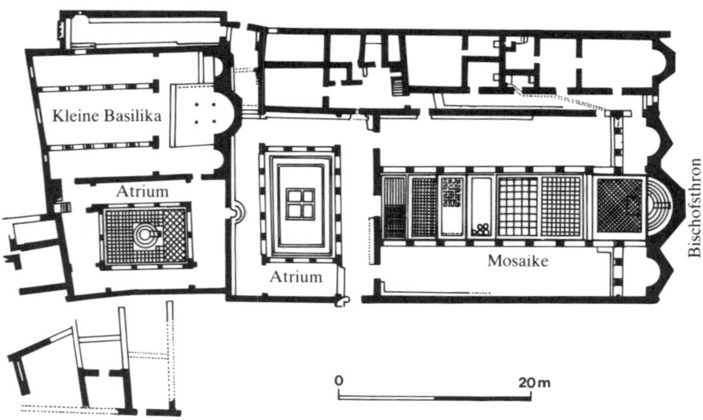

Basilika-Komplex von Agios Geórgios bei Pégia, 6. Jh. Grundriß (nach Papageorgiou)

aber Taufbasilika (vgl. ebendiese Gebäudestellung bei der Großen Basilika von Koúrion). Im Norden der Hauptbasilika hinter einem langen Gang mehrere Räume und eine kleine Kapelle, ganz ähnlich wie bei der Kleinen Basilika von Koúrion.

Große Teile der Fußbodenmosaike sind erhalten: im Altarraum der Hauptbasilika Vögel und Fische, im mittleren Schiff Löwen und Hirsche, im Impluvium vier Tiermosaikfelder. Fast vollständig erhalten ist das große unfigürliche Mosaik des Baptisteriums.

Polis

Polis heißt eigentlich nur ›Stadt‹ – es ist die Abkürzung eines komplexeren Namens: Polis tis chrysóchou, ›Stadt des goldhaltigen Landes‹. In der Antike war dies der Ort des Stadtkönigtums Márion. Schon im 19. Jahrhundert wurde hier eine Nekropole ausgegraben, deren Funde in der Welt verstreut sind. Ein sehenswertes Ausgrabungsfeld gibt es jedoch nicht. Die amerikanische Princeton-Universität hat vor einigen Jahren neue Ausgrabungen aufgenommen.

Márion wurde in den Diadochenkriegen von Ptolemaios I. zerstört, nachdem es sich mit dessen Widersacher Antígonos verbündet hatte. (Zu diesen Auseinandersetzungen vgl. 43.) Später wurde es unter dem Namen Arsinoë, der vergöttlichten Ehefrau des Ptolemaios II. Philadelphos, wieder aufgebaut. Während der griechisch-türkischen Kämpfe Anfang der 60er Jahre unseres Jahrhunderts bombardierte die türkische Luftwaffe die Stadt.

Bäder der Aphrodite und Fontana Amorosa Von Polis ist es nicht weit zu den Bädern der Aphrodite und zur Fontana Amorosa auf der nordwestlichen Halbinsel, die ihren Namen von Akamas hat, dem Sohn des Theseus und mythologischen Gründer von Sóloi. Derselbe Akamas war es, der dort die nackte Aphrodite beim Bade überraschte. Sie verliebte sich in ihn, doch die verbotene Liebe wurde verraten. Aphrodite mußte reumütig zu ihrem Ehegatten auf dem Olymp zurückkehren.

Die Landschaft hier ist eine der schönsten von ganz Zypern, deshalb sollte man unbedingt Wanderungen mit einplanen.

Mit der Badestelle der Aphrodite wird heute ein Ort identifiziert, der vom Pavillon aus (beschildert) zu erreichen ist. Eine schöne Beschreibung gibt D. G. Hogarth in seinem Buch ›Devia Cypria‹: »Aus einem Wald von Farnen fällt das Wasser in tausend Silberfäden in den Teich hinunter. Sonnenstrahlen zittern über das Wasser hin und dringen durch den tiefen Schatten eines riesigen Feigenbaums, drei Quellen sprudeln an jeder Seite der Felsklippe hervor und vereinen sich gurgelnd mit dem Teich. Der Reisende, dessen Augen bisher nur die Felsen und die Sträucher eines wasserarmen Landes gewahrten, findet sich an einem verzauberten Ort, er sieht nicht, woher das Wasser kommt, und wundert sich nicht mehr darüber, daß die Phantasie der Einheimischen diesen mit legendären Liebesgeschichten bevölkert hat ...«

Die Fontana Amorosa wird an zwei verschiedenen Orten vermutet. Einmal wird sie mit den Bädern der Aphrodite identifiziert, zum zweiten lokalisiert man sie an der Spitze der Halbinsel Akamas. Dort sind Brunnen, aus denen die Hirten heute das Wasser für ihre Schafe und Ziegen holen. Wie dem auch sei, jedenfalls soll jeder, der vom Wasser der Fontana Amorosa trinkt, sofort der Liebe verfallen. Alexander Drummond, britischer Konsul in Aleppo und kritischer Zypernbesucher, schrieb im 18. Jahrhundert: »Ich hatte keine Lust, von dem Wasser zu kosten, da seine Wirkung auf alte Leute wie mich diejenige sein soll, daß der Geist zwar willig wird, das Fleisch aber weiterhin schwach bleibt.«

Wandertips: Auf der Akamas-Halbinsel läßt es sich gut wandern, entweder von Polis oder von Agios Geórgios oder Pégia aus. Die zypriotische Fremdenverkehrszentrale hat bei den »Bädern der Aphrodite« einen »Nature Trail« angelegt. Zwei 7,5 km lange Touren, »Aphrodite« und »Adonis« genannt, erklären die Flora. Vom Startpunkt am Restaurant (Touristenpavillon) haben beide Lehrpfade zunächst einen 2,5 km langen gemeinsamen Weg. Eine andere Wanderung führt von Kato Arodes aus in die Avgas-Schlucht (Tagestour), die bis zu 200 m tief in den Fels eingeschnitten ist. Sollte der Bach in der Schlucht ein Passieren unmöglich machen, kann man auch den Fahrweg nördlich der Schlucht nehmen, der zum Meer führt. Von Agios Geórgios aus läuft man am besten den Strand entlang nach Norden, eventuell bis zum Lara-Strand, einer Brutstätte für Meeresschildkröten.

Kloster Chrysorrogiátissa Ein Tagesausflug von Paphos zu den Ausläufern des Tróodos (Abb. 75, 76). Vorbei am Geburtsort Makarios', Panagiá, wo man das Geburtshaus des ehemaligen Erzbischofs und Staatspräsidenten als kleines Museum eingerichtet hat. Das Kloster Chrysorrogiátissa hat in kunstgeschichtlicher Hinsicht nichts Besonderes zu bieten, doch lohnen die Klosteratmosphäre und die benachbarte Taverne in jedem Falle einen Besuch.

Die im Kloster verwahrte Marienikone soll der Evangelist Lukas persönlich gemalt haben. (Zu dieser Legende vgl. S. 112). Das Kloster selbst stammt aus der Zeit des byzantinischen Kaisers Manuel Komnenos (1143–1180). Unmittelbarer Anlaß der Gründung war, wie so oft, die wundersame Auffindung der Ikone. Von hier ist es nicht allzuweit zum Zederntal und zur Forststation Stávros tis Psókas (vgl. S. 198).

104 Türkisches Aquädukt bei Lárnaka ▷

105 Hafen von Kyrenia

106, 107 Schiffswrackmuseum Kyrenia: Wrack und Amphorenladung eines griechischen Schiffes aus dem 4. Jh. v. Chr.

108 Hafen von Famagusta

109 Historische Aufnahme (vor dem Zypernkrieg 1974) von Varósha bei Famagusta

110–112 Historische Aufnahmen von John Thomson aus dem Jahre 1878 (Jahr der britischen Übernahme Zyperns): 110 Mädchen 111 Alte Zypriotin mit Kind 112 Zwei Bauern

113, 114 Historische Aufnahmen von John Thomson aus dem Jahre 1878: 113 Einwohner von Nikosia
114 Orthodoxe Mönche im Panteleímonkloster

115 Erzbischof Makarios als Staatspräsident (1960–1977) und Richard Nixon, amerikanischer Präsident (1969–1974)

116 Makarios und Nikolai Podgorny († 1983), 1965–1977 Staatsoberhaupt der UdSSR

117 EOKA-Führer General Grivas († 1974), seit 1943 in Griechenland Führer einer mit den deutschen Besatzungstruppen kollaborierenden Terrororganisation, seit 1955 Führer der antibritischen EOKA, seit 1960 entschiedener Gegner Makarios'

118 Britische Soldaten in den fünfziger Jahren im Kampf gegen die Befreiungsbewegung EOKA

TÜRKISCH BESETZTER TEIL (NORDZYPERN)

Orientierung: Einreiseformalitäten und Verkehrsmittel siehe ›Praktische Reisehinweise‹, S. 355. Die Sehenswürdigkeiten Nordzyperns sind im folgenden Ortsteil in vier Bezirken zusammengefaßt – Famagusta, Kyrenia, Morphou und die Karpasía-Halbinsel – und können pro Bezirk auch gut während eines Tagesausflugs von Nikosia, von der Republik Zypern aus besucht werden.

Der türkisch besetzte Teil Nikosias (Alt-Nikosia) ist zusammen mit dem griechisch-zypriotischen Teil beschrieben (S. 185 ff.), um die Stadt historisch und kunsthistorisch nicht auch noch auseinanderzureißen.

Sperrgebiete

Folgende, bedeutende Sehenswürdigkeiten liegen zur Zeit (Stand 1995) auf militärischem Sperrgebiet und sind daher nicht zugänglich:

- Die antiken und frühchristlichen, nahe beieinanderliegenden Städte Lápethos und Lambousa (erstere nicht zu verwechseln mit der weiter im Inland liegenden mittelalterlichen Neugründung Lápithos). Die Nekropole dieser Stadt und ein römisches Fischbecken sind jedoch zugänglich (s. S. 313).
- Das Chrysóstomoskloster bei Koutsovéndis mit einer Doppelkirche von 1090, deren Nordteil, Agía Triáda, Fresken enthält.
- Die nordwestliche Spitze Nordzyperns mit Kormakíti und Agía Iríni.

Durch den Krieg von 1974 und die anschließenden Plünderungen stark beschädigt worden sind das armenische Kloster Sourp Magar und das orthodoxe Kloster Antiphonitís bei Kalográa.

Bezirk Famagusta

Orientierung: Entfernung Nikosia–Famagusta 61 km, Schnellstraße. Häufige Bus- und Sammeltaxenverbindung.

◁ 119 Kinder in Pissoúri

Von Nikosia nach Famagusta

Kythräa (tk. Değirmenlik) Rund 10 km hinter Nikosia liegt wenige Kilometer links der Straße Kythräa, der antike Chytri, der Sage nach eine Gründung des Chytros, Sohn des Akamas. Von hier stammt die monumentale Bronzestatue des römischen Kaisers Septimius Severus im Zypernmuseum. Eine Quelle bei Chytri versorgte über einen Aquädukt das antike Sálamis mit Wasser.

Lefkóniko (tk. Geçitkale) Wenige Kilometer vor Famagusta erscheint links der Straße in 9 km Entfernung der Kontrollturm des neuen Flughafens von Lefkóniko. Der Flughafen wurde in den 80er Jahren mit dem immensen Kostenaufwand von 1,7 Milliarden Mark gebaut – das Siebenfache des gesamten Jahresbudgets des türkisch besetzten Teils von Zypern. Nicht nur linke Beobachter weisen darauf hin, daß hier mit amerikanischer Hilfe ein Militärflughafen mit Landebahnen für Großflugzeuge und modernster Elektronik erbaut wurde, der den USA zum langersehnten Stützpunkt, u. a. für die Schnelle Eingreiftruppe dienen könnte.

Famagusta

Famagusta und Varósha Vor 1974 hatte Famagusta (gr. Ammochostos, tk. Gazimağusa) zusammen mit dem südlich angrenzenden Stadtteil Varósha über 40000 Einwohner. Vier Fünftel des Frachtumschlags von ganz Zypern wurden im Hafen von Famagusta abgewikkelt (Abb. 108). Varósha dagegen war mit 10000 Hotelbetten – mehr Betten als im gesamten übrigen Zypern – ein Zentrum des Tourismus. Die türkische Bevölkerung, damals etwa

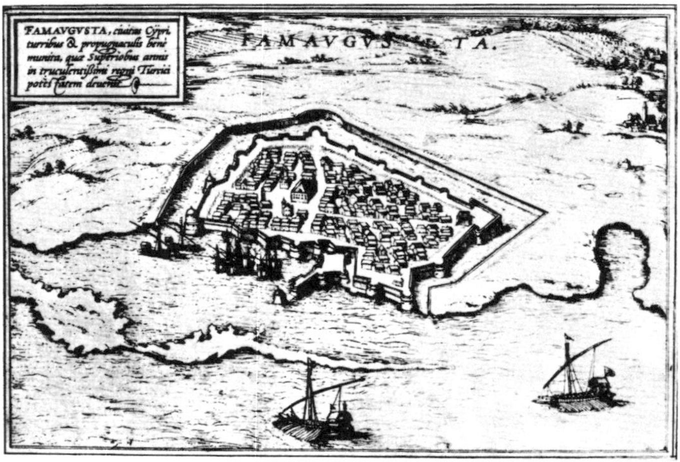

Famagusta. Zeichnung von Georg Braun und Frans Hogenberg (nach: The History of the Cartography of Cyprus, Nikosia 1980)

3000 Seelen, lebte in der Altstadt von Famagusta, wogegen Varósha mit 37000 Einwohnern fast ausschließlich Griechen gehörte. Heute sind die Hoteltürme und Appartement-Hochhäuser von Varósha (Abb. 109) eine verlassene Geisterstadt. Die türkische Armee und die Luftwaffe hatten die Einwohner 1974 vertrieben, viele Hotels und Wohnungen wurden geplündert. Dann ist die Stadt Sperrgebiet geworden. Die Rückgabe von Varósha an die griechischen Eigentümer stellt eine der Hauptforderungen der griechischen Zyprioten bei den Verhandlungen um die Zypernfrage dar.

Geschichte: Famagusta ist die Nachfolgerin der antiken hellenistischen Stadt Arsinoë, die im Laufe der Zeit versandet war. Daher heißt Famagusta heute noch auf Griechisch Ammóchostos, ›die im Sande Versunkene‹. Während der Arabereinfälle ab 647 n. Chr. kamen Flüchtlinge vom nahen Sálamis, in der Spätantike Constantia genannt, nach Ammóchostos. 1136 siedelte der byzantinische Kaiser Ioannis II. Komnenos die Einwohner der kleinarmenischen Stadt Tell Hamdoun hier an. Nach dem Fall von Akkon (1291), des letzten fränkischen Staates auf syrischem Boden, wurde Famagusta zur Metropole des Ostens, zum Haupthafen der Levante. Reiche Kaufleute und Barone siedelten von Akkon herüber nach Zypern. So beginnt die beispiellose Blüte von Famagusta im 14. Jh. Die Stadt, so sagte man, habe mehr Kirchen als das Jahr Tage hat. Die Kirchen der einzelnen christlichen Glaubensrichtungen dokumentieren die internationale Zusammensetzung der Bewohner von Famagusta. Da gibt es die katholischen und orthodoxen Kirchen, die speziellen Ordenskirchen der Karmeliten, Templer und Johanniter, dazu die armenische und die Kirchen der Nestorianer.

Ludolf von Suchen, ein deutscher Pilger und Priester aus Westfalen, der zwischen 1336 und 1341 auf Zypern weilte, erzählt mit »hinterwäldlerischem Staunen« (Maier) vom Reichtum in Famagusta: »Es ist die reichste Stadt aller Städte, und ihre Bürger sind die reichsten Bürger. Einmal verlobte ein Bürger seine Tochter. Die uns begleitenden französischen Ritter schätzten die Juwelen in ihrem Haarschmuck für kostbarer als allen Schmuck der Königin von Frankreich. Ein Kaufmann der Stadt verkaufte an den Sultan ein königliches Golddiadem mit nicht weniger als vier kostbaren Edelsteinen, einem Rubin, einem Smaragd, einem Sapphir und einer Perle, für 60000 Florins. Doch sogleich gereute ihn das Geschäft, und er wollte dieses Diadem für 100000 Florins zurückkaufen. Ebenso der Connétable von Jerusalem. Er hatte vier Perlen, die seine Frau an einer Spange trug. Wo und wann er immer wollte, konnte er sie als Pfand für 3000 Florins weggeben. In der Stadt ist mehr Aloeholz, als fünf Karren forttragen können. Spezereien sind hier so gewöhnlich wie bei uns das Brot und werden auch so verkauft ... In dieser Stadt halten sich unendlich viele reiche Kurtisanen auf, von denen manche bis zu 100000 Florins besitzen. Ich wage nicht, über ihre Reichtümer zu sprechen.«

Zur Zerstörung der Kirchen und Häuser von Famagusta haben vor allem die Belagerung 1571 und Erdbeben beigetragen. Schließlich wurden von hier Steine zum Bau des Suezkanals verschleppt.

LEÓNTIOS MACHAIRÁS, DER VIELLEICHT BEDEUTENDSTE CHRONIST ZYPERNS, DESSEN CHRONIK BIS 1432 GEHT, GIBT EINE VORBILDLICHE SOZIOLOGISCHE ANALYSE DES REICHTUMS VON FAMAGUSTA.

»Da war eine Menge Reichtum. Zu den Reichsten gehörten Sir Frances Lachas, der Nestorianer, und sein Bruder, Sir Nicholas Lachas. Ich bin außerstande, den Reichtum aufzuschreiben, den sie hatten.

Die Handelsschiffe der Christen aus dem Westen wagten nicht, woanders als auf Zypern ihre Geschäfte zu tätigen. Auch die Handelsschiffe aus Syrien kamen nach Zypern. Die Christen waren unter Androhung der Exkommunikation vom heiligsten Vater *(dem Papst, A.S.)* gehalten, nach Zypern zu fahren, damit die armen Zyprioten den Gewinn davon hatten. Denn sie wohnen auf einem Felsen im Meer, und auf der einen Seite sind die Feinde Gottes, die Sarazenen, auf der anderen die Türken.

Weil Syrien in der Nähe Famagustas liegt, schickten sie *(die islamischen Händler, A.S.)* ihre Schiffe nach Famagusta und brachten ihre Waren. Für den Verkauf ihrer Fracht hatten sie Agenten wie Frances Lachas, den Nestorianer, und seinen Bruder. Und wenn die Schiffe aus Venedig, Genua, Florenz, Pisa, Katalonien und aus dem ganzen Westen die Spezereien und was immer sie begehrten, hier vorfanden, luden sie ihre Schiffe voll und fuhren zurück nach Westen.

Deshalb war Famagusta und die ganze Insel reich, und es wurde ihnen geneidet.

Aber aller Wohlstand ging verloren, nachdem der Sohn König Peters gekrönt wurde: wegen des Skandals, der wegen der Genuesen entstand. *(Machairas meint den Zwischenfall nach der Krönung Peters II. im Jahre 1372. Der König vergab das Privileg, den rechten Zügel seines Pferdes beim Rückweg von der Kathedrale zu führen, nicht den Genuesen, sondern den Venezianern. Daher kam es zu einem Handgemenge und schließlich zum Krieg zwischen Genua einerseits und Venedig und den Lusignans andererseits. Genua besetzte dabei Famagusta und konnte es über 90 Jahre lang besetzt halten. A.S.)*

Und der ganze Handel ging nach Syrien. *(Es war also ein Handelskrieg, durch den der Zwischenhandelsplatz Famagusta ausgeschaltet wurde. A.S.)*

Und dieser Mann tat wegen seines Glaubens viel für sein Seelenheil. Er baute die Kirche der Nestorianer von den Grundmauern an.«

(Übersetzung aus dem Griechischen A. Schneider)

Befestigungsanlagen

Im Jahre 1558, 12 Jahre vor dem Angriff der Türken im September 1570, begann der Militärarchitekt Hercules Martinengo mit dem letzten Ausbau der veralteten Befestigungsanlagen. Der Mauerring wurde mit 15 Bastionen verstärkt, die Mauern wurden erhöht; noch heute sind sie bis zu 15 m hoch und bis zu 8 m stark. Die Stadt hatte nur zwei Eingänge, das See- und das Landtor (Porta del Mare mit venezianischem Löwen und Porta de Limassol), und war von einem Wassergraben, der mit dem Meer verbunden war, umgeben. Die heutigen zusätzlichen Eingänge haben die Briten durch den Mauerring gebrochen.

Othelloturm (Zitadelle von Famagusta). 1492 von den Venezianern umgebaut und in der Mitte des 16. Jhs. seewärts nochmals verstärkt. Schwarze Fläche: Älteres Lusignankastell. Grundriß (nach Jeffery)

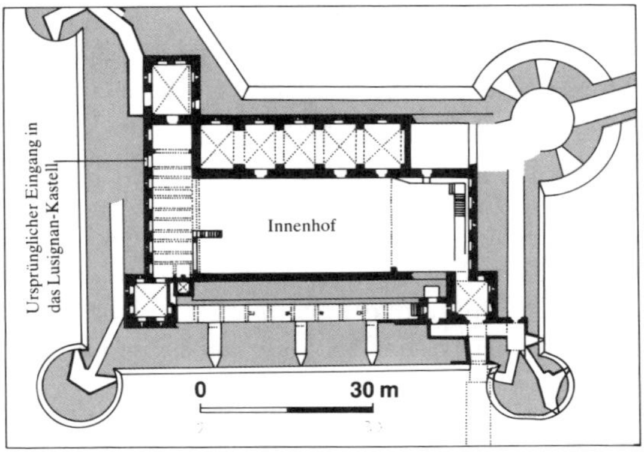

Othelloturm Das alte Hafenkastell der Lusignans wurde nach einer Inschrift am Eingang unter dem venezianischen Löwen bereits 1492 von Nicolo Foscarini, einem Gouverneur von Famagusta, umgebaut. Die Anlage heißt heute Othelloturm, da man annimmt, daß Shakespeares Eifersuchtsdrama um Othello, Desdemona und Jago hier spielte. Shakespeare jedoch spricht im Othello nur von einem »Seaport in Cyprus«. Der ›Mohr von Venedig‹ könnte nach einer Version Cristoforo Moro (it., ›Mohr‹) sein, der tatsächlich von 1506–1508 Vizegouverneur von Famagusta war. Nach einer anderen Version kommt für den Mohren ein Francesco de Sessa in Frage, der nach venezianischen Aufzeichnungen nach Zypern verbannt und wegen seiner dunklen Hautfarbe ›il capitano moro‹ genannt wurde.

St. Georg der Lateiner Gleich gegenüber dem Othelloturm steht die Ruine der katholischen Kirche St. Georg der Lateiner aus dem 13. Jh., die Architekturelemente der Ste-Chapelle in Paris rezipiert.

Martinengobastion Im Innern der gewaltigen Martinengobastion befinden sich zwei erst 1966 entdeckte unterirdische Hallen, in die sich rund 2000 Personen zurückziehen konnten.

Geschichte der Belagerung: In Famagusta stand 1570/71 den 8300 Verteidigern (Venezianern, Griechen und Söldnern) eine 24fache Übermacht von 200000 Türken gegenüber. Nach dem Fall von Nikosia und der Kapitulation Kyrenias begann die Belagerung der letzten venezianischen Stadt auf Zypern. Monatelang dauerte die Schlacht. Die Türken hoben Gräben aus und arbeiteten sich so bis zum großen Graben der Befestigungsmauer vor. Sie füllten den Graben mit Erde auf. Der Nahkampf begann.

Djambulatbastion Hier befindet sich heute ein kleines Museum, das aus türkischer Sicht diesen Kampf um Famagusta illustriert. Dort ist auch das Grab des türkischen Kavallerieoffiziers Djambulat, der sich mitsamt seinem Pferd in ein gefährliches Messerrad stürzte, mit dem die Venezianer einen schmalen Eingang in die Bastion versperrten. So blockierte er die

Messermaschine und bezahlte dies mit seinem Leben. Dieser Ort ist heute ein vielbesuchtes Pilgerziel der Türken und Türkzyprioten, ähnlich wie es auch das Grab der Um Haram in der Moschee Chala Sultan Tekke bei Larnaka vor der Teilung der Insel war.

Im August 1571 kapitulierten die Verteidiger. Die Türken sicherten den Venezianern, ähnlich wie nach dem Fall der Johanniterfestung Rhodos 1522, freien Abzug zu. Doch der Kommandeur der türkischen Truppen, Lala Mustapha Pascha, brach sein Versprechen. Er selbst schlug Marcantonio Bragadino, dem venezianischen Oberbefehlshaber, Nase und Ohren ab und ließ ihm 12 Tage später auf dem Platz zwischen der Kathedrale und dem Palazzo de Provveditore bei lebendigem Leibe die Haut abziehen. (Die Haut befindet sich heute in einer Urne in SS. Giovanni e Paolo in Venedig, dort ist auch das Grabmal Bragadinos.)

Die wenigen überlebenden Griechen von Famagusta wurden außerhalb der Stadt, in Varósha, angesiedelt. Es war ihnen für die nächsten Jahrzehnte verboten, sich nachts innerhalb der Stadtmauern aufzuhalten.

1 Nikolauskathedrale (Lala-Mustapha-Pascha-Moschee)

Die Kathedrale ist die größte, besterhaltene und weithin sichtbare Kirche von Famagusta (Abb. 86, 87). Wenige Jahre nach dem Fall von Akkon wurde 1298 der Grundstein gelegt. Schon 1326 konnte die Kirche geweiht werden, im selben Jahr wie die Sophienkathedrale in Nikosia, mit deren Bau man bereits 89 Jahre vorher, 1209, begonnen hatte. In der Nikolaus-

Die St. Nikolaus-Kathedrale von Famagusta. Nach: Illustrated London News, 1878

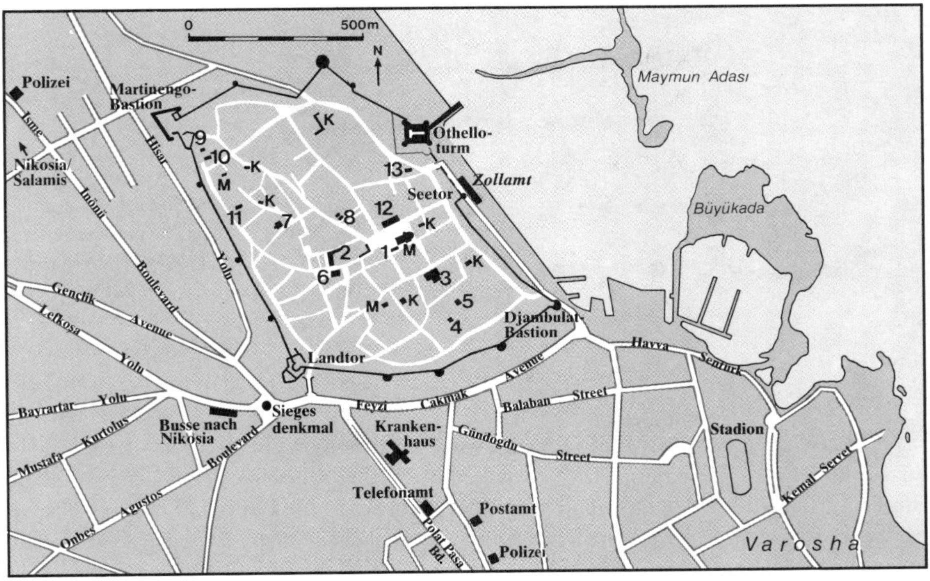

Famagusta
1 Nikolauskathedrale/Lala-Mustapha-Pascha-Moschee 2 Palazzo del Provveditore 3 Kirche Agios Geórgios der Griechen 4 Kirche Agía Zóni 5 Kirche Agios Nikólaos 6 Kirche SS. Peter und Paul 7 Kirche Agios Georgios Exorinós 8 Doppelkirche der Templer und Hospitaliter 9 Armenische Kirche der hl. Maria 10 Karmelitenkirche 11 Annenkirche 12 Markthalle 13 Ruine der Kirche St. Georg der Lateiner K Weitere Kirchen M Moscheen

kathedrale wurden die Könige von Zypern nach der Krönung in Nikosia zu Königen von Jerusalem gekrönt, zu Königen ohne Land. Hier liegt Jacques II. der Bastard begraben, der Ehegatte der Catarina Cornaro, der ›Adoptivtochter Venedigs‹, und ihr einziger Sohn Jacques II., nach dessen wohl kaum zufälligem Tod im Alter von einem Jahr das Königreich der Lusignans 1489 an Venedig fiel. Gleich nach der Eroberung Famagustas verwandelten die Türken die Kathedrale in eine Moschee – wie auch bei der ›Schwesterkirche‹ St. Sophia in Nikosia geschehen. Der Nordturm bekam ein kleines Minarett, die Malereien und der Skulpturenschmuck wurden entfernt.

Mit 55 × 23 m ist der Bau etwas kleiner als die Sophienkathedrale mit ihren 66 × 38 m. Im Vergleich zu dieser ist die Westfassade der Nikolauskirche jedoch üppiger ausgeschmückt. Drei Portale mit hohen krabbenbesetzten Wimpergen, deren Giebelfelder mit Maßwerkrosetten und Dreipässen ausgefüllt sind, führen direkt in den Kirchenraum (bei der Sophienkathedrale zunächst in eine offene Vorhalle). Über dem Hauptportal und über der schmalen Galerie des zweiten Geschosses ziert ein großes Maßwerkfenster mit Rosette (Fensterrose) die Fassade. Links und rechts davon sind Blendfenster angebracht.

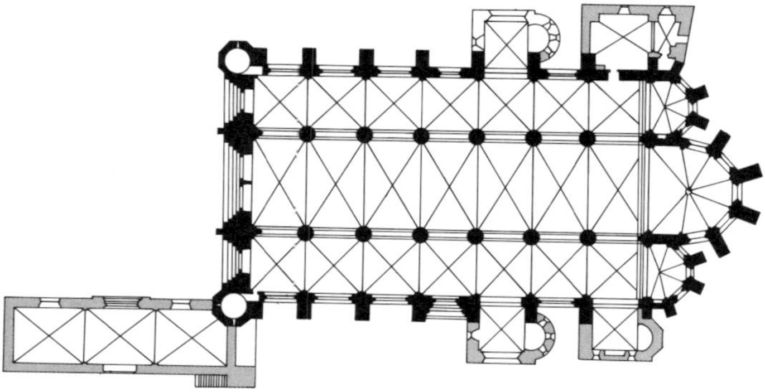

Nikolauskathedrale in Famagusta, erbaut 1298–1326, mit späteren Anbauten. Grundriß (nach Enlart)

Auch der Innenraum (vor Eintritt bitte Schuhe ausziehen) ist anders als bei der Sophienkirche konzipiert. Hier münden die Seitenschiffe nicht in einen Chorumgang, sondern führen auf zwei Kapellen links und rechts des Chores zu. Im Chor sind in einer Nische hinter vorgebautem Maßwerk noch Reste der ursprünglichen Malerei zu sehen. Gemeinsam mit der Sophienkirche hat die Nikolauskirche eine im Vergleich zur Außenfassade karge architektonische Gestaltung des Innenraums. (Zur Inneneinrichtung der Moschee vgl. S. 89.)

Südlich des Vorplatzes sieht man das Erdgeschoß einer venezianischen Loggia, die an die Kirche angebaut wurde. Jetzt ist darin der Reinigungsbrunnen für die Benutzer der Moschee. Gegenüber auf der anderen Seite des Platzes befinden sich zwei osmanische Grabbauten.

2 Palazzo del Provveditore Dieser Bau war ursprünglich ein Palast der Lusignans und ab 1489 Sitz des venezianischen Gouverneurs von Famagusta. Dieser hatte in Friedenszeiten das Kommando über die gesamten venezianischen Truppen und über die Befestigungen. Das Wappen eines dieser ›Capitani del regno di Cipro‹ schmückt noch einen Schlußstein des dreitorigen Renaissanceportals (Giovanni Renier, 1552). Vier dorische Granitsäulen, Spolien aus Sálamis, sind dem Portal in Säulenbogenstellung vorgestellt und tragen ein Gesims.

Das Gelände des Palastes ist heute ein Parkplatz. In dem Komplex links hinter dem Portal war in türkischer Zeit ein Staatsgefängnis. Darin saß für 38 Monate Namik Kemal (1840–1888), der Nationaldichter der Türken, der den Sultan angeprangert hatte. Seine 1953 errichtete Büste sieht man nahe der Westfassade der Kathedrale.

3 Agios Georgios der Griechen Der Bau aus der zweiten Hälfte des 14. Jhs., von der noch Chor und Südwand stehen, war eine orthodoxe Kirche, die aber in der Bauform einer gotischen Kirche (fast identischer Grundriß mit Peter und Paul, vgl. unten) ähnelt (Abb. 88). Wahrscheinlich sollte sie mit der benachbarten Nikolauskathedrale optisch konkurrieren.

Die Kirche war allerdings überkuppelt und damit ein Zwitterbau ähnlich wie der ›Bedesten‹ in Nikosia. Im Chor kann man sehr zerstörte, blasse Wandmalereien entdecken.

4 Agía Zóni und 5 Agios Nikólaos Etwas weiter südlich stehen auf einem freien Feld sehr hübsch unter Palmen zwei herkömmliche orthodoxe Kirchen in der Kreuzkuppelform: die verschlossene Agía Zóni (d. h. dem heiligen Gürtel der Maria geweiht) und die zugängliche, aber ruinöse Kirche des Agios Nikólaos.

6 SS. Peter und Paul Die Kirche (wie Ag. Geórgios der Griechen aus der zweiten Hälfte des 14. Jhs.) ist noch weitgehend intakt. Ein Kaufmann namens Simone Nostrano hat die Kirche von einem Drittel des Gewinns aus einem einzigen Handelsgeschäft erbauen lassen. Später wurde sie zur Sinan-Pascha-Moschee, schließlich zum Kartoffelspeicher. Heute ist sie zu besichtigen.

7 Agios Georgios Exorinós Die Kirche des hl. Georg ›des Verbannten‹ wurde 1359 vom reichen Kaufmann Lachas, einem Nestorianer, für die Gemeinde errichtet (vgl. zu Lachas die Erzählung des Leóntios Machairás, S. 292). In der leider verschlossenen Kirche sind noch italo-byzantinische Malereien erhalten.

Ebenfalls verschlossen ist die Doppelkirche der Templer und Hospitaliter (Johanniter) (8). Unzugänglich, da Militärgebiet, sind die Armenische Kirche der hl. Maria (mit Malereien) (9), die Karmelitenkirche (10) und die Annenkirche (11).

Den Besuch von Famagusta verbindet man in der Regel mit der Besichtigung der Königsgräber (S. 304), Énkomis (S. 305ff.), der römischen Ruinen von Sálamis (S. 298ff.) und des Barnabasklosters (S. 305).

Zwischen Famagusta und Sálamis hatten die Engländer Lager für Juden errichtet, die vor Proklamierung des Staates Israel 1948 nach Palästina zu fliehen versuchten. (Palästina war bis dahin britisches Mandatsgebiet.) Bekannt geworden sind die damaligen Vorgänge durch Leon Uris' Buch ›Exodus‹.

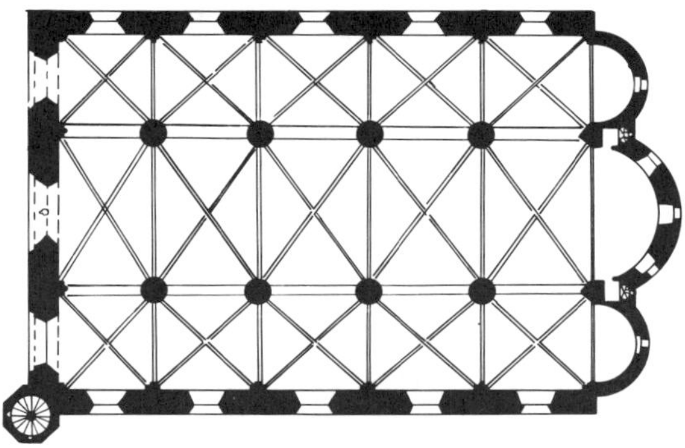

Agios Geórgios der Griechen in Famagusta, 14. Jh. Grundriß (nach Enlart)

Römisches Sálamis

Orientierung: Das ausgedehnte Ruinenfeld liegt 8 km nördlich von Famagusta reizvoll zwischen Mimosen, Akazien, Eukalyptusbäumen und ganzen Feldern von Riesenfenchel (Farbt. 20). Eingang im Norden am Touristenpavillon. Eintrittsgeld. Nur ein kleiner Teil des Ausgrabungsareals ist bisher erforscht. Man kann mit dem Auto auf Feldwegen zu den einzelnen Ausgrabungsorten fahren. Wer Zeit hat, geht jedoch besser zu Fuß, doch Vorsicht vor Giftschlangen! Nicht im Gestrüpp umherlaufen.

Geschichte: Nachdem Énkomi im 11. Jh. v. Chr. zerstört und endgültig verlassen worden war, trat Sálamis die Nachfolge der in der Bronzezeit blühenden Stadt an. In der griechischen Mythologie wird Teukros, Sohn des Telamon und Bruder des Aias, als Gründer von Sálamis genannt. Heimat des Teukros war die Insel Salamis bei Athen, und ebenso heißt nun die neu gegründete Stadt auf Zypern, die Zentrum des bedeutendsten Stadtkönigtums Zyperns werden sollte. Aus dieser Zeit (11.–4. Jh. v. Chr.) ist allerdings außer den Gräbern (beschrieben S. 33 ff.) nichts an Ort und Stelle Sichtbares mehr vorhanden.

Das Stadtgebiet des archaischen und klassischen Sálamis muß südlich der römischen Ruinen gelegen haben. Damals begann der Hafen von Sálamis zu versanden, so daß man am

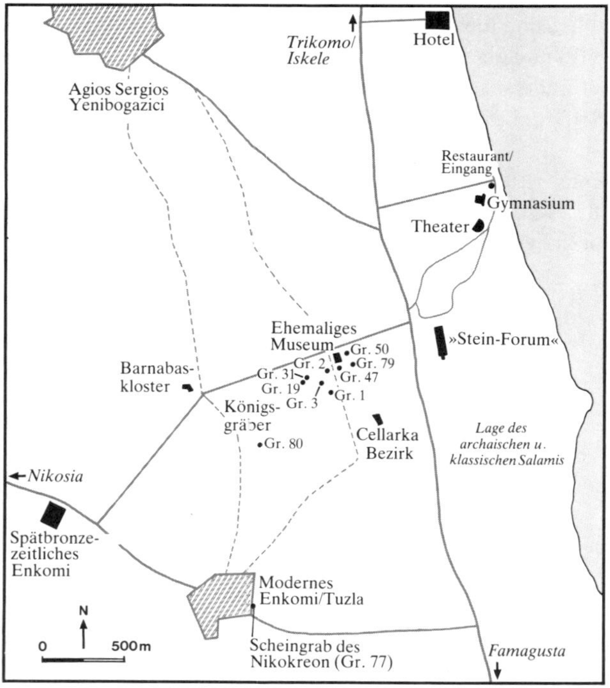

Sálamis und Umgebung

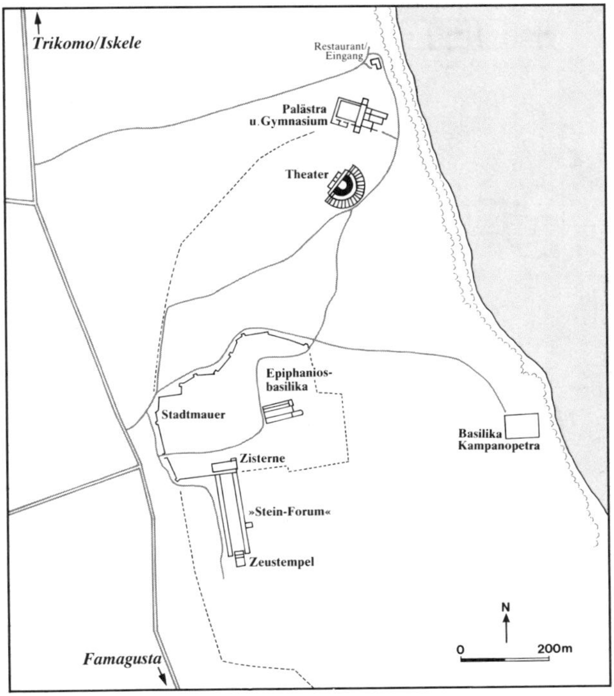

Römische Ausgrabungen von Sálamis

Ende des 4. Jhs. ungefähr 3 km nördlich einen neuen Hafen anlegte. So verschob sich die Stadtanlage nach Norden.

Im Hellenismus und zur Römerzeit war Sálamis noch immer die größte Stadt Zyperns, obwohl das Verwaltungszentrum der Ptolemäer nach Paphos verlegt war (vgl. S. 44).

Die imposanten, zum Teil auch rekonstruierten Ruinen stammen aus der römischen und frühchristlichen Zeit. Nach den Erdbeben von 332 und 342 wurde Sálamis unter dem römischen Kaiser Constantius II., Sohn des ›großen‹ Konstantin, zum letztenmal wiederaufgebaut. Die Stadt hieß von nun an Constantia.

Sálamis-Constantia war schon im 4. Jh. weitgehend christianisiert. Die Stadt wurde Bischofssitz. Die Christen errichteten als Metropolitankirche die Epiphánios-Basilika, die größte frühchristliche Basilika auf Zypern. Durch die Arabereinfälle 647/48 wurde auch Sálamis schwer getroffen. Letzte Siedlungsspuren in Sálamis sind im 13. Jh. durch Münzen aus der Zeit der Lusignans bezeugt. Erbin von Sálamis wurde Famagusta.

Gymnasium

Die Anlage mit Thermen und Palästra, die vom Erdbeben 76/77 zerstört worden war, wurde auf einer hellenistischen und augusteischen Vorgängeranlage unter Trajan und Hadrian im

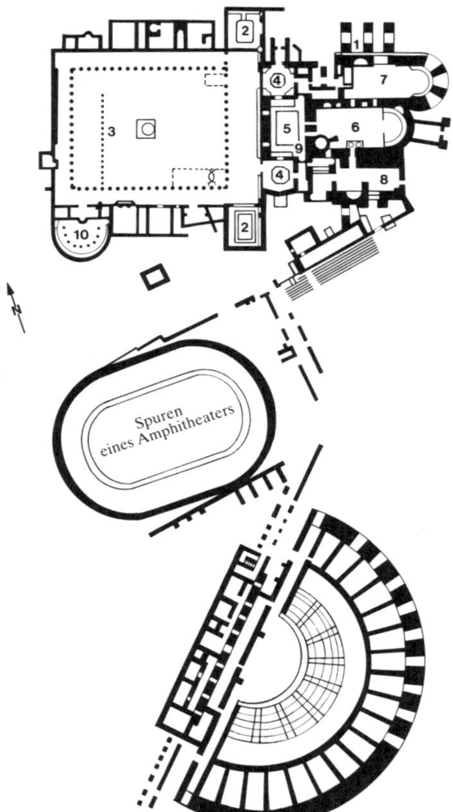

Gymnasium mit Therme und Theater von Sálamis (nach Karageorghis)

1 Praefurnien 2 Becken an den Enden der Oststoa 3 Palästra 4 Frigidarien 5 Sudatorium 6 Caldarium 7 Sudatorium 8 Sudatorium 9 Christliche Inschrift ›KYPIOU‹ (›Des Herrn‹) und Fresko 10 Latrine

2. Jh. neu aufgebaut. Nach den Erdbeben des 4. Jhs. erfuhr das Gymnasium seine letzte – nun christliche – Umgestaltung.

Vom Touristenpavillon her geht man an den Praefurnien (1) vorbei, den in den Boden eingelassenen Heizanlagen der Therme, und gelangt zur Palästra (52,5 m × 39,5 m) (3) mit ihren wiederaufgerichteten Säulen. Auf einem Podium in der Mitte der Palästra stand als Monument eine dorische Säule. Vor dem Umbau im 4. Jh. war dort ein Wasserbecken. An beiden Enden der Oststoa (2) sind Schwimmbecken in den Boden eingetieft, sie gehören wie das Wasserbecken zur Bauphase des 2. Jhs. Um das nördliche Becken haben die Ausgräber Statuen aufgestellt, die dort und anderswo im Gymnasium auch noch zur Zeit des christlichen Sálamis gestanden hatten. Allerdings sind die meisten Statuen ohne Köpfe – die haben Christen abgeschlagen (Abb. 38). Die verstümmelten Plastiken sah man offenbar auch nach dem Verbot der heidnischen Kulte durch Theodosius im Jahre 391 als ungefährlich an. Anstößig waren dagegen die nackten Aphroditestatuen und Hermaphroditen – die benutzte man als Füllmaterial oder versteckte sie in nicht mehr benutzte Räume hinter den Säulenreihen der Palästra.

Vom Ostflügel der Palästra geht es nun in eines der beiden Frigidarien (4). In beiden Frigidarien (die das Sudatorium 5 flankieren) sind oktogonale Becken im Fußboden eingetieft. Die Reste der Mamorverkleidung sind noch an den Wänden zu sehen. Das Sudatorium ist zusammen mit dem östlich angrenzenden Caldarium (6) das Zentrum der Anlage. Unter dem Fußboden stehen noch die Ziegeltürmchen der Hypokausten, durch die Heißluft für die Erwärmung des Raumes strömte. In der Mitte des Raumes war ein flaches eingetieftes Becken, dessen Wasser durch die Hypokausten erhitzt wurde und Dampf entwickelte. An den Wänden standen ringsherum Liegen, auf denen sich die ›Saunagäste‹ niederlassen konnten.

Neben dem Caldarium mit einem Bassin in der Apsis und einigen Einzelbecken befinden sich zwei weitere Sudatorien (7 und 8). In den Nischen von beiden kann man noch Reste von Mosaikdarstellungen sehen, die die Christen zugemauert hatten und die erst die Archäologen wieder freilegen konnten. Im südlichen Sudatorium (8) stellt ein Mosaik Apollo und Artemis dar, die die Niobiden töten, ein anderes Mosaik die Personifikation des Flusses Eurotas neben den Flügeln eines Schwans (Sparta liegt am Eurotas, und hier spielt der Mythos um Leda und Zeus, der sich als Schwan verkleidet hatte).

Die Christen »ließen in Sálamis nichts unversucht, um heidnische Symbole vergessen zu machen« (Karageorghis). Ein Fresko (9) über der Südtür des zentralen Sudatoriums (5) überzog man mit Kalk und schrieb darauf eine Inschrift, von der noch KYPIOU, d. h. ›des Herrn‹ erhalten ist. Außerdem sieht man hin und wieder eingeritzte Kreuzeszeichen.

Eine andere Art von christlicher Zensur begegnet uns in der römischen Latrine, einem Annexbau an der Südwestecke der Palästra. Hier konnten 44 Personen zugleich sitzen und sich sogar eines kleinen Wasserkanals vor den Sitzen bedienen, um sich zu waschen. Dabei konnten sie durch Türöffnungen auf die Palästra schauen und auch von dort gesehen werden. Die schamhaften Christen verbauten dann die freie Sicht durch eine Mauer.

Über eine monumentale Treppe, die die Tribüne eines Stadions bildete, gelangt man an den Grundmauern eines noch nicht ausgegrabenen Amphitheaters vorbei zum Theater.

Theater

Die Cavea, von der nur die unteren Sitzreihen restauriert sind, öffnet sich nach Westen. Die Zuschauer saßen mit dem Rücken zum Meer. Das Theater war einst 20 m hoch und konnte mit seinen 50 Sitzreihen 17000 Zuschauer fassen. Es wurde zur Zeit des Augustus gebaut und entspricht in seinen Bauformen kleinasiatischen römischen Provinztheatern (vgl. das Theater in Aspendos in Pamphylien). Die untere Hälfte der Cavea besitzt einen massiven Steinunterbau und konnte deshalb den Erdbeben des 4. Jhs. widerstehen. Die oberen Sitzreihen ruhten jedoch auf einem radial gebauten System von Mauern und Verstrebungen, deren bis zu 3,5 m große Fundamente außen vor dem Bau noch gut zu erkennen sind. Nach den Erdbeben diente das Theater als Steinbruch für den Wiederaufbau des Gymnasiumskomplexes. Säulen und Kapitelle vom Szenengebäude sowie Platten des Orchestrabodens, ja sogar den Altar, der einst in der Mitte der Orchestra gestanden hatte, fanden die Archäologen in der Palästra wieder. Dicke Ascheschichten und verkohltes Holz an den Außenwänden des Theaters und zwischen den radialen Stützmauern belegen, daß damals Menschen in den Ruinen gelebt haben. Wohl die Ärmsten der Armen, die schließlich zur Zeit der Arabereinfälle im 7. Jh. auch von dort vertrieben wurden.

Vom Proskenion und vom Szenengebäude sind nur noch Grundmauern erhalten. Zum Figurenschmuck des Szenengebäudes gehören Darstellungen der neun Musen und eines Apolls als Musenführer, die man dort in den Trümmern gefunden hat. Im 3. Jh. wurde um die Orchestra in Abgrenzung zum Zuschauerraum eine circa 1 m hohe Brüstung eingebaut, die bis ans Proskenion reichte. Damit konnte die Orchestra als Wasserbecken für die bei den Römern so beliebten Naumachien, die Schiffskämpfe, dienen.

Südwestlich vom Theater fanden sich Reste einer weiteren römischen Badeanlage. Auf dem Weg zu den Resten der Epiphániosbasilika kommt man an einer römischen Villa (links) vorbei und dann am ›Granit-Forum‹ (rechts), das die Archäologen nach den umherliegenden Säulen aus oberägyptischem Granit so benannt haben.

Epiphániosbasilika Die Basilika (wie die Agía Kyriakí in Paphos bereits aus dem Ende des 4. Jhs.) war mit 58 m Länge und 42 m Breite die größte frühchristliche Kirche Zyperns. Sie besaß je drei Seitenschiffe, je ein breites und zwei schmale. Reihen von je 13 Steinsäulen mit korinthischen Kapitellen gliederten den Innenraum der Kirche in 14 Interkolumnien. In der Apsis erkennt man noch die Stufen, auf denen der höhere Klerus und der Bischof saßen. (Vgl. zu den Bauelementen der frühchristlichen Basilika S. 66 f.) Am Ostende des mittleren der drei Südschiffe fanden die Ausgräber ein leeres Grab, dessen Seiten mit Marmor verkleidet waren. Sie vermuten hier das Grab des hl. Epiphánios, der von 368–403 Bischof von Sálamis war. Östlich vom Grab stehen die Grundmauern eines Anbaus, der im 9. Jh. zur selbständigen Dreikuppelkirche verändert wurde.

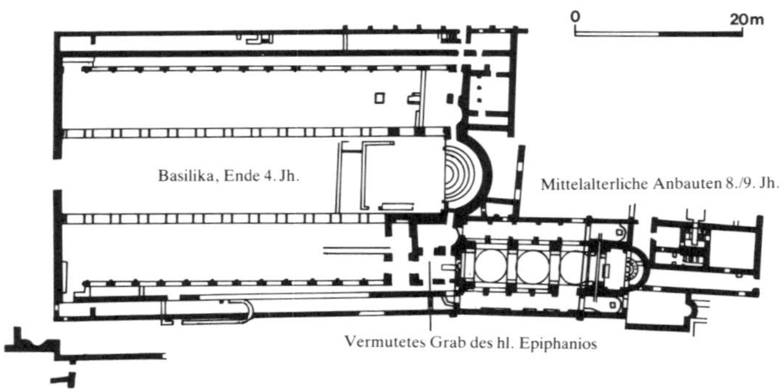

Epiphániosbasilika in Sálamis, Ende 4. Jh. mit Anbau 8./9. Jh. Grundriß (nach Papageorgiou)

Als im 7. Jh. die Araber Zypern bedrohten, baute man nur um das Zentrum der Gemeinde von Sálamis mit der Epiphániosbasilika aus den Trümmern älterer Gebäude eine Stadtmauer, die mit rechteckigen Wachtürmen versehen war.

Zisterne, ›Stein-Forum‹ und Zeustempel Im Inneren der frühbyzantinischen Zisterne tragen drei Pfeilerreihen das Dach. Das Wasser wurde von einem Aquädukt aus Kythräa, vom Pentadáktylosgebirge, herangeführt.

Von der Zisterne aus erstreckt sich der Innenhof des ›Steinforums‹ 228 m lang nach Süden. Beide Seiten des 55 m breiten Innenhofs wurden von Säulenkolonnaden und Ladenreihen flankiert. Fragmente der 9 m hohen korinthischen Säulen und Kapitelle liegen heute im Gestrüpp. Am Ende der Agorá, im Süden, erhob sich auf einem Podium der inschriftlich belegte Zeustempel von Sálamis. Er hatte eine umlaufende Kolonnade und stammt, wie auch das ›Steinforum‹ und das Theater, aus augusteischer Zeit.

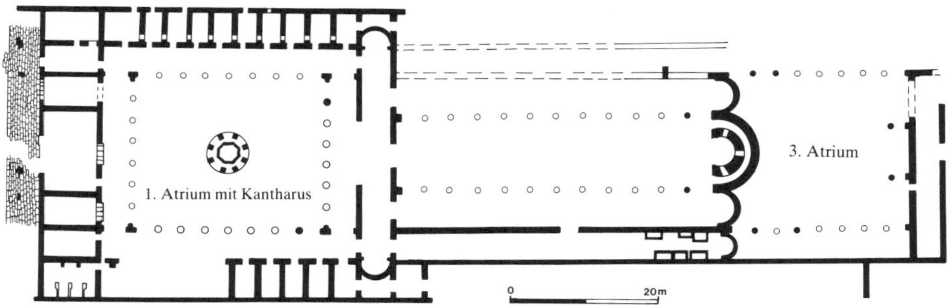

Basilika Kampanópetra, 6. Jh. Grundriß

Basilika Kampanópetra Es lohnt sich, auf dem Rückweg noch einen Abstecher nach rechts zur frühchristlichen Basilika am Meer zu machen (6. Jh.), die heute Kampanópetra genannt wird (Abb. 51). (Badegelegenheit!)

Der eigentlichen Kirche vorgelagert war ein peristyles Atrium mit einem oktogonalen Brunnen in der Mitte, dem Kantharus. (Zu den Bauelementen der frühchristlichen Basilika vgl. S. 66 ff.) Davor war ein weiteres Atrium ohne Brunnen gebaut. Durch den Narthex, der an beiden Seiten Apsiden besitzt, gelangte man in die Kirchenschiffe: in den Mittelteil mit Haupt- und je einem Seitenschiff oder in die schmaleren äußeren Schiffe, die Katechumena. Diese waren wie Atrium und Narthex für die Katechumenen, die Noch-nicht-Getauften vorgesehen.

Ein drittes Atrium mit noch stehenden Säulen findet man östlich der Apsiden.

Diese wahrhaftig monumentale Kirchenanlage war eine der größten im ganzen Mittelmeerraum.

Königsgräber von Sálamis

Orientierung: 8 km nördlich von Famagusta und 1 km westlich von den Ruinen des römischen Sálamis liegen die Grabanlagen verstreut zwischen den Feldern, manche sind umzäunt (Plan). Die zu den Gräbern gehörende Stadt muß weiter östlich, zum Meer hin gelegen haben, südlich der hellenistischen und römischen Stadt. Allerdings nur durch ein Grab und ein Heiligtum aus der geometrischen Zeit ist diese Stadt nachgewiesen.

Man orientiere sich im Gräberfeld am deutlich sichtbaren Grab 50, gleich an der Asphaltstraße (Abb. 34). Dieses Grab wurde in der Römerzeit überwölbt und zu einem Heroon (?) umfunktioniert. Zur Zeit der Christenverfolgungen diente der Bau als Gefängnis; daher der heutige Name ›Gefängnis der hl. Katharina‹. Von ferne gut sichtbar ist auch der Tumulus von Grab 3, der von den Ausgräbern nicht abgetragen wurde.

Das Friedhofsareal erstreckt sich von den Königsgräbern, wo die Stadtkönige und vielleicht der Adel im 8. und 7. Jh. bestattet wurden, hin zum Cellárka-Bezirk, wo jahrhundertelang, vom 7. bis zum 4. Jh. v. Chr., die Ärmeren von Sálamis beerdigt wurden (Abb. 35). Etwas abseits in der Nähe des modernen Énkomi liegt das Scheingrab des Nikókreon, des letzten Königs von Sálamis (Abb. 36; vgl. ausführlich S. 33 ff.).

Die Königsgräber bestehen aus

- einer rechteckigen, im Boden eingelassenen Grabkammer, die mit Platten überdacht war. Ein Tor, Stomion, führte hinein;
- einem gepflasterten Vorhof oder Vorraum, dem Propylaion, zu dem meist einige Stufen heraufführen;

Königsgrab von Sálamis, Grab 50 (sogenanntes ›Gefängnis der hl. Katharina‹), 1. Periode. Rekonstruierter Grundriß und Längsschnitt (nach Karageorghis)

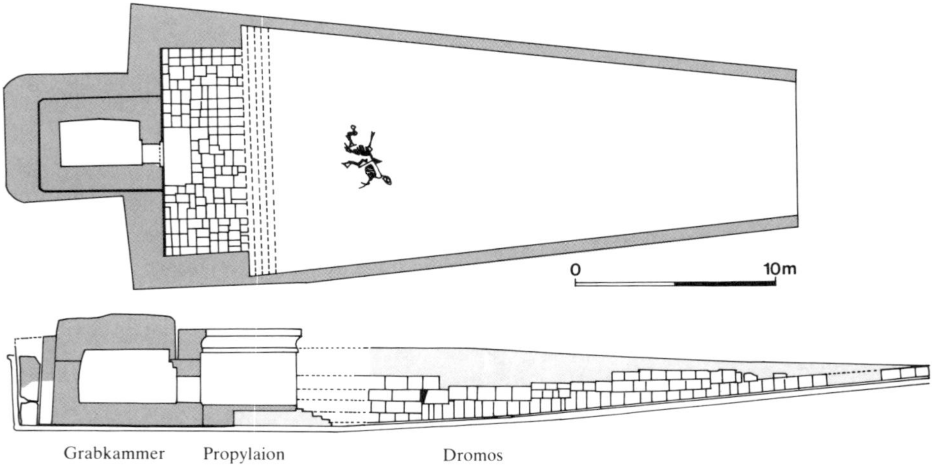

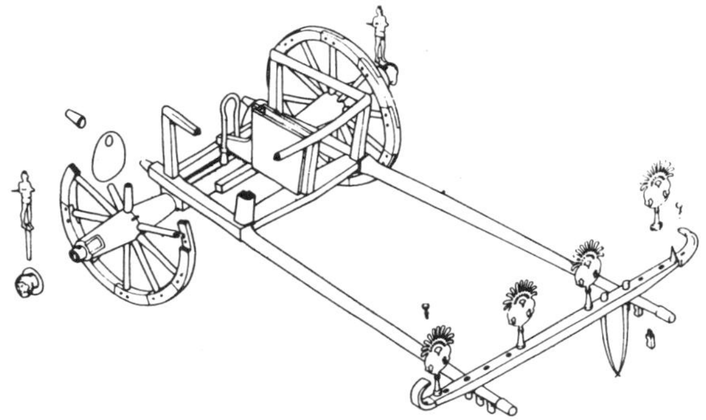

Prunkwagen aus Grab 79 in Sálamis. Rekonstruktion (nach D. Hunt, Footprints in Cyprus, London 1984). Vgl. Zypernmuseum, Saal 11

- einem Zugangsweg, dem Dromos, der sich zur Grabkammer hin senkt und weitet und der links und rechts von Mauern eingefaßt war;
- einem Grabhügel, dem Tumulus, der sich über Grab und Dromos erhob.

Die Gräber wurden mehrfach benutzt. Zu den Funden aus den Königsgräbern von Sálamis vgl. ausführlich S. 33ff.

Barnabaskloster

An der Straße von Sálamis nach Énkomi liegt das Kloster des hl. Barnabas, das ebenfalls einen Besuch wert ist (Abb. 82). Hier soll Bischof Anthemios aufgrund eines Traumes die Gebeine des Apostels Barnabas entdeckt haben. Dies bestärkte im Autokephaliestreit (vgl. S. 69) den Anspruch der zypriotischen Kirche auf Unabhängigkeit vom Patriarchat in Antióchia. Diese Episode ist zusammen mit der Entscheidung des Kaisers Zenon zugunsten der Autokephalie Zyperns auf verwitterten, nachbyzantinischen Malereien im Innenraum der Kirche abgebildet. Hier sind auch Ikonen aus anderen Kirchen ausgestellt. Der Bau selbst stammt im wesentlichen aus dem 10. Jh. und gehört typologisch zu den Mehrkuppelkirchen Zyperns wie z. B. Agios Lazaros in Lárnaka, Agia Paraskeví in Geroskípou und Agioi Hilarion und Barnabas in Peristeróna. (Zu den Mehrkuppelkirchen vgl. S. 71.) In den Klosterräumen lagern nach 1974 in der Umgebung geborgenen archäologischen Funde.

Etwas abseits vom Kloster befindet sich die Grabkapelle des Barnabas mit Fresken. Schlüssel beim Wärter.

Ruinen von Énkomi

Orientierung: Die gut erhaltenen Grundmauern von Énkomi liegen 3 km westlich des römischen Sálamis. An den Königsgräbern und am Barnabaskloster vorbeifahren, an der Kreuzung dann nach rechts abbiegen.

Das wiederaufgebaute Énkomi nach dem Einfall der Seevölker, Anfang 12. Jh. v. Chr. Grundriß (nach Scheffer)

Die gut sichtbaren Gebäudemauern gehören zur Stadtanlage des frühen 12. Jhs. v. Chr., als Énkomi nach der Seevölkerzerstörung von Mykenern nach einem regelrechten Stadtaufbauplan neu aufgebaut wurde. Eine Nordsüdstraße sowie sechs in gleichen Abständen angelegte Querstraßen teilen die Stadt in einzelne Quartiere.

Énkomi ist im 17. Jh. v. Chr. gegründet worden und stellt das erste städtische Zentrum der Kupferverarbeitung dar. Werkstätten, Bewässerungsanlagen, ja sogar Baderäume sind nachweisbar. Die Häuser bestanden aus einem offenen rechteckigen Hof mit Räumen an drei Seiten. Unter dem Hof befanden sich Kammergräber mit reichen Grabbeigaben: vor allem Goldschmuck und Vasen, auch solche aus Alabaster und Fayence (Abb. 25). Es gab offenbar keine Friedhöfe außerhalb der Stadt. Zur Bedeutung von Énkomi vgl. a. S. 21 f.

Die Bauten von Énkomi (siehe nebenstehenden Plan)

1 **Kupferverarbeitende Werkstätten** Im Norden davon bis hin zur Stadtmauer Wohn- und Werkstättenareal.

2 **Heiligtum des ›Gehörnten Gottes‹** Es besteht aus einer Halle und zwei inneren Kulträumen. In der Halle war ein Altar und ein Tisch für Opfergaben; um ihn herum haben die Ausgräber eine Anzahl von Stierschädeln gefunden. Offenbar haben hier Priester bei einer Kulthandlung für den Gott, dessen Statue in einer der Nebenräume gefunden wurde, Stiermasken getragen (Abb. 26, 28).

3 **Großes Gebäude (›Batiment 18‹)** Als Sitz eines Fürsten interpretiert. Es hat wie die Heiligtümer sorgfältig behauenes Quadermauerwerk und eine Fassade hin zur 5. Querstraße.

4 **Gepflasterter Platz** Ungefähr in der Mitte der Stadt.

5 **Gebäude aus regelmäßigem Quadermauerwerk** Wahrscheinlich ein Heiligtum.

6 **Heiligtum des ›Barrengottes‹** Rechteckiger Hof mit Ablagen für Opfergaben und einem Altar. In einem kleinen Raum wurde eine bärtige Statue mit einem Hörnerhelm und Speer und Schild in den Händen gefunden, die auf einem Bronzebarren steht (Abb. 27). Diese Statue hat ihr Pendant in einer weiblichen Barrengottheit zyprischer Herkunft und gleicher Datierung im Ashmolean Museum in Oxford.

7 **Nordtor der Stadtmauer mit rechteckigem Befestigungsturm.**

Bezirk Kyrenia

Orientierung: Entfernung Nikosia–Kyrenia 26 km. Häufige Bus- und Sammeltaxenverbindung.

Festung St. Hilarion (gr. Agios Ilaríonos)

Orientierung: In der Nähe der Paßhöhe der Straße Nikosia–Kyrenia nach Westen abbiegen. Die Burg liegt auf 725 m Höhe. Eintrittsgeld.

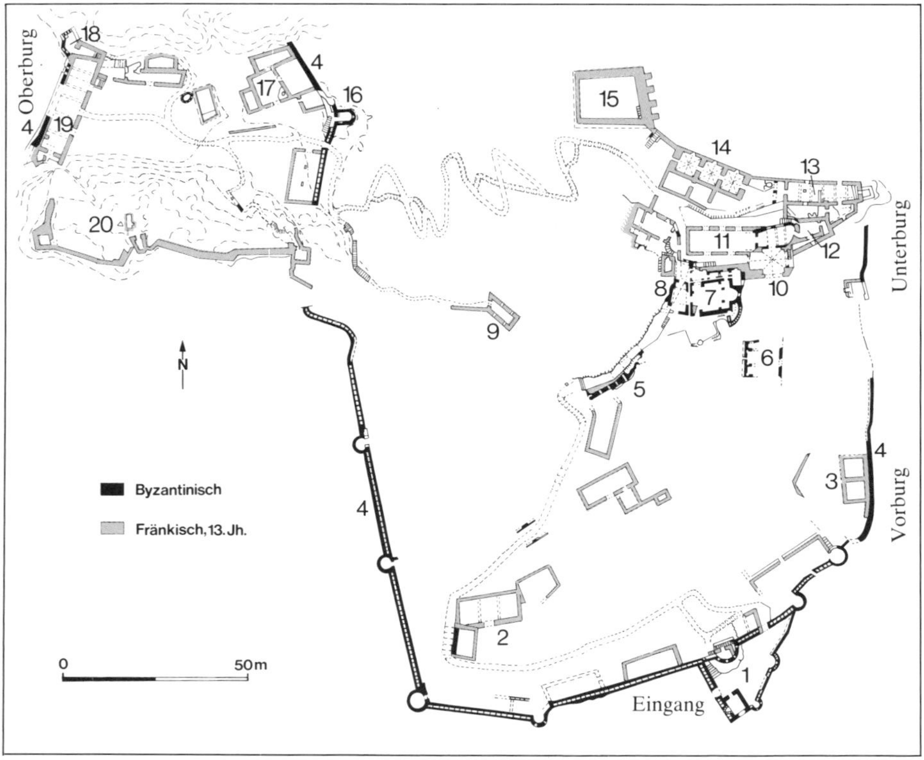

Festung St. Hilarion. Grundriß (nach Megaw)
1 Barbakane 2 Ställe 3 Zisternen 4 Ältere byzantinische Mauerreste 5 Eingang zu Unterburg mit Zugbrücke 6 Byzantinisches Bad 7 Byzantinische Kirche 8 Narthex der Kirche 9 Prinz-Jean-Turm 10 Belvedere 11 Große Halle 12 Küchentrakt 13 Königliche Gemächer 14 Kasernen 15 Zisterne 16 Byzantinischer Turm 17 Küchentrakt 18 Latrine 19 Königliche Gemächer und ›Fenster der Königin‹ 20 Gipfel

Geschichte: Die Festung hat ihren Namen vom hl. Hilarion, einem Einsiedlermönch. Dem war hier einst ein Kloster geweiht, von dessen Kirche aus dem 10. Jh. noch beachtliche Teile zu sehen sind. Im 11. Jh. erbauten die Byzantiner am Ort des Klosters eine Burg, die mit Buffavento und Kantara zu einer Kette von Bergfestungen gehörte. (Zum historischen Zusammenhang vgl. S. 70.)

Die Franken bauten die byzantinische Burg später weiter aus (in zwei Phasen; vor 1230 und 1391). Fränkischer Name der Festung war Dieu d'amour, abgeleitet von gr. *didymoi,* ›Zwillinge‹ – so nannte man die beiden Bergspitzen der Oberburg.

Die Burg war in zwei wichtige Ereignisse der fränkischen Geschichte Zyperns verstrickt: *1.* Während der militärischen Auseinandersetzungen zwischen den Anhängern des deutschen Kaisers Friedrich II. und den kaiserfeindlichen zyprischen Baronen um Jean d'Ibelin verschanzten sich die Kaisertreuen auf St. Hilarion. Hier wurden sie zwei Jahre lang, von 1230–1232 belagert. (Zum historischen Zusammenhang vgl. S. 71 ff.)

2. War die obige Auseinandersetzung, in der es um die Expansion Friedrichs II. nach Zypern ging, ein innen- wie außenpolitischer Konflikt, so war die folgende ein reiner innerzyprischer Machtkampf: Nachdem Peter I. durch eine Baronsverschwörung 1369 ums Leben gekommen war, wollte die Adelspartei nicht den Sohn Peters, Peter II., zum Nachfolger, sondern den Bruder Peters, Jean von Antiochia, der mit einer Angehörigen der mächtigen Baronsfamilie Ibelin verheiratet war. Doch die Witwe Peters I., Eleonore von Aragon, die ihren Sohn Peter II. zum Königtum verhelfen wollte, bekämpfte mit ihren Getreuen Jean von Antiochia. Der mußte sich schließlich nach Hilarion zurückziehen. Hier beging er eine schreckliche Tat: Weil er glaubte, seine eigene bulgarische Leibwache trachte ihm nach dem Leben, stürzte er Mann für Mann von Hilarion in die Tiefe. Daher heißt der Turm, wo es geschehen sein soll, noch heute Prinz-Jean-Turm.

Die Festung war Sommerresidenz der Lusignans. 1391 ließ Jacques I. sie ausbauen. Was man sieht, stammt im wesentlichen aus dieser Phase.

Schließlich gaben die Venezianer die Festungen auf. Hilarion, Buffavento und Kantara wurden geschleift.

Beschreibung: Hilarion ist ein gutes Beispiel einer Abschnittsburg. Durch einen Vorbau (Barbakane) gelangt man am byzantinischen Innentor vorbei in die mäßig bebaute Vorburg. Von dort geht es hinauf durch ein Tor mit ehemaliger Zugbrücke in die dicht bebaute Unterburg. Die ehemalige Klosterkirche (Ende 10. Jh.) besaß einst eine Kuppel, die auf acht Stützen ruhte. Zu diesem Acht-Stützen-Typus, der vom 11. Jh. an auch in Griechenland vorkommt, gehört auch die Kirche des Antiphonitísklosters bei Kalográa. Später diente die Kirche als Burgkirche. Nördlich der Kirche gelangt man in die Große Halle, die sich auf den Fundamenten des ehemaligen Refektoriums erhebt. Anschließend geht es durch eine Passage in eine gewölbte Loggia (Belvedere). Am nordöstlichen Rand der Unterburg befanden sich die königlichen Gemächer der ersten fränkischen Bauphase – solange bis die Gemächer der zweiten Bauphase auf der Oberburg fertiggestellt waren.

Die Oberburg war eigens befestigt. Schön und berühmt ist der Blick durch das gotische Maßwerkfenster (Abb. 94, 95) der königlichen Gemächer (›Fenster der Königin‹) auf Küstenebene und Meer, bis hinüber nach Kleinasien aufs Taurusgebirge. Vom Hof der Oberburg führt dann noch ein Pfad zum 725 m hohen Gipfel des Burgberges. Auf dem Rückweg kann man über eine Passage, die durch einen Tunnel führt, an der Unterburg seitlich vorbeigehen.

Kyrenia

Kyrenia (tk. Girne; umgangssprachlich Kerýnia) liegt zu Füßen des Pentadáktylosgebirges am Meer und gilt als Zyperns malerischste Stadt (Farbt. 8, 11; Abb. 105). Es ist makaber:

gerade der Einmarsch türkischer Truppen im Sommer 1974 und die internationale Nichtanerkennung der ›Türkischen Republik Nordzypern‹ haben die touristische Entwicklung Kyrenias stillstehen lassen. Kyrenia ist nach wie vor eine Kleinstadt mit rund 7000 Einwohnern, mit einem hufeisenförmigen Bilderbuchhafen, in dem Fischerboote und Sportyachten sanft vor sich hin schaukeln. Zur Zeit der Franken konnte man die Hafeneinfahrt mit einer Kette versperren. In den Cafés am Hafen kann man wunderbar verschnaufen.

Geschichte: Kyrenia war in der Antike Stadtkönigtum und hellenistische Provinzstadt. Seit Konstantin war die Stadt Bischofssitz. Nach der Vertreibung der Araber begann Byzanz, Kyrenia wie auch die Berggipfel des Pentadáktylosgebirges, Hilarion, Buffavento und Kantara, zu befestigen.

Das Verhältnis zwischen Zitadelle und Stadtbefestigung ist in Kyrenia ein ganz anderes als in Famagusta. Dort haben Franken und Venezianer die Stadtummauerung weiter aufgebaut – die Zitadelle (Othelloturm) übernimmt in diesem Verteidigungskonzept nur die Funktion einer gesonderten Hafenbastion. In Kyrenia aber wurde die Stadtummauerung aufgegeben, man konzentrierte sich auf den Ausbau der – im Vergleich zu Famagusta auch viel größeren – Zitadelle, die so zu einem eigenen Kastell wurde (Farbt. 11).

Während des Krieges zwischen den Anhängern des deutschen Kaisers Friedrich II. und den kaiserfeindlichen zyprischen Baronen um Jean d'Ibelin (1228–1233) hatten sich die Kaisertreuen zweimal im Kastell verschanzt. 1233 mußten sie kapitulieren.

Eine reine innerzyprische Angelegenheit war dagegen der Nachfolgestreit um die Krone Zyperns nach dem Tode Jeans II. Der hatte mit seiner Frau Helena Paläologina nur eine Tochter, Carlotta, die dann auch 1458 Thronfolgerin wurde. Doch da war noch ein anderes Kind Jeans II. Ein Sohn sogar, aber ein uneheliches Kind, das Jean mit der Hofdame und Mätresse Marietta Flatri gezeugt hatte. Dieser Sohn, Jacques der Bastard, bestritt den Herrschaftsanspruch Carlottas und hungerte sie schließlich 1460 mit mameluckischer Hilfe in Kyrenia aus. Anschließend wurde er König und nahm sogar noch 1464 Famagusta den Genuesen ab – doch die Jahre des Königtums der Lusignans waren schon gezählt. Jacques heiratete die Venezianerin Caterina Cornaro, die nach seinem Tode 1473 selbst Königin von Zypern wurde und die Herrschaft dann 1489 an Venedig abtrat. (Vgl. zu diesen Ereignissen die Tabelle S. 85.)

Von äußeren Feinden ist das Kastell dagegen nie genommen worden: 1374 belagerten es die Genuesen vergeblich, 1426 verzichteten die auf Zypern eingefallenen Mamelucken nach der Schlacht bei Chirokitía und der Gefangennahme des Königs auf eine Belagerung. 1570 kapitulierte Kyrenia nach der Einnahme Nikosias durch die Türken freiwillig.

Vom Jahr 1544 ab wird das Kastell von den Venezianern zu seiner jetzigen Gestalt ausgebaut.

Orientierung: An Historischem zu sehen gibt es in Kyrenia nicht so viel wie in Nikosia oder Famagusta; bemerkenswert ist vor allem das Kastell und darin das Schiffswrackmuseum (Eintrittsgeld).

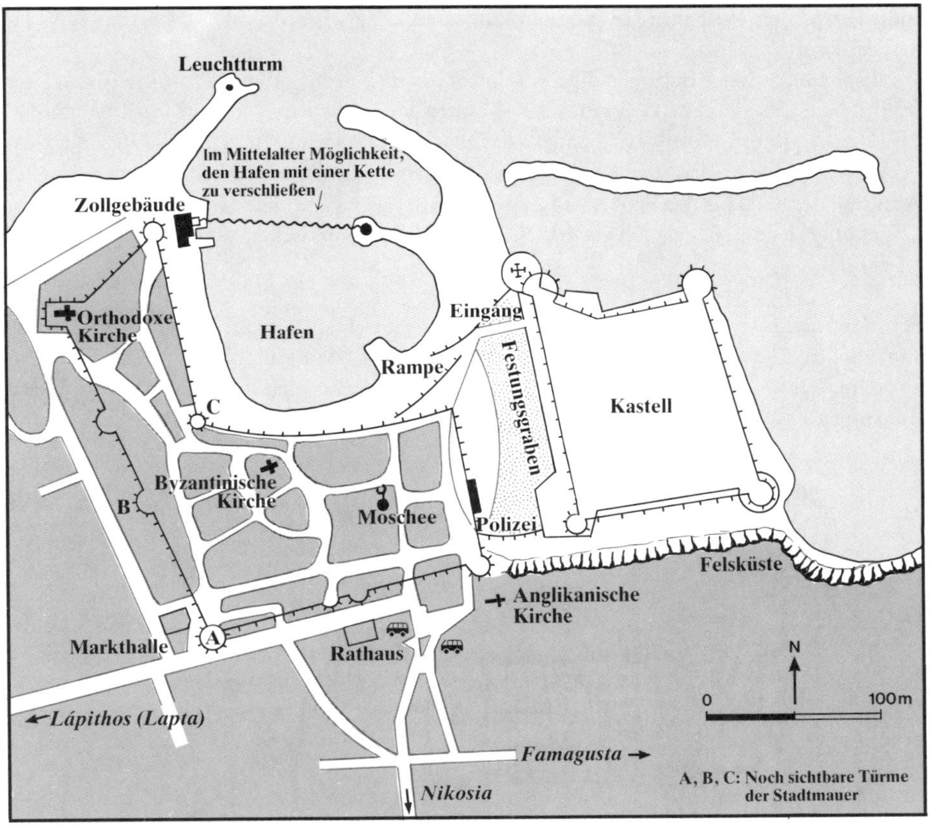

Kyrenia (nach Dreghorn)

Kastell von Kyrenia (Farbt. 11)

Besser als vor Ort kann man den Grundriß der ursprünglichen byzantinischen Festung auf dem Plan erkennen. Zieht man zwischen den beiden byzantinischen Ecktürmen (2) und (3) eine gedankliche Linie, so hat man die westliche Umfassungsmauer. Im Norden und Osten sind die Mauern des ursprünglichen Kastells an gleicher Stelle wie die späteren fränkischen. Der nordöstliche Halbrundturm und Teile der davon ausgehenden Kurtinen sind noch in ihrer mittelalterlich-fränkischen Gestalt erhalten – typisch hierfür die senkrecht abfallenden Mauern.

Nur im Westen, zur Stadt hin, und im Süden haben die Lusignans und die Venezianer umfangreiche Ergänzungsarbeiten vorgenommen. Die zwei Rondelle und die polygonale Bastion sowie die Kurtinen der Ost- und Südseite stammen mit ihren schräg abfallenden

Mauern und den Wulstprofilen (und ganz allgemein der größeren Stärke wegen) aus venezianischer Zeit.

Gleich hinter dem Eingang in die Festung kommt man in den offenen Raum zwischen alter fränkischer und neuerer venezianischer Mauer, der somit einen kleinen Zwinger bildet. Links geht es zum Nordwest-Rondell, das um eine byzantinische Kirche (Ag. Georgios) gebaut ist. Geht man weiter geradeaus, kommt man am Grab Sadik Paschas (türkischer Admiral, der 1570 bei der Eroberung Zyperns starb) (1) vorbei in den Innenhof des Kastells. Gegenüber sieht man die noch gut erhaltene Fassade der fränkischen Wohngemächer. Heute ist darin das

Schiffswrackmuseum Amerikanische Unterwasserarchäologen der Universität Pennsylvania haben 1968/69 vor der Küste von Kyrenia in 33 m Tiefe ein griechisches Frachtschiff aus dem 4. Jh. v. Chr. geborgen (Abb. 106, 107). Es war beladen mit rund 400 Amphoren mit spitz zulaufendem Fuß (um sie besser ineinanderstellen zu können), 29 Mahlsteinen und

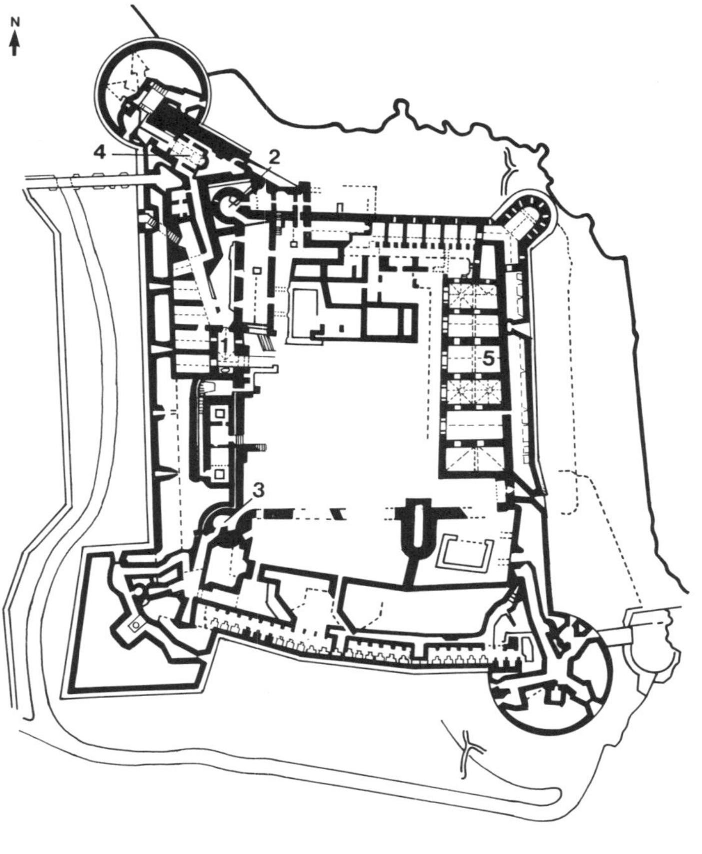

Kastell von Kyrenia. Grundriß (nach Megaw)

1 Grab des Sadik Pascha
2 u. 3 Ecktürme der älteren byzantinischen Festung
4 Byzantinische Kirche
5 Fränkische Wohngemächer/Schiffswrackmuseum

Das Kastell von Kyrenia. Nach: Illustrated London New, 1878

haufenweise Mandeln. Dies alles ist ausgestellt – zum Teil auch rekonstruiert. Der Verlauf der Bergungsarbeiten ist schön mit Fotos dokumentiert.

Kármi (tk. Karaman) Ein hübsches Dorf am Hang des Pentadáktylosgebirges. Ausflugstip. Von Westeuropäern bevorzugte Sommerfrische und Dauerresidenz, 11 km von Kyrenia entfernt. Bei Kármi findet sich unweit der Straße wenige hundert Meter vor dem Ortseingang (ausgeschildert) eine mittelbronzezeitliche Nekropole mit Kammergräbern.

Lápethos/Lambousa Die Nekropole der Stadt mit Gräbern von der Bronzezeit bis ins 15. Jh. n. Chr. wird seit 1992 von einer nach UNO-Recht illegal arbeitenden privaten deutschen Ausgräbergesellschaft freigelegt. Der nordzypriotische Antikendienst hilft und achtet dabei auf die Wissenschaftlichkeit der Ausgrabung. Plan der Deutschen ist ein »Archäologischer Park« und ein Museum zwischen Sperrgebiet und Hotel Mare Monte. Am Meer beeindrucken sechs große Becken für Fischzucht aus der Römerzeit.

Gotisches Kloster Bellapais

Orientierung: Das Kloster (tk. Bellabayis) liegt etwa 10 km östlich von Kyrenia grandios am Hang des Pentáktylosgebirges, am Rand des gleichnamigen Dorfes (Farbt. 34, 35). Eintrittsgeld. Das Prämonstratenser-Kloster Bellapais ist ein einmaliges Zeugnis der levantinischen Gotik. Der Ort ist auch durch die Beschreibung in Lawrence Durrells Roman ›Bittere Limonen‹ bekannt geworden. Der Name Bellapais geht auf gr. episkopía, ›Bischofssitz‹, zurück. Daraus machten die Franken Lapais und Abbaye de la Paix, und schließlich wurden Kloster und Ort Bellapais genannt.

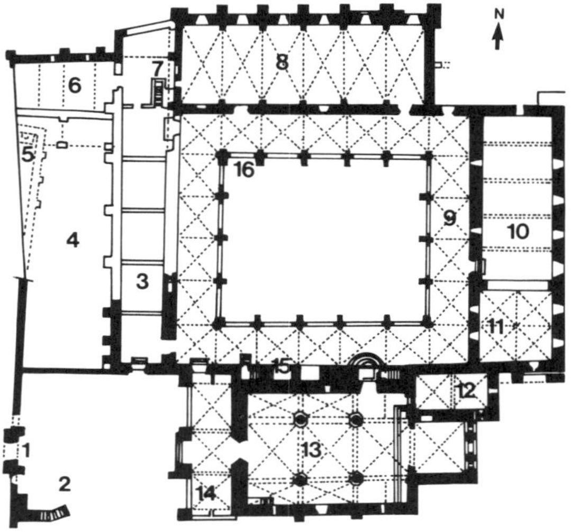

Gotisches Kloster Bellapais. Grundriß (nach Megaw)

1 Zugang
2 Hof
3 Cellarium
4 Wirtschaftshof
5 Gebäudereste des 13. Jhs.
6 Küche
7 Krypta
8 Refektorium
9 Kreuzgang
10 Wohnraum, darüber Dormitorium
11 Kapitelsaal
12 Sakristei
13 Kirche
14 Narthex
15 Schatzkammern über dem Kreuzgang
16 Römischer Marmorsarkophag

Geschichte: Amaury de Lusignan und seine Nachfolger förderten in den ersten Jahrzehnten der Frankenherrschaft die Ansiedlung von Mönchsorden auf Zypern (vgl. S. 80). Zunächst kamen die Augustiner nach Bellapais, dann – unter dem Nachfolger Amaurys, Hugo I. (1205–1218) – die weißgekleideten Prämonstratenser, deren Ordensregel die Abtei übernahm. Seither heißt Bellapais auch die ›weiße Abtei‹. Die Mönche waren dem Erzbischof in Nikosia gehorsamspflichtig, wogegen sie öfters revoltierten. König Hugo III. (1267–1284) vergab ihnen das Privileg, außerhalb des Klosters zu Pferde ein goldenes Schwert und goldene Sporen zu tragen. Er stiftete auch die Klosterkirche, die somit zur Frühphase der gotischen Architektur auf Zypern gehört. Die übrigen Gebäude des Klosters stammen erst aus dem 14. Jh. – ein Lusignan, Hugo IV. (1324–1359), stiftete wiederum die nötigen Mittel.

Im letzten Jahrzehnt der venezianischen Herrschaft auf Zypern fertigte der Provveditore Bernardo Sagredo für die Signoria einen vielsagenden Zustandsbericht über das Kloster und seine Sitten an: »Die Weiße Abtei, fränkischer Religion, liegt ganz in Ruinen. Die Liturgien werden nicht mehr abgehalten. Alle Brüder haben Frauen. Die Einkünfte des Klosters sind für ihre Kinder bestimmt, so daß die Brüder in großer Armut leben. Wenn die Signoria keine Schritte unternimmt, diese Mißverhältnisse, für die sich weder die Mönche selbst noch der Papst verantwortlich fühlen, zu beenden, wird alles verlorengehen. Es ist eine große Sünde, eine solche Abtei, dies Wunderwerk der Architektur, zu Grunde gehen zu sehen. Es wäre ein frommes und gutes Werk, ... die Abtei nicht in der Hand von Personen zu lassen, die es weder nach griechischer noch nach lateinischer Regel führen, sondern – man möchte sagen – nach arianischer oder türkischer. Ein Mönch hat mir bestätigt, daß es dort einen von ihnen gibt, der gleich drei Frauen hat.« Zu einer Klosterreform kam es nicht mehr – die Türken haben die Mönche von Bellapais 1570 vertrieben.

Beschreibung: Das Prämonstratenserkloster ist in der üblichen Form angelegt: gegenüber der Kirche (im Süden) das Refektorium (im Norden), im Osten Kapitelsaal mit anschließendem Wohnraum, darüber das Dormitorium. Im Westen Cellarium, Küche und ein Wirtschaftshof. Zum Trakt gehört auch eine Krypta zur Aufbewahrung von Lebensmitteln.

Die Arkaden des Kreuzgangs haben im Bogen noch Reste des Maßwerks im Flamboyant-Stil des 14. Jhs. Einige Passagen des Kreuzganggewölbes mit Kreuzrippen sind noch vollständig erhalten. Auf dem Türsturz des Eingangs ins Refektorium – gegenüber dem als Wasserbehälter benutzten römischen Marmorsarkophag – erkennt man drei Wappenschilde der Lusignans – Hinweise auf die Stifter. Rechts das Familienwappen, im Zentrum das Wappen des Königreichs Jerusalem und links das Königswappen von Zypern.

Im weiten, noch ganz erhaltenen Refektorium führt eine Treppe innerhalb der Südmauer hinauf zu einer Kanzel, von der aus den Mönchen beim Essen vorgelesen wurde.

Der Kapitelsaal und der anschließende tonnengewölbte Wohnraum sind nur noch ohne Decke erhalten. Doch kann das Auge ohne Schwierigkeiten die ursprüngliche Form rekonstruieren. Im Kapitelsaal laufen Kreuzrippen aus vier genau gleichen Gewölbefeldern in der Mitte zusammen auf eine marmorne Säule auf. Die Konsolen der Rippen tragen Reliefschmuck, u. a. Odysseus zwischen den Sirenen (?) und Daniel, der mit zwei wilden Tieren kämpft. Der Kapitelsaal war Versammlungsraum der Mönche und des Abtes – daher auch die Steinbänke an den Wänden.

Vom jetzt eingestürzten Dormitorium führt eine Treppe direkt hinunter in die Kirche, damit die Mönche ohne Umwege auch bei Nacht dem Gottesdienst folgen konnten. Die Kirche hat einen quadratischen Chor und nördlich davon eine Sakristei (Schlüssel an der Kasse). Vom Dach des südlichen Kreuzgangs gelangt man zu den beiden Schatzkammern, die über dem nördlichen Seitenschiff der Kirche liegen.

Vor dem Kloster steht nahe dem Café der ›Baum des Müßiggangs‹ aus Durrells ›Bitteren Limonen‹. In der Nähe von Bellapais liegen zwei historisch wichtige Orte:

Vounoús Eine Nekropole, aus der die bekannten frühbronzezeitlichen Vasen und Modelle kommen, die jetzt im Raum 2 des Zypernmuseums ausgestellt sind: z. B. die Pflugszene und die Schale mit der Kulthandlung, wo von außen jemand heimlich über den Gefäßrand hereinschaut (vgl. S. 19 u. Abb. 23, 24). (Nicht zu verwechseln mit Vouní, wo die Ruinen des kypro-klassischen Palastes stehen. Die Ausgrabungsstätte, zwei Gräberfelder, liegt in Luftlinie genau in der Mitte zwischen Bellapais und Agios Epíktetos an der Nordseite eines niedrigen Hügels.)

Agios Epíktetos Siedlung der 2. Phase des Neolithikums mit Häusern, die im Boden eingelassen sind (vgl. S. 17). (Auf Türkisch heißt der Ort Çatalköy, die Ausgrabungsstätte liegt auf dem Gelände der Bungalowanlage ›Acapulco‹).

Festung Buffavento

Orientierung: Aufstieg zur Burg (auf 954 m Höhe) von der Straße Kyrenia (Girne) – Kythräa (Degirmenlik) aus. Nicht jederzeit möglich, da das Gelände zur Zeit zu einem Übungsplatz der türkischen Armee gehört.

Die Quellen erzählen von keinem bedeutenden Ereignis im Zusammenhang im Buffavento. Die Burg (Abb. 96) hat Sichtkontakt mit Kyrenia, Nikosia und der Bergfestung Kantara – wichtig vor allem, um Signale geben zu können, wenn sich fremde Schiffe näherten.

Die Festung besteht aus einer Unterburg, von der vor allem die massive Stützmauer des Torbaus erhalten ist, und einer etwa 25 m höher gelegenen Oberburg, deren Bauten fast ganz zerfallen sind. Buffavento wurde wie die Bergfestungen Hilarion und Kantara von den Venezianern aufgegeben. (Zum historischen Zusammenhang vgl. S. 85.)

»Nach großer Anstrengung erreichten wir den Eingang der Burg und ruhten uns etwas aus. Dieser einzigartige Baukomplex besteht aus vier separaten Teilen, einige höher als die anderen.« So Ali Bey, ein islamischer Edelmann, 1767 in Barcelona geboren, der auf einer Orientreise 1806 auch Zypern besuchte. »Wenn man an die Arbeit und die Kosten denkt, die mit dem Bau so eines Schlosses verbunden waren, dazu an einer solchen Stelle – wenn man außerdem das Alter bedenkt, man ist in der Tat hocherstaunt.«

Bezirk Mórphou

Orientierung: Entfernung Nikosia–Mórphou 40 km. Häufige Bus- und Sammeltaxenverbindung.

Philiá (tk. Serhadköy) Auf der Strecke von Nikosia nach Mórphou liegt Philiá, ein bedeutender Fundort von Keramik der Übergangsperiode vom Chalkolithikum zur frühen Bronzezeit. (Schnabelkannen der Philiákeramik im Zypernmuseum, Raum 2.)

Mórphou

Die Kleinstadt Mórphou (tk. Güzelyurt) (rund 8000 Einwohner) ist das Zentrum der Landwirtschaft im fruchtbaren westlichen Teil der Mesaoríaebene. Hier hatten die fränkischen Adelsfamilien ähnlich wie in der Gegend um Kolossi große Zuckerrohr- und Baumwollplantagen. Heute werden Zitrusfrüchte, Gemüse und Getreide angebaut.

Klosterkirche des hl. Mamas Die Kirche (Abb. 97) ist unter der türkischen Besatzung Nordzyperns jetzt zu einem Ausstellungsraum für Ikonen umfunktioniert. (Schlüssel bei der Museumsverwaltung in der ehemaligen Bischofsresidenz nebenan.) Der überkuppelte, dreischiffige Bau stammt in seiner heutigen Form aus den 20er Jahren des 18. Jhs., aus der Zeit der türkischen Herrschaft also. Er ähnelt der Tripiotiskirche in Nikosia, die ja ebenfalls aus dieser Zeit stammt (von 1690). Einzelne Architekturelemente im gotischen Flamboyantstil gehörten jedoch zu einem fränkischen Vorgängerbau: die Nord- und Südtür, die Säulen der Kolonnaden, die das Hauptschiff von den Seitenschiffen trennen, zwei kleine Säulen im Westfenster und das Grab des Heiligen selbst.

Die Relieffelder mit geschnitzten Feigen, Trauben und Eicheln im unteren Teil der Ikonostase sind hervorragende Arbeiten des venezianischen Kunsthandwerks im 16. Jh. Die schildförmigen Wappenfelder in den Ecken der Relieffelder waren einst farbig ausgemalt.

Über dem Grab des hl. Mamas ist in kleinen Bildfeldern die Geschichte seines Lebens dargestellt. (Wir haben sie schon im Allgemeinen Teil, S. 129, erzählt.) Hagios Mamas ist der zyprische Heilige schlechthin, in der Regel wird er auf einem Löwen reitend dargestellt (vgl. Farbt. 31 u. Abb. 59).

Naturhistorisches und archäologisches Museum Neben der Kirche und den Klosterbauten befindet sich der ehemalige Sitz des orthodoxen Bischofs. Hier hat der Museumsdienst des türkisch besetzten Zyperns zwei kleine Museen eingerichtet. In den unteren Räumen ist ein recht kurioses naturhistorisches Museum untergebracht, mit ausgestopften Vögeln, Fischen und Landtieren, darunter auch die seltene Mißgeburt eines dreiköpfigen Schafs. Dies alles war früher die Privatsammlung eines 1974 geflohenen Griechen.

In den oberen Räumen sind archäologische Objekte ausgestellt, zum Teil ebenfalls aus Privatsammlungen von 1974 geflohenen Griechen. Ein anderer Teil der Funde stammt aus den Magazinen der Grabung von Toúmba tou Skoúrou, einer spätbronzezeitlichen Siedlung in der Nähe von Mórphou, die in den letzten Jahren vor 1974 erforscht wurde. Neu hinzugekommen ist eine römische Statue vom Typ der ephesischen Artemis mit vielen unbekleideten Brüsten aus dem 2. Jh. n. Chr. Sie wurde 1980 im Meer bei Sálamis entdeckt.

Toúmba tou Skoúrou Die Ausgrabung ist nicht ganz einfach zu finden, und ein Besuch ist wohl auch nur für den archäologisch wirklich Interessierten zu empfehlen. 1 km hinter Mórphou Richtung Mýrtou geht es hinter einer Brücke links etwa 800 m in einen Feldweg hinein, bis zu einem Gebäude rechts der Straße. Dort den Weg rechts hinein bis zum Ende und dann noch 50 m geradeaus querfeldein. Zu sehen sind einige Kammergräber und Grundmauern von Häusern.

Mýrtou-Pigádes Lohnender ist dagegen das Heiligtum von Mýrtou-Pigádes, ebenfalls aus der späten Bronzezeit. (1 km hinter Mýrtou, Richtung Nikosia, rechts abbiegen. Schild.) Hier steht inmitten eines Hofes ein Altar aus Kalksteinquadern (Abb. 32), den die englische Archäologin du Plat Taylor 1952 entdeckt und wieder aufgebaut hat. Eine (sonst auf Zypern nicht vorkommende) Besonderheit sind die Stierhörner oben auf dem Altar, die aus der minoischen Kultur Kretas bekannt sind. Beziehungen zu Kreta sind ja in der späten Bronzezeit auch sonst belegt (vgl. S. 22).

Gegend um Karavostási. Antiker und – bis 1974 – moderner Erzabbau

An der Bucht von Mórphou liegt der Hafenort Karavostási (gr., ›Anlegeplatz‹; tk. Gemikonaği); schon in der Antike war hier der Hafen des Stadtkönigtums Sóloi. Wir befinden uns im Zentrum des antiken und modernen Erzabbaus. In byzantinischer Zeit gab man den Bergbau auf. Lusignans, Venezianer und Türken haben die Produktion nicht wieder aufgenommen. Erst unter britischer Herrschaft begann eine amerikanische Gesellschaft, die Cyprus Mines Corporation, mit der modernen Erzförderung. Gefördert wurde Pyrit, auch Eisen- oder Schwefelkies genannt, eine Mischung vorwiegend aus Schwefel und Eisen, jedoch auch durchsetzt mit kleineren Mengen Kupfer, Nickel, Kobalt und sogar Gold und Silber. Pyrit besteht hier auf Zypern aus 1,5–4,5 Prozent Kupfer, 46–50 Prozent Schwefel und 40-45 Prozent Eisen.

Längs der Straße erstrecken sich zum Land hin die Halden, Silos und Förderbänder der Cyprus Mines Corporation, die ihre Produktion 1974 wegen des türkischen Einmarsches eingestellt hat. Die Gesellschaft war das größte Bergwerksunternehmen Zyperns. Sie hatte als ausländische Firma ihren Hauptsitz in Los Angeles. Das Erz wurde auf Schienen in Loren hierher gebracht, dann zerkleinert und verladen. In den letzten Jahren ihrer Tätigkeit beutete die Cyprus Mines Corporation den Hügel Mavrovoúni (gr., ›schwarzer Berg‹) aus – bis 100 m unter den Meeresspiegel gingen die betongestützten Schächte und Stollen.

Das weit in die Bucht ragende Förderband zum direkten Beladen der Erzfrachter wurde 1961 gebaut und gehörte dem damals zweitgrößten Bergbauunternehmen, der Hellenic Mining Company. Sie förderte das Pyrit bei Mitseró, einem 36 km entfernten Dorf an den Ausläufern des Tróodos, von wo es mit Speziallastern hierher transportiert wurde. Auch diese Gesellschaft hat ihren Betrieb 1974 eingestellt.

Von der Bronzezeit an wurden die Minen von Ambelikoú ausgebeutet – heute leider militärisches Sperrgebiet, da die Green Line dort verläuft. Eine andere Mine, die von Skouriótissa (gr. *skoria,* Schlacke), haben das Stadtkönigtum Sóloi und vor allem die Römer ausgebeutet. Von ihr erzählt der antike Arzt Galen, dessen Bericht über die Arbeitsbedingungen der Minenarbeiter wir schon zitiert haben (vgl. S. 48).

1970 exportierte die zyprische Bergwerksindustrie noch Mineralien im Wert von fast 14 Millionen Zypernpfund – das waren damals immerhin 34,9 Prozent des gesamten Exportwertes. Heute verläuft die Green Line mitten durch das Bergwerkszentrum, die Produktion ist völlig eingestellt. Aber auch in den anderen Orten Zyperns ist der Bergbau fast zum Erliegen gekommen. (Zur Struktur der heutigen Wirtschaft Zyperns vgl. S. 99 f.)

Soli/Sóloi und Umgebung ▷

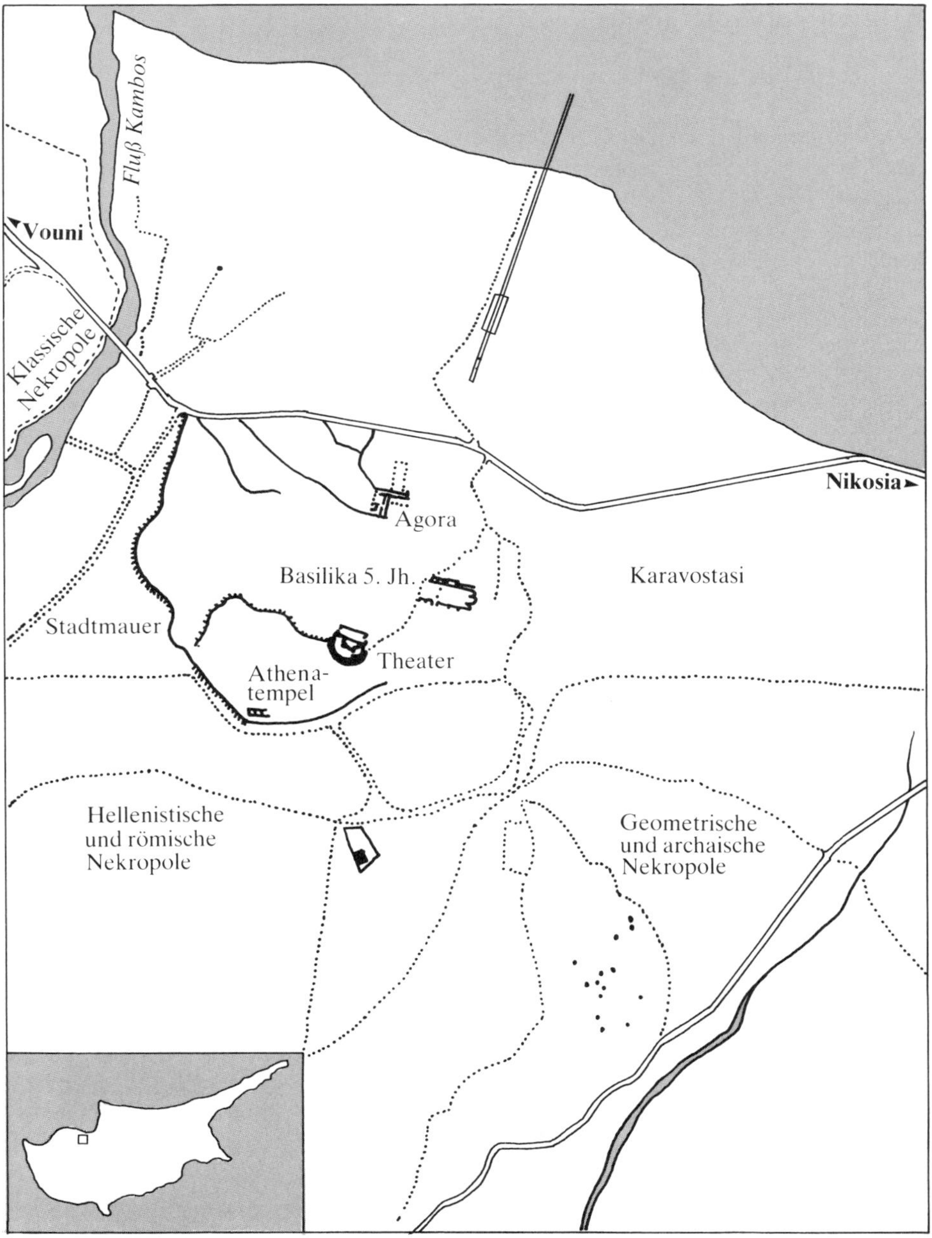
Fluß Kambos
Vouni
Klassische Nekropole
Nikosia
Agora
Basilika 5. Jh.
Karavostasi
Stadtmauer
Theater
Athena-
tempel
Hellenistische
und römische
Nekropole
Geometrische
und archaische
Nekropole

Ruinen von Sóloi (Soli)

Orientierung: gleich hinter Karavostási links abbiegen.

Geschichte: Akamas, Sohn des Theseus und Geliebter der Aphrodite, gründete nach der griechischen Mythologie die Stadt. Er hatte sich mit Aphrodite an der Fontana Amorosa bei Polis getroffen. Wie ein hübsches Märchen klingt auch die Legende, die Strabo über die Gründung Sólois erzählt. Der athenische Staatsmann Solon, einer der Sieben Weisen, besuchte um 600 v. Chr. den König von Sóloi, Philokypros. Auf den Rat Solons hin ließ Philokypros seine Stadt an einen geeigneteren Ort verlegen und nannte sie dann, Solon zum Dank, Sóloi. Was daran nun wahr ist, wird man wohl nie erforschen können – historisch zuverlässiger aber ist Herodot, der erzählt, daß die Truppen von Sóloi zu denjenigen gehörten, die 498 v. Chr. den Persern am meisten zu schaffen machten (vgl. S. 37f.). »Von den belagerten Städten«, heißt es bei Herodot (Buch 5, 115), »leistete Soloi am längsten Widerstand. Erst im fünften Monat fiel es, nachdem die Perser die Mauer rings untergraben hatten.«

Frühchristliche Basilika Neben dem Wächterhäuschen und dem Parkplatz des Grabungsgeländes liegt die Ruine einer frühchristlichen Basilika aus dem 5. Jh. mit Mosaikfußböden auf zwei unterschiedlichen Niveaus, also aus zwei Bauperioden. Ein Mosaikfeld zeigt einen eleganten Schwan (Abb. 41).

Theater Weiter den Hügel hinauf gelangt man zum rekonstruierten römischen Theater aus dem 2. Jh. (Abb. 40). Es ist kleiner als die Theater von Sálamis und Kourion, aber etwas größer als das von Páphos. Von hier schöner Blick auf die Bucht von Mórphou. Diesseits der Straße erkennt man im Tal die bescheidenen Reste der Agora. Rund um Sóloi hat man verschiedene Nekropolen entdeckt: die geometrische und archaische Nekropole, die klassische, die hellenistische und römische; außerdem einen Athenatempel, Spuren der Befestigungsmauer und eine Mauerstruktur aus dem Hellenismus, die die Ausgräber ›königlichen Palast‹ nennen. Das bekannteste der hier gefundenen Kunstwerke ist die Statue der ›Aphrodite von Sóli‹, die durch geschickte Vermarktung inzwischen zu einem Wahrzeichen Zyperns, der Insel der Aphrodite, geworden ist (Abb. 30).

Palast von Vouní

Auf einem 255 m hohen Hügel, 5 km von Soli entfernt, liegen die Ruinen eines Palastes aus der Zeit der Stadtkönigtümer (Farbt. 15) – ein wichtiges archäologisches und historisches Zeugnis, denn unser Wissen um die Wohn- und Repräsentationsarchitektur zur Zeit der Stadtkönigtümer ist äußerst dürftig. Der Palast existierte nur rund 120 Jahre, von seiner

Erbauung in den ersten Jahren des 5. Jhs. bis zu seiner Zerstörung um 380 v. Chr. In dieser Zeit hatte man ihn mindestens viermal erweitert bzw. umgebaut.

Die schwedischen Ausgräber (und fast alle Forscher) interpretieren den Befund wie folgt: In der 1. und 2. Bauphase war der Zugang zum Palast im Südwesten. Durch einen repräsentativen Eingangstrakt (1) gelangte man in den Innenhof (2), der von Wohnräumen (3) umringt war. Diese Raumanordnung entspricht dem persischen Bautyp des Liwanhauses. Zu den beiden ersten Bauphasen gehört auch eine Badeanlage mit Schwitzbad (Sudatorium), »welches als das älteste bekannte in der griechischen Architekturgeschichte zu gelten hat« (Karageorghis). In der 3. Bauphase geschah ein radikaler Eingriff in die bisherige Struktur des Palastes. Der alte Eingang im Südwesten wurde zugemauert und ein neuer an der entgegengesetzten Seite geschaffen (A). »Damit verwandelte er (der neue Besitzer des Palastes, A. S.) bewußt Raumeinheiten des orientalischen Liwantypus in ein griechisches Megaron. Da vor der Vorderfront der neuorientierten Anlage ein Hofplatz zu liegen kam, glich sich das Gebäude völlig den mykenischen Palästen an.« (Karageorghis). Die schwedischen Ausgräber haben eine zunächst einleuchtende Erklärung für diese Bauänderung gegeben: Der König von Márion (des Vorläufers von Polis), Doxandros – in den Perserkriegen ein Verbündeter des Großkönigs Dareios –, hatte den Palast zur Kontrolle des perserfeindlichen Sóloi erbauen lassen. Sóloi hatte ja nach dem Zeugnis Herodots am tapfersten gegen die Perser Widerstand geleistet und war fünf Monate lang belagert worden (s. oben).

Doxandros habe sich beim Bau des Palastes an den persischen Liwantypus angelehnt. Nachdem aber Kimon und die athenische Flotte ihn 449 v. Chr. abgesetzt hatten, habe der nun griechisch und damit perserfeindlich gesonnene Nachfolger des Doxandros den Palast nach Art eines griechischen Megarons umgebaut.

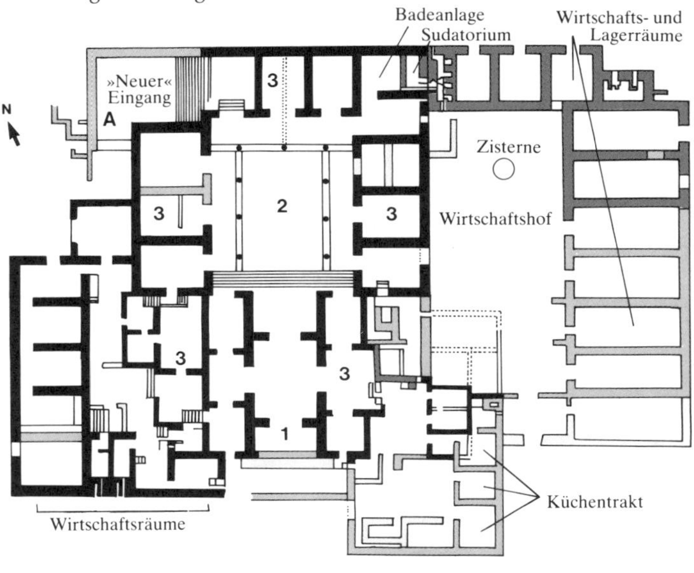

Palast von Vouní. Grundriß (nach Swedish Cyprus Expedition)

1 Vermeintlicher Eingangstrakt
2 Innenhof
3 Wohnräume

Gegen diese zunächst einleuchtende Erklärung haben F. G. Maier und andere neuerdings Einwände erhoben. Es gebe in den Quellen keinen wirklichen Beweis für die These um Doxandros und seinen Nachfolger. Die einzelnen Bauphasen könne man nicht aufs Jahr genau datieren. Auch die Tatsache, daß im sogenannten Schatz von Vouní, einem Hortfund, 60 Prozent der Münzen aus Márion stammen, reiche für eine so weitreichende Schlußfolgerung wie die obige nicht aus. Der Palast könne in der 1. und 2. Phase auch Sitz eines persischen Gouverneurs gewesen sein und würde dann direkt zur persischen Architekturgeschichte gehören. (Dasselbe Problem stellt sich übrigens auch beim sogenannten Perserbau in Alt-Paphos.)

Anders geht D. Metzler an das Vouní-Problem heran. Der Palast gehöre in allen Phasen zur persischen Architekturgeschichte und sei in allen Phasen Sitz des persischen Satrapen gewesen. Die Schweden hätten den Befund am ›zugemauerten‹ Eingang (1) falsch interpretiert. Metzler bestreitet, daß der Eingang jemals dort im Südwesten gewesen sei. Es sei wenig repäsentativ, zwischen Wirtschaftsräumen hereinzukommen und in den Innenhof dann hinabzusteigen.

Auf der höchsten Stelle des Hügels sieht man noch die Fundamente des Athenatempels. Von hier stammt die berühmte Bronzekuh von Vouní, die heute im Raum 7 des Zypernmuseums ausgestellt ist.

Von hier oben hat man einen wunderbaren Blick auf die Bucht von Mórphou. Nach Westen hin sieht man die kleine Felseninsel Pétra tou Limníti, wie Chirokitía Ort einer neolithischen Siedlung (Farbt. 15).

Karpasía-Halbinsel (Karpas)

Orientierung: Für die 145 km von Nikosia zum Andreaskloster an der Spitze des ›Zeigefingers von Zypern‹ rechne man mindestens drei Stunden Autofahrt. Die Straße führt an einigen der schönsten Mittelmeerstrände vorbei. Dieser Teil Zyperns – noch bis Juli 1986 militärisches Sperrgebiet – ist bisher von Hotelbauten völlig verschont geblieben, es gibt an der Straße nur ein einziges Restaurant, das Florya Gazinosu bei Agía Trias (tk. Sipahi).

Die Karpasía-Halbinsel war in der frühbyzantinischen Zeit dicht besiedelt, wovon heute noch die Ruinen der frühchristlichen Basiliken von Agios Philon, Aphéndrika und Agía Trias zeugen. Später, ab 647, haben die Araber die Bauten zerstört, und in den folgenden Jahrhunderten auch Piraten die Gegend unsicher gemacht. Karpasía verödete allmählich.

In Rizokárpaso (Dirkarpaz) wohnen auch unter türkischer Besatzung heute noch ungefähr 500 Griechen, die von österreichischen UN-Soldaten betreut werden. Einige Griechen wohnen auch noch im Andreaskloster.

Tríkomo (tk. Iskele) Das Dorf ist in Zypern bekannt als die Heimat von General Grivas (Abb. 117). Nahe der Kirche Agios Jákovos (15. Jh.) die Panagía Theotókos, die als Ikonenmuseum eingerichtet ist. Ihre Fresken stammen aus der ersten Hälfte des 12. Jhs. und

Die Festung Kantara. Nach: Illustrated London News, 1878

schließen stilistisch an die von Asínou an. (Zum kunstgeschichtlichen Zusammenhang vgl. S. 108f.) Die Gestaltung des Pantokrators in der Kuppel erinnert an das berühmte Kuppelmosaik von Daphni in Griechenland.

Festung Kantara

Orientierung: Von Nikosia aus beste Anfahrt über Tríkomo. Fast rundum fällt der 680 m hohe Burgfels steil ab. Nur im Süden und Südosten war die Umfassungsmauer durch Bastionen und Türme verstärkt. (Zum historischen Zusammenhang der Errichtung der byzantinischen Bergfestungen Kantara, Hilarion und Buffavento vgl. S. 69f.)

Geschichte: Während der Auseinandersetzungen zwischen den Anhängern Friedrichs II. und den zypriotischen Baronen um Jean d'Ibelin (vgl. S. 75) hatten sich die Kaisertreuen wie in Hilarion und Kyrenia auch auf Kantara verschanzt (1228/29 und nochmals 1232). Von Kantara aus hat man Sichtkontakt mit Famagusta und Buffavento. Nachdem die Genuesen 1373 Famagusta besetzt hatten, wurde Kantara wichtiger Militär- und Beobachtungsstützpunkt der Lusignans zur Überwachung von Famagusta. Vor allem deshalb wurde sie dann

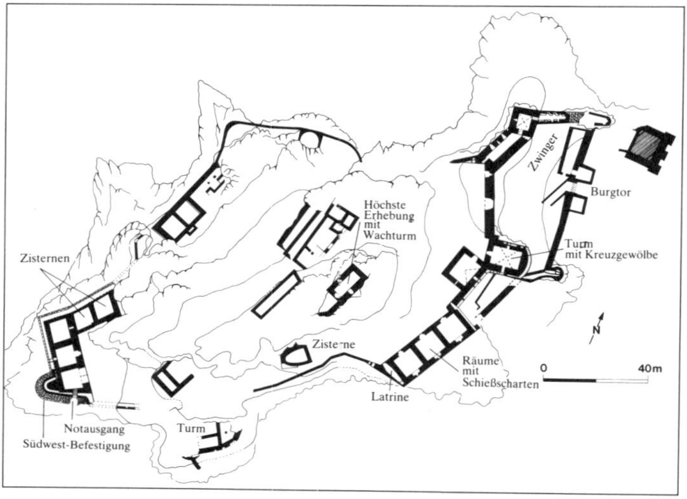

Festung Kantara. Grundriß

wohl auch (wie Hilarion) auf Veranlassung Jacques' II. 1391 weiter ausgebaut. Im 16. Jh. haben die Venezianer alle Bergfestungen geschleift und sich auf den Ausbau von Kyrenia, Famagusta und Nikosia konzentriert.

Beschreibung: Man kommt an einer Zisterne vorbei zunächst in den Zwinger und steht dann vor der Hauptfront der Burg, die von zwei mächtigen, guterhaltenen Halbrundtürmen flankiert wird. Auf der höchsten Erhebung der Burg stand ein einzelner Wachturm – eine ungewöhnliche Baukonzeption. Von diesem Turm ist das Untergeschoß mit einem schönen Fenster noch intakt geblieben. Von hier aus hat man den schönsten Blick rundherum. Im Südwesten der Burg war ein Notausgang, der von einer hufeisenförmigen Befestigung geschützt wurde.

Lythrángomi (tk. Boltaşli) Bei Leonárisso (tk. Ziyamet) rechts abbiegen. Das berühmte Apsismosaik des 6. Jhs. in der Kirche der Panagía Kanakariá hatte man nach 1974 gestohlen. Es tauchte dann im Kunsthandel auf und ist mittlerweile nach Zypern zurückgeführt worden – ins Ikonenmuseum der Republik in Griechisch-Nikosia. Die vom 12.–14. Jh auf den Ruinen einer frühchristlichen Basilika erbaute Kirche mit zwei Kuppeln über dem Längsschiff und einer kleineren über den Narthex besitzt ansonsten noch postbyzantinische Fresken.

Agía Trias (tk. Sipahi) Ruinen einer frühchristlichen Basilika (um 600) mit Resten des Mosaikfußbodens (Abb. 52).

Agios Phílon Bei Rizokárpaso (tk. Dirkarpaz) links abbiegen. Mittelbyzantinische Kirche des 9./10. Jhs. auf den Ruinen einer frühchristlichen Basilika aus dem 5. Jh. mit Narthex und

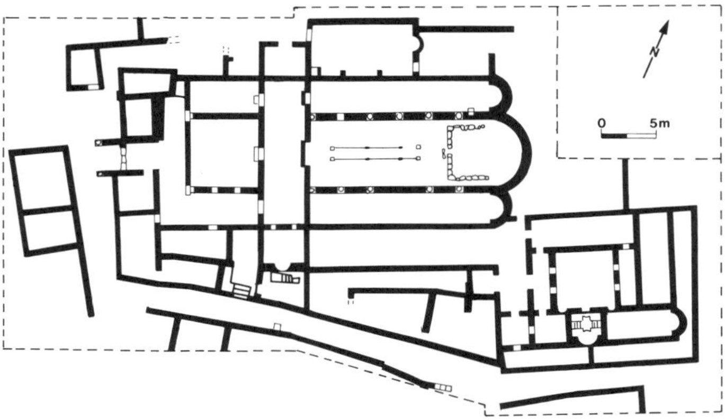

Basilika Agía Trias, Grundriß (nach Papageorgiou)

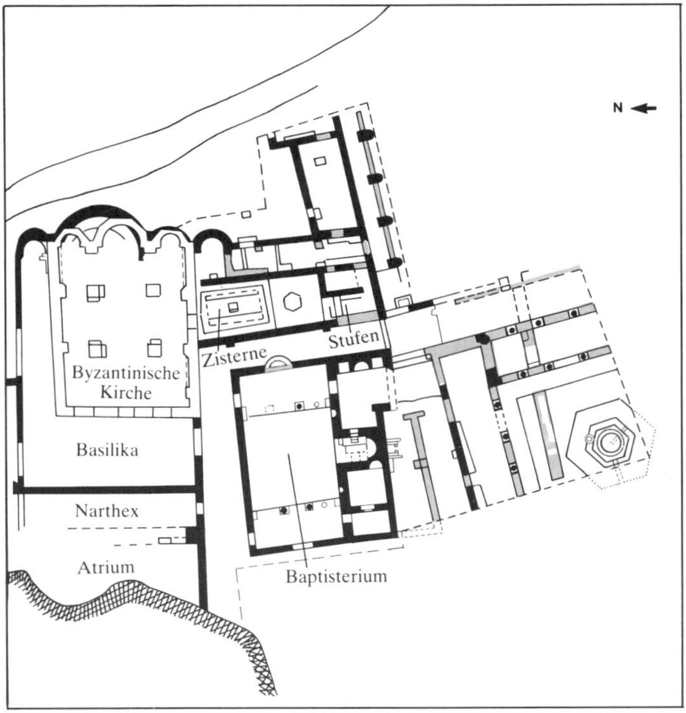

Agios Phílon, frühchristliche Basilika, 5. Jh., und mittelbyzantinische Kirche. Grundriß (nach Papageorgiou)

Atrium. (Agios Philon war Bischof von Karpasía.) Im Süden der Basilika eine große Taufkapelle. Weiter südlich vom ganzen Komplex lag die von den Arabern völlig zerstörte Stadt Karpasía. Weiter an der Nordküste entlang kommt man nach

Aphéndrika Ein Komplex dreier frühchristlicher Basiliken. Recht gut erhalten ist noch die eingewölbte Asómatos mit drei Schiffen.

Andreaskloster

Vor 1974 eines der bedeutendsten zyprischen Klöster. Legende: Auf einem Schiff, auf dem der Apostel Andreas unterwegs war, ging das Wasser zur Neige. Der Kapitän erblindete vor Durst. Da zeigte der Apostel der Mannschaft am Kap von Karpasía eine Quelle. Das Wasser stillte nicht nur den Durst, sondern verhalf auch dem Kapitän wieder zu seinem Augenlicht.

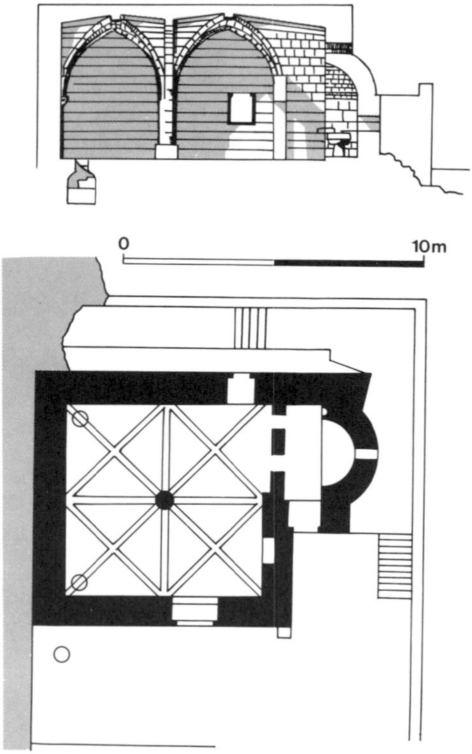

Gotische Kapelle beim Andreaskloster. Schnitt und Grundriß (nach Enlart)

Die Bauten des seit 1986 wieder frei zugänglichen Klosters stammen aus dem 19. und 20. Jh. In der Klosterkirche sind die Dankesgaben der Pilger an den hl. Andreas zu sehen: Schiffsmodelle, Wachskerzen, Schmuck.

Nahe am Meer steht zwischen den Felsen eine kleine, quadratische gotische Kapelle aus dem 15. Jh. mit einer Säule in der Mitte, die die Rippen der vier gleich großen Gewölbefelder aufnimmt.

Kap Apóstolos Andreas Weitere 5 km sind es zum Kap, wo Archäologen Reste einer neolithischen Siedlung und eines antiken Tempels der Aphrodite Akraia ausgemacht haben. Hier an der Ostspitze Zyperns nahm übrigens Richard Löwenherz Isaak Komnenos gefangen. (Zum historischen Zusammenhang vgl. S. 72f.) Vor dem Kap im Meer die Inseln Kleides (›die Schlüssel‹). Auf dem Meeresboden hier haben Taucher Mengen von Schiffswracks entdeckt.

Weiterführende Literatur

Allgemein

Aphrodites Schwestern. 9000 Jahre Kultur Zyperns, hrsg. v. Übersee-Museum Bremen, Frankfurt 1987 (Ausstellungskatalog. Schwerpunkt der Ausstellung ist das antike und byzantinische Zypern)

Gunnis, R., *Historic Cyprus,* 2. Aufl. London 1947 (der ›klassische‹ Reiseführer, mit vielen eingestreuten Quellen und Reiseberichten)

Hill, G. F., *A History of Cyprus,* 4 Bde., Cambridge 1949–1952 (ausführliches und grundlegendes Werk)

Hunt, D. (Hrsg.), *Footprints in Cyprus. An illustrated history,* laufend neue Aufl. (reich bebilderte Darstellung. Artikel renommierter Spezialisten zu den einzelnen Epochen der zypriotischen Geschichte und Kunst)

Jeffery, G., *A Description of the Historic Monuments of Cyprus,* Nikosia 1918, Neudruck London 1983 (Bestandsaufnahme der Denkmäler, von einem britischen Architekturhistoriker)

Maier, F. G., *Cypern. Insel am Kreuzweg der Geschichte,* 2. Aufl. München 1982 (ausführliche deutschsprachige Darstellung, aus der Feder des Ausgräbers von Alt-Paphos)

Tzermias, Pavlos, *Geschichte der Republik Zypern.* Mit Berücksichtigung der historischen Entwicklung der Insel während der Jahrtausende, Tübingen 1991

Altertum

Die neuesten Berichte zur zyprischen Altertumswissenschaft finden sich in den jährlich erscheinenden Zeitschriften ›Bulletin de Correspondence hellenique‹ (BCH) und ›Report of the Department of Antiquities, Cyprus‹ (RDAC).

Buchholz, H.-G., Karageorghis, V., *Alt-Ägäis und Altkypros,* Tübingen 1971 (reichbebildertes Handbuch)

Lehmann, G. A., *Die mykenisch-frühgriechische Welt und der östliche Mittelmeerraum in der Zeit der ›Seevölker‹-Invasion um 1200 v. Chr.,* Opladen 1985 (Zusammenfassung der Seevölker-Problematik)

Karageorghis, V., *Zypern,* Genf 1969 (Reihe ›Archeologia Mundi‹. Problemorientierter Abriß)

ders., *Salamis. Die zyprische Metropole des Altertums,* Bergisch Gladbach 1970 (spannender Bericht des Ausgräbers)

ders., *Kition auf Zypern,* Bergisch Gladbach 1976

Maier, F. G., Karageorghis, V., *Paphos. History and Archeology,* Nicosia 1984 (Bildband)

Casson, S., *Ancient Cyprus,* London 1937 (wichtig für geometrisches und archaisches Zypern)

Römische Zeit

Daszewski, W. A., *Dionysos der Erlöser. Griechische Mythen im späten antiken Zypern,* Mainz 1985 (Bildband zu den neuentdeckten Mosaiken des ›Haus des Aion‹)

Mitford, T. B., Roman Cyprus, in: *Aufstieg und Niedergang der römischen Welt ...,* Bd. II, 7, 2, Berlin/New York 1980, 1285 ff. (grundlegend. Zusammenstellung der Quellen)

Byzantinische Zeit

Megaw, A. H. S., Stylianou, A., *Zypern. Byzantinische Mosaiken und Fresken,* München 1963

Papageorgiou, A., *Ikonen aus Zypern,* München/ Genf/Paris 1969

Rice, D. T., *The Icons of Cyprus,* London 1937

Stylianou, A. und J., *The Painted Churches of Cyprus. Treasures of Byzantine Art,* London 1985

Fränkische Zeit

Enlart, C., *L'Art gothique et la Renaissance en Chypre,* 2 Bde., Paris 1899 (Bestandsaufnahme)

Grousset, R., *Histoire de Chypre sous les Lusignan,* in: L'empire de Levant. L'histoire de la question d'Orient, Paris 1949, 333–384

Müller-Wiener, W., *Burgen der Kreuzritter im Heiligen Land, auf Zypern und in der Ägäis,* München/Berlin 1966

Türkische Zeit

Luke, H., *Cyprus under the Turks,* 1921, Neudruck London 1969

Schmidt, R., Nordzypern, Tübingen 1989

Britische Zeit und Unabhängigkeit

Berner, Uwe, *Das vergessene Volk: Der Weg der Zyperntürken von der Kolonialzeit zur Unabhängigkeit,* Freiburg 1992

Hottinger, A., *Das ungelöste Zypern-Problem,* Europa-Archiv, Folge 2, 1986, 51–58

Ioannou, N., Die Akkumulation des Kapitals auf Zypern, Diss. Frankfurt 1990

Kadritzke, N., Wagner, W., *Im Fadenkreuz der NATO. Ermittlungen am Beispiel Cypern,* Berlin 1976 (Analyse der Verflechtungen der USA und der CIA mit dem Putsch gegen Makarios und der türkischen Invasion 1974)

Liebe, Klaus (Hrsg.), *Zypern. Der ›vergessene‹ europäische Konflikt,* Unkel 1994

Richter, H. A., Friede in der Ägäis. Zypern, Ägäis, Minderheiten, Heinsberg 1985

Statistisches Bundesamt (Hrsg.), *Länderbericht Zypern* (Kohlhammer-Verlag, Mainz) sowie die ausführlichen Zypern-Blätter des Munzinger-Archivs

Mythologie

Karageorghis, V., *La grande Déesse de Chypre et son Culte,* Lyon 1977

Simon E., *Die Götter der Griechen,* 3. Aufl. München 1985, 229–254 (zu Aphrodite)

Byzantinisches Bildprogramm

Rothemund, B., *Handbuch der Ikonenkunst,* München 1966

Malerhandbuch vom Berge Athos vom Mönche Dionysios, München 1983

Onasch, K., *Kunst und Liturgie der Ostkirche in Stichworten unter Berücksichtigung der Alten Kirche,* Wien/Köln/Graz 1981

Belletristik

Durrell, L., *Bittere Limonen. Erlebtes Zypern.* Reinbek 1967 (›Bitter Lemons‹, London 1957)

Eideneier, H. u. N. (Hrsg.), Zyprische Miniaturen. Zeitgenöss. zyprische Literatur, Köln 1987

Huber, Lotti, *Die Zitrone hat noch viel Saft,* Edition Dia 1990. (Schauspielerin und Kneipenbesitzerin in Kyrenia zur Zeit der brit. Herrschaft)

Kaye, M. M., Es geschah auf Zypern, Goldmann TB (für Krimifreunde)

Mann, H., Die Königin von Zypern. Frühe Novellen. Aufbau Verlag 1992

Historische, kunsthistorische und religionsgeschichtliche Fachausdrücke

Achäer: Anderer Name für Mykener, → Mykenische Kultur
Achämeniden, achämenidisch: Altpersisches Königshaus (um 700–330 v. Chr.). Herrschernamen z. B. Dareios und Xerxes
acheiropoíetos: ›Authentisches‹, ›nicht von Menschenhand gemachtes‹ Bildnis, → Ikone
Agorá: Wirtschaftlicher und politischer Versammlungsplatz der antiken Stadt
Akáthistoshymnos: Marienhymnus der Ostkirche, der ›nicht im Sitzen‹, gr. *akathistos,* gesungen wird
Akropolis: in der → mykenischen Zeit Burg, später in der Antike Heiligtum einer → Polis
Alte der Tage (Palaiós ton Hemerón): Medaillonbild Christi; Darstellung nach Daniel 7,9; ähnlich dem → Emmanuel
Anástasis: Höllenfahrt, vgl. S. 109
Annexbau: Anbau
Apotheose: Vergottung eines römischen Kaisers
Apsis: Nische, Altarnische
Aquädukt: Römische Wasserleitung
archaisch: → kypro-archaisch
Architrav: Steinbalken über den Kapitellen der dorischen Säulenordnung
Archivolte: Bogenlauf bei gotischen Portalen
Arkaden: Bogenreihe
Atrium: 1. Offener Hof und Zentrum des römischen Hauses. 2. Offener Vorhof bei frühchristlichen Basiliken
Äußerste Erniedrigung (Akra Tapeínosis): In der Ostkirche das Passionsbild des Schmerzensmannes; befindet sich in der Regel in der Prothesis (→ Pastophorien)
Baptisterium: Taufkapelle
Basilika: Frühchristlicher Kirchenbautypus. Im Unterschied zum Zentralbau gestreckte Form mit Hauptschiff und 2 bis 6 Seitenschiffen
Bema: Altarraum der frühchristlichen und byzantinischen Kirche
Blacherni(o)tissa: – Marientypologie
byzantinisch, Byzanz: Die Zeit des Byzantinischen Reiches (395–1453) unterteilt man in folgende Epochen: 1. *Frühbyzantinisch* (von der Reichsteilung 395 bis zum Beginn des Bilderstreits 730; die schon im 1. Jh. beginnende ›frühchristliche‹ oder ›altchristliche‹ Epoche reicht weit in die ›frühbyzantinische‹ hinein und überschneidet sich begrifflich mit ihr) 2. *Mittelbyzantinisch* (vom Ende des Bilderstreits 843 bis zur Eroberung Konstantinopels durch die Kreuzfahrer 1204; wichtige Dynastien dieser Zeit waren die → Makedonen und die → Komnenen) 3. *Spätbyzantinisch* (von 1204 bis zur Eroberung Konstantinopels durch die Türken; wichtige Dynastie die → Paläologen) 4. *Nach- oder postbyzantinisch* (ab 1453, dem Ende des Byzantinischen Reiches)
Caldarium: Warmbaderaum der römischen Therme
Cancelli: Steinerne Altarschranken der frühchristlichen Kirche
Cavea: Zuschauerraum des römischen Theaters
Cellarium: Klösterliche Wirtschafts- und Wohnräume der Laien
Cella: Raum im antiken Tempel, der das Kultbild oder Weihgeschenk enthält; gr. Naos
Chalkolithikum: Kupfersteinzeit
Chan, Han, Khan: Türkische Herberge
Ciborium, Ziborium: Baldachinartiges Gerüst über dem Altar der frühchristlichen Kirche
Diadochen: ›Nachfolger‹; Offiziere Alexanders des Großen. ›Diadochenstaaten‹ sind die von ihnen begründeten → hellenistischen Reiche
Diakonikon: Raum südlich des Altarraums, → Pastophorien
Dienst: Dienste sind einzelne Halbsäulen eines

Bündelpfeilers, die in der gotischen Baukunst die Gurte und Rippen des Gewölbes zu Boden leiten
Dodekaórtion, Dodekaortón-Zyklus: Zwölffestezyklus, vgl. S. 109
dorisch, Dorer: Griechen, die am Ende des 2. Jahrtausends v. Chr. von Nordgriechenland her einwanderten. Nach ihnen ist die ›dorische Säulenordnung‹ benannt:

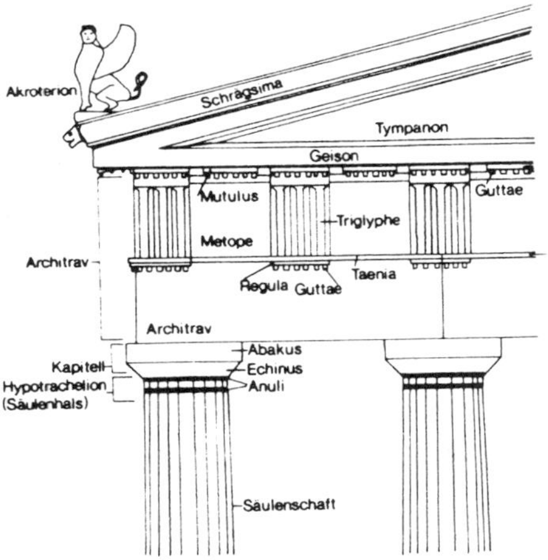

Dormitorium: Schlafsaal der Mönche im Kloster
Dragoman: ›Dolmetscher‹; Sprecher der Griechen Zyperns zur Zeit der türkischen Herrschaft
Dreipaß: Figur des gotischen → Maßwerks

Dromos: Zugang zu einer antiken Grabanlage
Emmanuel: Christusbild in einem Medaillon; Knabe mit unkindlichem Ernst im Gesichtsausdruck, nach Jesaja 7,14; 9,5–6; ähnlich dem → ›Alten der Tage‹
Énkleistra: Einsiedlerhöhle
Énosis: ›Union‹; Forderung der Griechen Zyperns nach Vereinigung ihres Landes mit Griechenland
EOKA: Rechtsgerichtete Befreiungsbewegung gegen das englische Kolonialregime
Ethnarch: ›Führer der Nation‹; Titel des zyprischen Erzbischofs
Fayence: Keramik mit Glasur
Flamboyantstil: → Maßwerk
Frigidarium: Kaltraum der römischen Therme
Gloriole: Licht-, Strahlenkranz um das Haupt z. B. eines Heiligen
Gymnasium: Römische ›Nackt-Kampfstätte‹, für gymnastische Übungen
hellenistisch, Hellenismus: Die Zeit der → Diadochenstaaten, von ca. 325 bis zur Eroberung Zyperns durch die Römer 58 v. Chr.
Hodegetría, Hodigitría: → Marientypologie
Hypokausten: Fußbodenheizung der römischen Therme
Idol: Von Völkern der Frühzeit verehrte oder geweihte menschengestaltige Kleinplastik
Ikone: ›Abbild‹; in der orthodoxen Kirche werden die Heiligen mittels der Ikone verehrt, indem das Abbild z. B. geküßt wird
ikonographisch, Ikonographie: Wissenschaft von den Bestandteilen (z. B. Personen und ihrer Kleidung, Landschaft, Architektur) eines Bildes und ihrer Herleitung (Aufstellung einer Typenreihe). Zunächst nur beschreibend (deskriptiv) und werk-immanent. Von der Ikonographie zu unterscheiden ist die Ikonologie, die nach dem *Sinn* und der *Bedeutung* des *Gesamt*kunstwerks in seiner Entstehungszeit fragt
Ikonostase: Bilderwand der byzantinischen Kirche, die den Altarraum vom Gemeinderaum trennt
Impluvium: Wasserbecken im → Atrium des römischen Wohnhauses

Interkolumnium: Abstand zwischen den Säulenachsen.
Kántharus: Reinigungsbrunnen im → Atrium der frühchristlichen Basilika
Kastro: Gr. ›Burg‹
Katechuména: Seitenschiffe der frühchristlichen Kirche, für die Katechumenen
Katechuménen: ›Noch nicht Getaufte‹, vgl. S. 66
Katholikón: Klosterkirche im orthodoxen Kloster
Kenotaph: Schein-, Leergrab
Keramídion: ›Authentisches‹ Christusporträt, vgl. → Mandýlion und S. 112
Koímesis: Marientod, vgl. S. 109
Kolonnade: Säulenreihe
Komnenen: Mittelbyzantinische Kaiserdynastie (1081–1185), → byzantinisch
konisch: Nach oben hin spitz zulaufend
Kore: Archaische (→ kypro-archaisch) Frauenstatue
korinthisch, korinthische Säulenordnung:

Krabbe: Gotisches Ornament in Form eines plastischen Blattes an Kanten von → Wimpergen und anderen Bauteilen
Krypta: Unterirdische Grab- oder Reliquienkapelle
kypro-geometrisch: 1050–750 v. Chr.
kypro-archaisch: 750–475 v. Chr.
kypro-klassisch: 475–325 v. Chr. (es folgt der → Hellenismus)
Liturgie: Gottesdienst
Liwan, Iwan: Haupthalle des arabischen Wohnhauses oder Palastes, die sich zu einem Hof hin öffnet
Loculus: Nischengräber in Katakomben
Lünette: Bogenfeld über Türen und Fenstern
Makedonen: Mittelbyzantinische Kaiserdynastie (867–1056), → byzantinisch
Mandýlion: ›Authentisches‹ Christusporträt, vgl. S. 112
Marientypologie: Einige der immer wieder rezipierten Darstellungstypen der Maria sind 1. *Maria Orans:* Betende Gottesmutter mit erhobenen

Maria Orans

Hodegetría

Platytera

Armen, mit oder ohne Kind. 2. *Blacherni(o)tissa:* Stehende und betende Gottesmutter ohne Kind (Typus benannt nach Blachernen-Kirche in Konstantinopel) 3. *Hodegetria:* ›Wegführerin‹; Gottesmutter mit Kind auf dem linken Arm. 4. *Platytera:* Gottesmutter mit Christus Emmanuel im Medaillon vor der Brust. Gr. Platytera heißt ›weiter (als der Himmel ist dein Schoß‹, aus einem Marienhymnus)

Maßwerk: Geometrische Schmuckform der Gotik zur Unterteilung von Giebeln, Fenstern u. ä. Ein spezieller Maßwerkstil ist der auf Zypern öfters vorkommende französische Flamboyantstil:

Megaron: Haupthalle im mykenischen Palast

Melismos: ›Der Zerteilte‹; nach dem Akt des Brotbrechens benanntes Christusbild: das Christusbild liegt (als Opferlamm) auf einer liturgischen Schale, der Patene. Sitzt das Kind in einem Kelch, heißt der Darstellungstypus Thysía, ›Opferung‹. Ort der Darstellung ist der Altarraum der byzantinischen Kirche, zwischen den Kirchenvätern

Metopen: Reliefplatten über dem → Architrav des dorischen Gebälks. Wechseln sich ab mit den Triglyphen, vgl. Abb. S. 331

Mihrab: Nach Mekka ausgerichtete Gebetsnische in der Moschee

Minbar: Kanzel in der Moschee

Minoische Kultur: Hochkultur des 2. Jahrtausends auf Kreta. Ihr Ausgräber, Arthur Evans, hat sie nach dem König Minos der griechischen Mythologie so benannt

Mykenische Kultur: Hochkultur der 2. Hälfte des 2. Jahrtausends. Mehrere Zentren, die meisten auf der Peloponnes, benannt nach ihrem Hauptzentrum Mykene

Naos: Gemeinderaum der frühchristlichen und byzantinischen Kirche

Narthex: Vorhalle der frühchristlichen und byzantinischen Kirche

Nekropole: Antike und frühgeschichtliche Begräbnisstätte

Neolithikum: Jungsteinzeit

monastisch: Was die Klosterbewegung betrifft

Odeion, Odeum: Kleines, in der Regel überdachtes Theater

Oinochóe: Weinkanne, Vasentypus

Omaijaden: Erste islamische Dynastie (661-750)

Orans: → Marientypologie

Orchestra: Ursprünglich runder, später durch das Szenengebäude angeschnittener Platz des antiken Theaters zwischen Zuschauer und Bühne

Osmanisches Reich: Die Osmanen sind eine türkische Dynastie, die von 1516 bis 1918 regierte

Paläologen: Spätbyzantinische Kaiserdynastie (1259–1453), → byzantinisch

Palästra: Offener, von Säulengängen umgebener Hof für sportliche Übungen

Panagía: ›Allheilige‹; repräsentativer Titel für Maria

Pantokrator: ›Allherrscher‹; repräsentativer Titel für Christus und Darstellungstypus der byzantinischen Kunst (männliches Herrscherantlitz, Segensgestus mit der rechten, aufgeschlagenes Buch in der linken Hand)

Pastophorien: Die nördlich und südlich an den Altarraum angrenzenden Räume: die Prothesis für die Vormesse und das Diakonikon als ›Gerätekammer‹ und Empfangsraum des Bischofs für den Klerus. In der Alten Kirche Räume für die Aufbewahrung der dargebrachten Opfergaben

Patene: Schale, → Melismos

Pendentif: In der Kirchenarchitektur die sphärischen Dreiecke, die vom Rund der Kuppel auf das Vierungsquadrat im Schnittpunkt der Kreuzarme überleiten

Peristyl: Säulengänge, die einen Hof umgeben

Pithos: Großes Vorratsgefäß aus Ton

Platytera: → Marientypologie

Polis: Antiker Stadtstaat, auch die Stadt selbst

Portikus: Vorhalle, deren Dach von Säulen getragen wird

postbyzantinisch. Nachbyzantinisch, → byzantinisch

Präfurnien: Heizungsanlage in römischen Thermen

Prokonsul: Römischer Statthalter

Proskenion: Erhöhte Bühne vor dem Szenengebäude des antiken Theaters

Proskynese: Kniefall zum Zwecke der Verehrung einer Person

Prothesis: Raum für die Vormesse in byzantinischen Kirchen → Pastophorien

Protome: Figuren, die von außen an (Bronze-) Gefäße geheftet sind

Ptolemäer: Griechische Dynastie des → Hellenismus, die Ägypten beherrschte

Pyxis: Büchse; griechischer Vasentypus

Refektorium: Speisesaal des Klosters

Rhyton: Spendgefäß, das in der Antike bei Opferzeremonien und als Grabbeigabe Verwendung fand

Satrap: Statthalter des altpersischen Reiches

Sgrafitto-Keramik: Mittelalterliche Keramikgattung. Zeichnung wird in den feuchten Ton eingeritzt

Spolien: Wiederverwendete Bauteile

Steatit: Speckstein

Stoa: Säulenhalle

Sudatorium: Schwitzraum in der römischen Therme

Sýnthronon: Sitzreihen in der Apsis der frühchristlichen Basilika zu beiden Seiten des Bischofsthrons (Kathedra)

Tablinum: Haupt- und Speiseraum des römischen Wohnhauses

Talent: Gewichtseinheit, etwa 25 kg

Tambour: Zylindrischer Bauteil unter dem Kuppelgewölbe

Témenos: Kultbezirk

Templon: Vorläufer der Bilderwand, die den Altarraum vom Gemeinderaum abgrenzt

Tetrakonchos: Vier-Nischen-Raum

Tholos: Rundbau

Thysía: ›Opferung‹ Christi, → Melismos

TMT: Türkzypriotische Terrororganisation, das Gegenstück zur → EOKA

Triforium: Laufweg unter der Fensterzone einer gotischen Kirche

Triglyphen: → Metopen und Abb. S. 331

Wimperg: Giebelförmiger gotischer Bauteil zur Bekrönung von Portalen oder Fenstern

Zitadelle: Kleine Festung, auch extra befestigter Teil einer größeren Befestigungsanlage

Zwölffestezyklus: Vgl. S. 109

Abbildungsnachweis

Farbtafeln

Dietrich Bauckhage, Hagen Farbt. 3, 7, 14, 16, 18, 24 und Umschlagvorderseite
Gustav von Brüning, Grünstadt Farbt. 8
CTO, Nikosia Farbt. 29
Dr. Barnim Heiderich, Aachen Farbt. 1, 12, 32, 33
Gerhard P. Müller, Dortmund Farbt. 9, 17, 20, 25, 26, 28, 34, 35 und Umschlagrückseite
Gisela Ossorio, Darmstadt Farbt. 2
Frank Rainer Scheck, Köln Farbt. 11
Heinz-Josef Schmitz, Köln Farbt. 10
Andreas Schneider, Hamburg Farbt. 4–6, 13, 15, 19, 21–23, 27, 30, 31 und vordere Umschlagklappe

Schwarzweiß-Abbildungen

Dr. Georg Ahrweiler Abb. 95
Dietrich Bauckhage, Hagen Abb. 31, 85
Department of Antiquities, Nikosia Abb. 23–29
Dr. Barnim Heiderich, Aachen Abb. 9, 10, 33, 52, 53, 56, 67, 72, 74, 75, 78, 104
Sotiris Kourris, Leichlingen Abb. 12
Gerhard P. Müller, Dortmund S. 2; Abb. 1, 6, 41, 54, 90, 94, 98, 119
Presse- und Informationsbüro der Republik Zypern sowie CTO, Nikosia Abb. 11, 13–16, 19, 21, 22, 30, 40, 44–50, 57, 61, 69, 70, 71, 73, 76, 77, 82, 86, 96, 106, 115–118
Heinz-Josef Schmitz, Köln Abb. 2–5, 79, 80, 81
Andreas Schneider, Hamburg Abb. 7, 8, 17, 18, 20, 32, 34–39, 42, 43, 51, 55, 58–60, 62–66, 68, 83, 84, 87–89, 91–93, 97, 99–103, 105, 107, 108
Abb. 110–114 aus: John Thomson, *Through Cyprus with the Camera in the Autumn of 1878*, London 1985

Raum für Reisenotizen

Praktische Reisehinweise

und einige Ausführungen zur

Vegetation Zyperns

Das *Tróodosgebirge* ist die grüne Lunge Zyperns und wird von den Tourismusplanern der Republik gerne ›Schwarzwald Zyperns‹ genannt. Hier verlieren die Bäume auch im Sommer nicht ihr Grün. Im Tróodosgebirge wachsen Zedern, Aleppokiefern, Pinien, Platanen und Eichen.

An den *Hängen des Tróodos* werden auf Terrassenplantagen Äpfel, Birnen, Pfirsiche, Kirschen und Wein kultiviert, und auch Mandel- und Nußbäume gedeihen hier gut.

In der *Umgebung von Limassol* erstrecken sich ausgedehnte Orangen-, Zitronen- und Pampelmusenplantagen. Der *Südosten Zyperns*, die Gegend um Agía Nápa, gilt als der Gemüsegarten der Insel. Hier bauen die Bauern vor allem Kartoffeln, Auberginen, Tomaten, Gurken und Zwiebeln an. *Bei Páphos* werden Bananen und ebenfalls Gemüse geerntet.

Im Frühling und Frühsommer sind die Wiesen und Äcker Zyperns mit Blumen in leuchtenden Farben bedeckt: Klatschmohn, Narzissen, Gladiolen und Iris, Goldwurz und Tulpen, in den Wäldern auch Orchideen. Zum Kennenlernen der Pflanzenwelt Zyperns empfehlen sich die Naturlehrpfade des Tróodos. Das zypriotische Fremdenverkehrsamt hat in einer deutschsprachigen Broschüre, ›Wandern auf Tróodos‹, die Lehrpfade erläutert. Daraus hier die Beschreibung des schönsten Pfades, namens Krýos Potamós, das heißt ›Kalter Fluß‹:

Beschreibung der numerierten Sehenswürdigkeiten entlang des Nature Trail ›Krýos Potamós‹ (auch ›Kaledonia‹ genannt; Achtung: Anordnung wahrscheinlich nicht ganz zuverlässig, da laufend Änderungen vorgenommen werden)

1 Wilder Pflaumenbaum *(Prunus domestica)*
2 Wilde Rose *(Rosa canina)*
3 Epilobium *(Epilobium angustifolium)*
4 Gadder *(Rubia tenuifolia)*
5 Veilchen *(Viola sieheana)*. Sehr häufig entlang des gesamten Weges
6 Roßkastanie *(Aesculus hippocastanum)*. Exotische Art
7 Berberitze *(Berberis cretica)*. Findet man bei der Schwarzen Pinie
8 Schwarzpappel *(Populus nigra)*
9 Erle *(Alnus orientalis)*
10 Sauerkirschbaum *(Prunus cerasus)*
11 Wilder Quittenbaum *(Cotoneaster nummularia)*
12 Kastanie *(Castanea sativa)*. Exot. Art
13 Breitblättriger Salbei *(Salvia grandiflora)*
14 Adlerfarn *(Pteridium acquilinum)*
15 Morgenlandplatane *(Platanus orientalis)*
15A Tamus communis *(Tamus)*

16	Moose *(Musci)*
17	Olivin Gabbro *(plutonischer Fels)*
17A	Wolfsmilch *(Euphorbia myrsinites)*
18	Kresse *(Arabis purpurea)*
19	Tausendgüldenkraut *(Centaurea cretica)*
20	Steinkraut *(Sedum lampusae)*. Endemisch
21	Zwergstechginster *(Genista sphacelata)*
22	Der Tróodos-Wacholderbaum *(Juniperus foetidissima)*
22A	*Euphorbia troodi*
23	Minze *(Menta logifolia)*. Duftend
24	Gamander *(Teucrium cyprium)*. Endemisch, duftend
24A	*Euphorbia veneris*
25	Roter Hagedorn *(Crataegus monogyna)*
26	Vogelbeerbaum *(Sorbus aria)*. Im Winter, bevor die Blätter abfallen, trägt er rote Beeren
27	Efeu *(Hedera helix)*
28	Rankender Steinbrech *(Clematis vitalba)*
29	Erdbeerbaum *(Arbutus andrachne)*
30	Ziströschen *(Cistus creticus)*. Auf Zypern sehr verbreitet
31	Strohblumen *(Helichrysum italicum)*
32	Terebinthe oder Terpentinpistazie *(Pistacia terebinthus)*
33	Schwarze Pinie *(Pinus nigra ssp. pallasiana)*. Auf Zypern gibt es diesen Baum nur in der Tróodosregion
34	Korkeiche *(Quercus alnifolia)*. Endemisch
35	Steinkraut *(Alyssum troodi)*. Endemisch
36	Sumach *(Rhus coriaria)*. Verwendung als Gerbmittel
37	Brombeere *(Rubus ulmifolius)*
38	Myrte *(Myrtus communis)*
39	Geißblatt *(Lonicera etrusca)*
40	Kopfflügelblütler *(Pterocephalus multiflorus)*. Endemisch
40A	Kresse *(Arabis kennedyae)*. Endemisch
41	Salbei *(Salvia cypria)*. Endemisch
42	Aleppokiefer *(Pinus brutia)*. Kommt in diesem Gebiet selten vor, Vorkommen sonst in tieferen Regionen

Baumriesen

Berühmt sind Zyperns Riesenbäume, von denen einige, von Menschen gepflanzt, auf Vorplätzen von Kirchen stehen:

- Die Terebinthen (Terpentinpistazie, Pistacia terebinthus) von Agía Solomoní in Katopaphos (10 m Höhe) und von der Panagía Angelóktistos in Kíti (13 m Höhe). Diese Pistazienart wird normalerweise nur 2–5 m hoch. Sie hat duftende Zweige. Aus der Rinde wird ein wohlriechendes Extrakt, das Chios-Terpentin, und aus den häufig vorkommenden Gallen werden Gerbstoffe gewonnen.
- Die Sykomoren von Famagusta, auf dem Vorhof der Nikolauskathedrale, und vom Kloster Agía Nápa. Die Sykomore (Ficus sycomorus), auch Maulbeerfeigenbaum genannt, ist in Ägypten eine der ältesten Kulturpflanzen. Die Ägypter haben aus ihrem sehr harten, fast unverrottbaren Holz ihre Sarkophage hergestellt. Die Früchte sind eßbar, aber schwer verdaulich.

- Die Portugiesische Eiche (Quercus lusitanica) bei Lania an der Straße von Limassol nach Trimiklini. Ihr Stamm ist über 6 m dick und sogar von innen zu besichtigen. Über hölzerne Stufen gelangt man von außen auf eine Aussichtsplattform. Unter dem weitausladenden Laub des Baumriesens befindet sich ein Café.
- Ein beeindruckendes Exemplar einer 35 m hohen Platane (Platanus orientalis) steht an der Kirche der Agía Mavra bei Kiláni. Platanen stehen immer da, wo es Wasser gibt – so fließt auch hier ein Bächlein vorbei. Eine Taverne lädt zum Verweilen ein.
- Bei den Resten des Aquädukts von Kolossi steht eines der zwei auf Zypern wachsenden Exemplare des Machärionbaumes, der zur Familie der Schmetterlingsblütler gehört und aus Amerika stammt (Machaerium tipu). Der Baum ist erst 150 Jahre alt, aber schon 27 m hoch gewachsen. Er geht dabei mehr in die Breite als in die Höhe.

Klima, beste Reisezeit

Zypern hat mediterranes Klima, mit heißen, trockenen Sommern und milden Wintern. Beste Reisezeit sind die Frühjahrsmonate, aber auch im Winter kann man (mit Pullover) auf Zypern die Sonne genießen.

Im Dezember beträgt die Wassertemperatur noch 19 Grad, im Januar und Februar 17 Grad Celsius. Selbst der regenreichste Monat, der Januar, hat im Durchschnitt nur elf

Klimatabelle

Monat	Tageshöchsttemp. in °C	Tiefste Temp. nachts in °C	Sonnenstunden täglich	Wassertemp. in °C	Luftfeuchtigkeit in %	Regentage
Januar	15	6	5	17	70	11
Februar	16	7	6	17	69	9
März	18	8	7	18	65	6
April	22	12	8	20	67	4
Mai	26	16	10	21	68	3
Juni	30	18	12	24	64	1
Juli	34	21	12	26	60	1
August	34	23	12	27	61	1
September	31	20	11	26	59	1
Oktober	28	15	9	24	64	4
November	22	11	6	21	68	5
Dezember	17	8	5	19	70	9

Regentage und, bei Sonnenschein, noch fünf Sonnenstunden täglich. Im Tróodosgebirge liegt im Winter Schnee.

Reisekleidung und Reiseausrüstung

Mitzunehmen sind leichte Sommerkleidung und im Winter natürlich auch wärmere Sachen. Im Gebirge ist es sogar im Sommer manchmal empfindlich kalt. Auch im Winter kann die Sonne sehr stechend sein, deshalb in jedem Fall einen Sonnenhut einpacken.

Impfungen sind nicht vorgeschrieben und auch unnötig. Die hygienischen Verhältnisse auf Zypern sind wie in Mitteleuropa, so daß sich die Mitnahme von Medikamenten im Normalfall erübrigt. Apotheken und Krankenhäuser (mit englisch und manchmal deutsch sprechenden Ärzten) gibt es in allen Städten, auch hier findet man mitteleuropäischen Standard. Gewöhnlich muß ein Versicherter Medikamente und Arztkosten selbst zahlen; die Krankenkasse erstattet den Betrag nach Rückkehr.

Das Wasser auf Zypern ist wohlschmeckend und mit Ausnahme der großen Städte überall auch direkt aus der Leitung trinkbar.

An byzantinischer Kunst Interessierte sollten eine Taschenlampe nicht vergessen, da die Wandmalereien in den Kirchen in der Regel nicht gut ausgeleuchtet sind.

Goldene Regeln für Zypernreisende

(aus einer Broschüre der Zypriotischen Fremdenverkehrszentrale)

Sei nicht überrascht, wenn ein Unbekannter Dich auf der Straße freundlich grüßt.

Genieße die Gastfreundschaft der Zyprioten. Iß, was auch immer man Dir anbietet. Sollte es Dir einmal nicht schmecken, so versuche wenigstens ein kleines Stück zum Zeichen, daß Du die Gastfreundschaft annimmst.*

Wenn Dir in einer Familie konservierte Früchte angeboten werden, so koste nur eine. Man erwartet nicht, daß Du das ganze Glas leerst.

Wenn Dir Kaffee angeboten wird, darfst Du nicht davonlaufen, ehe die Kaffeetasse kalt geworden ist.

Eine zyprische Mahlzeit besteht aus mehreren Gängen. Es ist besser, von jeder Speise nur wenig zu nehmen, als einen Gang vorübergehen zu lassen.

Sei nicht überrascht, wenn Dich ein Ladenbesitzer bittet, mit ihm Limonade oder Kaffee zu trinken. Das ist die beste Voraussetzung für den glücklichen Abschluß eines Geschäfts.

** Eine Anmerkung, A. S.:*
Gastfreundschaft annehmen bedeutet eine Verpflichtung eingehen, nämlich: sich beim Geber der Gastfreundschaft bei anderer Gelegenheit zu revanchieren.

Republik Zypern

INFORMATIONSSTELLEN

Bundesrepublik:
Fremdenverkehrszentrale Zypern
Kaiserstraße 50
60329 Frankfurt
✆ 0 69-25 19 19

Schweiz:
Fremdenverkehrszentrale Zypern
Gottfried-Keller-Straße 7
8001 Zürich
✆ 01-69 33 03

Österreich:
Fremdenverkehrszentrale Zypern
Walfischgasse 6
1040 Wien
✆ 02 22-5 12 14 58

Auf Zypern:
Cyprus Tourism Organisation (CTO)
Nikosia:
Laikí Gitoniá
✆ 02-44 42 64

Zentrale und Verwaltungsräume der CTO
Limassol Av. 19
✆ 02-33 77 15

Limassol:
Spirou Araouzo Street 15
✆ 05-36 27 56

George I. Street 35
Beim Dassoudi Strand
✆ 05-32 32 11

Hafenbüro
✆ 05-34 38 68
Hier alle Auskünfte über Schiffsverbindungen

Lárnaka:
Pl. Vass. Pavlou
✆ 04-65 43 22

Flughafen Lárnaka
✆ 04-64 30 00

Paphos:
Gladstone Street 3
✆ 06-23 28 41

Flughafen Paphos
✆ 06-42 28 33

Agía Nápa (im Sommer)
Leoph. Kriou Nerou 12
✆ 03-72 17 96

Plátres (im Sommer)
✆ 05-42 13 16

Die Auslandsbüros der Fremdenverkehrszentrale verschicken Informationsmaterial, auch zu speziellen Reisen wie Sport-, Wander-, Kongreßreisen usw. Eine Broschüre ›Zypern. Insel der Götter – Reise-Informationen‹ enthält alle wichtigen praktischen Reiseinformationen ausführlicher, als sie hier dargestellt werden können.

Schriftliche Anfragen aus dem Ausland nach Zypern richtet man an die Cyprus Tourism Organisation
POB 4535, Nikosia
Fax: 0 03 57-2-33 46 96

Über aktuelle Veranstaltungen, Feste, Sportwettkämpfe, Theater usw. informieren folgende englischsprachige Zeitschriften, die an den Hotelrezeptionen oder in den Büros des Fremdenverkehrsamtes ausliegen: ›Time out‹, ›Seven days in Cyprus‹, ›Nikosia this month‹. Ein internationaler Buchladen (›MAM‹) findet sich in Nikosia in der Laiki Gitonia.

Eine englischsprachige Zeitung, die ›Cyprus Mail‹, erscheint täglich, eine andere, die ›Cyprus Weekly‹, wöchentlich. Nachrichten werden im Fernsehen neben griechisch und türkisch auch (um 18.50 Uhr) auf englisch gesendet. Das 2. Programm des zyprischen Radiosenders RIK (Mittelwelle 602 KHz und UKW 94,8 MHz) sendet täglich außer sonntags von 8–8.30 Uhr ein deutschsprachiges Programm.

Konsulate

Botschaft der Republik Zypern
Kronprinzenstraße 58
53173 Bad Godesberg
✆ 02 28–36 33 36

Konsulat der Republik Zypern
Talstraße 83
8001 Zürich
✆ 01–2 11 30 23

Konsulat der Republik Zypern
Singerstraße 27 II
1010 Wien
✆ 02 22–5 12 75 55

Auf Zypern:
Botschaft der Bundesrepublik Deutschland
Odos Nikitaras 10
Nikosia
✆ 02–44 46 62

Österreichisches Generalkonsulat
Odos Chr. Mouskos 4
Nikosia, ✆ 02–45 19 94

Schweizerisches Generalkonsulat
Odos Thervi 46
Latsia, Nikosia
✆ 02–44 62 62

ANREISE, EINREISE, WEITERREISE

Mit dem Flugzeug
In der Regel reisen Mitteleuropäer mit dem Flugzeug nach Zypern. Der Internationale Flughafen Lárnaka wird von Lufthansa und Cyprus Airways aus der Bundesrepublik (und entsprechend von Swiss Air und Austrian Airways aus der Schweiz und Österreich) mehrmals die Woche nonstop angeflogen.

Chartergesellschaften wie die zypriotische EuroCypria und die deutschen LTU, Hapag Lloyd, Condor fliegen aus verschiedenen Städten Deutschlands mehrmals pro Woche neben Lárnaka auch Paphos an.

Linienflüge kosten je nach Saison und Abflugsort zwischen DM 750,– und 1050,–, Charterflüge gibt es ab DM 600,–. Im Reisebüro nach ›Campingflügen‹ fragen.

Möchten Sie sich eine Unterkunft im voraus buchen, kommen die Pauschalreisen in Frage, die alle großen deutschen Reiseveranstalter im Programm haben. Zur Nebensaison und bei fehlender Auslastung der Hotelkontingente werden immer wieder Sonderangebote (›Last Minute‹) auf den Markt gebracht. Die Hotels der Reiseveranstalter liegen allerdings meist in den großen Strandorten Agía Nápa, Lárnaka, Limassol und Paphos.

Ab Lárnaka können Sie zu allen internationalen Flughäfen des Nahen Ostens fliegen. Die Fluggesellschaften haben ihre Büros in Nikosia (viele Sondertarife für Hin- und Rückflug).

Mit dem Schiff

Während des ganzen Jahres besteht Linienverbindung mit Griechenland (Piräus – Heraklion – Rhodos – Limassol). Die Fähren fahren weiter nach Haifa/Israel oder nach Alexandria/Ägypten. Sie müssen zunächst von Bari oder Brindisi in Italien eine Fähre nach Igoumenitsa oder Patras in Griechenland nehmen. Von dort geht es dann über Land mit dem Auto nach Piräus, wo Sie sich nach Limassol einschiffen.

In der Reisesaison verkehren Fähren auch direkt von Italien, ab Venedig oder Ankona (mit Zwischenstops) nach Limassol. Außer Haifa und Alexandria kommen für Weiterreisende noch die Verbindungen Lárnaka–Dschounija (Libanon) und Limassol–Latakia (Syrien) in Betracht. Nach Ägypten und ins Heilige Land werden von Zypern aus mehrtägige Kreuzfahrten veranstaltet, eine reizvolle Ergänzung zum Landurlaub.

Auskünfte zu Flügen und Schiffsverbindungen bei der Zyprischen Fremdenverkehrszentrale oder bei Neues Reisen, ✆ 0 40-7 02 41 17.

Paßvorschriften

Bundesbürger, Schweizer und Österreicher benötigen einen mindestens noch drei Monate gültigen Reisepaß. Der Personalausweis genügt nicht. Kinder und Jugendliche brauchen einen Kinderausweis.

Zoll- und Devisenbestimmungen

Zollfrei eingeführt werden dürfen von volljährigen Personen 200 Zigaretten, 250 Zigarren oder 250 g Tabak. Außerdem 0,75 l Wein und 0,75 l Spirituosen und andere Waren – außer Juwelen – im Wert von bis zu 25 Zypernpfund. Tiere dürfen von Urlaubern praktisch nicht eingeführt werden (nur bei sechsmonatiger Quarantänezeit).

Ein- und Ausfuhr zypriotischer Banknoten ist auf 50 Zypernpfund begrenzt. Ausländische Zahlungsmittel können dagegen in beliebiger Höhe ein- und ausgeführt werden, sollen aber ab 500 US-Dollar pro Person bei der Einreise deklariert werden.

UNTERKUNFTSMÖGLICHKEITEN

Individualreisende besorgen sich bei den Auslandsbüros oder beim Flughafenbüro der Fremdenverkehrszentrale Zypern den *Hotelführer*, der jedes Jahr neu herausgegeben und kostenlos verteilt wird. Darin sind sämtliche Hotels, Pensionen, Apartment-Hotels und Campingplätze mit den gesetzlichen Preisen aufgeführt. Doppelzimmer kosten in der unteren Hotelkategorie DM 20,– bis 40,– pro Person. Manche Hotels bieten in der Nebensaison Ermäßigungen bis zu 40 Prozent an. In jedem Zimmer muß ein Anschlag mit den Übernachtungspreisen vorhanden sein, Preisüberschreitungen sind strafbar. Hotelbuchungen nach Wunsch bei Neues Reisen, ✆ 0 40-7 02 41 17, Ginsterheide 6, 21149 Hamburg.

Anders als in Griechenland, wo man fast überall auch in kleinen Dörfern Privatunterkünfte findet, ist auf Zypern die Unterkunftsmöglichkeit auf die Städte und einige Orte beschränkt. Die Klöster nehmen heute nicht mehr ›einfach so‹ Reisende zum Übernachten auf.

So bleiben Unterkunftsmöglichkeiten nur in folgenden Orten:

- Nikosia
- Limassol und, 40 km westlich, Pissoúri
- Lárnaka
- Paphos und einige Dörfer nördlich von Paphos
- Agía Nápa, Paralímni, Protarás
- Polis und einige Dörfer der näheren Umgebung
- die Tróodosdörfer Gerakies, Platres, Kakopetriá, Pedoulás, Agros, Pródromos, Kalopanagiótis, Tróodos und eine Pension je in Kambos und Kyperoúnda. An der Forststation Stavrós tis Psókas gibt es außerdem ein kleines Gästehaus, in dem man, wenn Platz vorhanden – in den Sommermonaten aussichtslos –, nach telefonischer Anmeldung einige Nächte bleiben kann. ✆ 06-33 21 44 o. 06-73 25 12.

Jugendherbergen
Nikosia
Hadjidaki Street 5
✆ 02-44 48 08

Paphos
Eleftherios Venizelos Av. 37
✆ 06-23 25 88

Tróodos
(nur im Juli und August)
400 m vom Tróodos-Platz, an der Straße nach Kakopetriá

Lárnaka
Nicolaou Rossou Street 27
✆ 02-44 20 27

Weitere Informationen: Cyprus Youth Hostel Association, POB 1328, Nikosia

Camping
Es gibt sechs lizensierte Campingplätze mit Dusch-, Wasch- und Einkaufsmöglichkeiten und Bars oder Restaurants.

Polis Camping
✆ 06-32 15 26
In einem schattigen Eukalyptushain in Strandnähe bei Polis.
Zeltverleih. Geöffnet von Ende Februar bis Ende November.

Agía Nápa Camping
✆ 03-72 19 46
Westlich von Agía Nápa am Meer. Geöffnet von März bis November.

Governor's Beach Camping
✆ 05-63 23 00
20 km östlich von Limassol

Geroskípou Camping
✆ 06-24 22 77
Direkt am Strand

Pheggari Camping
✆ 06-62 15 34
An der Coral Bay bei Paphos

VERKEHRSMITTEL AUF ZYPERN

Bus

1. *Stadtbusse* verkehren an Werktagen zwischen 5.30 und 19.00 Uhr, im Sommer in einigen touristischen Gebieten auch bis spät abends.

2. *Landbusse* besorgen zum ersten den Linienverkehr zwischen Dorf und nahegelegener Stadt. Fast jedes Dorf Zyperns hat sein Busunternehmen, das oft nur aus einem Fahrer samt eigenem Bus besteht. Die Busse sind meist alte Bedfort-Modelle, mit denen die Bauern frühmorgens in die Stadt fahren und mittags nach Hause zurückkehren. Für Tagesausflüge von Urlaubern sind sie also nicht geeignet.

Zum zweiten verkehren Landbusse aber auch zwischen Städten, etwa jede Stunde, und kommen so auch für Urlauber in Frage. Der Bus ist die preiswerteste Möglichkeit, auf Zypern zu reisen. Achtung: Sonntags fahren keine Busse (siehe auch S. 346).

Taxi

Sammel-Taxi (Service-Taxi)

Für die Reise von Stadt zu Stadt ist das Sammeltaxi für den Reisenden im Verhältnis zum günstigen Fahrpreis sicher die bequemste und schnellste Möglichkeit. Sammel-Taxen fünf privater Unternehmen verkehren in halbstündigem Abstand zwischen Nikosia, Limassol, Lárnaka und Paphos. Auch von Paphos nach Polis gibt es einen Liniendienst, jedoch nur etwa dreimal pro Tag (siehe auch S. 346).

Der Taxifahrer holt die Fahrgäste an jedem gewünschten Ort in der Stadt ab (jedoch nicht am Flughafen!) und liefert ihn am gewünschten Ort in der nächsten Stadt ab. Und das zu einem sehr günstigen Preis: 6–9 Mark pro Person für eine Fahrt.

Normale Taxen

sind teurer, aber bei weitem nicht so teuer wie in Deutschland, Österreich oder der Schweiz. Eine Stadtfahrt kostet 4–6 Mark, eine Fahrt vom Flughafen Lárnaka nach Nikosia (50 km) etwa 50 Mark. So sind auch Tagesausflüge mit dem Taxi relativ preiswert und machbar, zumal wenn sich mehrere die Taxikosten teilen.

Mietwagen

Ein Auto mieten Sie in Zypern am Flughafen, an der Hotelrezeption, aber – in der Hauptsaison empfehlenswert – auch schon vor der Reise über eine der international arbeitenden Mietwagengesellschaften. Ansonsten finden Sie Adressen von Autoleihfirmen auf den letzten Seiten des zyprischen Hotelkatalogs. Die Mietwagenfirmen verleihen ungern nur für einen Tag. 1995 lagen die Preise für ein kleines Auto bei 70 Mark pro Tag bei unbegrenzter Kilometerzahl. Der nationale Führerschein wird anerkannt. Benzin kostete 1995 1,20 Mark, Diesel 0,50 Mark pro Liter. Linksverkehr.

Motorrad, Mopeds, Fahrrad

In den Hotels und bei den Verleihfirmen können Sie in der Regel auch diese Verkehrsmittel anmieten. Fahrradfahren ist jedoch allenfalls auf Nebenstraßen gefahrlos möglich, denn Fahrradwege gibt es nicht. Für die zahlreichen Feld- und Waldwege sind breite Reifen sinnvoll.

Die wichtigsten Adressen und Telefonnummern der Verkehrsunternehmen

Die zypriotische Fremdenverkehrszentrale verteilt kostenlos ein Informationsblatt mit allen Verbindungen und Fahrpreisen der einzelnen Bus- und Taxiunternehmen.

Busgesellschaften:
Nikosia – Lárnaka: Kallenos Busses, Leonidon 6, ✆ 02-45 35 60; **Nikosia – Limassol:** Kemek, Leonidou St. 34, ✆ 02-46 46 26;
Lárnaka – Nikosia: Kallenos, Seepromenade, ✆ 04-65 48 50; **Lárnaka – Limassol:** Kallenos; **Lárnaka – Agía Nápa, Paralímni:** Agía Nápa Bus (EMAN), gegenüber Sun Hall Hotel, Seepromenade;
Limassol – Nikosia: Kemek, Ecke Enosis/Irini St. (400 m nördlich der Burg), ✆ 05-36 32 41; **Limassol – Lárnaka:** Kallenos, Katholische Kirche, Seepromenade, ✆ 05-36 26 70; **Limassol – Paphos:** Kemek; **Limassol – Plátres und in die Tróodosdörfer:** nur im Sommer mehrmals täglich, ansonsten nur einmal pro Werktag gegen Mittag. Mehrere Busgesellschaften fahren die einzelnen Tróodosdörfer an;
Paphos – Limassol: Kemek, Mitropolis Pl., ✆ 06-23 42 55; **Paphos – Polis;** Fontana Amortoza Bus, Nea Paphos Taxi Office, Hauptplatz von Ktima, ✆ 06-23 67 40 oder 06-32 11 55 (Büro Polis).

Sammeltaxi:
Es gibt fünf Unternehmen, die in Nikosia, Limassol, Lárnaka und Paphos Büros unterhalten: Makris, Karydas, Akropolis, Kypros und Kyriakos (Telefonnummern siehe Broschüre der Fremdenverkehrszentrale). Ansonsten einfach an Ihrer Hotelrezeption ein Sammeltaxi bestellen. Hier die Telefonnummern von Kyriakos, der auch Polis von Paphos aus bedient: Nikosia: 44 41 41, Limassol: 36 41 14; Lárnaka: 65 51 00, Paphos: 23 31 81

ÖFFNUNGSZEITEN DER MUSEEN UND STÄTTEN

Nikosia

Archäologisches Museum (Zypernmuseum)
Mo–Sa 9–17, So 10–13

Ikonenmuseum
Mo–Fr 9–13, 14–17,
Sa 9–13

Volkskundemuseum
(1995 geschlossen wegen Renovierung)

Johanneskathedrale
Mo–Sa 8–12, 14–16 und zu den Zeiten des Gottesdienstes

EOKA-Museum
Mo–Fr 7.30–14.30, 15–17.30

Museum für die Stadtgeschichte Nikosia
Di–So 10–16.30
Eintritt frei

Kornesios-Haus
Mo–Fr 8–14, Sa 9–13

Famagusta-Tor (Kulturzentrum)
Mo–Fr 10–13, 16–19
Juni–August 17–20. Eintritt frei

Bezirk Nikosia

Tamassos
Di–Fr 9–15, Sa u. So 10–15

Dorfmuseum Phikardou
1. 9.–30. 4. Mo 9–13, Di–Fr 9.30–13, 14–16.30, Sa 9–13, 14–15.30; 1. 5.–31. 8. Di–Fr 9–13, 15–18, Sa 9.30–13, 15–17, So 10–15.30

Nikolaos-Kirche bei Kakopetria
Di–Sa 9–16, So 11–16

Limassol

Archäologisches Museum
Mo–Fr 7.30–17, Sa 9–17, So 10–13

Mittelalter-Museum in der Festung
Mo–Fr 7.30–17, Sa 9–17

Volkskundemuseum
Mo–Fr 8.30–13.30, Mo, Di, Do, Fr 15–17;
Juni–September 16–18.30

Bezirk Limassol

Kolossi, Kourion und Apollo-Hylates-Heiligtum
7.30–19.30;
Oktober bis Mai 7.30–17

Archäologisches Museum Kourion (in Episkopi)
Mo–Fr 7.30–14.30, Di 15–18;
Juli–August nachm. geschl.

Lárnaka

Archäologisches Museum und Kition
Mo–Fr 7.30–14.30, Di 15–18; Juli–August nachm. geschl.

Pieridesmuseum
Mo–Fr 9–13, 15–18, Sa 9–13, So 10–13

Türkisches Fort mit Mittelaltermuseum
Mo–Fr 7.30–17, Di 7.30–18

Bezirk Lárnaka

Chala Sultan Tekke
Juni–September tägl. 7.30–19.30;
Oktober–Mai tägl. 7.30–17

Chirokitia
Mo–Fr 7.30–17, Sa u. So 9–17

Chapelle royale in Pyrga
tägl. geöffnet; der Wärter besitzt das Kafenion gegenüber

Spitzenmuseum in Lévkara
Mo–Sa 10–16

Meeresmuseum in Agía Nápa
1. 5.–30. 9. Mo–Sa 9–14, Mo u. Do 16–18;
1. 10.–30. 4. Mo–Sa 9–14, Mo u. Do 15–17.30

Paphos

Archäologisches Museum
Mo–Fr 7.30–14.30, 15–17, Do 15–18, Sa u. So 10–13

Byzantinisches Museum
Mo–Sa 9–12.30, Mo–Fr 14–17; Juni–Sept. 16–19

Ethnographisches Museum Eliades
Mo–Sa 9–13, Mo–Fr 14–17; Mai–Sept. 15–19, So 10–13

Hafenfort
Mo–Fr 7.30–14.30, Do 15–18, Sa u. So 9–17

Haus des Dionysos, des Theseus und des Aion
(Mosaike)
Mo–Fr 7.30–17, Sa u. So 9–17

Königsgräber
Mo–Fr 7.30–17, Sa u. So 9–17

Bezirk Paphos

Volkskundemuseum Geroskípou
Mo–Fr 7.30–14.30, Do 15–18; im Juli u. August nachm. geschl.

Aphrodite-Heiligtum Alt-Paphos
Mo–Fr 7.30–17, Sa u. So 9–16

Hinweise: 1. An Feiertagen sind die wichtigsten archäologischen Stätten und die Museen von Nikosia, Limassol und Paphos *geöffnet.* Weihnachten gelten Sonderregelungen. 2. Ostersonntag, 1. Weihnachtstag und Neujahrstag bleiben alle Stätten und Museen geschlossen. 3. Eintrittsgeld: DM 1,70–3.50 pro Person. 4. Zyprioten haben sonntags freien Eintritt.

Die *Kirchen mit Wandmalereien* haben meist keine festen Öffnungszeiten. Hier versuche man (zu einer zumutbaren Tageszeit) den Wärter oder den Pappas zu finden, der den Schlüssel hat und einen begleitet. Wo die Schlüsselverwahrer zu finden sind, ist im Ortsteil bei den einzelnen Kirchen vermerkt. Die Schlüsselverwahrer erwarten für ihre Mühe ein Entgelt. Hat Sie ein Priester begleitet, wird es höflicher sein, nicht ihm das Geld zu geben, sondern es der Kirche zukommen zu lassen. – Sie legen es auf einen Teller oder ein Tablett, das unserem Klingelbeutel entspricht und sich meist am Eingang oder in der Nähe der Ikonostase der Kirche befindet.

GESETZLICHE FEIERTAGE

1. Januar	Neujahr
6. Januar	Epiphanie (s. unten)
19. Januar	Namenstag Erzbischofs Makarios III.
25. März	Griechischer Unabhängigkeitstag
1. Mai	Tag der Arbeiter
3. August	Todestag Erzbischofs Makarios
15. August	Entschlafen der Gottesmutter (s. unten)

WICHTIGE ORTHODOXE FEIERAGE, FESTE UND MESSEN

6. Januar	Epiphanie. Das Fest der Offenbarung Christi bei der Taufe im Jordan wird in Erinnerung an die Erscheinung des Heiligen Geistes in den Seestädten gefeiert, indem ein Bischof das Kreuz ins Meer taucht und die Wasser segnet.
17. Januar	Hl. Antonius. Gottesdienste in Nikosia und Limassol zur Erinnerung an den Urvater der Mönche.
24. Januar	Hl. Neóphytos. Pilger und Schaulustige der ganzen Insel strömen zur Eremitenhöhle des Einsiedlermönches.
2. Februar	Tempelgang der Maria. Pilger kommen zum Chrysorrogiátissa-Kloster.
23. April	Hl. Georg. In fast allen Dörfern Gottesdienste.
29. Juni	Peter-und-Paul. In Katapaphos großer Gottesdienst, der vom Erzbischof und allen Bischöfen vollzogen wird.
15. August	Entschlafen der Gottesmutter. Wird von den führenden Klöstern, Kýkko, Chrysorrogiátissa, Troodítissa und Machärás gefeiert. Pilgerbewegung auf der ganzen Insel.
14. September	Errichtung des heiligen Kreuzes. Gottesdienste im Stavrovoúni-Kloster, in Lévkara und Ómodos.
4. Oktober	Hl. Johannes Lampadistís. Pilger und Schaulustige des Marathasatals im Tróodos strömen zum Gottesdienst ins Kloster des Lokalheiligen.
18. Oktober	Hl. Lukas. Feiern und Messen u. a. in Nikosia und Paláchóri.

Bewegliche kirchliche Feiertage

8 Tage vor Ostern	Prozession der Lazarus-Ikone durch Lárnaka.
Karfreitag	Prozession des Epitáphios, symbolischen Leichnams Jesu.
Ostern	Hauptfest der orthodoxen Kirche. Die Auferstehung wird um Mitternacht verkündet. Alle Teilnehmer der Zeremonie gehen mit brennenden Kerzen nach Hause.
Pfingsten	Sintflut-Fest (Kataklysmós) in Lárnaka (vgl. S. 138).

1. Oktober	Zypriotischer Unabhängigkeitstag
28. Oktober	Griechischer Nationalfeiertag
25./26. Dezember	Weihnachten

Ostertermine

	1996	*1997*	*1998*	*1999*	*2000*
orthodoxer Ostersonntag	14. 4.	27. 4	19. 4	11. 4.	30. 4.
westlicher Ostersonntag	7. 4.	30. 3.	12. 4.	4. 4.	23. 4.

WICHTIGES VON A–Z

Ausflüge, Routenvorschläge

Vorschlag für eine 7tägige Rundfahrt mit dem Mietwagen:

(1) Lárnaka – Stavrovoúni – Pyrga – Nikosia (2) Beide Teile von Nikosia (3) Peristeróna – Asínou – Galáta – Kakopetriá – Ólympos – Naturlehrpfad 3 – Plátres (4) Kloster Kýkko – Zederntal – Kloster Chrysorrogiátissa – Paphos (5) In Paphos (6) Kloster Agios Neóphytos – Geroskípou – Alt-Paphos (Koúklia) (7) Aphroditefelsen – Koúrion – Kolossi – Limassol – Chirokitía – Lárnaka

Vorschläge für eine 8–13tägige Rundfahrt:
Bei einer längeren Rundfahrt könnte man sich beim eben beschriebenen Programm mehr Zeit lassen. Oder Sie machen noch zusätzlich den einen oder anderen Ausflug:

- Von Lárnaka nach Pýla, Xylophágou und Agía Nápa
- Von Lárnaka nach Kíti, Lévkara und zum Kloster Agios Minás
- Von Nikosia nach Tamassós und weiter zum Kloster Machärás
- In den türkisch besetzten Teil
- Zu weiteren Kirchen des Tróodos
- Von Paphos nach Agios Geórgios, Polis und zu den Bädern der Aphrodite

Möchten Sie sich einem geführten Ausflug anschließen, so fragen Sie in einem zypriotischen Reisebüro oder an Ihrer Hotelrezeption. Die am häufigsten durchgeführten Ausflüge gehen ins Zypernmuseum und in die Altstadt von Nikosia, nach Lévkara und Lárnaka, nach Kóurion, nach Paphos und ins Tróodosgebirge. Ein Ganztagsausflug kostet etwa DM 40,–.

Essen und Trinken

Bei besonderen Anlässen ißt man auf Zypern gern Mezé (eigentlich in der Mehrzahl: Mezédes). Das sind kleine Portionen einer ziemlich genau festgelegten Speisenfolge, die aus über 20 Gängen bestehen kann. Dazu gehören folgende Spezialitäten, von denen man die Fleischgerichte auch einzeln, mit Salat, als Hauptmahlzeit bestellen kann:

Vorspeisen (Orektiká)

Tachíni	Sesamtunke mit Knoblauch, Olivenöl und Zitrone
Choúmous	Zerdrückte Kichererbsen mit Knoblauch, Olivenöl und Petersilie
Talatoúri	Joghurt mit Gurkenstücken, wie Tsatsiki
Taramosaláta	Fischrogenbrei
Melintsanosaláta	Auberginenbrei
Bourgoúri	Reisartiges Gericht aus Hartweizenkörnern
Chaloúmi	Gebratener Schafskäse
Kephalotíri	Gruyère-artiger Schafskäse

Fleischgerichte

Souvláki	Fleischspieß aus Schweinefleisch
Shiephtaliá	Schweinehack mit Kräutern, das in Lammbauchfell eingewickelt wird. Wird meist über Holzkohle gegrillt
Aphélia	In Rotwein eingelegtes gebratenes Schweinefleisch
Beccaficos	Kleine, vor dem Braten in Essig eingelegte Vögel
Dolmádes	Mit Hackfleisch gefüllte Weinblätter
Kléftiko	Lammfleisch, das eingewickelt stundenlang im Tonofen gegart wurde. Wenn das Fleisch gut ist, fällt es von den Knochen
Loúntza	Marinierter Schweineschinken
Stiphádo	Mit Zimt und Zwiebeln gegartes Rindfleisch
Tavás	In Tongefäßen gegartes Lamm-, Rinder- oder Kaninchenragout

Zu alledem trinkt man am besten einen trockenen Rot- oder Weißwein. Der nach den Erfahrungen des Verfassers von Reisegästen am meisten geschätzte Rotwein heißt Othello. Von den Weißweinen ist ›Arsínoë‹ ein guter Tropfen. Die Weine werden nicht streng nach Jahrgängen und Lagen geschieden abgefüllt; so kann es passieren, daß zwei Flaschen Wein ein und derselben Marke ganz unterschiedlich schmecken.

Fotografieren

Filme bringt man besser mit, sie sind auf Zypern teurer als in Deutschland.

Geld, Wechsel, Preise

Landeswährung ist das Zypernpfund, gr. Lira.
1 Pfund = 100 Cents.
Die Bevölkerung rechnet jedoch größtenteils noch mit der alten Einheit Shilling:
1 Shilling = 5 Cents.
Wenn Ihnen also ein Taxifahrer einen Fahrpreis von 20 Shilling nennt, müssen Sie schnell im Kopf 5 × 20 rechnen, um auf 100 Cents = 1 Pfund zu kommen.

Wechselkurs DM–Pfund April 1995:
1 Pfund = 3,30 DM

Am günstigsten tauscht man auf Zypern. Die Banken und Hotelrezeptionen wechseln Euroschecks (in Zypernpfund – 125 – ausfüllen!), Reiseschecks und Bargeld. Auch mit Kreditkarten kann man bei Banken zyprisches Geld bekommen.

Öffnungszeiten der Banken:
Mo–Fr 8.15–12.30

Einige Banken in den touristischen Zentren haben auch nachmittags von 15.30–17.30 geöffnet.

1995 konnte man für 10–25 Mark in Restaurants inklusive Getränke gut essen. Eine Flasche Wein kostet 6–10 Mark, ein Kinobesuch 4 Mark. Wenn Sie in einem Lokal mit Musik essen gehen möchten, rechnen Sie ab 25 Mark aufwärts. Die Inflationsrate beträgt 4–5 Prozent jährlich.

Kunstgewerbedienst (staatlich)

Diese zyprische Organisation unterhält vier Läden, wo Sie Spitzen und andere Textilerzeugnisse sowie Keramikartikel erstehen können.

Nikosia: a) Athalassa Av. 186
b) Laikí Gitoniá
Lárnaka: Kosma Lysioti Str. 6
Limassol: Themidos Str. 25
Paphos: Archbishop Makarios III. Av. 123

Notruf, Arzt

Für Feuerwehr, Krankenwagen, Polizei gibt es von allen Orten Zyperns einen einheitlichen Notruf: 1 99

Falls Sie einen Arzt brauchen, wenden Sie sich am besten an Ihre Hotelrezeption, dort hat man Adressen.

Post und Telefon

Öffnungszeiten der Postämter	
Mo–Fr	7.30–13.30
Do	15.00–18.00

Jede Postsendung muß mit einer zusätzlichen 1-Cent-Notopfermarke zur Unterstützung der Flüchtlinge frankiert werden. Ein Brief nach Mitteleuropa ist 5 Tage unterwegs.

Unterschiedliche Öffnungszeiten der Telefonämter (Cyprus Telecommunications Authority = CTA). In den Städten haben sie den ganzen Tag über bis abends geöffnet.

Vorwahlnummern (Durchwahl):	
Bundesrepublik	00 49
Österreich	00 43
Schweiz	00 41

Telefonieren vom Ausland nach Zypern:

0 03 57 – Vorwahl ohne die Null – Rufnummer des Teilnehmers.

Sport

Segelboote, Tretboote und Surfbretter kann man in fast allen Badeorten ausleihen. Die größeren Hotels besitzen Tennisplätze, auch kann man in den Tennisclubs, die es in den Städten gibt, vorsprechen und einen Platz mieten. Wanderer bevorzugen das Tróodosgebirge und den einsamen nordwestlichen Teil der Insel. Im Januar und Februar kann man an den Hängen des Ólympos skilaufen. Man findet dort Skilifte und ein Geschäft, das eine komplette Skiausrüstung für etwa 30 Mark pro Tag vermietet. Golffreunde finden oberhalb von Paphos beim Kloster Stavros tis Minthis einen neu angelegten 18-Loch-Kurs.

Strände, Bademöglichkeiten

Die Sandstrände im Osten Zyperns, bei Agía Nápa, Protarás und Paralímni, sind zwar schön, aber im Sommer stark überlaufen. Neben den Stränden in und um Lárnaka und Limassol gibt es dann noch im Westen gute Bademöglichkeiten.

Nur hier, in der Umgebung von Paphos und in und um Polis kann man finden, was der Vorstellung der meisten Reisenden (nach einem idyllischen Fischerort mit unverbautem Hinterland, netten Tavernen und guten Bademöglichkeiten) am ehesten entspricht.

Gut ist der Sandstrand der Coral Bay nördlich von Paphos; Einsamkeit und Felsenküste dagegen findet, wer zum Kap Drépanon bei Agios Geórgios fährt. Besser noch sind die Orte und Strände zwischen Polis und der Fontana Amorosa.

Stromspannung

220–240 Volt. Für die englischen Steckdosen ist ein Adapter erforderlich. Wird von den Hotelrezeptionen in der Regel zur Verfügung gestellt.

Uhrzeit

Mitteleuropäische Zeit + 1 Stunde.

Verständigung, Sprache

Die Landessprache ist Griechisch. Da Zypern bis 1960 englische Kolonie war, kommt man mit Englisch überall gut zurecht.

Zur Aussprache des Neugriechischen prägen Sie sich vielleicht folgende Grundregeln ein:

- Am wichtigsten ist die Betonung. Normalerweise gilt: Betonung auf der drittletzten Silbe, wenn die letzte Silbe kurz ist, Betonung auf der vorletzten Silbe, wenn die letzte lang ist. Also: ›ágíos‹ (die Endung os ist immer kurz),
  aber ›agía‹ (langes a; es gibt jedoch auch kurzes a, z. B. ›Koúklia‹).
  Von dieser Regel gibt es allerdings Ausnahmen. Oft wird die letzte Silbe betont: ›Kakopetriá‹, ›Lagouderá‹.
- Ein g vor den Vokalen e und i wird wie ›j‹ gesprochen: ágios wie ›ájios‹, Geórgos wie ›Jórgos‹.
- y, oi, ei, i und das Eta werden wie ›i‹ gesprochen; b, Beta, wie ›v‹ und eu wie ›ev‹.
- Die Dorfbevölkerung spricht Dialekt, wobei k wie ›tsch‹ oder ›kj‹ gesprochen wird: zum Beispiel Kýkko wie ›Tschíkko‹.

Türkisch besetzter Teil (Nordzypern)

INFORMATIONSSTELLEN

... in Deutschland
German North Cyprus Tourist Cooperation
Etzestraße 51a, 22335 Hamburg, ✆ 0 40-50 33 13, Fax 59 02 19

Informationsmaterial verschickt auf schriftliche Anfrage auch das Ministry of Tourism and Social Assistance, Mersin 10, Türkei (Mersin 10 steht für Nikosia).

... der Tourist Information auf Zypern
Nikosia: am Flughafen Ercan oder 95, Mehmet Akif Cad.
Famagusta: 5, Fevzi Cakmak Bulvari
Kyrenia: am Hafen

Reiseinformationen finden sich in der englischsprachigen Broschüre ›Special News Bulletin‹, die im türkzypriotischen Visabüro an der Kontrollstelle in Nikosia ausliegt.

ANREISE, EINREISE

Nordzypern wurde 1974 von türkischen Truppen besetzt und ist als Staat international geächtet. Die Gesetze der Republik Zypern verbieten eine Einreise nach Zypern über den besetzten Teil. (Auch Griechenland würde Ihnen Schwierigkeiten machen, wenn Sie einen nordzypriotischen Stempel in Ihrem Paß hätten.)

Wenn Sie also anders als über die Republik Zypern den Nordteil betreten haben, dürfen Sie nicht in die Republik einreisen. Anders sieht es aus, wenn Sie zuerst die Republik betreten haben: dann erlauben die griechisch-zypriotischen Behörden an der Green Line Ausflüge in den besetzten Teil.

Tagesausflüge von der Republik Zypern aus

Einziger Durchlaß nach Nordzypern ist am alten Ledra Hotel unmittelbar im Westen des venezianischen Mauerrings von Nikosia. Die griechischen Behörden am Kontrollpunkt verlangen Ihren Paß, notieren zur Kontrolle, daß Sie auch wieder zurückkommen, Namen und Paßnummer und fragen Sie nach Ihrem Hotel. Dann gehen Sie 150 m weiter zum Kontrollpunkt des besetzten Teils. Hier notiert man wieder Ihren Namen und Ihre Paßnummer und schickt Sie dann eine Treppe hinauf, wo Sie bei der Einreisebehörde ein Visum beantragen und dafür 1 Zypernpfund, also Geld der Republik, bezahlen müssen. Sie müssen angeben, wohin Sie in Nordzypern wollen.

Die Einreisebehörde ist ab etwa 8 Uhr morgens besetzt. Auf der Seite der Republik Zypern verlangt man, daß Sie im Winter um 17 Uhr, im Sommer um 18 Uhr wieder zurück sind.

Geschlossenen Reisegruppen erlauben die griechisch-zypriotischen Behörden keine Einreise.

Möchten Sie länger in Nordzypern bleiben, müssen Sie über die Türkei einreisen. Flugverbindung besteht mit Istanbul, Izmir, Ankara und Adana. Auskünfte geben die Büros der Turkish Airlines. Einige deutsche Reiseveranstalter bieten Pauschalreisen nach Nordzypern an.

Fährverbindung besteht ganzjährig zwischen Famagusta und Mersin in der Türkei. Im Sommer verkehren zusätzlich Autofähren zwischen Kyrenia und dem türkischen Tasucu.

Auskunft: Türkisches Fremdenverkehrsbüro
Baseler Str. 37
60329 Frankfurt/M.
✆ 0 69-23 30 81 u. 23 30 82

UNTERKUNFTSMÖGLICHKEITEN

Nach der Rechtsauffassung der Republik Zypern (und nach der internationalen) werden die Hotels in Nordzypern, die griechischen Zyprioten gehörten, von den jetzigen »unbefugten Personen und Behörden ungerecht und rechtswidrig ausgenutzt«, wie es unmißverständlich im Hotelkatalog der Republik Zypern heißt.

Hotels und Pensionen gibt es in und um Kyrenia, in Nikosia und zwischen Famagusta und Bogazi. Ein Verzeichnis der Hotels kann vom Tourismusministerium (Adresse oben) angefordert werden.

Folgende Hotels hatten schon vor 1974 türkische Eigentümer oder sind erst danach erbaut worden: *Saray* und *Sabri's Orient* in Nikosia, *Altun Tabya* und *Kutup* in Famagusta und *Acapulco* und *Celebrity* bei Kyrenia. Einen Campingplatz gibt es 3 km westlich von Kyrenia am Meer. Ein Doppelzimmer in einem einfachen Hotel kostet etwa DM 40,–, also DM 20,– pro Person.

Entfernungstabelle

km

Lefkosa Nikosia	Girne Kyrenia	G. Mağusa Famagusta	Güzelyurt Mórphou	St. Hilarion	Bellapais	Soli-Vouní	Salamis	Kantara	Diskarpaz Rizokárpaso
26									
61	73								
40	48	94							
61	69	115	18						
23	12	77	51						
31	6	79	54	18					
54	60	108	12	71	65				
60	64	10	93	76	78	107			
86	77	43	124	88	82	138	37		
123	133	80	158	140	141	184	74	76	
24	37	51	58	40	43	72	50	75	131

VERKEHRSMITTEL

Linienbusse und *Sammeltaxen* verkehren häufig zwischen Nikosia und Famagusta, Kyrenia und Mórphou (Nikosia–Kyrenia: ca. 20 DM einfach, Nikosia–Famagusta: ca. 40 DM einfach). Am Kontrollpunkt der Green Line und am Platz mit der venezianischen Säule in Nikosia stehen *Taxen* für eine Rundfahrt bereit (ganztägige Rundfahrt: ca. 80 DM). Ein *Auto* mieten kann man in den Reisebüros am Kyrenia-Tor.

Die Preise für die Verkehrsmittel sind noch etwas niedriger als in der Republik. Für einen Mietwagen beispielsweise bezahlt man etwa DM 35,– pro Person inklusive aller gefahrener Kilometer. Linksverkehr.

ÖFFNUNGSZEITEN DER MUSEEN UND STÄTTEN

Mai–September: 9.00–13.30, 16.30–18.30
Oktober–April: 8.00–13.00, 14.30–17.00

	Wochenende Feiertage	Werktage
Nikosia		
Museum für türkische Volkskunst	geschlossen	geöffnet
Derwisch-Pascha-Haus	geschlossen	geöffnet
Osmanische Bibliothek	geschlossen	geöffnet
Bezirk Famagusta		
Djambulat-Museum	geschlossen	geöffnet
Othello-Turm	geschlossen	geöffnet
Sálamis	geöffnet	geöffnet
Königsgräber	geschlossen	geöffnet
Barnabas-Kloster	geöffnet	geöffnet
Bergfestung Kantara	geschlossen	geöffnet
Bezirk Kyrenia		
Kastell mit Schiffswrackmuseum	geöffnet	geöffnet
Bergfestung Hilarion	geöffnet	geöffnet
Kloster Bellapais	geöffnet	geöffnet
Bezirk Mórphou		
Naturhistorisches und Archäologisches Museum	geöffnet	geöffnet
Kirche des hl. Mamas	geöffnet	geöffnet
Ruinen von Sóli	geöffnet	geöffnet
Palast von Vouní	geöffnet	geöffnet

Hinweise:
Montags und an den offiziellen Feiertagen 1. Januar, 19. Mai, 29. Oktober und 15. November sind alle Museen geschlossen.
Am 1. Tag des Fastenmonats Ramadan sind die Museen vormittags geschlossen.

FEIERTAGE

1. Januar	Neujahr
23. April	Tag des Kindes

1. Mai	Tag der Arbeiter
19. Mai	Tag der Jugend und des Sports
27. Mai	Unabhängigkeitstag
20. Juli	Tag der »Peace Operation« (so wird der Einmarsch türkischer Truppen 1974 genannt)
1. August	Widerstandstag
30. August	Tag des Sieges über Griechenland
29. Oktober	Türkischer Nationalfeiertag
4. November	Geburtstag des Propheten Mohammed
15. November	Jahrestag der Proklamation der »Türkischen Republik Nordzypern«

Bewegliche Feiertage: am Ende des Fastenmonats Ramadan zwischen März und Juni: *Ramadan Bairam* (Zuckerfest), das Fest des Fastenbrechens; etwa zwei Monate nach dem Ende des Ramadan: *Kurban Bairam* (Opferfest), das an das Tieropfer Abrahams erinnert

WICHTIGES VON A–Z

Ausflüge, Routenvorschläge

Wenn Sie von der Republik Zypern aus per Tagesausflug Nordzypern erkunden wollen, können Sie an zwei Tagen mit Taxi oder Mietwagen alles Wichtige sehen. Lange an den einzelnen Stätten verweilen können Sie so allerdings nicht.

1. Tag: Famagusta, Sálamis, Énkomi. Dann über das Pentadáktylosgebirge nach Bellapais und Kyrenia. Spätnachmittags noch nach Hilarion. Im Winter besser in umgekehrter Reihenfolge, da Hilarion von Oktober bis April bereits um 17.00 Uhr schließt.
2. Tag: Nikosia. Dann über Mórphou nach Soli und Vouní.
Eine Fahrt zur Karpasía-Halbinsel ist bei der knappen Zeit nicht zu empfehlen.

Essen und Trinken

Im großen und ganzen gibt es in Nordzypern neben einigen speziell türkischen Gerichten die gleichen Speisen wie in der Republik. Der Kaffee wird ebenfalls wie in der Republik getrunken: mit viel Zucker, mit wenig Zucker, ohne Zucker. Zumindest den Eß- und Trinkgewohnheiten hat also die gewaltsame Teilung der Insel bisher nichts anhaben können. Weine und Biere werden nun allerdings aus der Türkei eingeführt.

Geld, Wechsel, Preise

Landeswährung ist die Türkische Lira. Nordzypern hat also dieselbe Währung wie die Türkei. Reiseschecks und Bargeld ›harter‹ Währungen (hierzu zählt auch das Zypernpfund der Republik) werden in den Banken umgewechselt (Öffnungszeiten Mo–Fr 8–12 Uhr). Unkomplizierter und mindestens ebenso günstig wechselt man allerdings in den zahlreichen Wechselstuben in den Städten, die bis in den Abend geöffnet haben. Auch viele Geschäfte wechseln Ihnen Ihr Geld gerne zum Bankkurs und vielleicht etwas besser.

Euroschecks müssen in DM, öS oder sfr ausgefüllt werden. Kreditkarten sind wenig verbreitet.

Ein Essen in einem einfachen Restaurant kostet 5–10 Mark, für die Speisenfolge des Mezes muß man etwa 20 Mark bezahlen. Generell gilt, daß alles noch etwas preiswerter ist als in der Republik.

Sie dürfen am Ende Ihres Tagesausflugs außer kleinen Mitbringseln keine Waren aus Nordzypern in die Republik einführen.

Ladenöffnungszeiten

Geschäfte und Märkte sind vormittags von 8 oder 9 bis 13 Uhr, danach im Winter von 14 bis 18 Uhr, im Sommer von 16 bis 19 Uhr geöffnet. Handeln ist im Gegensatz zur Türkei eher unüblich.

Notruf, Arzt

Nikosia:	
Polizei	2 28-33 11
Erste Hilfe	2 28-54 41
Famagusta:	
Polizei	3 66-53 10
Erste Hilfe	3 66-28 76
Kyrenia:	
Polizei	8 15-21 25
Erste Hilfe	8 15-22 66

Da nicht davon auszugehen ist, daß Polizei und Erste Hilfe Englisch verstehen, wendet man sich am besten an die nächste Hotelrezeption. Da wird man im Notfall auch einen englischsprechenden Arzt herbeirufen können.

Post und Telefon

Die Briefmarken Nordzyperns werden international nicht anerkannt. Italien boykottiert die nordzypriotische Post total, die Bundesrepublik, die Schweiz und Österreich drücken ein Auge zu und transportieren die Postsachen aus Nordzypern.

Sendungen nach Nordzypern müssen in die Türkei adressiert werden, sonst kommen sie vielleicht nicht an. Die nordzypriotische Adresse muß den Zusatz ›Mersin-10, Türkei‹ tragen. Auch telefonisch ist Nordzypern von Mitteleuropa nur über die Türkei – per Direktwahl – zu erreichen:

00 90 (Türkei) – 3 92 (Nordzypern) – Vorwahl ohne die Null – Rufnummer des Teilnehmers

Sport

Surfbretter und Tretboote werden in den größeren Hotels ausgeliehen. Wasserski laufen kann man im Hotelbereich des Dome in Kyrenia. Einige Hotels besitzen Tennisplätze.

Strände, Bademöglichkeiten

Es ist kein Zufall, daß die zypriotischen Hotelunternehmen vor 1974 ihre Häuser im jetzigen besetzten Gebiet errichten ließen: hier sind ganz einfach die besseren Strände. Westlich und östlich von Kyrenia finden sich schöne Badebuchten mit Sandstrand. Möchte man sauber gehaltene *Hotelstrände* mit den dazugehörigen Duschen benutzen, muß man Eintritt bezahlen.

Bei Sálamis, am Strand zwischen Famagusta und Bogazi, sind ebenfalls schöne, einsame Badestellen. Am Eingang zum Ruinenfeld von Sálamis befindet sich am Meer eine nette Taverne mit Terrasse, etwas weiter liegt das Salamis Bay Hotel mit gepflegtem Strand.

Völlig unberührt von Massentourismus und Hotelbauten ist bisher die Karpasía-Halbinsel, obwohl hier unbezweifelbar die schönsten Buchten und Strände liegen.

Verständigung, Sprache

Landessprache ist Türkisch. Türkzyprioten verstehen ähnlich wie ihre griechischen Landsleute meist Englisch.

Verständigungsprobleme kann es mit zugezogenen Türken geben, die kein Englisch verstehen. Die älteren Türkzyprioten können auch noch Griechisch, doch ist es bei der Beibehaltung des politischen Status quo nur noch eine Frage der Zeit, bis diese Sprache in Nordzypern ausgestorben ist. Wer Glück hat, trifft auf ehemalige deutsche Gastarbeiter.

Auskünfte über vom Autor dieses Reiseführers veranstaltete (und zum Teil auch geführte) kunst- und sozialgeschichtliche Studienreisen nach Zypern erteilt: Neues Reisen, Ginsterheide 6, 21149 Hamburg 92, ✆ 0 40-7 02 41 17, Fax 0 40-7 01 78 44.

Register

Orte

Personen

DUMONT

KUNST-REISEFÜHRER

»Die Kunst-Reiseführer des Kölner Verlages werden von Jahr zu Jahr, von Band zu Band perfekter: immer detailliertere Pläne begleiten die Erklärungen, immer noch typischere Illustrationen erläutern den Text.« *Basler Nachrichten*

»Die Kunst-Reiseführer aus dem Kölner DUMONT Verlag verbinden in vorbildlicher Weise allgemeine kunstgeschichtliche Orientierung und konkrete Verwertbarkeit des Geschriebenen am Urlaubsort. Sie zeigen, daß wissenschaftlich exakt nicht langweilig heißen muß.«
Süddeutscher Rundfunk

»Für Menschen, denen Land, Leute und Denkmäler mehr Anreiz sind als die geebneten Pfade des institutionalisierten Tourismus, die sich in das Abenteuer einlassen, sich die Begegnungen selbst zu gestalten, erfüllen die DUMONT Kunst-Reiseführer ein Maximum an Voraussetzungen.«
Salzburger Nachrichten

Weitere Informationen über die Titel der Reihe DUMONT Kunst-Reiseführer erhalten Sie bei Ihrem Buchhändler oder beim DUMONT Buchverlag • Postfach 10 10 45 • 50450 Köln.

Legende zum nebenstehenden Stadtplan von Nikosia

1 Palast des Erzbischofs
2 Johanneskirche
3 Volkskundemuseum
4 EOKA-Museum
5 Kulturzentrum/Ikonenmuseum
6 Panzyprisches Gymnasium
7 Herrenhaus des Chatzigeorgákis Kornésios
8 Denkmal der Befreiung
9 Chrysaliniótissa-Kirche
10 Omeriye-Moschee
11 Türkisches Bad
12 Von EOKA-Leuten zerstörte Moschee des Standartenträgers
13 Tripiótis-Kirche
14 Phaneroméni-Kirche
15 Arablar-Moschee
16 Katholische Franziskanerkirche
17 Kloster der Tanzenden Derwische/Museum für türkische Volkskunst
18 Venezianische Säule
19 Kleiner Chan/Türkzypriotischer Antikendienst/Schlüsselverwahrung für: Großer Chan, ›Bedesten‹, Osmanische Bibliothek, Steinmuseum und Katharinenkirche
20 Großer Chan
21 Großes Bad
22 ›Bedesten‹
23 Sophienkathedrale
24 Osmanische Bibliothek
25 Steinmuseum
26 Ehemaliger Sitz des lateinischen Erzbischofs
27 Katharinenkirche
28 Derwisch-Pascha-Haus
29 Benediktinerkirche/Armenische Kirche
30 Arab-Achmet-Moschee
31 Grenzübergang zum türkisch besetzten Teil
32 Busstation der KEMEK (Busse nach Limassol, Paphos, Tróodosdörfer)
33 Busstation Lefkaritis (Busse nach Lárnaka)
Zwischen 32 und 33 Sammeltaxen-Büros
34 Telefonamt
Tourist Information in der Laiki Gitonia in der Nähe des Eleftheria Sq.